I0175035

www.ingramcontent.com/pod-product-compliance
Lightning Source LLC
LaVergne TN
LVHW061331060426
835512LV00013B/2601
9780615901138

بسم الله الرحمن الرحيم

In the Name of Allah,
Most Gracious, Most Merciful

تاویل الآیات الظاہرہ فی فضائل العترۃ الطاہرۃ
(جلد دوئم)

تالیف

سید حسین شرف الدین الحسینی

مترجم

غلام مرتضٰی علوی (ایم ۔اے عربی)

Taweel al Ayat Vol 2

Original Author Name: Syed Sharf ud Deen Al-Hussain

Translator Name: Ghulam Murtaza Alvi

Publisher: Wilayat Mission Publications

First Edition 2013

ISBN-13: 978-0615901138

ISBN-10: 0615901131

Copyright © 2013 Wilayat Mission® Publications

All rights reserved. No part of this publication may be reproduced, stored in a retrieval system, or transmitted in any form or by any means, electronic, mechanical, photocopying, or otherwise without the prior written permission of the copyright holder.

Wilayat Mission® Publications
Lahore, Pakistan
Website: http://www.wilayatmission.org
Email: info@wilayatmission.org

فہرست مضامین

سورۃ السجدہ ۱

سورۃ احزاب.. ۶

سورۃ سباء.. ۲۲

سورۃ فاطر.. ۲۹

سورۃ یٰسین ۳۶

سورۃ الصافات ۴۱

سورۃ ص.. ۴۹

سورۃ الزمر ۵۵

سورۃ المومن ۶۷

سورۃ فصلت ۷۳

سورۃ الشوریٰ ۸۰

سورۃ الزخرف ۸۹

سورۃ الدخان.. ۱۰۵

سورۃ الجاثیہ ۱۰۸

سورۃ الاحقاف ۱۱۱

سورۃ محمدؐ ۱۱۴

سورۃ الفتح ۱۲۱

سورۃ حجرات ۱۲۸

سورة ق ١٣٣	
سورة الذاريات ١٣٧	
سورة الطور ١٤٠	
سورة النجم ١٤٤	
سورة القمر ١٤٨	
سورة الرحمٰن ١٥٠	
سورة الواقعة ١٥٨	
سورة الحديد ١٦٦	
سورة المجادلة ١٧٧	
سورة الحشر ١٨٢	
سورة الممتحنة ١٨٨	
سورة الصف ١٨٩	
سورة الجمعة ١٩٧	
سورة المنافقون ١٩٩	
سورة التغابن ٢٠١	
سورة التحريم ٢٠٣	
سورة الملك ٢٠٤	
سورة القلم ٢١٢	
سورة الحاقة ٢١٥	
سورة المعارج ٢٢١	

سورة نوح	٢٢٥
سورة الجن	٢٢٦
سورة مزمل	٢٣٠
سورة المدثر	٢٣١
سورة القيامه	٢٣٥
سورة الدهر	٢٣٧
سورة المراسلات	٢٤٢
سورة النباء	٢٤٦
سورة النازعات	٢٥١
سورة عبس	٢٥٣
سورة التكوير	٢٥٥
سورة الانفطار	٢٥٩
سورة المطففين	٢٦١
سورة الانشقاق	٢٧٠
سورة البروج	٢٧١
سورة الطارق	٢٧٣
سورة الاعلىٰ	٢٧٥
سورة الغاشيه	٢٧٦
سورة الفجر	٢٨٠

سورۃ البلد	۲۸۴
سورۃ الشمس	۲۸۷
سورۃ اللیل	۲۹۰
سورۃ الضحیٰ	۲۹۲
سورۃ الانشراح	۲۹۴
سورۃ التین	۲۹۷
سورۃ القدر	۲۹۸
سورۃ البینۃ	۳۰۱
سورۃ الزلزلہ	۳۰۶
سورۃ العادیات	۳۰۹
سورۃ القارعہ	۳۱۳
سورۃ التکاثر	۳۱۴
سورۃ العصر	۳۱۷
سورۃ الھمزہ	۳۱۸
سورۃ الماعون	۳۱۹
سورۃ الکوثر	۳۲۰
سورۃ النصر	۳۲۳
سورۃ اخلاص	۳۲۴
المعوذتان	۳۲۶
خاتمہ الکتاب	۳۲۷

سورۃ السجدہ

(اس سورہ مبارکہ کی وہ آیات جو آئمہ ھدیٰؑ کی شان میں نازل ہوئیں)

اللہ کا قول۔(کوئی نفس نہیں جانتا کہ ہم نے اس کی آنکھوں کی ٹھنڈک ان کے لیے پوشیدہ کر رکھی ہے جو کچھ وہ کرتے تھے یہ اس کا بدلہ ہے)

تاویل۔الشیخ ابو جعفر بن محمد بابویہ نے انہوں نے محمد بن الحسن بن احمد بن الولید سے انہوں نے محمد بن حسن الصفار سے انہوں نے محمد بن الحسین بن ابوالخطاب سے انہوں نے الحسن بن علی بن النعمان سے انہوں نے الحارث بن محمد الاحول سے انہوں نے امام ابو عبداللہؑ سے انہوں نے امام ابو جعفرؑ سے روایت کی ہے کہ میں نے آپؑ کو فرماتے ہوئے سنا کہ جب رسول اللہؐ کو معراج ہوئی تو آپؐ نے علیؑ سے فرمایا اے علیؑ میں نے جنت میں سفید نہر دیکھی جو دودھ کی طرح کی ہے اور شہد سے زیادہ میٹھی ہے اور تیر سے زیادہ سیدھی ہے اس کے کناروں پر آسمان کے ستاروں کے برابر پیالے ہیں جو کہ سرخ یاقوت اور سفید موتیوں سے بنے ہوئے ہیں پس جبرائیلؑ نے اس کے کنارے پر اپنا پر مارا پھر کہا اس ذات کی قسم کہ جس کے قبضہ میں میری جان ہے جنت میں ایک ایسا درخت ہے وہ ایسی تسبیح کرتا ہے

کہ نہ پہلے والوں نے ایسی تسبیح بیان کرنا سنی ہو گی اور نہ بعد والوں نے اس درخت کا پھل انار کی مانند ہے اور یہ مومنین کے لیے ہے روشن پیشانیوں والے مومن روز قیامت اس مقام پر کرسیوں پر بیٹھے ہونگے اور اے علیؑ تم ان کے امام ہو پس اس دن ہر شخص کے آگے ایک نور ہو گا وہ جنت میں جہاں بھی جائے گا نور اس کے ساتھ ہو گا اور اس کے نور کے اوپر ایک عورت ظاہر ہو گی وہ کہے گی سبحان اللہ تم کتنی عظیم دولت رکھتے ہو ہمارے درمیان تو وہ مومن اس عورت سے کہے گا کہ تم کون ہو وہ کہے گی میں ان میں سے ہوں کہ جو اللہ نے فرمایا ہے (کوئی نفس نہیں جانتا کہ ہم نے اس کی آنکھوں کی ٹھنڈک ان کے لیے پوشیدہ کر رکھی ہے جو کچھ وہ کرتے تھے یہ اس کا بدلہ ہے) پھر فرمایا اس ذات کی قسم جس کے ہاتھ میں مجھ محمدؐ کی جان ہے اس مومن کے پاس ہر روز ستر ہزار فرشتے آئیں گے جو اس کا اور اس کے باپ کا نام لے کر اسے سلام کریں گے۔

الطوسی نے اپنی امالی میں اسناد کے ساتھ جابر بن عبداللہ سے یہ حدیث بیان کی ہے کہ رسول اللہؐ نے علیؑ سے فرمایا اے علیؑ کیا میں تم کو خوشخبری نہ دوں؟ فرمایا کیوں نہیں یارسول اللہؐ فرمایا مجھے اور تمہیں ایک ہی طینت سے خلق کیا گیا پس جو ہماری باقی ماندہ طینت تھی اس سے ہمارے شیعوں کو خلق کیا گیا جب قیامت کا دن ہو گا تو لوگوں کو ان کی ماؤں کے نام پر پکارا جائے گا سوائے تمہارے شیعوں کے ان کے نام ان کی پاکیزہ ولادت کی وجہ سے ان کے والدوں کے نام سے پکارا جائے گا۔

اللہ کا قول (وہ جو مومن ہے اور وہ جو فاسق ہے کبھی برابر نہیں ہو سکتے پس وہ لوگ جو ایمان لائے اور نیک عمل کئے ان کا ٹھکانہ جنتوں میں ہے وہ اس میں اپنے اعمال کی وجہ سے وہاں مہمان ہونگے پس جو لوگ فاسق ہیں تو ان کا ٹھکانہ دوزخ ہے ان میں سے ہر ایک نکلنے کا ارادہ کرے گا تو اس کو اس میں دوبارہ ڈال دیا جائے گا پس ان سے کہا جائے گا کہ جہنم کا عذاب چکھو کہ جسے تم جھٹلاتے تھے)

تاویل۔ محمد بن العباس نے کہا کہ ہم سے ابراہیم بن عبداللہ نے انہوں نے الحجاج سے انہوں نے حماد بن سلمہ سے انہوں نے الکلبی سے انہوں نے ابو صالح سے انہوں نے ابن عباس سے روایت کی ہے کہ ولید بن عقبہ بن ابی محیط نے علیؑ سے کہا کہ میں آپؑ سے زیادہ فصیح زبان والا ہوں اور زیادہ تلوار کا دھنی ہوں تو علیؑ نے فرمایا اے فاسق خاموش ہو جا پس اللہ نے یہ آیت نازل کی (مومن اور فاسق برابر نہیں ہو سکتے۔۔۔۔)

علی بن ابراہیم نے اسناد کے ساتھ ابو الجارود سے انہوں نے امام ابو جعفرؑ سے ایسی ہی روایت بیان کی ہے۔

ہم سے علی بن عبداللہ بن اسد نے انہوں نے ابراہیم بن محمد الثقفی سے انہوں نے عمرو بن حماد سے انہوں نے اپنے والد سے انہوں نے فضیل سے انہوں نے الکلبی سے انہوں نے ابو صالح سے انہوں نے ابن عباس سے اللہ کے اس قول کے بارے میں روایت کی ہے (مومن اور فاسق کبھی برابر نہیں ہو سکتے) فرمایا کہ یہ آیت دو اصحاب رسولؐ کے بارے میں نازل ہوئی کہ ان میں سے ایک مومن تھا اور دوسرا فاسق تو فاسق نے مومن سے کہا اللہ کی قسم میں تم سے زیادہ تلوار کا دھنی، فصیح اللسان اور تم سے زیادہ لڑائی کے لیے جنگجو اکھٹے کر سکتا ہوں مومن نے فاسق سے کہا اے فاسق خاموش ہو جا پس اللہ عزوجل نے یہ آیت نازل کی (کیا وہ جو مومن اور اور وہ جو فاسق ہے کبھی برابر ہو سکتے ہیں) پھر اللہ نے مومن کا حال بیان فرمایا(کہ جو مومن ہیں اور نیک اعمال کرتے ہیں ان کا ٹھکانہ جنت میں ہے ان کے اعمال کے سبب اور وہاں ان کی مہمان نوازی ہو گی) اور پھر اللہ نے فاسق کا حال بیان فرمایا(جو فاسق ہیں ان کا ٹھکانہ دوزخ ہے جب بھی وہ اس سے نکلنے لگیں گے ان کو دوبارہ اس میں ڈال دیا جائے گا ان سے کہا جائے گا کہ جہنم کا عذاب چکھو کہ جو تم جھٹلاتے تھے)

ابو مخنف نے روایت بیان کی ہے کہ معاویہ کے ہاں امام حسنؑ بن علیؑ اور فاسق ولید بن عقبہ کے درمیان تلخ کلامی ہوئی تو حسنؑ نے اس سے فرمایا میں تم کو علیؑ پر سب و شتم کرنے پر ملامت نہیں کروں گا کہ تجھے شراب پینے کی وجہ سے اسی کوڑے مارے گئے اور تیرے باپ کو بدر میں قتل کیا گیا اللہ نے میرے بابا علیؑ کو قرآن میں مومن کا نام دیا اور تجھے فاسق کا نام دیا گیا۔

پھر اللہ نے واضح کیا کہ فاسق کے لیے جو سزا اس نے تیار کر رکھی ہے (اور ان کو ہم عذاب دیں گے)

اس کی تاویل میں محمد بن العباس نے کہا کہ ہم سے علی بن حاتم نے انہوں نے حسن بن محمد بن عبدالواحد سے انہوں نے حفص بن عمر بن سالم سے انہوں نے محمد بن حسین سے انہوں نے مفضل بن عمر سے روایت کی ہے کہ میں نے امام ابو عبد اللہؑ سے اللہ کے اس قول کے بارے میں پوچھا (اور ہم ان کو عذاب چکھائیں گے) فرمایا ادنیٰ عذاب آگ کا عذاب ہے اور بدترین عذاب امام مہدیؑ کی تلوار کے سامنے آنا ہے۔

ہم سے الحسین بن احمد نے انہوں نے محمد بن عیسیٰ سے انہوں نے یونس سے انہوں نے مفضل بن صالح سے انہوں نے زید سے انہوں نے امام ابو عبد اللہؑ سے روایت کی ہے کہ عذاب سے مراد دابتہ الارض ہے جبکہ دابتہ الارض کے بارے میں گزشتہ ابواب میں تاویل گزر چکی ہے کہ اس سے مراد امیر المومنینؑ ہیں۔

اللہ کا قول (اور ہم نے ان میں سے آئمہ بنائے جو ہمارے امر کی ہدایت دیتے ہیں کہ جو انہوں نے صبر کیا اور وہ ہماری آیات پر یقین رکھتے ہیں)

تاویل۔ محمد بن العباس نے کہا کہ ہم سے علی بن عبد اللہ بن اسد نے انہوں نے ابراہیم بن محمد الثقفی سے انہوں نے علی بن هلال الاحمسی سے انہون نے الحسن بن وہب العبی سے انہوں نے جابر الجعفی

سے انہوں نے ابو جعفر ؑ محمد ؑ بن علیؑ سے روایت کی ہے کہ یہ آیت اولاد فاطمہ ؑ کے بارے میں نازل ہوئی(اور ہم نے ان میں سے آئمہ بنائے جو ہمارے امر کی ہدایت دیتے ہیں کہ جو انہوں نے صبر کیا اور وہ ہماری آیات پر یقین رکھتے ہیں) اللہ جانتا تھا ان کے صبر کو اس لیے ان کو امام بنایا پس ان پر ان کے رب کی طرف سے درود و سلام ہو۔

اللہ کا قول (وہ کہتے ہیں کہ یہ فتح کب آئے گی اگر تم سچ بولتے ہو تو آپ کہہ دیجئے فتح کے دن ان کافروں کو ان کا ایمان کچھ نفع نہ دے گا اور نہ ہی ان کو مہلت دی جائے گی)

تاویل۔ محمد بن العباس نے کہا کہ ہم سے الحسین بن عامر سے انہوں نے محمد بن الحسین ابوالخطاب سے انہوں نے محمد بن سنان سے انہوں نے ابن دراج سے روایت کی ہے کہ میں نے امام ابو عبداللہ ؑ کو اللہ کے اس قول کے بارے میں فرماتے ہوئے سنا(کہہ دیجئے کہ فتح کے دن کافروں کا ایمان انہیں کچھ نفع نہ دے گا اور نہ ہی انہیں مہلت دی جائے گی) فرمایا کہ یوم فتح سے مراد وہ دن ہے کہ جب دنیا میں قائم ؑ کا ظہور ہو گا تو اس دن کسی کو ایمان کے قریب ہونا نفع نہ دے گا کہ جو اس سے پہلے ایمان نہ رکھتا ہو گا اور اس فتح پر یقین نہ رکھتا ہو گا پس جو ظہور قائم ؑ پر ایمان رکھتا ہو گا اس کو اس کا ایمان نفع دے گا اور اس کی ہی شان و منزلت اللہ کے ہاں بڑی ہو گی کہ جو اس دن پر یقین رکھتا ہو گا۔

اور بے شک وہی دنیا و آخرت میں کامیاب و کامران ہے جو امیر المومنین ؑ اور آپ ؑ کی پاکیزہ اولاد کا اطاعت گزار ہے ان پر اللہ کا درود و سلام ہو اور محبت رکھنے والوں کا یہی اجر ہے ۔

سورۃ احزاب

(اس سورہ مبارکہ کی وہ آیات جو آئمہ ھدیٰؑ کی شان میں نازل ہوئیں)

اللہ کا قول (اللہ نے کسی شخص کے سینے میں دو دل نہیں رکھے)

تاویل۔ محمد بن العباس نے کہا کہ ہم سے محمد بن الحسین بن حمید بن الربیع نے انہوں نے جعفر بن عبداللہ المحمدی سے انہوں نے کثیر بن عیاش سے انہوں نے ابوالجارود سے انہوں نے امام ابو عبداللہؑ سے اللہ کے اس قول کے بارے میں روایت کی ہے (اللہ نے کسی شخص کے سینے میں دو دل نہیں رکھے) فرمایا کہ علیؑ ابن ابی طالبؑ نے فرمایا کہ اللہ کا کوئی ایسا بندہ نہیں ہے کہ جس کے دل کو اللہ نے آزمایا ہو تو اس کے دل میں ہماری مودت نہ ہو اور کوئی ایسا بندہ بھی نہیں کہ جس پر اللہ کا غضب نازل ہوا ہو اور اس کے دل میں ہمارا بغض نہ ہو پس ہم اپنے محب کی محبت سے خوش ہیں اور اس کے لیے بخشش طلب کرتے ہیں اور ہم اس سے بغض رکھنے والے سے بغض رکھتے ہیں پس ہمارا محب اللہ کی رحمت کی منتظر ہوتا ہے تو اللہ کی رحمت کے دروازے اس پر کھل جاتے ہیں پس ہمارا بغض رکھنے والا آگ کے گڑھے کے کنارے پر ہوتا ہے اور یہ کنارہ جہنم میں ہی ہے

اور جناب امیرؑ ہی سے روایت ہے جو آپؑ نے اس آیت کی تفسیر میں فرمایا کہ اللہ کے اس قول کا مطلب ہے کہ ہماری اور ہمارے دشمنوں کی محبت انسان کے دل میں جمع نہیں ہو سکتی۔

علی بن ابراہیم نے اسناد کے ساتھ انہوں نے ابوالجارود سے انہوں نے امام ابو جعفرؑ سے بھی اسی طرح کی روایت کی ہے۔

اللہ کا قول(بعض رشتہ دار بعض سے زیادہ حق تصرف رکھتے ہیں مومنین و مہاجرین میں سے اللہ کی کتاب میں)

تاویل۔ محمد بن العباس نے کہا کہ ہم سے الحسین بن عامر نے انہوں نے محمد بن الحسین سے انہوں نے احمد بن محمد بن ابی نصر سے انہوں نے حماد بن عثمان سے انہوں نے عبدالرحیم بن روح الصقیر سے انہوں نے امام ابو عبداللہؑ سے اللہ کے اس قول کے بارے میں روایت کی ہے(بعض رشتہ دار بعض سے زیادہ حق تصرف رکھتے ہیں مومنین و مہاجرین میں سے اللہ کی کتاب میں) فرمایا کہ یہ آیت اولاد امام حسینؑ کے بارے میں نازل ہوئی میں نے کہا کیا یہ فرائض کے بارے میں نازل ہوئی فرمایا نہیں یہ اولی الامر کے بارے میں نازل ہوئی۔

ہم سے عبدالعزیز بن یحییٰ نے انہوں نے محمد بن عبدالرحمٰن بن الفضل سے انہوں نے جعفر سے انہوں نے اپنے والد سے انہوں نے محمد بن زید سے کہ جو امام ابو جعفرؑ کے غلام ہیں وہ کہتے ہیں کہ میں نے اپنے مولاؑ سے اللہ کے اس قول کے بارے میں پوچھا(بعض رشتہ دار بعض سے زیادہ حق رکھتے ہیں) فرمایا اس سے مراد علیؑ ابن ابی طالبؑ ہیں اس آیت سے مراد یہ ہے کہ علیؑ نبیؐ کے رشتہ دار ہیں اور وہ مومنین و مہاجرین سے زیادہ حق تصرف رکھتے ہیں۔

اس کی تائید وہ روایت کرتی ہے کہ جو الشیخ محمد بن یعقوب سے انہوں نے محمد بن یحییٰ سے اسناد کے

ساتھ رجال سے مرفوعاً عبدالرحیم بن روح القصیر سے روایت کی ہے کہ میں نے امام ابو جعفرؑ سے اللہ کے اس قول کے بارے میں دریافت کیا(اور بعض رشتہ دار بعض سے اللہ کی کتاب میں مومنین و مہاجرین میں سے زیادہ حق تصرف رکھتے ہیں) یہ آیت کس کے بارے میں نازل ہوئی ؟ فرمایا یہ آیت امارت اور اولاد حسینؑ کے بارے میں نازل ہوئی پس ہم مومنین، مہاجرین میں سے امارت و خلافت کا سب سے زیادہ حق رکھتے ہیں میں نے پوچھا کیا اس میں اولاد جعفرؑ بن ابو طالبؑ کا بھی حصہ ہے ؟ امامؑ نے فرمایا نہیں میں نے پوچھا کہ عباس کی اولاد کا بھی حصہ ہے فرمایا نہیں میں نے بنو عبدالمطلبؑ کی تمام اولاد کے نام گنوائے تو فرمایا نہیں پس میں اولاد حسنؑ کا پوچھنا بھول گیا پھر میں امامؑ کی خدمت میں حاضر ہوا اور آپؑ سے پوچھا تو فرمایا نہیں اے عبدالرحیم اللہ کی قسم ہمارے سوا اس میں کسی کا حصہ نہیں۔

اللہ کا قول (مومنین میں سے ایسے مرد ہیں کہ جنہوں نے اللہ سے کیا ہوا وعدہ سچ کر دکھایا ان میں سے کچھ نے اپنی نذر پوری کر دی اور کچھ انتظار میں ہیں اور انہوں نے کوئی تبدیلی نہیں کی)

تاویل۔ محمد بن العباس نے کہا کہ ہم سے عبدالعزیز بن یحییٰ نے انہوں نے محمد بن زکریا سے انہوں نے احمد بن محمد بن یزید سے انہوں نے سہل بن عامر البجلی سے انہوں نے عمرو بن المقدام سے انہوں نے ابو اسحاق سے انہوں نے جابر بن عبداللہ سے انہوں نے محمد بن الحنفیہ سے روایت کی ہے کہ امیر المومنینؑ نے فرمایا میں نے اللہ اور اس کے رسولؐ کے ساتھ عہد کیا تھا اور میرے چچا حمزہؓ، میرے بھائی جعفرؑ اور میرے ابن عم عبیدہ بن الحارث نے بھی عہد کیا تھا پس میرے ساتھی اپنا عہد پورا کر کے جا چکے ہیں اور میں انتظار میں ہوں پس اللہ نے ہمارے بارے میں یہ آیت نازل فرمائی (مومنین میں سے ایسے مرد ہیں کہ جنہوں نے اللہ سے کیا ہوا وعدہ سچ کر دکھایا ان میں سے کچھ نے اپنی نذر پوری کر دی اور کچھ انتظار میں ہیں اور انہوں نے کوئی تبدیلی نہیں کی) پس میں انتظار میں ہوں اور

میں نے کوئی تبدیلی نہیں کی۔

ہم سے علی بن عبداللہ بن اسد نے انہوں نے ابراہیم بن محمد الثقفی سے انہوں نے یحییٰ بن صالح سے انہوں نے مالک بن خالد سے انہوں نے الحسن بن ابراہیم سے انہوں نے اپنے دادا عبداللہ بن الحسن سے انہوں نے اپنے آباء سے روایت کی ہے کہ فرمایا اللہ نے علیؑ ابن ابی طالبؑ، حمزہؓ، جعفرؑ، اور عبیدہ سے عہد لیا کہ وہ کبھی قتال سے نہیں بھاگیں گے پس انہوں نے اسے پورا کیا پس اللہ نے یہ آیت نازل کی (مومنین میں سے ایسے مرد ہیں کہ جنہوں نے اللہ سے کیا ہوا وعدہ سچ کر دکھایا ان میں سے کچھ نے اپنی نذر پوری کر دی اور کچھ انتظار میں ہیں اور انہوں نے کوئی تبدیلی نہیں کی) پس حمزہؓ احد میں ، جعفر موتہ میں اور عبیدہ بدر میں شہید ہو گئے اور جو انتظار میں ہیں ان سے مراد علیؑ ابن ابی طالبؑ ہیں

۔

علی بن ابراہیم نے اسناد کے ساتھ ابوالجارود سے انہوں نے امام ابوجعفرؑ سے ایسی ہی روایت بیان کی ہے۔

اللہ کا قول (اللہ نے کافروں کو ان کے غصے میں ہی پلٹا دیا وہ بھلائی نہیں پا سکتے اور اللہ مومنین کو قتال میں کافی ہے اور بے شک اللہ غالب حکمت والا ہے)

تاویل۔ محمد بن العباس نے کہا کہ ہم سے علی بن العباس نے انہوں نے ابوسعید عباد بن یعقوب سے انہوں

نے فضل بن القاسم ابرار سے انہوں نے سفیان ثوری سے انہوں نے زبید الناى سے انہوں نے مرۃ سے انہوں نے عبداللہ بن مسعود سے روایت کی ہے کہ وہ اس آیت کو اس طرح پڑھتے تھے (اللہ مومنین کو لڑائی میں کافی ہے علیؑ کے ذریعے اور بے شک اللہ غالب حکمت والا ہے)

ہم سے محمد بن یونس بن مبارک نے انہوں نے یحییٰ بن عبد الحمید سے انہوں نے یحییٰ بن معلیٰ سے انہوں نے محمد بن عمار سے انہوں نے ابو اسحاق سے انہوں نے ابو زیاد بن مطر سے روایت کی ہے کہ عبد اللہ بن مسعود اس آیت کو اس طرح تلاوت کیا کرتے تھے (اور اللہ مومنین کے لیے کافی ہے علیؑ کے ذریعے)

اور اس آیت کا سبب نزول یہ ہے کہ تمام کے تمام مشرکین غزوہ خندق میں جمع ہو گئے تھے اور یہ قصہ مشہور و معروف ہے عمرو بن عبدود جو قریش کا مشہور شجاع تھا بدر میں بھی موجود تھا لیکن بچ نکلا تھا پس جب وہ خندق میں آیا تو اس نے مبارزہ کیا اور کہا کوئی ہے جو میرے مقابلے میں آئے کسی نے جواب نہ دیا تو علیؑ کھڑے ہوئے اور فرمایا یا رسول اللہؐ میں اس کے مقابلے میں جاؤں گا تو رسول اللہؐ نے فرمایا علیؑ بیٹھ جاؤ وہ عمرو ہے اس نے پھر ندا دی دوسری مرتبہ بھی کسی نے کوئی جواب نہیں دیا پس علیؑ پھر اٹھے اور فرمایا یا رسول اللہؐ میں جاؤں گا رسول اللہؐ نے پھر فرمایا علیؑ بیٹھ جاؤ وہ عمرو ہے جب اس نے تیسری مرتبہ ندا دی تو علیؑ کھڑے ہوئے اور فرمایا یا رسول اللہؐ مجھے اجازت دیجئے تو فرمایا وہ عمرو ہے جناب امیرؑ نے فرمایا اگر وہ عمرو ہے تو پھر کیا ہوا میں بھی علیؑ ہوں پس نبیؐ نے علیؑ کو اجازت دے دی حذیفہ کہتا ہے کہ نبیؐ نے علیؑ کو اپنا لباس پہنایا اپنی زرہ پہنائی انہیں ذوالفقار عطا کی اور ان کو اپنا سحاب نامی عمامہ باندھا جب علیؑ عمرو کے مقابلے میں نکلے تو رسول اللہؐ نے فرمایا کل کا کل ایمان کل کے کل کفر کے مقابلے میں جا رہا ہے اے اللہ اس کی آگے ، پیچھے ، دائیں ، بائیں ، اوپر اور نیچے سے حفاظت فرما جب عمرو نے دیکھا تو کہا آپؑ کون ہیں ؟ فرمایا میں علیؑ ہوں اس نے کہا عبد مناف کا بیٹا ؟ فرمایا میں علیؑ ابن ابی طالبؑ ہوں اس نے کہا اے بھتیجے تو مجھ سے چھوٹا ہے اور میں تیرا خون نہیں بہانا چاہتا تو علیؑ نے اس سے فرمایا اللہ کی قسم لیکن میں تیرا خون بہانا ناپسند نہیں کرتا پس عمرو کو غصہ آگیا وہ

11 | تاویل الآیات(جلد دوئم)

اپنے گھوڑے سے اترا اور اسے ذبح کر دیا اور اپنی تلوار سونت لی گویا کہ وہ آگ کا شعلہ تھا وہ علیؑ کے قریب بڑھا اور وار کیا آپؑ کا سر اقدس زخمی ہوا پھر علیؑ نے اس کے کندھے کے قریب وار کیا وہ زمین پر زخمی ہو کر گر گیا پس علیؑ نے اس کے اوپر چڑھ کر اس کا سر کاٹ دیا اور تکبیر بلند کی اور اس کا سر رسول اللہؐ کے پاس لے گئے پس نبیؐ نے فرمایا اے علیؑ خوشخبری اگر امت محمدؐ قیامت تک نیک اعمال کرے تو تیری آج کے دن کی ضربت ان کی بندگی سے افضل ہے پس جب عمرو قتل ہو گیا تو اللہ نے مشرکین کے لشکر کو ذلیل کر دیا اللہ نے ان پر ایک لشکر اور ہوا بھیجی ملائکہ کی صورت میں پس وہ لڑائی کئے بغیر ہی بھاگ گئے اس لیے یہ سبب ہے اس آیت کے نازل ہونے کا۔

الحافظ ابو منصور نے اسناد کے ساتھ ابن عباس سے روایت کی ہے جب علیؑ نے ابن عبدود کو قتل کر دیا تو آپؑ رسول اللہؐ کے پاس آئے اور آپؑ کی تلوار سے کون ٹپک رہا تھا جب آپؐ نے اور مسلمانوں نے علیؑ کو دیکھا تو فرمایا اللہ اکبر اور نبیؐ نے فرمایا اے اللہ علیؑ کو وہ فضیلت دے کہ جو تو نے پہلے کسی کو نہ دی ہو اور نہ ہی اس کے بعد کسی اور کو دے گا پس جبرائیلؑ اترے اور کہا اللہ آپؐ کو سلام کہہ رہا ہے اور فرما رہا ہے اور ان کو ایک جنتی سبز رومال دیا کہ جس پر دو سطریں لکھی ہوئی تھیں۔ تحفہ من الطالب الغالب ۔۔۔الیٰ علی بُن ابی طالب ؑ ۔۔اللہ غالب و طالب کی طرف سے علیؑ ابن ابی طالبؑ کے لیے تحفہ۔

اللہ کا قول (اے نبی کی بیویوں جو تم میں سے کھلی بے حیائی کا ارتکاب کرے گی ہم اسے دوگنا عذاب دیں گے اور یہ اللہ پر بہت آسان ہے)

تاویل۔ محمد بن العباس نے کہا کہ ہم سے الحسین بن احمد نے انہوں نے محمد بن عیسیٰ سے انہوں نے یونس سے انہوں نے کرام سے انہوں نے محمد بن مسلم سے انہوں نے امام ابو عبداللہؑ سے روایت کی

ہے کہ آپؑ نے فرمایا تم جانتے ہو کہ کھلی بے حیائی کیا ہے ؟ میں نے کہا نہیں فرمایا امیر المومنینؑ کے ساتھ جنگ اس سے مراد اہل جمل ہیں۔

علی بن ابراہیم نے محمد بن احمد سے انہوں نے محمد بن عبداللہ بن غالب سے انہوں نے عبدالرحمٰن بن ابی نجران سے انہوں نے حماد سے انہوں نے حریز سے انہوں نے امام ابو عبداللہؑ سے اللہ کے اس قول کے بارے میں روایت کی ہے (اے نبی کی بیویوں جو تم میں سے کھلی بے حیائی کا ارتکاب کرے گی) فرمایا بے حیائی سے مراد تلوار کے ساتھ گھر سے نکلنا ہے۔

اللہ کا قول (اے ایمان والوں اللہ کا ذکر بہت زیادہ کیا کرو اور اس کی تسبیح صبح و شام کیا کرو)

تاویل۔ ہم سے احمد بن ھنورہ الباہلی نے انہوں نے ابراہیم بن اسحاق النہدی سے انہوں نے عبداللہ بن حماد سے انہوں نے محمد بن مسلم سے روایت کی ہے کہ میں نے امام ابو جعفرؑ کو فرماتے ہوئے سنا کہ تسبیح فاطمہؑ اللہ کا ذکر کثیر ہے اللہ نے فرمایا (اے ایمان والوں اللہ کا ذکر کثرت سے کیا کرو)

ہم سے الحسین بن احمد نے انہوں نے محمد بن عیسیٰ سے انہوں نے یونس سے انہوں نے اسماعیل بن عمار سے روایت کی ہے کہ میں نے امام ابو عبداللہؑ سے کہا کہ اللہ کا قول (اللہ کا ذکر کثرت سے کیا کرو) اس کی حد کیا ہے ؟ فرمایا رسول اللہؐ نے فاطمہؑ کو تعلیم فرمایا کہ وہ ۳۴ مرتبہ اللہ اکبر ۳۳ مرتبہ الحمد اللہ ۳۳ مرتبہ سبحان اللہ کی تسبیح کیا کریں پس جب تم نے یہ تسبیح دن اور رات میں کی تو تم نے اللہ کا ذکر کثرت سے کیا۔

اللہ کا قول (وہی ذات کہ جو تم پر درود بھیجتا ہے اور اس کے فرشتے بھی)

تاویل۔ ابن عباس سے مرفوعاً روایت ہے کہ یہ آیت خاص طور پر محمدؐ و آل محمدؑ کے لیے ہے اور ان کے

غیر کا اس میں کوئی حصہ نہیں کیونکہ اللہ سبحان و تعالیٰ ان کے سوا کسی پر درود نہیں بھیجتا پس جس نے یہ گمان کیا کہ اللہ امت میں سے کسی پر درود بھیجتا ہے تو اس نے کفر کیا۔

اس کی وضاحت یہ ہے کہ اگر ان کے غیر پر درود بھیجے تو پھر وہ فضیلت میں نبیؐ کے برابر ہے کیونکہ اللہ فرماتا ہے (بے شک اللہ اور اس کے فرشتے نبیؐ پر درود بھیجتے ہیں پس اے ایمان والوں تم بھی نبیؐ پر درود و سلام بھیجو) پس یہ جائز نہیں کہ محمدؐ و آل محمدؑ کے سوا کسی اور پر درود بھیجا جائے اور جیسے کہ اللہ کا قول ہے(پس رسول کو ایسے نہ پکارو جیسے تم ایک دوسرے کو پکارتے ہو) ۔

اس کی تائید اللہ کا یہ قول کرتا ہے کہ مسلمانوں نے رسول اللہؐ سے اس آیت کے نازل ہونے کے وقت پوچھا(بے شک اللہ اور اس کے فرشتے آپؐ پر درود بھیجتے ہیں) اے اللہ کے رسول آپؐ پر سلام ہے ہم نے جان لیا پس کس طرح ہم آپؐ پر درود بھیجیں؟ فرمایا کہو الھم صل علیٰ محمد و آل محمد کما صلیت علیٰ ابراہیم و آل ابراہیم انک حمید مجید ۔

اس کی تائید یہ روایت بھی کرتی ہے کہ ان پر درود بھیجنا ہر نماز میں واجب ہے کہ جب اللہ نے ان کو درود پڑھنے کا حکم دیا جیسا کہ اللہ نے اپنے اس قول میں بھی (آل یاسین پر سلام ہو) اور اللہ کے اس قول کی توجیہ (تاکہ وہ تم کو تاریکیوں سے روشنی کی طرف نکالے اور وہ مومنین پر رحم کرنے والا ہے) اس کا مطلب یہ ہے کہ جب اللہ نے محمدؐ و آل محمدؑ پر درود بھیجا تو ان کے شیعوں کو عزت سے مخاطب کیا اور ان سے کہا(تاکہ وہ تم کو نکالے اے آل محمدؑ کے شیعوں تاریکیوں سے تمہارے دشمنوں کی جہالت سے نور کی طرف تمہارے نیک آئمہؑ کی ہدایت کی طرف اور بے شک وہ تم میں سے مومنین پر رحم کرنے والا ہے) پس نبیؐ پر اور ان کی آل اطہارؑ پر درود و سلام ہو۔

اللہ کا قول(بے شک اللہ تو یہی ارادہ رکھتا ہے کہ اے اہل بیتؑ نبی تم سے رجس کو دور ہی رکھے اور تم

کو ایسا پاک و پاکیزہ رکھے جیسا کہ حق ہے)

تاویل۔الطبرسی نے کہا کہ ابو حمزہ الثمالی نے اپنی تفسیر میں بیان کیا کہ مجھ سے شہر بن حوشب نے انہوں نے ام سلمہؓ سے روایت کی ہے کہ فاطمہؑ نبیؐ کے پاس آئیں نبیؐ نے ان سے فرمایا کہ اپنے شوہر اور اپنے بیٹوں کو بلاؤ پس وہ ان کو لے آئیں انہوں نے مل کر کھانا کھایا پھر نبیؐ نے ان پر اپنی خیبری چادر ڈال کر فرمایا اے اللہ یہ میرے اہل بیتؑ ہیں ان سے رجس کو دور ہی رکھ اور ان کو ایسا پاک و پاکیزہ رکھ جیسا کہ پاک و پاکیزہ رکھنے کا

حق ہے تو میں نے کہا یا رسول اللہؐ کیا میں ان کے ساتھ ہوں؟ فرمایا تم بھلائی کی طرف ہو۔

الثعلبی نے اپنی تفسیر میں اسناد کے ساتھ ام سلمہؓ سے روایت کی ہے کہ نبیؐ ان کے گھر میں تھے کہ ان کے پاس فاطمہؑ خرمے لے کر آئیں تو نبیؐ نے فرمایا اپنے بیٹوں اور شوہر کو بھی میرے پاس لاؤ پھر پہلے جیسی حدیث بیان فرمائی ام سلمہؓ روایت کرتی ہیں کہ پھر یہ آیت نازل ہوئی (انما یریداللہ لیذھب عنکم الرجس اہل بیت ......) پس نبیؐ نے چادر سے ان سب کو ڈھانپ دیا پس میں نے چادر کے نیچے سر داخل کیا اور کہا یا رسول اللہؐ کیا میں آپؐ کے ساتھ ہوں؟ فرمایا تو خیر پر ہے خیر پر ہے۔

محمد بن العباس نے کہا کہ ہم سے احمد بن محمد بن سعید نے انہوں نے الحسن بن علی بن بزیع سے انہوں نے اسماعیل بن بشار سے انہوں نے قتیبہ سے انہوں نے زید بن علی سے انہوں نے اپنے والد گرامیؑ سے انہوں نے اپنے داداؑ سے روایت کی ہے کہ رسول اللہؐ ام سلمہؓ کے گھر میں تھے کہ وہ ان کے پاس ایک ہنڈیا لائیں پس آپؐ نے علیؑ، فاطمہؑ، حسنؑ و حسینؑ کو بلایا تو انہوں نے اس میں سے کھایا پھر آپؐ نے ان پر اپنی خیبری چادر ڈال دی پھر فرمایا(انما یریداللہ لیذھب عنکم الرجس اہل

15 | تاویل الآیات(جلد دوئم)

بیت ......) توام سلمہؓ نے کہااے اللہ کے رسولؐ میں ان کے ساتھ ہوں ؟فرمایاتو بھلائی پر ہے۔

ہم سے عبدالعزیز بن یحییٰ نے انہوں نے محمد بن زکریا سے انہوں نے جعفر بن محمد بن عمارۃ سے روایت کی ہے ہم سے میرے والد نے انہوں نے امام جعفرؑ بن محمدؑ سے انہوں نے اپنے والد گرامیؑ سے روایت کی ہے کہ علیؑ ابن ابی طالبؑ نے فرمایااللہ عزوجل نے ہم اہل بیتؑ کوفضیلت بخشی پس اس طرح کیوں نہ ہو؟فرمایااللہ نے اپنی کتاب میں فرمایا(انما یریداللہ لیذھب عنکم الرجس اہل بیت ......)پس اللہ نے ہمیں تمام فواحش سے پاک رکھاظاہری بھی اور باطنی بھی اور ہم ہی حق کا راستہ ہیں۔

ہم سے عبداللہ بن علی بن عبدالعزیز نے انہوں نے اسماعیل بن محمد سے انہوں نے علی بن جعفر سے انہوں نے الحسین بن زید سے انہوں نے اپنے چچا عمر بن علیؑ سے روایت کی ہے کہ امام حسنؑ نے اس رات خطبہ ارشاد فرمایاجس رات علیؑ کوشہید کیاگیااور فرمایاکہ اس رات وہ ہستی قتل کی گئی ہے کہ جس پر نہ پہلے کوئی سبقت لے جاسکااور نہ ہی بعد والے اور نہ ہی کوئی اس کے علم کو پاسکے گاانہوں نے اس کرہ ارض پر صرف سات سو درہم چھوڑے ہیں کہ جس کے ذریعے وہ اپنے گھر والوں کے لیے ایک خادم خریدناچاہتے تھے پھر فرمایااے لوگوں جو مجھے جانتاہے ٹھیک وہ نہیں جانتاوہ جان لے میں حسنؑ بن علیؑ ہوں اور ڈرانے والے ،بشارت دینے والے ،ہدایت دینے والے ،سورج کو پلٹانے والے اور اللہ کے حکم سے اس کی طرف بلانے والے کا بیٹاہوں میں اس گھر میں سے ہوں جس میں جبرائیل آتا ہے اور میں ان اہل بیتؑ میں سے ہوں کہ جن سے اللہ نے رجس کو دور کر دیاہے اور ان کو پاک وپاکیزہ رکھاہے۔

ہم سے محمد بن یونس بن مبارک نے انہوں نے عبدالاعلی بن حمار سے انہوں نے محول بن ابراہیم سے انہوں نے عبدالجبار بن العباس سے انہوں نے عمار الرضی سے انہوں نے عمدۃ بنت افعی سے انہوں نے ام سلمہؓ سے روایت کی ہے کی یہ آیت (انما یریداللہ لیذھب عنکم الرجس اہل بیت ......) میرے گھر میں نازل ہوئی اور گھر میں سات لوگ تھے جبرائیل و میکائیل ،رسول اللہؐ، علیؑ، فاطمہؑ، حسنؑ اور حسینؑ اور میں دروازے پر تھی پس میں نے کہا یارسول اللہؐ کیا میں اہل بیتؑ میں سے ہوں ؟فرمایا تم خیر پر ہو اور ازواج نبیؐ میں سے ہو اور یہ نہیں کہا کہ تم اہل بیتؑ میں سے ہو۔

پس اللہ کے اس قول (انما یریداللہ لیذھب عنکم الرجس اہل بیت ......) کے بارے میں اس قدر روایات ہیں جن کا احاطہ ممکن نہیں یہ آیت ان پانچ پاک لوگوں کے بارے میں نازل ہوئی جو اصحاب کساء ہیں بخاری اور مسلم نے اپنی صحائح میں عائشہ سے اور احمد بن حنبل نے مسند میں ام سلمہؓ سے روایت کی ہے اور یہ مشہور و معروف واقعہ ہے۔

اللہ کا قول (بے شک اللہ اور اس کے فرشتے نبیؐ پر درود بھیجتے ہیں اے ایمان والوں تم بھی آپؐ پر درود بھیجو)

تاویل۔بے شک اللہ عزوجل نبیؐ پر درود بھیجتا ہے ان کی تعظیم و ثناء کرتا ہے پس اس طرح اس کے فرشتے بھی کرتے ہیں اس لیے ایمان والوں کو بھی حکم دیا گیا ہے وہ آپؐ پر درود بھیجیں جیسے کہ اللہ اور اس کے فرشتے بھیجتے ہیں پھر درود بھیجنے کے بعد اللہ نے فرمایا ان پر تسلیم کرکے سلام بھیجو۔

الشیخ ابوجعفر محمد بن بابویہ نے اسناد کے ساتھ انہوں نے ابوالمتعین سے روایت کی ہے کہ میں نے امام ابوالحسنؑ سے کہا کہ اللہ، مومنین اور ملائکہ کے درود کے کیا معنی ہیں ؟آپؑ نے فرمایا اللہ کا درود

اس کی طرف سے رحمت ہے اور ملائکہ کا درود ان کا تزکیہ ہے اور مومنین کا درود دعا ہے۔

محمد بن العباس نے کہا کہ ہم سے عبدالعزیز بن یحییٰ نے انہوں نے علی بن الجعد سے انہوں نے شعیب سے انہوں نے الحکم سے روایت کی ہے کہ میں نے ابن ابی لیلیٰ کو کہتے ہوئے سنا کہ مجھے کعب بن عجرۃ ملا اس نے کہا کہ کیا میں تمھیں کوئی تحفہ نہ دوں ؟ میں نے کہا کیوں نہیں کہا کہ رسول اللہؐ میرے پاس آئے تو میں نے کہا یارسول اللہؐ ہمیں بتائیں کہ ہم آپؐ پر درود کیسے بھیجیں تو فرمایا کہ کہو الھم صل علیٰ محمد و آل محمد کما صلیت علیٰ ابراہیم و آل ابراہیم انک حمید مجید وہ بارک علیٰ محمد و آل محمد کما بارکت علیٰ ابراہیم و آل ابراہیم انک حمید مجید ۔

امام صادقؑ سے جو روایت ہے اس کی تائید کرتی ہے کہ جب یہ آیت نازل ہوئی (بے شک اللہ اور اس کے فرشتے آپؐ پر درود بھیجتے ہیں اس لیے اے ایمان والوں تم بھی نبیؐ پر درود و سلام بھیجو) اصحاب نے کہا یارسول اللہؐ ہم آپؐ کو سلام کرنا تو جانتے ہیں لیکن آپؐ پر درود کیسے بھیجیں؟ فرمایا کہو الھم صل علیٰ محمد و آل محمد کما صلیت علیٰ ابراہیم و آل ابراہیم انک حمید مجید وہ بارک علیٰ محمد و آل محمد کما بارکت علیٰ ابراہیم و آل ابراہیم انک حمید مجید ۔

اور درود کی فضیلت میں جو روایات وارد ہوئی ہیں وہ یہ ہے کہ الشیخ ابو جعفر محمد بن بابویہ نے اسناد کے ساتھ عبداللہ بن سنان سے انہوں نے امام ابوعبداللہؑ سے روایت کی ہے کہ رسول اللہؐ نے ایک دن امیرالمومنینؑ سے فرمایا اے علیؑ میں تمھیں ایک خوشخبری دوں ؟ فرمایا یارسول اللہؐ کیوں نہیں فرمایا مجھے جبرائیل نے خبر دی ہے کہ جب کوئی امتی میرے ساتھ میرے اہل بیتؑ پر درود بھیجتا ہے تو

آسمانوں کے دروازے اس کے لیے کھل جاتے ہیں اور اس پر ملائکہ ستر مرتبہ درود بھیجتے ہیں اگرچہ وہ گناہگار ہی کیوں نہ ہو پھر اس کے گناہ ایسے جھڑتے ہیں جیسے درختوں سے پتے اور اللہ فرماتا ہے اے میرے بندے ! لبیک اے میرے فرشتوں تم اس پر ستر مرتبہ درود بھیجو اور میں اس پر سات سو مرتبہ درود بھیجتا ہوں اور اگر اس درود میں آلؑ شامل نہ ہو تو اس کے اور آسمان کے درمیان ستر حجاب ہوتے ہیں اور اللہ فرماتا ہے میں تیرے لیے نہیں ہوں اور نہ ہی تو خوش بخت ہے اے میرے فرشتوں ! اس نے میرے نبیؐ کے ساتھ اس کی عترت نہیں رکھی پس اس وقت تک میرے اور اس کے درمیان حجاب رہے گا کہ جب تک یہ میرے نبیؐ کے ساتھ اس کی عترتؑ کو نہ ملادے۔

الشیخ المفید نے امام صادقؑ سے روایت کی ہے کہ آپؑ نے فرمایا جب جمعرات کے بعد شب جمعہ آتی ہے تو اس رات ملائکہ آسمان سے اترتے ہیں ان کے پاس سونے کے قلم ہوتے ہیں اور چاندی کے صحیفے ہوتے ہیں وہ اس میں صرف محمدؐ وآل محمدؑ پر درود بھیجنے والے کو لکھتے ہیں اور اللہ اس کی ایک ہزار برائیاں مٹا دیتا ہے اور اس کے ایک ہزار درجے بلند کرتا ہے اور بے شک ہر شب جمعہ کو جو شخص رسول اللہؐ پر درود بھیجتا ہے اور دن کو بھی بھیجتا ہے اس کا نور قیامت تک آسمان میں چمکتا رہتا ہے اور ملائکہ اس کے لیے مغفرت طلب کرتے ہیں اور جو موکل رسول اللہؐ کی قبر اطہر پر ہے وہ اس کے لیے قیامت تک بخشش طلب کرتا رہے گا۔

اللہ کا قول (وہ لوگ جو اللہ اور اس کے رسول کو اذیت دیتے ہیں ان پر دنیا میں بھی لعنت ہے اور آخرت میں بھی اور ان کے لیے دردناک عذاب تیار ہے جو ذلت والا ہے اور وہ لوگ جو مومنین و مومنات کو اذیت دیتے ہیں تو وہ بہت ہی بہتان باز ہے اور کھلا گناہ کرتے ہیں)

تاویل۔ابو علی الطبرسی نے کہا کہ ہم سے السید الوالحمد نے کہا کہ ہم سے الحاکم ابوالقاسم الحسکانی نے

اسناد کے ساتھ مرفوعاً حدیث ارطاۃ بن حبیب سے روایت کی ہے انہوں نے کہا کہ مجھ سے ابو خالد الواسطی نے انہوں نے زید بن علی بن الحسینؑ سے انہوں نے امام الحسینؑ بن علیؑ سے انہوں نے اپنے والد ماجدؑ امیر المومنین علیؑ بن ابی طالبؑ سے روایت کی ہے (اس حالت میں کہ یہ تمام رجال اپنے بالوں کو پکڑے ہوئے تھے) رسول اللہؐ نے اپنے بال پکڑ کر فرمایا یا علیؑ جس نے تیرے ان بالوں کو اذیت دی اور جس نے مجھے اذیت دی اس نے اللہ کو اذیت دی پس اس پر اللہ کی لعنت ہے۔

اس کی تائید تفسیر امام حسن عسکریؑ میں ہے کہ رسول اللہؐ نے ایک لشکر روانہ کیا اس پر علیؑ کو امیر مقرر کیا اور جو لشکر بھی بھیجا کہ جس میں علیؑ کو بھیجا ہو تو اس پر ہمیشہ علیؑ کو امیر مقرر کیا تو جب غنیمت کی باری آئی تو آپؑ نے ایک کنیز لے لی اور اس کی قیمت تمام غنیمت کے عوض دے دی پس حاطب بن ابی بلتعہ نے اور بریدہ اسلمی نے چال چلی جب وہ رسول اللہؐ کے پاس آئے تو بریدہ رسول اللہؐ کے سامنے کھڑا ہوا اور کہا یا رسول اللہؐ کیا آپؐ نہیں دیکھتے کہ علیؑ ابن ابی طالبؑ نے تمام غنیمت کے علاوہ کنیز کو لے لیا پس رسول اللہؐ نے اس سے منہ پھیر لیا پس رسول اللہؐ کو جلال آیا ایسا جلال کہ اس سے پہلے کبھی کسی نے آپؐ کو ایسے عالم غضب میں نہیں دیکھا تھا پھر آپؐ نے فرمایا اے بریدہ تمہیں کیا ہو گیا ہے کہ تم اللہ کے رسولؐ کو اذیت دے رہے ہو کیا تم نے اللہ کا قول نہیں سنا (جنہوں نے اللہ اور اس کے رسول کو اذیت دی ان پر دنیا و آخرت میں لعنت ہے اور ان کے لیے ذلت والا عذاب تیار ہے) بریدہ نے کہا میں نے تو آپؐ کو اذیت نہیں دینی چاہی تھی رسول اللہؐ نے فرمایا کیا تم نہیں جانتے کہ علیؑ مجھ سے ہے اور میں علیؑ سے ہوں اور جس نے علیؑ کو اذیت دی اس نے مجھے اذیت دی اور

جس نے مجھے اذیت دی اس نے اللہ کو اذیت دی پس اللہ پر حق ہے کہ وہ اسے جہنم کے دردناک عذاب سے تکلیف دے اے بریدہ جان لے کہ اللہ نے مجھے معراج کی رات بتایا اور میں نے لوح

محفوظ پر لکھا ہوا پایا کہ علیؑ تمام خطاؤں اور لغزشوں سے معصوم ہے پس اے بریدہ وہ کیسے غلطی کر سکتا ہے کہ جسے اللہ اور اس کے ملائیکہ مقربین معصوم کہیں پس اے بریدہ تو علیؑ کے خلاف باتیں نہ کر کیونکہ وہ امیر المومنینؑ، سید الوصیین، سید الصالحین، فارس المسلمین، قائد الغرا لمجلین اور جنت اور دوزخ تقسیم کرنے والا ہے وہ کہے گا کہ یہ میرے لیے ہے اور یہ تیرے لیے ہے۔

اللہ کا قول (اے ایمان والوں ان لوگوں کی طرح نہ ہو جاؤ جنہوں نے موسیٰؑ کو تکلیف دی پس اللہ نے ان کو اس سے بری کر دیا جو انہوں نے کہا اور وہ اللہ کے نزدیک باآبرو تھے)

تاویل۔ الشیخ محمد بن یعقوب سے انہوں نے الحسین بن محمد سے انہوں نے معلیٰ بن محمد سے انہوں نے احمد بن النضر سے انہوں نے محمد بن مروان سے اللہ کے اس قول کے بارے میں روایت کی ہے کہ یہ آیت اس طرح نازل ہوئی (تمہارے لیے مناسب نہیں کہ تم رسول اللہؐ کو اذیت دو علیؑ اور آئمہؑ کے بارے میں ان لوگوں کی طرح جنہوں نے موسیٰؑ کو تکلیف دی)

علی بن ابراہیم نے اپنی تفسیر میں ایسی ہی روایت بیان کی ہے۔

اللہ کا قول (پس جس نے اللہ اور اس کے رسول کی اطاعت کی تو وہ کامیاب ہوا)

تاویل۔ محمد بن العباس سے انہوں نے احمد بن القاسم سے انہوں نے احمد بن الیساری سے انہوں نے محمد بن علی

سے انہوں نے علی بن اسباط سے انہوں نے علی بن ابی حمزہ سے انہوں نے ابو بصیر سے انہوں نے امام ابو عبداللہؑ سے روایت کی ہے کہ آپؑ نے فرمایا جس نے اللہ اور اس کے رسولؐ کی اطاعت کی ولایت علیؑ و آئمہؑ کے بارے میں تو اس نے بڑی کامیابی حاصل کر لی۔

اللہ کا قول (ہم نے اس امانت کو آسمانوں اور زمینوں پر پیش کیا)

تاویل۔اس آیت کی تاویل میں متعدد احادیث وارد ہوئی ہیں کہ امانت سے مراد ولایت علیؑ ہے اور زمین و آسمان سے مراد جن و انسان ہیں۔

محمد بن العباس نے الحسین بن عامر سے انہوں نے محمد بن الحسین سے انہوں نے الحکم بن مکین سے انہوں نے اسحاق بن عمار سے انہوں نے امام ابو عبداللہؑ سے اللہ کے اس قول کے بارے میں روایت کی ہے (ہم نے اس امانت کو زمین و آسمان کے سامنے پیش کیا) فرمایا اس سے مراد علیؑ ابن ابی طالبؑ کی ولایت ہے۔

اس کی تائید الشیخ محمد بن یعقوب سے انہوں نے محمد بن یحییٰ سے انہوں نے محمد بن الحسین سے انہوں نے الحکم بن مسکین سے انہوں نے اسحاق بن عمار سے انہوں نے ایک آدمی سے انہوں نے امام ابو عبداللہؑ سے اللہ کے اس قول کے بارے میں روایت کی ہے آپؑ نے فرمایا کہ اس امانت سے مراد ولایت امیر المومنینؑ ہے۔

اللہ کا ان پر اور ان کی پاکیزہ آلؑ پر ہمیشہ درود و سلام قیامت کے دن تک۔

سورۃ سباء

(اس سورہ مبارکہ کی وہ آیات جو آئمہ ھدیٰؑ کی شان میں نازل ہوئیں)

اللہ کا قول(ہم نے ان کو اور ان بستیوں کے درمیان کہ جن میں برکت دے رکھی تھی جو بر سر راہ آباد تھیں اور ہم نے ان میں چلنا مقرر کیا تھا کہ ان میں دن اور رات میں امن سے چلو)

تاویل۔اس آیت کی تاویل ظاہری تو ظاہر ہے اور باطنی یہ ہے کہ محمد بن العباس نے الحسین بن علی سے انہوں نے الھیثم بن عبد اللہ الرمانی سے انہوں نے کہا کہ مجھ سے علی بن موسیٰ نے انہوں نے امام ابو عبد اللہؑ سے روایت کی ہے کہ آپؑ کے پاس کچھ مفسر قرآن آئے تو آپؑ نے ان کو ان کے نام بتائے اور فرمایا تم فلاں ہو اس نے کہا جی ہاں فرمایا تم قرآن کی تفسیر کرتے ہو انہوں نے کہا جی ہاں فرمایا تم اس آیت کی تفسیر کیسے کرتے ہو؟ اس نے کہا یہ مکہ وہ منیٰ کے درمیان کا علاقہ ہے تو امام ابو عبد اللہؑ نے ان سے فرمایا کیا ان راستوں میں خوف اور راہزنی ہوتی ہے اس نے کہا جی ہاں فرمایا کہ پھر وہ کون سا خوف ہے جس سے امن ہے؟ وہ خاموش رہا تو آپؑ نے فرمایا وہ ہم اہل بیتؑ ہیں۔

اس کی تائید احمد بن ھنورہ الباہلی کی روایت کرتی ہے کہ انہوں نے ابراہیم بن اسحاق النہاوندی سے انہوں نے عبداللہ بن حمار سے انہوں نے عبداللہ بن سنان سے انہوں نے امام ابو عبداللہؑ سے روایت کی ہے کہ حسن بصری امام محمد بن علی الباقرؑ کے پاس آیا تو آپؑ نے اسے فرمایا اے بصرہ والے مجھے پتا چلا ہے کہ تم قرآن کی آیات کی تفسیر اس کے خلاف کرتے ہو کہ جیسے وہ نازل ہوئیں اس نے کہا میں آپؑ پر قربان وہ کونسی آیت ہے فرمایا کہ اللہ عزوجل کا قول (اور ہم نے ان کے اور ان بستیوں کے درمیان کے جن کے درمیان ہم نے برکت رکھی ہے۔۔۔۔۔۔۔) تو ہلاک ہو کہ تم قوم کو امان کیسے دیتے ہو جبکہ مکہ و مدینہ کے درمیان ان کے مال کو لوٹا جاتا ہے اور کئی بندے قتل ہوتے ہیں پھر آپؑ کچھ دیر خاموش رہے اور اپنا ہاتھ اپنے سینے کی طرف بڑھایا اور فرمایا ہم ہی وہ بستیاں ہیں کہ جن کے درمیان اللہ نے برکت رکھی ہے اس نے کہا آپؑ مجھے ان ظاہری بستیوں کے بارے میں بتائیں فرمایا وہ ہمارے شیعوں میں سے علماء ہیں۔

اللہ کا قول (پس اس میں ہر صبر و شکر کرنے والے کے لیے نشانیاں ہیں)

تاویل۔ محمد بن العباس نے کہا کہ ہم سے محمد بن احمد بن ثابت نے انہوں نے القاسم بن اسماعیل سے انہوں نے محمد بن سنان سے انہوں نے سماعہ بن مہران سے انہوں نے جابر بن یزید سے انہوں نے امام ابو عبداللہؑ سے اللہ کے اس قول کے بارے میں روایت کی ہے کہ (اس میں ہر صبر و شکر کرنے والے کے لیے نشانیاں ہیں) فرمایا صبر کرنے والا ہماری مودت پر اور جو اس پر سختی آئے اس پر صبر کرنا اور ہم اہل بیتؑ کی ولایت پر اللہ کا شکر ادا کرنے والا۔

اللہ کا قول (اور شیطان نے ان کے بارے میں اپنا گمان سچ کر دکھایا پس وہ سب کے سب اس کے تابعدار بن گئے سوائے مومنین کے ایک گروہ کے)

تاویل۔ محمد بن العباس سے انہوں نے الحسین بن احمد المالکی سے انہوں نے محمد بن عیسیٰ بن عبید سے انہوں نے ابن فضال سے انہوں نے عبد الصمد سے انہوں نے عطیہ العوفی سے انہوں نے امام ابو جعفرؑ سے روایت کی ہے کہ جب رسول اللہؐ نے غدیر خم میں علیؑ کا ہاتھ پکڑا تو فرمایا من کنت مولاہ فھذا علی مولاہ۔ فرمایا کہ ابلیس اپنے گروہ کے ساتھ ادھر موجود تھا پس ابلیس نے ان کے درمیان پھوٹ ڈال دی تو وہ بکھر گئے اور کہنے لگے اللہ کے نبیؐ سے کہ آپؐ نے جو کہا ہے ایسا نہیں ہے اور انہوں نے امیر المومنینؑ کی ولایت سے انکار کر دیا پس یہ آیت نازل ہوئی۔

علی بن ابراہیم نے اسناد کے ساتھ انہوں نے زید الشحام سے روایت کی ہے کہ قتادۃ بن دعامہ سے انہوں نے امام ابو جعفرؑ سے اللہ کے اس قول کے بارے میں پوچھا(اور ابلیس نے اپنے گمان کو ان کے بارے میں سچ کر دکھایا پس انہوں نے اس کی اتباع کی سوائے مومنین میں سے ایک گروہ کے) فرمایا کہ جب اللہ نے اپنے نبیؐ کو حکم دیا کہ وہ امیر المومنینؑ کی ولایت کا اعلان کریں اور اللہ نے اپنے نبیؐ سے فرمایا(اے میرے رسول پہنچادے جو تیرے رب کی طرف سے تیری طرف نازل کیا گیا ہے) علیؑ کی ولایت کا اعلان (اور اگر آپ نے ایسا نہ کیا تو آپ نے کوئی کار رسالت ہی سر انجام نہیں دیا) تو رسول اللہؐ نے علیؑ کا ہاتھ پکڑ کر غدیر میں فرمایا جس جس کا میں مولا ہوں علیؑ اس کا مولا ہے تو منکرین ولایت کے بڑے ابلیس نے ان سے کہا کہ اس میں تمہارے لیے تو کچھ بھی نہیں تو انہوں نے ابلیس سے کہا کہ اس شخص (یعنی رسول اللہؐ) نے آج وہ کام کیا ہے کہ ہم قیامت تک اسے نہیں بھلا سکیں گے تو ابلیس نے ان سے کہا کہ تم اس کا حکم مت مانو اور میری طرف مائل ہو جاؤ اور انہوں نے اس سے وعدہ کر لیا اور عہد کیا کہ وہ اس کی اتباع کریں گے پس اللہ نے یہ آیت نازل فرمائی اور یہ

کہ چند مومنین نے اللہ اور اس کے رسولؐ کی اتباع کی۔

الشیخ محمد بن یعقوب نے انہوں نے محمد بن یحییٰ سے انہوں نے احمد بن سلیمان سے انہوں نے عبداللہ بن محمد سے انہوں نے منیع بن الحجاج سے انہوں نے صباح الخذاء سے انہوں نے صباح الحمری سے انہوں نے جابر سے انہوں نے امام ابو جعفرؑ سے اس آیت کے بارے میں روایت کی ہے کہ یوم غدیر رسول اللہؐ نے علیؑ کا ہاتھ بلند کیا تو ابلیس اونچی آواز سے چیخا تو اس کے جتنے بھی لشکری جو خشکی و تری میں موجود تھے سب وہاں جمع ہو گئے اور انہوں نے کہا کہ اے ہمارے سردار آپ کیوں چیخے ؟ ہم نے پہلے کبھی آپ کو اس طرح چیختے ہوئے نہیں سنا تو اس نے ان سے کہا کہ اس نبیؐ نے ایسا کام کیا ہے کہ اگر سب نے اسے پورا کر دیا تو کبھی اللہ کی نافرمانی نہیں ہو گی انہوں نے کہا اے ہمارے سردار جب آدم کی تخلیق ہوئی اور اسے خلافت ملی تب بھی آپ اس طرح نہیں چیخے تھے تو اب کیا ہوا؟ اس نے کہا کہ آدم نے عہد توڑا تھا اور اللہ کا انکار نہیں کیا تھا لیکن آج رسول اللہؐ نے علیؑ کی ولایت کا اعلان کر کے مجھے شکست خورہ کر دیا ہے پس جب رسول اللہؐ کو اٹھا لیا گیا اور لوگوں نے علیؑ کی جگہ ابو بکر کو خلیفہ بنا لیا تو ابلیس نے بادشاہی کا تاج پہنا اور اس کے لیے منبر وضع کیا گیا اور اس کے گرد اس کے چیلے جمع ہوئے تو اس نے کہا ناچو اور گاؤ اب اللہ کی اطاعت نہیں ہو گی کہ جب تک امامؑ کا قیام نہ ہو جائے پس پھر امام ابو جعفرؑ نے اس آیت کی تلاوت فرمائی اور فرمایا کہ اس آیت کی تاویل یہ ہے کہ جب رسول اللہؐ کو اٹھا لیا گیا تو کفار نے کہا رسول اللہؐ اپنی مرضی سے باتیں کرتے تھے اور علیؑ کی ولایت ہم پر واجب نہیں پس ابلیس کا گمان ان کے بارے میں سچ ہو گیا اور انہوں نے اس کی اتباع کی۔

اللہ کا قول (پس اس کے ہاں سفارش کچھ نفع نہ دے سکے گی سوائے کہ وہ جسے اجازت دے)

تاویل۔ علی بن ابراہیم نے کہا کہ امام ابو عبداللہؑ سے روایت ہے کہ آپؑ نے فرمایا قیامت کے دن کسی نبی اور رسول کی شفاعت اللہ قبول نہیں فرمائے گا سوائے اس کے کہ جنہیں وہ سفارش کی اجازت

دے گا سوائے رسول اللہؐ کے کہ ان کو قیامت کے دن سے پہلے ہی شفاعت کی اجازت دے چکا ہے پس شفاعت امیر المومنینؑ، رسول اللہؐ اور امیر المومنینؑ کی پاکیزہ اولاد کے لیے ہے پھر اس کے بعد تمام انبیاء کے لیے۔

علی بن مہران نے زرعہ سے انہوں نے سماعہ سے روایت کی ہے کہ امام ابو عبد اللہؑ سے شفاعت کے بارے میں پوچھا گیا تو آپؑ نے فرمایا کہ قیامت کے دن لوگ ایک میدان میں جمع ہونگے اور ان کا پسینہ بہہ رہا ہوگا وہ کہیں گے آؤ ہم اپنے والد آدمؑ کے پاس چلتے ہیں کہ وہ ہمارے لیے شفاعت کریں وہ آدمؑ کے پاس آئیں گے اور کہیں گے کہ اپنے رب کے ہاں ہماری سفارش کیجئے وہ کہیں گے کہ میں نے ایک گناہ کیا تھا اور مجھے اپنے رب سے شرم آتی ہے تم نوحؑ کے پاس جاؤ وہ نوحؑ کے پاس آئیں گے وہ ان کو اپنے بعد والے نبی کے پاس بھیج دیں گے اسی طرح ہر نبی اپنے بعد والے نبی کے پاس انہیں بھیجتا رہے گا یہاں تک کہ وہ عیسیٰؑ کے پاس آجائیں گے وہ کہیں گے کہ تم محمدؐ کے پاس جاؤ وہ محمدؐ کے پاس آئیں گے اور خود کو ان کے سامنے پیش کریں گے اور شفاعت کے بارے میں کہیں گے پس آپؐ فرمائیں گے کہ آؤ چلتے ہیں اور وہ ان کے ساتھ چلیں گے یہاں تک کہ جنت کے دروازے پر پہنچ جائیں گے تو اللہ رحمٰن کے سامنے سجدہ میں گر جائیں گے پس اللہ فرمائے گا اے محمدؐ اپنا سر اٹھائیں اور شفاعت کریں آپؐ کی شفاعت قبول کی جائے گی پس وہ ان کی شفاعت کریں گے۔

اللہ کا قول (کہہ دیجئے کہ میں تم کو ایک اللہ کی نصیحت کرتا ہوں اور تم دو دو کر کے یا ایک ایک اللہ کے لیے قیام کرو)

تاویل۔ محمد بن العباس نے کہا کہ ہم سے احمد بن محمد النوفلی نے کہا کہ انہوں نے یعقوب بن یزید سے انہوں نے امام ابو عبد اللہؑ سے روایت کی ہے کہ آپؑ نے فرمایا علیؑ کی ولایت کا اقرار کرو میں نے کہا یہ

27 | تاویل الآیات(جلد دوئم)

کیسے ہو؟ فرمایا کہ جب نبیؐ نے امیر المومنینؑ کی ولایت کا اعلان کیا اور فرمایا کہ جس جس کا میں مولا ہوں علیؑ اس کا مولا ہے تو ایک شخص نے کہا کہ محمدؐ ہر روز نئے کام کے لیے بلاتا ہے وہ چاہتا ہے کہ اپنے اہل بیتؑ کو ہماری گردنوں پر سوار کر دے پس اللہ نے اپنے نبیؐ پر یہ آیت نازل فرمائی کہ (کہہ دیجئے کہ جو مجھے سونپا گیا میں نے تم کو دے دیا) اور اللہ کے اس قول کے معنی (تم اللہ کے لیے ایک ایک یا دو دو کر کے قیام کرو) فرمایا دو سے مراد اطاعت رسول اللہؐ اور اطاعت امیر المومنینؑ ہیں اور ایک ایک سے مراد ان دونوں کے بعد ان کی اولاد میں سے آئمہؑ کی اطاعت ہے اے یعقوب! اللہ کی قسم اس سے مراد کوئی اور نہیں ہے۔

الشیخ محمد بن یعقوب نے انہوں نے الحسین بن محمد سے انہوں نے معلیٰ بن محمد سے انہوں نے الوشاء سے انہوں نے محمد بن الفضیل سے انہوں نے ابو حمزہ الثمالی سے روایت کی ہے کہ میں نے امام ابو عبداللہؑ سے اللہ کے اس قول کے بارے میں پوچھا کہ (کہ میں تم کو اللہ کی ایک نصیحت کرتا ہوں) فرمایا اس سے مراد ولایت علیؑ ہے یہی وہ ایک ہے کہ جس کے بارے میں اللہ نے فرمایا(میں تم کو ایک کی نصیحت کرتا ہوں)

اللہ کا قول (اگر آپ دیکھیں گے کہ جب یہ گھبرائے پھریں گے پھر نکل بھاگنے کی کوئی صورت نہ ہو گی اور یہ قریب کی جگہ سے گرفتار کر لئے جائیں گے)

تاویل۔ محمد بن العباس سے انہوں نے کہ ہم سے محمد بن الحسن بن علی بن الصباح المدائنی نے انہوں نے الحسن بن محمد بن شعیب سے انہوں نے موسیٰ بن عمر بن یزید سے انہوں نے ابن ابی عمیر سے انہوں نے منصور بن یونس سے انہوں نے اسماعیل بن جابر سے انہوں نے ابو خالد الکابلی سے انہوں نے امام ابو جعفرؑ سے روایت کی ہے کہ آپؑ نے فرمایا جب قائمؑ خروج کریں گے اور نکلیں گے تو انہیں

خبر پہنچے گی کہ ان کے گورنر کو قتل کر دیا گیا ہے تو وہ آکر ان سے لڑائی کریں گے پس دو لشکر سفیانی کے نکلیں گے اللہ عزو جل حکم دے گا اے زمین ان کے قدم پکڑ لے اور یہ اللہ کا قول ہے (اگر آپ دیکھیں گے کہ جب یہ گھبرائے پھریں گے پھر نکل بھاگنے کی کوئی صورت نہ ہو گی اور یہ قریب کی جگہ سے گرفتار کر لئے جائیں گے) پھر وہ کہیں گے کہ ہم قیام قائمؑ پر ایمان لائے حالانکہ اس سے پہلے وہ قائم آل محمدؑ کا انکار کر چکے تھے۔

سورۃ فاطر

(اس سورہ مبارکہ کی وہ آیات جو آئمہ ھدیٰؑ کی شان میں نازل ہوئیں)

اللہ کا قول(پس اللہ جو رحمت کھول دے اس کو کوئی بند کرنے والا نہیں)

تاویل۔ محمد بن العباس نے کہا کہ ہم سے ابو محمد احمد بن النوفلی نے انہوں نے یعقوب بن یزید سے انہوں نے ابن ابی عمیر سے انہوں نے مرازم سے انہوں نے امام ابو عبداللہؑ سے اللہ کے اس قول کے بارے میں روایت کی ہے کہ (اللہ جو اپنے بندوں کے لیے رحمت کھول دے اس کو کوئی بند کرنے والا نہیں) فرمایا کہ جو اللہ امامؑ کی زبان پر جاری کردے یعنی جو کلام امامؑ کی زبان پر جاری ہو جائے وہ رحمت ہے اور وہ اپنی مرضی سے کلام نہیں کرتے بلکہ اللہ کی طرف سے بولتے ہیں اور جو بھی اللہ کی طرف سے ہو وہ رحمت ہے جیسا کہ اللہ کا قول ہے(اور ہم نے آپ کو تمام جہانوں کے لیے رحمت بنا کر بھیجا) اسی طرح ان کے اہل بیتؑ ہیں۔

اللہ کا قول(پاکیزہ کلمے اس کی طرف چڑھتے ہیں اور صالح عمل اسے بلند کرتا ہے)

تاویل۔الشیخ محمد بن یعقوب نے انہوں نے علی بن محمد سے انہوں نے سہل بن زیاد سے انہوں نے یعقوب بن یزید سے انہوں نے زیاد القندی سے انہوں نے عمار بن ابو یقطان سے انہوں نے امام ابو عبداللہؑ سے اللہ کے اس قول کے بارے میں روایت کی ہے (اس کی طرف ہی پاکیزہ کلمے چڑھتے ہیں اور عمل صالح اسے بلند کرتا ہے) فرمایا ہم اہل بیتؑ کی ولایت پس جو ہم سے محبت نہیں کرتا اللہ اس کے عمل کو بلند نہیں کرتا۔یعنی ولایت ایسا صالح عمل ہے جو پاکیزہ کلمے کو اللہ کی طرف بلند کرتا ہے۔

علی بن ابراہیم نے امام صادقؑ سے حدیث بیان کی ہے کہ آپؑ نے فرمایا پاکیزہ کلمہ مومن کا یہ کہنا ہے کہ لاالہ الا للہ محمد رسول اللہ علی ولی اللہ خلیفتہ رسول اللہ عمل صالح یہ ہے کہ وہ دل سے اس پر اعتقاد رکھے اور اس پر شک نہ کرے۔

اس کی تائید امام علیؑ کی روایت کرتی ہے کہ فرمایا پاکیزہ کلمہ یہ قول ہے لاالہ الاللہ محمد رسول اللہ علی ولی اللہ و خلیفتہ حقاً وخلفاءہ خلفاء اللہ عمل صالح اسے بلند کرتا ہے۔

طریق عامہ سے انس بن مالک سے انہوں نے ابن شہاب سے انہوں نے ابو صالح سے انہوں نے ابن عباس سے روایت کی ہے کہ اللہ کا قول (دیکھنے والا اور اندھا برابر نہیں ہے) فرمایا اندھا ابو جہل اور دیکھنے والے امیر المومنینؑ ہیں (نہ تاریکی اور نور برابر ہو سکتے ہیں) پس تاریکی ابو جہل اور نور علیؑ ہیں پھر سب جو جمع کر کے اللہ نے فرمایا(مردے اور زندہ برابر نہیں ہو سکتے) پس زندہ علیؑ، حمزہؓ، جعفرؑ ، حسنؑ، حسینؑ، فاطمہؑ اور خدیجہؑ ہیں اور مردے کفار مکہ ہیں۔

اللہ کا قول(اللہ کے بندوں میں سے اس کا خوف علماء رکھتے ہیں)

تاویل۔ محمد بن العباس نے کہا کہ ہم سے علی بن عبداللہ بن اسد نے انہوں نے ابراہیم بن محمد سے انہوں نے جعفر بن عمر سے انہوں نے مقاتل بن سلیمان سے انہوں نے الضحاک بن مزاحم سے انہوں نے ابن عباس سے اللہ کے اس قول کے بارے میں روایت کی ہے (بے شک اللہ کے بندوں میں سے علماء اس کا خوف رکھتے ہیں) فرمایا اس سے مراد علیؑ ہیں کہ وہ عالم خدا ہیں اور اللہ عزوجل سے ڈرتے ہیں اس کے فرائض بجالاتے

ہیں اس کے راستے میں جہاد کرتے ہیں اور اسکی تمام رضاؤں اور رضائے خداوندی کی اتباع کرتے ہیں

۔

اللہ کا قول(پھر ہم نے اس کتاب کا وارث ان لوگوں کو بنایا کہ جن کو اپنے بندوں میں سے چن لیا ان میں سے کچھ اپنی جانوں پر ظلم کرنے والے کچھ میانہ رو اور کچھ نیکیوں میں سبقت لے جانے والے ہیں اللہ کے حکم سے یہی بہت بڑا فضل ہے)

تاویل۔ محمد بن العباس نے کہا کہ ہم سے علی بن عبداللہ بن اسد نے انہوں نے ابراہیم بن محمد سے انہوں نے عثمان بن سعید سے انہوں نے اسحاق بن یرید الفراء سے انوہں نے غالب الصمدانی سے انہوں نے ابو اسحاق السبیعی سے روایت کی ہے کہ میں حج کرنے نکلا تو میں امام محمدؑ بن علیؑ سے ملا میں نے امامؑ سے اللہ کے اس قول کے بارے میں پوچھا تو آپؑ نے فرمایا یہ خاص طور پر ہمارے لیے ہے اے ابو اسحاق جو نیکویوں میں سبقت لے جانے والے ہیں وہ علیؑ حسنؑ حسینؑ اور ہم میں سے امام ہیں پس میانہ رو وہ لوگ ہیں جو دن کے وقت روزہ رکھتے ہیں اور رات کو قیام کرتے ہیں اور اپنی جانوں پر ظلم کرنے والے ہمارے گناہگار شیعہ ہیں جن کو بخش دیا جائے گا اے ابو اسحاق ! ہمارے ذریعہ ہی اللہ تمہارے گناہ بخشے گا اور اللہ ہمارے ذریعے ہی شروع کرتا ہے اور ہمارے زریعے ہی ختم کرے گا

اور ہم اصحاب کہف کی طرح تمہاری گھاٹی میں ہیں اور ہم تمہاری کشتی ہیں سفینہ نوحؑ کی طرح اور ہم باب حطہ ہیں باب اسرائیل کی طرح۔

ہم سے حمید بن زیاد نے انہوں نے الحسن بن محمد سے انہوں نے محمد بن ابو حمزہ سے انہوں نے زکریا سے انہوں نے ابو سلام سے انہوں نے سواۃ بن کلیب سے روایت کی ہے کہ میں نے امام ابو جعفرؑ سے اللہ کے اس قول کے بارے میں پوچھا (ہم نے اس کتاب کا وارث ان لوگوں کو بنایا جن کو ہم نے چن لیا) فرمایا ہم ہیں کتاب کے وارث جن کو اللہ نے چن لیا میں نے پوچھا (کچھ اپنی جانوں پر ظلم کرنے والے ہیں) امامؑ نے فرمایا ان سے مراد وہ لوگ ہیں جو امامؑ کی معرفت نہیں رکھتے میں نے کہا (میانہ رو) کون ہیں؟ فرمایا جو معرفت امامؑ رکھتے ہیں میں نے کہا (نیکیوں میں سبقت لے جانے والے) کون ہیں؟ فرمایا امامؑ میں نے پوچھا آپؑ کے شیعوں کے لیے کیا ہے ؟ فرمایا کہ تمہارے گناہوں کا کفارہ ہو جائے گا ان کے قرض ادا کر دیئے جائیں گے اور ہم ان کے لیے حطہ کا دروازہ ہیں اور ہمارے ذریعے ہی اللہ ہمارے شیعوں کو بخش دے گا۔

ابن طاؤس نے ذکر کیا ہے کہ اس آیت سے مراد ذریت نبیؐ ہیں اور اپنے اوپر ظلم کرنے والا وہ ہے جو اپنے امام زمانہؑ کی معرفت نہیں رکھتا اور درمیانہ رو ان کی معرفت رکھنے والے ہیں اور سبقت لے جانے والا امامؑ وقت ہے

ہم سے محمد بن الحسین بن حمید نے انہوں نے جعفر بن عبداللہ المحمدی سے انہوں نے کثیر بن عیاش سے انہوں نے ابو الجارود سے انہوں نے امام ابو جعفرؑ سے اللہ کے اس قول کے بارے میں روایت کی ہے (پھر ہم نے کتاب کا وارث ان لوگوں کو بنایا جن کو ہم نے چن لیا) فرمایا اس سے مراد آل محمدؐ ہیں وہ اللہ کے برگزیدہ ہیں پس ان پر ظلم کرنے والا ہلاک ہونے والا ہے اور درمیانہ رو نیکوکار ہیں ان

میں سے نیکیوں میں سبقت لے جانے والے اور جو اللہ کے حکم سے نیکیوں میں سبقت لے جانے والے ہیں وہ علیؑ ابن ابی طالبؑ ہیں اللہ عزوجل فرماتا ہے (یہ بہت بڑا فضل ہے) ۔

علی بن ابراہیم نے کہا کہ اس آیت میں خاص طور پر آل محمدؑ کا ذکر کیا گیا ہے اور امام صادقؑ نے فرمایا کہ ان میں سے اپنی جانوں پر ظلم کرنے والا وہ ہے جو آل محمدؐ کے امام کا انکار کرے اور درمیانہ رو وہ ہے جو امامؑ کا اقرار کرے اور نیکیوں میں سبقت لے جانے والا امامؑ ہے۔

اللہ کا قول (جنت کے باغوں میں انہیں داخل کیا جائے گا اس میں سونے کے کنگن ہوں گے ان کے لباس ریشم کے ہونگے انہوں نے کہا اس اللہ کی حمد جس نے ہم سے غم کو دور کر دیا بے شک ہمارا رب بخشنے والا ہے)

تاویل۔ الشیخ ابو جعفر محمد بن بابویہ سے اللہ کے اس قول کے بارے میں روایت ہے کہ اس آیت میں فضائل زہراؑ پنہاں ہیں۔

ہم سے عبداللہ بن محمد بن عبدالوہاب سے انہوں نے ابوالحسن احمد بن محمد الشمرانی سے انہوں نے ابو محمد عبدالباقی سے انہوں نے عمر بن سنان سے انہوں نے حاجب بن سلیمان سے انہوں نے وکیع بن الجراح سے انہوں نے سلمان الاعمش سے انہوں نے ابن ظبیان سے انہوں نے ابوذرؓ سے روایت کی ہے کہ میں نے سلمانؑ و بلالؓ کو نبیؐ کی طرف بڑھتے ہوئے دیکھا کہ سلمانؑ نبیؐ کے قدموں پر گر گیا نبیؐ نے ان کو جھڑکا اور پھر پوچھا اے سلمانؑ تم نے ایسے کیوں کیا کہ جو عجمی اپنے بادشاہوں کے ساتھ کرتے ہیں میں تو اللہ کا بندہ ہوں وہ کھاتا ہوں کہ جو بندے کھاتے ہیں اس طرح بیٹھتا ہوں کہ جیسے غلام بیٹھتا ہے سلمانؑ نے ان سے کہا میں آپؐ کو اللہ کا واسطہ دے کر کہتا ہوں کہ مجھے قیامت کے دن فاطمہؑ کے فضائل سے آگاہ فرمائیں پس رسول اللہؐ مسکراتے ہوئے آگے بڑھے اور فرمایا اللہ کی قسم کہ

جس کے ہاتھ میں میری جان ہے وہ اللہ کی کنیز ہے کہ جو قیامت کے میدان سے ناقہ پر سوار ہو کر گزرے گی کہ جس ناقہ کا سر اللہ کے خوف سے جھکا ہوا ہو گا اس کی آنکھیں اللہ کے نور سے ہونگی اس کی گردن اللہ کے رعب سے ہو گی اس کے دانت اللہ کی رضا سے ہونگے اگر چلے تو اللہ کی تسبیح کرے اگر رکے تو اللہ کی پاکی بیان کرے اس پر ایک نور کا ھودج ہو گا پس اگر ان کی چھوٹی انگلی کا ناخن بھی باہر نکلے تو شمس و قمر چھپ جائیں جبرائیل ان کے دائیں میکائیل ان کے بائیں علیؑ ان کے سامنے حسنؑ و حسینؑ ان کے پیچھے ہونگے پس وہ میدان قیامت سے گزریں گے کہ ندا آئے گی اے اہل قیامت اپنے سر جھکالو آنکھیں بند کر لو کہ تمہارے نبیؐ کی بیٹی فاطمہؑ گزرنے لگی ہیں جو تمہارے امام علیؑ کی زوجہ ہیں اور امام حسنؑ و حسینؑ کی والدہ ہیں پس وہ جنت میں داخل ہو نگی اور دیکھیں گی کہ اللہ نے ان کے لیے جو وعدہ کیا تھا تیار کر رکھا ہے وہ یہ آیت پڑھیں گی (اس اللہ کی حمد کہ جس نے ہم سے غم کو دور کیا بے شک ہمارا رب بخشنے والا ہے کہ اس کا شکر ادا کیا جائے) پس اللہ فرمائے گا اے فاطمہؑ تم مجھ سے سوال کرو کہ میں تم کو عطا کروں گا وہ فرمائیں گی اے میرے پروردگار تو مجھ سے اور میری اولاد سے محبت رکھنے والے کو عذاب نہ دینا پس اللہ ان کی طرف وحی کرے گا اے فاطمہؑ مجھے میری عزت و جلال کی قسم میں نے زمین و آسمان کی تخلیق کے دو ہزار سال پہلے سے قسم کھائی ہے کہ میں تیرے اور تیری عترتؑ سے محبت کرنے والے کو عذاب نہ دوں گا۔

اللہ کا قول (جو لوگ کافر ہیں ان کے لیے جہنم کی آگ ہے نہ ہی ان کی قضا آئے گی کہ وہ مر جائیں اور نہ ہی ان سے جہنم کا عذاب ہلکا کیا جائے گا ہم کافروں کو اسی طرح ہی بدلہ دیتے ہیں وہ اس میں چلائیں گے کہ اے ہمارے پروردگار ہم کو اس میں سے نکال دے ہم جو عمل کرتے تھے ان کے سوا نیک عمل کریں گے)

تاویل۔ محمد بن العباس سے انہوں نے محمد بن سہل سے انہوں نے عمر بن عبد الجبار سے انہوں نے اپنے والد سے انہوں نے علی بن جعفرؑ سے انہوں نے اپنے بھائی امام موسیٰ بن جعفر الکاظم علیہ السلام سے انہوں نے اپنے والد گرامیؑ سے انہوں نے اپنے داداؑ سے انہوں نے امام علیؑ بن الحسینؑ سے انہوں نے اپنے داداؑ امیر المومنینؑ سے روایت کی ہے کہ مجھے رسول اللہؐ نے فرمایا اے علیؑ جب تمہارے دشمن جہنم میں جائیں گے تو کہیں گے اے اللہ ہمیں اس میں سے نکال دے ہم نیک عمل کیں گے یعنی ولایت علیؑ کا اقرار کریں گے کہ جو ہم پہلے عمل یعنی علیؑ سے دشمنی کرتے تھے وہ نہ کریں گے پس اللہ انہیں جواب دے گا کہ ہم نے تمہیں پہلے جو عمر دی تھی اور تمہارے پاس ڈرانے والا بھی آیا تھا یعنی نبیؐ پس اب تم عذاب چکھو کہ جو تم آل محمدؐ پر ظلم کرتے تھے۔

حمد ہے اس اللہ کی کہ جو تمام جہانوں کا پروردگار ہے جس نے ہمیں امیر المومنینؑ اور ان کی پاکیزہ ذریت سے محبت کرنے والا بنایا ہے۔

سورۃ یٰسین

(اس سورہ مبارکہ کی وہ آیات جو آئمہ ھدیٰؑ کی شان میں نازل ہوئیں)

اللہ کا قول (تاکہ آپ اس قوم کو ڈرائیں کہ جن کے باپ دادا نہیں ڈرائے گئے تھے کیونکہ وہ غافل تھے)

تاویل الشیخ محمد بن یعقوب نے انہوں نے محمد بن یحییٰ سے انہوں نے سلمہ بن الخطاب سے انہوں نے الحسن بن عبدالرحمٰن سے انہوں نے علی بن ابی حمزہ سے انہوں نے ابو بصیر سے روایت کی ہے کہ میں نے امام ابو عبداللہؑ سے اللہ کے اس قول کے بارے میں پوچھا (تاکہ آپ اس قوم کو ڈرائیں کہ جن کے باپ دادا نہیں ڈرائے گئے تھے کیونکہ وہ غافل تھے) فرمایا اللہ سے اس کے رسول سے اور اس کے وعدو وعید سے (اکثر کے لیے یہ بات واضح ہو چکی ہے جو ولایت علیؑ کا اقرار نہیں کرتے اور نہ ہی ان کے بعد آئمہؑ کا اقرار کرتے ہیں) (ہم ان کی گردن میں طوق ڈال دیں گے اور وہ ان کو ٹھوڑیوں تک ہونگے اور انہیں منہ کے بل جہنم میں گرائیں گے) جو ولایت علیؑ کے منکر ہیں اور پھر اللہ نے فرمایا (ہم نے ان کے سامنے بھی دیوار بنادی اور ان کے پیچھے بھی اور ان کو ڈھانپ دیا کہ وہ نہیں دیکھتے)

کیونکہ انہوں نے ولایت امیر المومنینؑ کا انکار کیا وہ آخرت میں جہنم کی آگ میں منہ کے بل گرائے جائیں گے پھر اللہ نے فرمایا(اے محمد ان کے لیے برابر ہے کہ آپ ان کو ڈرائیں یا نہ ڈرائیں وہ ایمان نہیں لائیں گے) یعنی امیر المومنینؑ کی ولایت پر پھر فرمایا(اس سے وہی ڈرے گا جو نصیحت کی پیروی کرتا ہے) یعنی امیر المومنینؑ کی پیروی پھر فرمایا(جو رحمٰن سے ڈرتا ہے اسے بشارت دے دیجئے اے محمد مغفرت کا اور عزت والے اجر کا) وہ جو امیر المومنینؑ کی ولایت کا دل سے اقرار کرتا ہے اسے بشارت دے دیجئے۔

اللہ کا قول(اور ہم نے ہر چیز کو امام مبین کے احاطے میں دے دیا ہے)

تاویل۔ محمد بن العباس نے کہا کہ ہم سے عبداللہ بن العلاء نے انہوں نے محمد بن الحسین بن شمعون سے انہوں نے عبداللہ بن عبدالرحمٰن الاصم سے انہوں نے عبداللہ بن القاسم سے انہوں نے صالح بن سہل سے روایت کی ہے کہ میں نے امام ابو عبداللہؑ کو فرماتے ہوئے سنا کہ یہ آیت امیر المومنینؑ کے بارے میں نازل ہوئی۔

اس کی تائید الشیخ ابو جعفر محمد بن بابویہ کی روایت کرتی ہے کہ ہم سے احمد بن محمد الصائغ نے روایت کی ہے کہا کہ ہم سے حرب بن الحسین سے کہا کہ ہم سے احمد بن اسماعیل بن صدقہ نے انہوں نے ابو الجارود سے انہوں نے امام محمد بن علی الباقر علیہ السلام سے روایت کی ہے کہ جب یہ آیت نازل ہوئی(اور ہم نے ہر چیز کو امام مبین کے احاطے میں دے دیا ہے) تو دو شخص کھڑے ہوئے اور کہنے لگے یا رسول اللہؐ کیا یہ تورات ہے فرمایا نہیں کہنے لگے انجیل ہے فرمایا نہیں کہنے لگے کیا یہی قرآن ہے فرمایا نہیں اسی اثنا میں امیر المومنینؑ علیؑ ابن ابی طالبؑ رسول اللہؐ کی طرف بڑھے تو فرمایا یہ ہے وہ امام مبین کہ جس کے علم میں اللہ نے ہر چیز کہ جو ہو گزری ہے اور قیامت تک ہونے والی ہے اس کا علم ضبط کر

رکھا ہے۔

اس تاویل کی تائید یہ روایت بھی کرتی ہے کہ الشیخ ابو جعفر محمد بن الحسن الطوسی نے اپنی کتاب مصباح الانور میں اسناد کے ساتھ اپنے رجال سے مرفوعاً مفضل بن عمر سے روایت کی ہے کہ میں امام صادقؑ کے پاس گیا تو آپؑ نے مجھ سے فرمایا اے مفضل کیا تم محمدؐ، علیؑ، فاطمہؑ، حسنؑ اور حسینؑ کی معرفت رکھتے ہو؟ فرمایا اے مفضل جان لو کہ وہ تمام ذروں، زمینوں، آسمانوں، ان کے خزانوں، پہاڑوں، ریت، سمندروں کو جانتے ہیں پہاڑوں کے اوزان سمندروں کے پانیوں کے اوزان اس کی نہروں، چشموں کو اور جو بھی پتہ گرتا ہے وہ اسے بھی جانتے ہیں اور جانتے ہیں کہ جو دانہ زمین کی تاریکیوں میں ہے کوئی خشک و تر ایسا نہیں جو کتاب مبین میں نہ ہو اور یہ ان کا علم ہے تو میں نے کہا اے میرے مولاؑ آپؑ نے سچ فرمایا اور میں اس کی تصدیق کرتا ہوں فرمایا ہاں اے مفضل ہاں اے مکرم اے محب ہاں اے پاکیزہ تم پاکیزہ ہو گئے اور ہر وہ مومن جو ان باتوں پر ایمان رکھتا ہے وہ بھی پاکیزہ ہو گیا۔

الشیخ محمد بن یعقوب نے انہوں نے محمد بن یحییٰ اور ان کے علاوہ احمد بن محمد سے انہوں نے علی بن الحکم سے انہوں نے محمد بن الفضیل سے انہوں نے شریس سے انہوں نے جابر سے انہوں نے امام ابو جعفرؑ سے روایت کی ہے کہ آپؑ نے فرمایا اللہ کا اسمائے اعظم تہتر حروف ہیں ان میں سے آصف بن برخیا کے پاس ایک تھا تو اس نے زمین میں موجود اس فاصلے کو کہ جو اس کے اور تخت بلقیس کے درمیان تھا پلک جھپکنے میں طے کر لیا اور اسے لے آیا اور ہمارے پاس اللہ کے بہتر اسمائے اعظم ہیں اور ایک اللہ کے پاس ہے کہ جس پر علم غیب ترجیح رکھتا ہے ولا حول ولا قوۃ الا باللہ العلی العظیم۔

محمد بن یحییٰ نے انہوں نے احمد بن محمد سے انہوں نے الحسین بن سعید سے انہوں نے زکریا بن عمران القمی سے انہوں نے ہارون بن الجہم سے انہوں نے امام ابو عبد اللہؑ کے اصحاب میں سے ایک رجل سے

روایت کی ہے کہ میں نے امام ابو عبداللہؑ کو فرماتے ہوئے سنا کہ عیسیٰ بن مریمؑ کے پاس اللہ کے دو اسمائے اعظم تھے کہ جن کے ذریعے وہ عمل کرتے تھے اور موسیٰ بن عمرانؑ کے پاس چار حروف تھے اور ابراہیمؑ کے پاس آٹھ حروف تھے اور نوحؑ کے پاس پندرہ حروف تھے اور آدمؑ کو پچیس حروف دیئے گئے اور اللہ عزوجل نے یہ تمام محمدؐ کے لیے جمع کردیئے پس اللہ کے اسمائے اعظم میں سے محمدؐ وآل محمدؑ کو بہتر حروف دیئے گئے اور ان میں سے صرف ایک نام پوشیدہ رکھا گیا۔

الشیخ ابو جعفر الطوسی نے کتاب مصباح الانور میں روایت کی ہے کہ جناب امیرؑ کے عجائب و معجزات میں سے ابوذر غفاریؓ نے روایت کی ہے کہ میں کسی کام سے امیر المومنینؑ کے ساتھ تھا کہ ہم ایک وادی سے گزرے جس میں بہت ساری چیونٹیاں چل رہی تھیں تو ابوذرؓ نے کہا کہ اللہ اکبر کتنی ان گنت چیونٹیاں ہیں تو جناب امیرؑ نے فرمایا اے ابوذرؓ ایسا نہ کہو میں ان کو گن سکتا ہوں اور ان میں سے مذکر و مونث کو بھی جانتا ہوں۔

علم اہل بیتؑ کے متعلق جو وارد ہوا ہے وہ الشیخ محمد بن یعقوب نے انہوں نے محمد بن یحییٰ سے انہوں نے احمد بن ابی زاصر سے انہوں نے محمد بن حمار سے انہوں نے اپنے بھائی سے انہوں نے احمد بن حمار سے انہوں نے ابراہیم سے انہوں نے اپنے والد سے انہوں نے امام ابوالحسنؑ الاول سے روایت کی ہے کہ میں نے امامؑ سے کہا میں آپؑ پر قربان مجھے نبیؐ کے بارے میں بتائیں کہ وہ تمام انبیاء کے وارث ہیں؟ فرمایا ہاں پھر آپؑ نے فرمایا اللہ نے جتنے بھی انبیاء مبعوث کئے ہیں محمدؐ ان میں سب سے زیادہ جاننے والے ہیں تو میں نے کہا کہ عیسیٰؑ بن مریم مردوں کو زندہ کیا کرتے تھے فرمایا تم نے سچ کہا میں نے کہا سلیمان بن داؤدؑ پرندوں کی بولیاں بھی سمجھتے تھے تو فرمایا کہ سلیمان بن داؤدؑ نے یہ بھی کہا تھا کہ میں ہدہد کو نہیں دیکھ رہا وہ آج غائب ہے اور اس پر وہ غضبناک ہو گئے تھے اور کہا کہ میں اسے بہت سخت سزا

دوں گا اور اسے ذبح کروں گا یا میرے پاس مضبوط دلیل لائے اور وہ ہوا، چیونٹیوں، جن وانس سب پر استطاعت رکھتے تھے اور پرندے انہیں جانتے تھے اللہ فرماتا ہے کہ اگر یہ قرآن پہاڑوں پر آئے تو پہاڑ چلنے لگیں اور اس کے ذریعے زمین کو کاٹا جاسکتا ہے اور مردوں سے کلام کیا جاسکتا ہے اور ہم نے اس قرآن کو ورثے میں پایا ہے جس کے ذریعے پہاڑوں کو چلایا جاسکتا ہے شہروں کو کاٹا جاسکتا ہے اور ہم ہوا کے نیچے پانی کو جانتے ہیں اور اللہ کی کتاب میں ہم ہی اس کی آیات ہیں اللہ اپنی ام الکتاب میں فرماتا ہے (اور زمینوں وآسمان میں جو کچھ غائب ہے وہ کتاب مبین میں موجود ہے) پھر اللہ عزوجل نے فرمایا (ہم نے اس کتاب کا وارث اپنے ان بندوں کو بنایا کہ جن کو ہم نے چن لیا) پس ہم ہی وہ ہیں جن کو اللہ نے اس کے لیے چن لیا اور وارث بنایا اس لیے امیر المومنینؑ وہ امام ہیں جن کے ضبط میں ہر چیز کا علم ہے۔

اللہ کا قول (وہ کہیں گے ہائے ہلاکت ہم کو ہماری قبروں سے کس نے اٹھادیا یہ رحمٰن کا وعدہ ہے اور رسولوں نے سچ کہا)

تاویل۔ الشیخ محمد بن یعقوب نے انہوں نے الحسین بن محمد اور محمد بن یحییٰ سے انہوں نے محمد بن سالم سے انہوں نے ابو سلمہ سے انہوں نے الحسین بن شاذان سے روایت کی ہے کہ میں نے امام ابوالحسن الرضاؑ کو شکوہ کرتے ہوئے خط لکھا کہ عثانی مجھے اذیت دیتے ہیں توآپؑ نے جواب میں لکھا اللہ نے اپنے دوستوں سے صبر کا وعدہ لیا ہے پس اپنے رب کے حکم کے سبب صبر کرو کہ جب سید الخلقؑ (امام زمانہؑ) کا قیام ہوگا تو یہ لوگ کہیں گے (ہائے ہلاکت ہم کو ہماری قبروں سے کس نے اٹھادیا ہے) ۔

سورة الصافات

(اس سورہ مبارکہ کی وہ آیات جو آئمہ ھدیٰؑ کی شان میں نازل ہوئیں)

اللہ کا قول(ظالموں کو ان کے ساتھیوں کو اور جن کی وہ عبادت کرتے تھے سب کو جمع کر کے جہنم کی راہ دکھادو اور ان کو روکو ان سے ابھی سوال کیا جائیگا)

اس آیت کے معنی یہ ہیں کہ اللہ عزوجل قیامت کے دل فرشتوں سے کہے گا کہ آل محمدؑ کے حق پر ظلم کرنے والوں کو ان کے ساتھیوں کو اور جن کی وہ اللہ کے سوا عبادت کرتے تھے جمع کرو اور ان کو جہنم کی راہ دکھادو اور ان کو جہنم میں داخلے سے پہلے روکو ان سے ایک سوال کرنا باقی ہے آئمہؑ کی روایات میں آیا ہے کہ وہ سوال ولایت علیؑ کے بارے میں ہے جو ان سے پوچھا جائے گا۔

تاویل۔ابو عبداللہ محمد بن العباس نے انہوں نے صالح بن احمد سے انہوں نے ابو مقاتل سے انہوں نے الحسین بن الحسن سے انہوں نے الحسین بن نصر مزاحم سے انہوں نے القاسم بن عبدالغفار سے انہوں نے ابوالاحوص سے انہوں نے مغیرہ سے انہوں نے الشعبی سے انہوں نے ابن عباس سے اللہ کے اس قول کے بارے میں روایت کی ہے کہ اللہ کا قول (ان کو ٹھہراؤ ابھی ان سے سوال کیا جائیگا) فرمایا

ولایت علیؑ کے بارے میں۔

اسی طرح طریق عامہ سے ابو نعیم نے انہوں نے ابن عباس سے ایسی ہی روایت بیان کی ہے اور ابو سعید الخذری سے بھی ایسی ہی روایت بیان کی ہے۔

سعید بن جبیر سے انہوں نے نبیؐ سے ایسی ہی روایت بیان کی ہے اس کی تائید عبداللہ بن عباس کی روایت کرتی ہے کہ انہوں نے نبیؐ سے روایت کی ہے کہ ابن آدم کے قدم قیامت والے دن اس وقت تک نہیں ہل سکیں گے کہ جب تک ان سے چار چیزوں کے بارے میں نہ پوچھا جائے عمر کے بارے میں کہ کہاں فنا کی اور مال کے بارے میں کہ اسے کہاں سے کمایا اور کیسے خرچ کیا اور علم کے بارے میں کہ اس پر کتنا عمل کیا اور ہم اہل بیتؑ کی محبت کے بارے میں۔

اس کی تائید وہ تاویل بھی کرتی ہے کہ جو ہم نے سب سے پہلے ذکر کی ہے اور اسے مزید مضبوط محمد بن مومن الشیرازی کی روایت کرتی ہے کہ انہوں نے اپنی کتاب میں مرفوعاً اسناد کے ساتھ عبداللہ بن عباس سے روایت کی ہے اللہ کے اس قول کے بارے میں (ان کو ٹھہراؤ ابھی ان سے ایک سوال باقی ہے)یعنی ولایت اہل بیتؑ کے بارے میں پوچھا جائے گا۔

الشیخ ابو جعفر الطوسی نے مصباح الانوار میں مرفوعاً حدیث انس بن مالک کی اسناد کے ساتھ روایت کی ہے کہ رسول اللہؐ نے فرمایا کہ جب قیامت کا دن ہو گا تو اللہ اولین وآخرین کو جمع کرے گا ایک میدان میں اور جہنم کے کنارے پر ایک پل نصب کرے گا پس اس پر سے وہی گزر سکے گا جسے علیؑ ابن ابی طالبؑ اجازت دیں گے۔

اسی کتاب میں مرفوع اسناد کے ساتھ عبداللہ بن عباس سے روایت ہے کہ رسول اللہؐ نے فرمایا جب قیامت کا دن ہو گا میں اور علیؑ پل صراط پر ہونگے ہم میں سے ہر ایک کے ہاتھ میں تلوار ہو گی پس اللہ

کی مخلوق میں سے کوئی نہیں گزر سکے گا سوائے اس کے کہ جس سے ہم نے ولایت علیؑ کے بارے میں پوچھا ہو گا پس جس کے پاس ولایت علیؑ ہو گی وہ نجات پا جائے گا و گرنہ اس کی گردن مار کر اسے جہنم میں ڈال دیا جائے گا پھر آپؐ نے اس آیت کی تلاوت فرمائی(ان کو روکو ابھی ان سے سوال کیا جائے گا)

پس اس آیت کی تاویل یہ دلالت کرتی ہے کہ ولایت علیؑ ہر مخلوق پر فرض اور واجب ہے اور یہی وہ اہم ترین سوال ہو گا کہ روز محشر جو اس سوال کا جواب ولایت علیؑ پر ایمان رکھنے کی صورت میں دے دے گا وہی اخروی نجات کا حقدار ہو گا اور تمام کے تمام منکرین ولایت ہمیشہ کے لیے دوزخ کی آگ کا ایندھن بن جائیں گے۔

اللہ کا قول(اور انکے شیعوں میں ابراہیمؑ بھی تھے)

تاویل۔ابو علی الطبرسی نے کہا شیعہ کے معنی تابعدار گروہ کے ہیں اور اصطلاحی معنوں میں ان سے مراد امامیہ ہیں۔

امام ابو جعفرؑ سے روایت ہے کہ آپؑ نے راوی سے فرمایا کہ تم کو تمہارے نام کی مبارک ہو میں نے کہا کیسے ؟فرمایا شیعہ ہونے کی میں نے کہا کہ لوگ تو ہم کو اس کے بارے میں عیب دلاتے ہیں فرمایا کیا تم نے اللہ کا قول نہیں سنا(اور ابراہیم شیعوں میں سے تھے) یعنی ابراہیمؑ بھی محمدؐ کے تابعداروں میں سے تھے جس طرح اللہ نے فرمایا(اور ان کے لیے ایک نشانی ہے کہ ہم ان کی اولاد کو کشتی میں اٹھائیں گے) یعنی اس کی اولاد کہ جو ان کا باپ ہے پس اللہ نے ان کو ان کی اولاد بنایا اور وہ دنیا کی طرف سبقت لے گئے۔

ہمارے مولا امام صادقؑ سے روایت ہے کہ اللہ کا قول(بے شک اس کے شیعوں میں سے ابراہیم

بھی تھے)

یعنی ابراہیم نبیؑ کے اور علیؑ کے شیعوں میں سے تھے پس جو بھی شیعہ علیؑ ہے وہ شیعہ نبیؑ ہے کہ اللہ کا ان پر درود و سلام ہو۔

اس کی تائید یہ روایت کرتی ہے جس میں امامؑ نے فرمایا کہ ابراہیمؑ امیر المومنینؑ کے شیعوں میں سے تھے۔

الشیخ محمد بن العباس نے کہا کہ انہوں نے محمد بن وھان سے انہوں نے ابو جعفر محمد بن علی بن رحیم سے انہوں نے العباس بن محمد سے انہوں نے اپنے والد سے انہوں نے الحسین بن علی ابی حمزہ سے انہوں نے اپنے والد سے انہوں نے ابو بصیر سے روایت کی ہے کہ جابر بن یزید الجعفی نے امام جعفرؑ بن محمد الصادقؑ سے اللہ کے اس قول کے بارے میں دریافت کیا(اور بے شک ان کے شیعوں میں ابراہیم بھی تھے) آپؑ نے فرمایا جب اللہ نے ابراہیمؑ کو خلق کیا تو ان کے سامنے سے پردہ ہٹایا تو انہوں نے عرش کے کنارے نور دیکھا تو کہا اے میرے معبود یہ نور کیسا ہے تو فرمایا یہ میرے برگزیدہ مخلوق کا نور ہے ان کو اس نور کے دوسری طرف ایک اور نور دکھائی دیا تو کہا اے میرے معبود یہ کیسا نور ہے ؟ فرمایا یہ نور ان کے ناصر و مددگار علیؑ ابن ابی طالبؑ کا نور ہے اور ان کے کنارے پر انہوں نے تین نور اور دیکھے تو کہا اے میرے معبود یہ نور کیسے ہیں ان سے کہا گیا یہ نور فاطمہؑ کا ہے کہ جس کے محبین کو آگ سے آزاد کر دیا گیا ہے اور ان کے دونوں بیٹوں حسنؑ و حسینؑ کا نور ہے پھر انہوں نے دیکھا کہ نو نور اور بھی تھے جنہوں نے ان کو گھیرا ہوا تھا تو فرمایا یہ نور کیسے ہیں ؟ کہا گیا اے ابراہیم یہ علیؑ و فاطمہؑ کی اولاد میں سے امام ہیں تو ابراہیمؑ نے کہا اے اللہ تجھے ان پانچ ہستیوں کا واسطہ کہ جن کی تم نے مجھے معرفت دی مجھے ان کا تعارف کروا کہا گیا اے ابراہیم ان میں پہلا علیؑ بن الحسینؑ

پھران کا بیٹا محمدؑ پھران کا بیٹا جعفرؑ پھران کا بیٹا موسیٰؑ پھران کو بیٹا علیؑ پھران کا بیٹا محمدؑ پھران کا بیٹا علیؑ پھر ان کا بیٹا حسنؑ اوران کا بیٹا حجتہ القائمؑ ہیں ابراہیم نے کہا اے میرے معبود اے میرے سرداران کے سامنے بھی کچھ نور ہیں کہ جن کو میں گن نہیں سکتا فرمایا یہ ان کے شیعہ ہیں شیعان امیر المومنین علیؑ ابن ابی طالبؑ ہیں ابراہیم نے کہا کہ اے میرے معبود امیر المومنینؑ کے شیعوں کی کیا پہچان ہے ؟ فرمایا اکاون رکعات نماز ، بلند آواز سے بسم اللہ الرحمٰن الرحیم پڑھنا ، رکوع سے پہلے قنوت ، دائیں ہاتھ میں انگوٹھی اس وقت ابراہیمؑ نے فرمایا اے اللہ مجھے بھی امیر المومنینؑ کے شیعوں میں سے قرار دے پس اللہ نے اپنی کتاب میں ذکر فرمایا اور کہا(ان کے شیعوں میں ابراہیمؑ بھی تھے) ۔

پس اگر ابراہیمؑ مولا امیر المومنینؑ کے تابعدار ہیں تو لازم ہے کہ تابعدار متبوع سے مفصول ہو اور متبوع یعنی جس کی اتباع کی جائے وہ افضل ہو پس یہ دلیل ہے کہ ابراہیمؑ اور تمام انبیاء ورسل شیعہ اہل بیتؑ ہیں۔

امام صادقؑ سے روایت ہے کہ آپؑ نے فرمایا اللہ ،اس کا رسولؐ ، ہم اور ہمارے شیعہ جنت میں ہیں اور باقی سب دوزخ میں پس جان لو کہ تمام اہل ایمان انبیاء ورسل اہل بیتؑ کے پیروکار ہیں اور اللہ کے نبیؐ کا فرمان کہ اگر تمام مخلوق علیؑ کی محبت پر جمع ہو جاتی تو اللہ جہنم کو خلق ہی نہ کرتا پس اس کو جان لو۔

اللہ کا قول(اور ہم نے ان کا فدیہ ایک عظیم ذبیحہ سے دیا)

تاویل۔ یہ یاد رکھو کہ اس سے مراد وہ مینڈھا نہیں جو ابراہیمؑ نے ذبح کیا تھا اس آیت کی تاویل یہ ہے کہ الشیخ ابو جعفر محمد بن بابویہ نے عیون الاخبار میں اسناد کے ساتھ اپنے رجال سے انہوں نے فضل بن شاذان سے روایت کی ہے کہ میں نے امام رضاؑ کو فرماتے ہوئے سنا کہ جب ابراہیمؑ کو اللہ نے حکم دیا کہ اسماعیل کی جگہ اس دنبے کو ذبح کریں کہ جسے اللہ نے بھیجا ہے لیکن ابراہیم نے جھجک اختیار کی اور کہا

کہ میں اپنے محبوب بیٹے کو ذبح کروں گا تو اللہ نے ان کی طرف وحی کی کہ اے ابراہیمؑ مجھے میری مخلوق میں سے سب سے زیادہ محبوب کون ہے؟ کہا کہ اے پروردگار تیرا حبیب محمدؐ اللہ نے وحی کی کہ اے ابراہیمؑ تجھے وہ زیادہ محبوب ہے یا اپنی جان؟ انہوں نے کہا کہ مجھے اپنی جان سے زیادہ وہ عزیز ہیں اللہ نے فرمایا ان کی اولاد تجھے زیادہ محبوب ہے یا تیری اولاد کہا کہ ان کی اولاد اللہ نے فرمایا کہ ان کے بیٹے کا ظلماً ان کے دشمنوں کے ہاتھوں ذبح ہونا تجھے زیادہ تکلیف دے گا یا تیرے بیٹے کا میری اطاعت میں ذبح ہونا کہا کہ ان کے بیٹے کا ان کے دشمنوں کے ہاتھوں ذبح ہو جانا میرے دل کو زیادہ تکلیف دے گا فرمایا اے ابراہیمؑ ایک گروہ جو گمان کرے گا کہ وہ امت محمدؐ سے ہے وہ ان کی اولاد میں سے حسینؑ کو ذبح کردیں گے ظلم کرتے ہوئے جس طرح کہ مینڈھے کو ذبح کیا جاتا ہے فرمایا کہ اے میرے پروردگار میرے دل کو بے انتہا تکلیف پہنچی ہے اور ابراہیمؑ نے واویلا شروع کردیا پس اللہ نے ان کی طرف وحی کی اے ابراہیمؑ میں نے تیرے بیٹے پر واویلا کرنا اگر تم اسے اپنے ہاتھوں سے ذبح کردیتے حسینؑ کے رونے پر فدیا کردیا ہے اور تیرے لیے بلند درجات لکھ دیئے ہیں پس اللہ کے اس قول (اور ہم نے اس کا فدیہ ایک ذبح عظیم قرار دیا ہے) سے یہی مراد ہے۔

اللہ کا قول (اور آل یٰسین پر سلام ہو)

تاویل۔ محمد بن العباس نے کہا کہ ہم سے محمد بن القاسم نے انہوں نے الحسین بن الحکم سے انہوں نے الحسین بن نصر سے انہوں نے اپنے والد سے انہوں نے ابان بن ابی عیاش سے انہوں نے سلیم بن قیس سے انہوں نے امیر المومنینؑ سے روایت کی ہے کہ آپؑ نے فرمایا کہ رسول اللہؐ کے ناموں میں سے ایک نام یاسین بھی ہے اور ہم ہی وہ ہیں کہ جس کے بارے میں اللہ نے فرمایا (آل یاسین پر سلام ہو)۔

47 | تاویل الآیات(جلد دوئم)

ہم سے محمد بن سہل عطار نے انہوں نے الحضر بن ابی فاطمہ البجلی نے انہوں نے وہب بن نافع سے انہوں نے کارح سے انہوں نے امام جعفرؑ بن محمدؑ سے انہوں نے اپنے والد سے انہوں نے اپنے آباء سے انہوں نے علیؑ امیر المومنینؑ سے اللہ کے اس قول کے بارے میں روایت کی ہے (آل یٰسین پر سلام ہو) فرمایا یاسین محمدؐ کا نام ہے اور آل یاسین ہم ہیں آل محمدؑ۔

ہم سے محمد بن سہل نے انہوں نے ابراہیم بن معمر سے انہوں نے ابراہیم بن داہر سے انہوں نے الاعمش سے انہوں نے یحییٰ بن وثاب سے انہوں نے عبدالرحمٰن اسلمی سے انہوں نے عمر بن الخطاب سے روایت کی ہے وہ پڑھتے تھے آل یاسین پر سلام ہو آل محمدؑ پر سلام ہو۔

ہم سے علی بن عبداللہ بن اسد نے انہوں نے ابراہیم بن محمد الثقفی سے انہوں نے زریق بن مرزوق البجلی سے انہوں نے داؤد بن علیہ سے انہوں نے الکلبی سے انہوں نے ابو صالح سے انہوں نے ابن عباس سے اللہ کے اس قول کے بارے میں روایت کی ہے کہ (آل یاسین پر سلام ہو) فرمایا آل محمدؑ پر سلام ہو۔

اللہ کا قول (ہم توصف بستہ کھڑے ہیں اور اس کی تسبیح بیان کر رہے ہیں)

تاویل۔ محمد بن العباس نے کہا کہ ہم سے عبدالعزیز بن یحییٰ نے انہوں نے احمد بن محمد سے انہوں نے عمر بن یونس سے انہوں نے داؤد بن سلیمان المروزی سے انہوں نے ربیع بن عبداللہ الہاشمی سے انہوں نے اشیاخ آل علیؑ بن ابی طالبؑ سے روایت کی ہے کہ جناب امیرؑ نے اپنے بعض خطبات میں فرمایا ہم آل محمدؑ عرش کے ارد گرد انوار تھے پس اللہ نے ہمیں تسبیح کا حکم دیا پس ہم نے تسبیح کی پس زمین وآسمان نے ہماری تسبیح کے ساتھ تسبیح کی پھر ہم زمین پر اترے تو اللہ نے ہمیں تسبیح کرنے کا حکم دیا پس ہم نے تسبیح کی اور اہل زمین نے ہماری تسبیح کے ساتھ تسبیح کی اور ہم توصف بستہ ہیں اور ہم ہی

تسبیح کرنے والے ہیں۔

اسی طرح مرفوعاً محمد بن زیاد سے روایت ہے کہ ابن مہران عبداللہ بن العباس نے تفسیر میں کہا کہ ابن عباس کہتے ہیں کہ ہم رسول اللہؐ کے پاس تھے کہ علیؑ ابن ابی طالبؑ تشریف لے آئے جب رسول اللہؐ نے امیر المومنینؑ کو دیکھا تو آپؐ مسکرا دیئے اور فرمایا خوش آمدید کہ جسے اللہ نے آدم کی تخلیق سے دو ہزار سال پہلے خلق کیا میں نے کہا یارسول اللہؐ کیا بیٹا باپ سے پہلے ہو سکتا ہے؟ فرمایا ہاں اللہ نے مجھے اور علیؑ کو آدمؑ سے دو ہزار سال پہلے خلق کیا کہ ایک نور کو خلق کر کے اسے دو حصوں میں تقسیم کر دیا آدھے میں مجھے اور آدھے میں علیؑ کو رکھا پھر تمام انبیاء کو خلق کیا وہ تمام انبیاء تاریکی میں تھے پس اللہ نے انہیں میرے اور علیؑ کے نور سے روشنی بخشی پھر ہمیں عرش کے دائیں جانب ٹھہرایا اور اللہ نے ملائکہ کو خلق کیا پس ہم نے تسبیح کی اور ہم نے تہلیل کی تو ملائکہ نے بھی تہلیل کی ہم نے تکبیر کہی تو ملائکہ نے بھی تکبیر کہی پس یہ تعلیم انہیں میں نے اور علیؑ نے دی اور یہ بات اللہ کے علم میں سب سے پہلے ہے کہ وہ جہنم میں میرے اور علیؑ کے محبت کو داخل نہیں کرے گا پس جو اپنے رب کی طرف سے دلیل پر ہیں وہ نبیؐ، علیؑ، میری بیٹی زہراؑ پھر حسنؑ پھر حسینؑ اور پھر

حسینؑ کی اولاد میں سے آئمہؑ ہیں میں نے کہا یارسول اللہؐ آئمہؑ کون ہیں؟ فرمایا گیارہ امام مجھ سے ہیں اور ان کا باپ علیؑ ہے پھر نبیؐ نے فرمایا اس اللہ کی حمد کہ جس نے علیؑ کی محبت کو دو اسباب والا بنایا یعنی جنت میں داخلے کا سبب اور دوزخ سے آزادی کا سبب۔

سورۃ ص

(اس سورہ مبارکہ کی وہ آیات جو آئمہ ھدیٰ ؑ کی شان میں نازل ہوئیں)

اللہ کا قول (جو وہ کہتے ہیں اس پر صبر کرو)

تاویل۔ محمد بن العباس نے کہا کہ ہم سے احمد بن القاسم سے انہوں نے احمد بن محمد الیساری سے انہوں نے محمد بن خالد البرقی سے انہوں نے علی بن اسباط سے انہوں نے علی بن ابی حمزہ سے انہوں نے ابو بصیر سے انہوں نے امام ابوعبداللہ ؑ سے اللہ کے اس قول کے بارے میں روایت کی ہے (وہ جو کہتے ہیں اس پر صبر کرو) فرمایا اللہ مومنین سے مخاطب ہو کر فرماتا ہے کہ جو کچھ یہ لوگ کہتے ہیں اس پر صبر کرو میں تمہاری تکذیب کا ایک ہستی کے ذریعے انتقام لوں گا جو میرا قائمؑ ہو گا۔

اللہ کا قول (کیا ہم ایمان والوں اور نیک عمل کرنے والوں کو زمین پر فساد کرنے والوں کی طرح بنا دیں کیا پرہیزگاروں کو کافروں کی طرح بنا دیں)

تاویل۔ محمد بن العباس نے کہا کہ ہم سے علی بن عبید نے اور محمد بن القاسم بن سلام سے انہوں نے حسین بن حکم سے انہوں نے حسن بن حسین سے انہوں نے حیان بن علی سے انہوں نے الکلبی سے

انہوں نے ابو صالح سے انہوں نے ابن عباس سے اللہ کے اس قول کے بارے میں روایت کی ہے (کیا ہم ایمان والوں اور نیک عمل کرنے والوں کو علیؑ، حمزہ، عبیدہ کو زمین میں فساد کرنے والوں کی طرح بنادوں جیسے کہ عتبہ، شیبہ اور ولید ہیں اور کیا میں علیؑ اور ان کے اصحاب کو فاجروں کی طرح فلاں اور اس کے اصحاب کی طرح بنادوں)

اللہ کا قول (یہ ہماری عطا ہے پس تو احسان کر یا روکے رکھ کچھ حساب نہیں ہے)

تاویل۔ محمد بن العباس نے کہا کہ ہم سے احمد بن ادریس نے انہوں نے احمد بن محمد بن عیسیٰ سے انہوں نے الحسین بن سعید سے انہوں نے عبداللہ بن الحجال سے انہوں نے ثعلبہ بن میمون سے انہوں نے زکریا الزجابی سے روایت کی ہے کہ میں نے امام ابو جعفرؑ کو فرماتے ہوئے سنا کہ علیؑ کی ولایت سلیمان بن داؤدؑ کی طرح ہے کہ اللہ نے ان سے فرمایا (یہ ہماری عطا ہے پس تم احسان کرو یا روکے رکھو کچھ حساب نہیں) اس کا معنی یہ ہے کہ علیؑ کی ولایت عامہ، خاص، جن، انسان اور تمام مخلوقات پر واجب ہے کہ جیسے سلیمانؑ کی حکومت جن وانسانوں، وحشیوں، پرندوں اور سب پر تھی کیونکہ یہ سب اللہ نے اپنے نبیؐ محمدؐ کو عطا کیا اور انہوں نے اس کو علیؑ کے سپرد کر دیا اور اس کی بحث پہلے اللہ کے اس قول کے بارے میں گزر چکی ہے (ہم نے ہر چیز کو امام مبین کے اختیار میں دے دیا ہے)

اللہ کا قول (اور ہمارے بندے ایوب کو یاد کرو کہ جب انہوں نے اپنے پروردگار کو پکارا کہ مجھے شیطان نے رنج اور دکھ پہنچایا ہے)

الشیخ ابو جعفر الطوسی نے اسناد کے ساتھ ابو محمد الفضل بن شاذان سے مرفوعاً جابر بن یزید الجعفی سے انہوں نے اصحاب امیر المومنینؑ سے روایت کی ہے کہ سلمانؓ امیر المومنینؑ کے پاس آئے اور ان سے

ان کے بارے میں پوچھا تو فرمایا اے سلمانؑ میں وہ ہوں کہ جس کی اطاعت تمام مخلوقات پر واجب ہے اے سلمانؑ کوئی میری حق معرفت نہیں رکھتا سوائے اس کے جو میرے ساتھ اللہ کے ہاں تھا فرمایا کہ اسی اثنا میں حسنؑ و حسینؑ تشریف لائے تو فرمایا انہی کے وسیلے سے جنتیں روشن ہیں اور ان کی ماں تمام عورتوں سے افضل ہے پس میں حجت بالغہ اور کلمہ باقیہ ہوں اور میں سفیر اعلیٰ ہوں سلمانؑ نے کہا یا امیر المومنینؑ میں نے آپؑ کو تورات و انجیل میں ایسے ہی پایا ہے اے قتیل کوفہ میرے ماں باپ آپؑ پر قربان ہوں آپؑ بے شک ایسے ہی ہیں آپؑ اللہ کی حجت ہیں آپؑ کے ذریعے اللہ نے آدمؑ کی توبہ قبول کی اور یوسفؑ کو کنوئیں سے نجات دی آپؑ قصہ ایوبؑ ہیں اور ان سے اللہ کی نعمت پھر جانے کا سبب ہیں امیر المومنینؑ نے فرمایا کہ ایوبؑ نے میری بادشاہت میں شک کیا تو فرمایا یہ بہت بڑا معاملہ تھا اللہ نے فرمایا اے ایوبؑ کیا تم علیؑ کے فضائل میں شک کرتے ہو میں نے آدمؑ کی آزمائش کی اور ان کی توبہ امیر المومنینؑ کے زریعے قبول کی مجھے میری عزت کی قسم میں تم کو اپنا عذاب دوں گا یا تم توبہ کرو اور تب ایوبؑ نے توبہ کی اور اپنے پروردگار کو پکارا اور تسلیم کیا کہ شیطان نے ان کو بہکانے کی کوشش کی(اور ہمارے بندے ایوب کو یاد کرو کہ جب انہوں نے اپنے پروردگار کو پکارا کہ مجھے شیطان نے رنج اور دکھ پہنچایا ہے)

اللہ کا قول(یہ بدلہ ہے سرکشوں کا یہ بڑی بری جگہ ہے)

تاویل۔ علی بن ابراہیم نے اپنی تفسیر میں اللہ کے اس قول(یہ بدلہ ہے سرکشوں کا اور یہ بڑی بری جگہ ہے) کے بارے میں روایت کی ہے کہ سرکشوں سے مراد پہلے دونوں اور بنو امیہ ہیں۔

اللہ کا قول(اور کہیں گے کہ ہم ان لوگوں کو نہیں دیکھ رہے کہ جن کو ہم شرارتی سمجھتے تھے)

تاویل۔ امام صادقؑ کی حدیث مبارکہ ہے کہ جس میں آپؑ نے فرمایا اللہ کی قسم تم آگ میں تلاش کئے

جارہے ہوگے اور تم جنت میں ہوگے اور ہمارے اور ہمارے شیعوں کے دشمن جہنم کی آگ میں جل رہے ہونگے۔

ابو علی الطبرسی نے کہا کہ العیاشی نے اسناد کے ساتھ جابر الجعفی سے انہوں نے امام ابو عبداللہؑ سے روایت کی ہے کہ آپؑ نے فرمایا اہل دوزخ کہیں گے ہم ان لوگوں کو نہیں دیکھ رہے کہ جن کو ہم شرارتی سمجھتے تھے ان کی مراد تم ہوگے وہ تم کو تلاش کریں گے اور جہنم میں دیکھیں گے اللہ کی قسم وہ تم میں سے کسی کو بھی آگ میں نہیں پائیں گے۔

الکلینی اور الصدوق نے اسناد کے ساتھ سلیمان الدیلمی سے روایت کی ہے کہ امام ابو عبداللہؑ نے ابو بصیر سے فرمایا کہ اللہ نے تمہارا ذکر اپنی کتاب میں کیا ہے کہ جب تمہارے دشمنوں کا ذکر کیا ہے اور وہ دوزخ میں ہونگے (اور کہیں گے کہ ہم ان لوگوں کو نہیں دیکھ رہے کہ جن کو ہم شرارتی سمجھتے تھے) اللہ کی قسم ان کی مراد تم ہوگے کہ تم کو یہ شرارتی سمجھتے ہیں اور تم اللہ کی قسم لوگوں میں سب سے بہتر ہو اور وہ تم کو آگ میں تلاش کر رہے ہونگے اور تم اللہ کی قسم جنت میں عیش و عشرت میں ہوگے

۔

اسی معنی میں الشیخ نے امالی میں انہوں نے ابو محمد الضحام سے انہوں نے المنصوری سے انہوں نے اپنے والد کے چچا سے روایت کی ہے کہ سماعہ بن مہران امام صادقؑ کے پاس گیا آپؑ نے اس سے فرمایا اے سماعہ لوگوں کے نزدیک سب سے برا کون ہے؟ انہوں نے کہا اے فرزند رسولؐ ہم ہیں یہ سننا تھا کہ آپؑ جلال میں آگئے یہاں تک کہ آپؑ کا چہرہ مبارک سرخ ہو گیا اور آپؑ پہلے ٹیک لگائے ہوئے تھے پھر آپؑ سیدھے بیٹھ گئے اور فرمایا اے سماعہ لوگوں کے نزدیک سب سے برا کون ہے؟ میں نے کہا اللہ کی قسم میں نے جھوٹ نہیں بولا لوگوں کے نزدیک سب سے برے ہم ہیں کیوں کہ انہوں نے ہمیں

کافر و روافض کے نام دے رکھے ہیں پھر آپؑ نے سماعہ کی طرف دیکھا اور فرمایا کیسا منظر ہو گا کہ جب تم جنت کی طرف لے جائے جاؤ گے اور لوگ جہنم کی طرف وہ تمہاری طرف دیکھیں گے اور کہیں گے (اور کہیں گے کہ ہم ان لوگوں کو نہیں دیکھ رہے کہ جن کو ہم شرارتی سمجھتے تھے) اللہ کی قسم اے سماعہ ہم قیامت والے دن تمہارے بارے میں شفاعت کریں گے اور تم میں سے دس افراد بھی جہنم میں نہیں جائیں گے تم میں سے پانچ لوگ بھی جہنم میں نہیں جائیں گے تم میں سے تین لوگ بھی جہنم میں نہیں جائیں گے تم میں سے ایک بھی جہنم میں نہیں جائے گا۔

اللہ کا قول(اے ابلیس تم کو کون سی چیز مانع ہوئی کہ تم نے اس مخلوق کو سجدہ نہیں کیا جسے میں نے اپنے ہاتھوں سے بنایا تم نے تکبر کیا کا تو عالین میں سے تھا)

تاویل۔ابو جعفر محمد بن بابویہ نے عبداللہ بن محمد بن عبدالوہاب سے انہوں نے ابوالحسن محمد بن احمد القواریری سے انہوں نے ابوالحسین محمد بن عمار سے انہوں نے اسماعیل بن ثوبہ سے انہوں نے زیاد بن عبداللہ البکائی سے انہوں نے سلیمان الاعمش سے انہوں نے ابوسعید الخذری سے روایت کی ہے کہ ہم رسول اللہؐ کے پاس بیٹھے تھے تو ایک شخص آگے بڑھا اور کہا یا رسول اللہؐ مجھے اللہ کے اس قول کے بارے میں بتائیں (تم نے تکبر کیا کیا تو عالین میں سے تھا) یا رسول اللہؐ یہ عالین کون ہیں ؟ جو ملائکہ مقربین سے بھی افضل ہیں ؟ تو رسول اللہؐ نے فرمایا عالین میں ، علیؑ، فاطمہؑ، حسنؑ اور حسینؑ ہیں ہم عرش پر اللہ کی تسبیح کرتے تھے پس ملائکہ نے آدمؑ کی تخلیق سے دو ہزار سال پہلے تسبیح کی جب اللہ نے آدمؑ کو خلق کیا تو فرشتوں کو حکم دیا کہ وہ انہیں سجدہ کریں اور سجدے کا حکم صرف ہمارے احترام کے لیے دیا پس تمام فرشتوں نے سجدہ کیا سوائے ابلیس کے وہ اکڑ گیا اللہ نے فرمایا(اے ابلیس تم کو

تو نے تکبر کیا کیا تو عالین میں سے تھا) یعنی تم ان پانچ لوگوں میں سے ہے کہ جن کے نام عرش پر لکھے ہوئے ہیں پس ہم ہی عالین ہیں ہم ہی وہ دروازے ہیں کہ جن کے ذریعے اللہ نے آنے کا حکم دیا ہے اور ہمارے ذریعے ہی ہدایت پانے والا ہدایت پاتا ہے جس نے ہم سے محبت کی اللہ اس سے محبت کرتا ہے اور اسے جنت میں ٹھہرائے گا جس نے ہم سے بغض رکھا اللہ اسے دوزخ میں ٹھہرائے گا اور ہم سے وہی محبت کرے گا جس کی ولادت پاکیزہ ہو گی۔

اللہ کا قول (اے میرے رب مجھے اس دن تک مہلت دے دے کہ جب وہ اٹھائے جائیں گے کہا کہ تم کو مہلت دے دی گئی ہے ایک وقت معلوم تک)

تاویل۔ حذف اسناد کے ساتھ مرفوعاً وہب بن جمیع سے انہوں نے امام ابو عبد اللہؑ سے روایت کی ہے کہ میں نے امامؑ سے ابلیس کے اس قول کے بارے میں پوچھا اور اللہ کے قول کے بارے میں دریافت کیا کہ وہ وقت معلوم کیا ہے؟ فرمایا کہ وہ دن کہ جب اللہ ہمارے قائمؑ کو بھیجے گا پس وہ اس کے نتھنوں سے پکڑ کر شیطان کی گردن مار دے گا وہ دن وقت معلوم ہو گا۔

اللہ کا قول (کہہ دیجئے میں تم سے اس پر کوئی اجر نہیں مانگتا اور نہ ہی میں تکلف کرنے والوں میں سے ہوں یہ عالمین کے لیے نصیحت ہے یقیناً تم اس کی حقیقت کو کچھ ہی دیر میں جان لو گے)

تاویل۔ الشیخ محمد بن یعقوب نے انہوں نے علی بن محمد سے انہوں نے علی بن العباس سے انہوں نے الحسن بن عبد الرحمٰن سے انہوں نے عاصم بن حمید سے انہوں نے ابو حمزہ سے انہوں نے امام ابو جعفرؑ سے اللہ کے اس قول کے بارے میں روایت کی ہے (کہہ دیجئے میں تم سے اس پر کوئی اجر نہیں مانگتا اور نہ میں تکلف کرنے والوں میں سے ہوں یہ تو عالمین کے لیے نصیحت ہے اور تم اس حقیقت کو کچھ دیر بعد جان لو گے) فرمایا خروج قائمؑ کے وقت اور عالمین کے لیے نصیحت امیر المومنینؑ ہیں۔

سورۃ الزمر

(اس سورہ مبارکہ کی وہ آیات جو آئمہ ھدیٰؑ کی شان میں نازل ہوئیں)

اللہ کا قول (اور جب انسان کو تکلیف پہنچتی ہے تو اپنے رب کو پریشان ہو کر پکارتا ہے جب اس کا رب اسے دے دیتا ہے تو وہ اس دعا کو بالکل بھول جاتا ہے کہہ دیجئے کہ اپنے کفر کے سبب تھوڑا فائدہ حاصل کر لو بے شک تم جہنم والوں میں سے ہو)

تاویل۔ الشیخ محمد بن یعقوب نے انہوں نے اپنے رجال سے انہوں نے عمار بن السا باطی سے کہا کہ میں نے امام ابوعبداللہؑ سے اللہ کے اس قول کے بارے میں پوچھا (اور جب انسان کو تکلیف پہنچتی ہے تو اپنے رب کو پکارتا ہے) فرمایا یہ آیت ابوالفصیل کے بارے میں نازل ہوئی کیونکہ وہ رسول اللہؐ کو جادوگر سمجھتا تھا اور جب اسے بیماری لگ گئی تو اس نے اپنے رب کی طرف توبہ کی جب اس کو نعمت دے دی گئی یعنی عافیت تو جو وہ دعا کرتا تھا اسے بھول گیا اس سے مراد توبہ ہے کہ جو وہ رسول اللہؐ کے بارے میں کہتا تھا کہ وہ جادوگر ہیں اس لیے اللہ نے فرمایا(کہہ دیجئے کہ اپنے کفر کے سبب تھوڑا فائدہ حاصل کر لو بے شک تم جہنم والوں میں سے ہو)

اللہ کا قول(کہہ دیجئے کیا عالم اور جاہل برابر ہیں؟ بے شک نصیحت صرف عقل مند ہی قبول کرتے ہیں)

تاویل۔ہم سے عبداللہ بن زیدان نے انہوں نے محمد بن ایوب سے انہوں نے جعفر بن عمر سے انہوں نے یوسف بن یعقوب الجعفی سے انہوں نے جابر سے انہوں نے امام ابو جعفرؑ سے اللہ کے اس قول کے بارے میں روایت کی ہے (کہہ دیجئے کیا عالم اور جاہل برابر ہو سکتے ہیں) فرمایا ہم عالم ہیں اور ہمارے دشمن جاہل ہیں اور ہمارے شیعہ عقلمند ہیں۔

اللہ کا قول(وہ لوگ جو طاغوت کی عبادت سے پرہیز کرتے رہے اور اللہ کی طرف متوجہ رہے ان کے لیے خوشخبری ہے)

تاویل۔حذف اسناد کے ساتھ ابو بصیر سے انہوں نے امام ابو عبداللہؑ سے انہوں نے امام ابو جعفرؑ سے روایت کی ہے کہ تم ہی وہ لوگ ہو کہ جو شیطان کی عبادت سے پرہیز کرتے رہے جس نے جابر کی اطاعت کی اس نے طاغوت کی پیروی کی۔

اس کی تائید پہلی جلد میں گزر چکی ہے کہ طاغوت آل محمدؑ کے دشمن کا نام ہے اور جو ان کے دوست ہیں وہ شیطان کی عبادت سے پرہیز کرتے ہیں اور اللہ کی طرف متوجہ رہتے ہیں۔

اللہ کا قول(ان لوگوں کو خوشخبری دے دیجئے جو بات کو غور سے سنتے ہیں پھر جو بہترین بات ہوتی ہے اس کی اتباع کرتے ہیں یہی وہ لوگ ہیں کہ جن کو اللہ نے ہدایت دی اور یہی لوگ عقلمند ہیں)

تاویل۔الشیخ محمد بن یعقوب نے انہوں نے احمد بن مہران سے انہوں نے عبدالعظیم بن عبداللہ الحسنی سے انہوں نے علی بن اسباط سے انہوں نے علی بن عقبہ سے انہوں نے الحکم بن ایمن سے انہوں نے

ابو بصیر سے روایت کی ہے کہ میں نے امام ابو عبداللہؑ سے اللہ کے اس قول کے بارے میں پوچھا(پس ان لوگوں کو خوشخبری دے دیجئے کہ جو بات کو غور سے سنتے ہیں اور جو اچھی بات ہوتی ہے اس کی اتباع کرتے ہیں) فرمایا یہ آل محمدؑ کے اطاعت گزار ہیں کہ جو ہماری بات کو سن کر اس میں اضافہ نہیں کرتے اور نہ ہی اس میں کچھ کمی کرتے ہیں۔

اللہ کا قول(وہ کہ جس کا سینہ اللہ نے اسلام کے لیے کھول دیا ہو پس وہ اپنے رب کی طرف سے نور پر ہے)

تاویل۔ علی بن ابراہیم نے اس آیت کی تفسیر میں امام ابو عبداللہؑ سے روایت کی ہے کہ یہ آیت امیر المومنینؑ کے بارے میں نازل ہوئی۔

اور واحدی نے اسباب النزول میں کہا کہ عطار نے اپنی تفسیر میں کہا ہے کہ یہ آیت علیؑ و حمزہؓ کے بارے میں نازل ہوئی۔

اللہ کا قول(اللہ مثال بیان فرماتا ہے اس شخص کی کہ جو آپس میں ضد رکھنے والوں کا ساتھی ہے اور دوسرا وہ شخص جو ایک ہی کا ہے کیا یہ دونوں صفت میں یکساں ہیں اللہ کے لیے ہی ساری حمد ہے بلکہ اکثر لوگ نہیں جانتے)

تاویل۔اللہ نے یہ مثال مومن و مشرک کے لیے بیان کی ہے کہ مشرک کی مثال یہ ہے کہ وہ ایسا شخص ہے جو ضد رکھنے والوں کا ساتھی ہے کیونکہ وہ آپس میں اختلاف کرتے ہیں بتوں کی عبادت میں ،چاند، سورج اور ستاروں کی عبادت میں ہر معبود کا پیروکار اپنے معبود کی دعوت دیتا ہے اور دوسرے کو روکتا ہے پس وہ سب ہی نفع سے خالی ہیں اور وہ گمراہی پر باقی رہتے ہیں اور اللہ کے اس قول کی مثال (کہ وہ آپس میں ضد رکھنے والے ہیں) یہ امیر المومنینؑ کے دشمن ہیں جیسا کہ علی بن ابراہیم نے ذکر

کیا ہے کہ یہ ان کے دشمن، ظالم اور ان کا حق غصب کرنے والے ہیں اور دوسرا شخص وہ ہے جو صرف رسول اللہؐ اور علیؑ کا اطاعت گزار ہے کیا یہ دونوں برابر ہو سکتے ہیں۔

محمد بن العباس نے کہا کہ ہم سے عبدالعزیز بن یحییٰ سے انہوں نے عمرو بن محمد بن ترکی سے انہوں نے محمد بن الفضل سے انہوں نے محمد بن شعیب سے انہوں نے قیس بن ربیع سے انہوں نے منذر المثنوی سے انہوں نے محمد بن الحنفیہ سے انہوں نے اپنے والد گرامی امیر المومنینؑ سے اللہ کے اس قول کے بارے میں روایت کی ہے کہ دوسرا شخص صرف ایک ہی ہے یعنی رسول اللہؐ کا تابعدار ہے۔

اسی طرح ہم سے احمد بن ادریس نے انہوں نے احمد بن محمد بن عیسیٰ سے انہوں نے الحسن بن علی بن فضال سے انہوں نے ابو بکیر سے انہوں نے حمدان سے روایت کی ہے کہ میں نے امام ابو جعفرؑ کو فرماتے ہوئے سنا اللہ کے اس قول کے بارے میں (اللہ ایسے شخص کی مثال بیان کرتا ہے جو باہم ضد رکھنے والے ہیں) فرمایا کہ علیؑ کی ولایت کے بارے میں ان کے اصحاب سے ضد رکھتے ہیں۔

ہم سے عبدالعزیز بن یحییٰ نے انہوں نے محمد بن عبدالرحمٰن سے انہوں نے احمد بن عبداللہ بن عیسیٰ بن مصقلہ القمی سے انہوں نے بکیر بن الفضل سے انہوں نے ابو خالد الکابلی سے انہوں نے امام ابو جعفرؑ سے روایت کی ہے کہ میں نے امامؑ سے اللہ کے اس قول کے بارے میں پوچھا(ایک شخص ایک کا تابعدار ہے) فرمایا کہ جو علیؑ کا شیعہ اور ان کا تابعدار ہے۔

اللہ کا قول (اس سے بڑا ظالم کون ہو گا کہ جو اللہ پر جھوٹ باندھے اور جب سچ اس کے پاس آئے تو جھٹلائے کیا ایسے لوگوں کا ٹھکانہ جہنم نہیں ہے جو سچے دین کو لائے اور جس نے اس کی تصدیق کی یہی لوگ پارسا ہیں)

تاویل۔ ابن مردویہ نے جمہور سے اسناد کے ساتھ مرفوعاً امام موسیٰ بن جعفرؑ سے روایت کی ہے کہ

آپؑ نے فرمایا جس نے سچ کو جھٹلایا یہ وہ لوگ ہیں جنہوں نے رسول اللہؐ کے علیؑ کے بارے میں فرمان کو جھٹلایا۔

الشیخ نے امالی میں انہوں نے امیر المومنینؑ سے اللہ کے اس قول کے بارے میں روایت کی ہے (اس سے بڑا ظالم کون ہو گا کہ جو اللہ پر جھوٹ باندھے اور جب سچ اس کے پاس آئے تو جھٹلائے) فرمایا سچ ہم اہل بیتؑ کی ولایت ہے۔

اور اللہ کا قول (جو سچ لے کر آیا اس کی تصدیق کی) ابو علی الطبرسی نے روایت کی ہے کہ سچ محمدؐ لے کر آئے اور اس کی تصدیق علیؑ ابن ابی طالبؑ نے کی۔

مجاہد سے انہوں نے الضحاک سے انہوں نے ابن عباس سے اور یہی روایت آئمہ ھدیؑ آل محمدؐ سے مروی ہے

علی بن ابراھیم نے اپنی تفسیر میں روایت بیان کی ہے کہ اللہ کا قول (جو سچ لے کر آیا) اس سے مراد رسول اللہؐ ہیں اور (جس نے تصدیق کی) اس سے مراد علیؑ ابن ابی طالبؑ ہیں۔

محمد بن العباس نے کہا کہ ہم سے احمد بن ادریس نے انہوں نے احمد بن محمد بن عیسیٰ سے انہوں نے الحسین بن سعید سے انہوں نے اسماعیلی بن ھمام سے انہوں نے امام ابو الحسنؑ سے روایت کی ہے کہ امام ابو عبد اللہؑ نے فرمایا اللہ کے اس قول کے بارے میں (اور جو سچ لے کر آیا اور جس نے اس کی تصدیق کی) فرمایا کہ سچ لانے والے رسول اللہؐ ہیں اور تصدیق کرنے والے علیؑ ابن ابی طالبؑ ہیں۔

اللہ کا قول (جب اللہ اکیلے کا ذکر کیا جائے تو ان لوگوں کے دل نفرت کرنے لگتے ہیں کہ جو آخرت پر امان نہیں رکھتے اور جب اللہ کے سوا کسی اور کا ذکر کیا جائے تو ان کا دل کھل کر خوش ہو جاتا ہے)

تاویل۔ محمد بن العباس نے کہا کہ ہم سے محمد بن الحسین نے انہوں نے ادریس بن زیاد سے انہوں نے حنان بن سدیر سے انہوں نے اپنے والد سے روایت کی ہے اور اسی طرح محمد بن یعقوب نے انہوں نے علی بن ابراہیم سے انہوں نے اپنے والد سے اسناد کے ساتھ زرارۃ سے انہوں نے ابو الخطاب سے انہوں نے کہا کہ میں نے امام ابوعبداللہ سے اللہ کے اس قول کے بارے میں پوچھا (اور جب اللہ اکیلے کا ذکر کیا جاتا ہے تو ان کے دل نفرت کرنے لگتے ہیں کہ جو آخرت پر ایمان نہیں رکھتے) آپؑ نے فرمایا اللہ کے ذکر سے مراد ہم آل محمدؐ کی اطاعت ہے جو لوگ آخرت پر ایمان نہیں رکھتے ہمارے ذکر سے ان کے دل نفرت سے بھر جاتے ہیں اور جب ان لوگوں کا ذکر کیا جاتا ہے جن کی اطاعت کا اللہ نے انہیں حکم نہیں دیا تو وہ خوش ہو جاتے ہیں۔

اللہ کا قول (کہہ دیجئے اے میرے بندوں کہ جنہوں نے اپنی جانوں پر ظلم کیا ہے اللہ کی رحمت سے ناامید نہ ہو جاؤ بے شک اللہ سب کے گناہ معاف کرنے والا ہے اور بخشنے والا اور مہربان ہے)

تاویل۔ محمد بن العباس نے کہا کہ ہم سے احمد بن ادریس نے انہوں نے احمد بن محمد بن عیسیٰ سے انہوں نے الحسین بن سعید سے انہوں نے ابن فضال سے انہوں نے محمد بن الفضیل سے انہوں نے ابو حمزہ الثمالی سے روایت کی ہے کہ امام ابو جعفرؑ نے فرمایا کہ اللہ قیامت والے دن کسی بندے کا یہ عذر قبول نہیں کرے گا کہ میں نہیں جانتا تھا کہ اولاد فاطمہؑ کی محبت واجب ہے پس خاص طور پر اولاد فاطمہؑ کے بارے میں اللہ نے یہ آیت نازل کی (کہہ دیجئے اے میرے بندوں کہ جنہوں نے اپنی جانوں پر ظلم کیا ہے اللہ کی رحمت سے ناامید نہ ہو جاؤ بے شک اللہ سب کے گناہ معاف کرنے والا ہے اور بخشنے والا اور مہربان ہے)

علی بن ابراہیم نے کہا کہ انہوں نے جعفر بن محمد سے انہوں نے عبدالکریم سے انہوں نے محمد بن علی

61 | تاویل الآیات(جلد دوئم)

سے انہوں نے محمد بن الفضیل سے انہوں نے ابو حمزہ سے روایت کی ہے کہ امام ابو جعفرؑ نے فرمایا پھر ایسی ہی روایت بیان کی ہے۔

الشیخ ابو جعفر محمد بن بابویہ نے کہا کہ مجھ سے محمد بن الحسن الصفار سے انہوں نے عباد بن سلیمان سے انہوں نے محمد بن سلیمان الدیلمی سے انہوں نے اپنے والد سے روایت کی ہے کہ میں امام ابو عبد اللہؑ کی خدمت میں حاضر تھا کہ ابو بصیر آگئے تو امامؑ نے ان سے کہا اے ابو بصیر اللہ نے تمہارا ذکر اپنی کتاب میں یوں کیا ہے (کہہ دیجئے اے میرے بندوں کہ جنہوں نے اپنی جانوں پر ظلم کیا ہے اللہ کی رحمت سے ناامید نہ ہو جاؤ بے شک اللہ سب کے گناہ معاف کرنے والا ہے اور بخشنے والا اور مہربان ہے)فرمایا اللہ تمہارے سب گناہ معاف کردے گا فرمایا کہ اے ابو محمد ! اس سے مراد ہمارے شیعہ ہیں اور ان کے علاوہ کوئی نہیں ہے۔

اللہ کا قول (کوئی شخص کہے کہ میں نے اللہ کے حق میں کوتاہی کی بلکہ میں تو مذاق اڑانے والوں میں شامل تھا)

تاویل۔ کفار قیامت والے دن خوف سے کہیں گے ہائے افسوس میں نے اللہ کے حق میں کوتاہی کی اور میں تو مذاق اڑانے والوں میں سے تھا یعنی نبیؐ اور ان کے اہل بیتؑ، قرآن اور مومنین کے ساتھ مذاق کیا کرتا تھا۔

محمد بن العباس نے کہا کہ ہم سے احمد بن ھنورہ الباہلی نے انہوں نے ابراہیم بن اسحاق سے انہوں نے عبد اللہ

بن حماد سے انہوں نے حمران بن اعین سے انہوں نے ابان بن تغلب سے انہوں نے امام جعفرؑ بن محمدؑ سے انہوں نے اپنے والد گرامیؑ سے انہوں نے اپنے آباء علیہم السلام سے اللہ کے اس قول کے

بارے میں روایت کی ہے (ہائے افسوس کہ میں اللہ کے حق میں کوتاہی کرتا رہا) یعنی ولایت علیؑ کے بارے میں۔

ہم سے علی بن العباس نے انہوں نے حسن بن محمد سے انہوں نے حسین بن علی سے انہوں نے موسیٰ بن عبدالعزیز سے انہوں نے عطار الصمدانی سے انہوں نے امام ابو جعفرؑ سے اللہ کے اس قول کے بارے میں روایت کی ہے (ہائے افسوس کہ میں اللہ کے حق میں کوتاہی کرتا رہا) فرمایا علیؑ کے بارے میں کہ امیر المومنینؑ کا فرمان ہے کہ میں اللہ کا حق ہوں اور میں قیامت کے دن لوگوں کی حسرت ہوں۔

ہم سے احمد بن ادریس نے انہوں نے احمد بن محمد بن عیسیٰ سے انہوں نے الحسین بن سعید سے انہوں نے محمد بن اسماعیل سے انہوں نے حمزہ بن بزیع سے انہوں نے علی السائی سے انہوں نے امام ابوالحسنؑ سے اللہ کے اس قول کے بارے میں روایت کی ہے (ہائے حسرت کہ میں اللہ کے حق کے بارے میں کوتاہی کرتا رہا) فرمایا اللہ کا حق امیر المومنینؑ ہیں اور اسی طرح ان کے بعد ان کے اوصیاء ہیں جو کہ بلند مرتبہ ہیں۔

الکلینی، علی بن ابراہیم اور الصدوق نے متعدد روایات نقل کی ہیں جن کے مطابق اللہ کے حق سے مراد امیر المومنینؑ ہیں اور بعض روایات میں کہا گیا ہے کہ اس سے مراد ولایت علیؑ ہے۔

اللہ کا قول (اور جن لوگوں نے اللہ پر جھوٹ باندھا قیامت والے دن ان کے چہرے سیاہ ہونگے کیا جن لوگوں نے تکبر کیا ان کا ٹھکانہ جہنم نہیں ہے)

تاویل۔ العیاشی نے اسناد کے ساتھ انہوں نے خثیمہ بن عبدالرحمٰن سے روایت کی ہے کہ میں نے امام ابو عبداللہؑ کو فرماتے ہوئے سنا کہ جس نے ہم سے ایک حدیث بھی روایت کی ہم اس سے قیامت

والے دن پوچھیں گے اگر اس نے ہم پر سچ کہا تو اس نے اللہ اور اس کے رسولؐ کی تصدیق کی اور اگر اس نے ہم پر جھوٹ باندھا تو اس نے اللہ اور اس کے رسولؐ پر جھوٹ باندھا پھر فرمایا کہ ہم یہ نہیں کہتے کہ فلاں نے کہا یا فلاں نے کہا ہم کہتے ہیں کہ اللہ نے کہا اور اسکے رسولؐ نے کہا پھر اس آیت کی تلاوت فرمائی (قیامت والے دن ان لوگوں کے چہرے سیاہ ہونگے کہ جنہوں نے اللہ پر جھوٹ باندھا)

محمد بن یعقوب سے انہوں نے الحسین بن محمد سے انہوں نے معلیٰ بن محمد سے انہوں نے محمد بن جمہور سے انہوں نے عبداللہ بن عبدالرحمٰن سے انہوں نے الحسین بن المختار سے روایت کی ہے کہ میں نے امام ابو عبداللہؑ سے کہا میں آپؑ پر قربان اللہ کا قول (قیامت والے دن ان لوگوں کے چہرے سیاہ ہونگے جنہوں نے اللہ پر جھوٹ باندھا) فرمایا کہ وہ جس نے گمان کیا کہ وہ امام ہے اور امام نہ ہو میں نے کہا اگر وہ علوی یا فاطمی ہو تب؟ فرمایا اگرچہ وہ علوی اور فاطمی ہو۔

اللہ کا قول(اور آپ کی طرف اور آپ سے پہلے نبیوں کی طرف بھی وحی کی گئی کہ اگر تم نے شرک کیا تو تیرے عمل ضائع ہو جائیں گے اور تو نقصان اٹھانے والوں میں سے ہو جائے گا)

تاویل۔ محمد بن العباس نے کہا کہ ہم سے محمد بن القاسم سے انہوں نے عبید بن مسلم سے انہوں نے جعفر بن عبداللہ المحمدی سے انہوں نے الحسین بن اسماعیل سے انہوں نے ابو موسیٰ المشرقانی سے روایت کی کہ میں امامؑ کے پاس موجود تھا آپؑ کے پاس ایک کوفیوں کا گروہ بھی موجود تھا انہوں نے امامؑ سے اللہ کے اس قول کے بارے میں دریافت کیا (اگر تم نے شرک کیا تو تیرے عمل ضائع کر دیئے جائیں گے) فرمایا ایسا نہیں ہے جیسا لوگ سمجھتے ہیں بلکہ اللہ نے اپنے نبیؐ کو وحی کی کہ علیؑ کو اپنا قائم مقام بنائیں تو معاذ بن جبل نے کہا کہ میں علیؑ کی ولایت میں شرک کروں گا اسی طرح اول وثانی

نے بھی رسول اللہؐ کی تصدیق سے انکار کر دیا پھر اللہ نے یہ آیت نازل فرمائی (اے رسول پہنچا دو کہ جو آپ کی طرف اتارا گیا ہے آپ کے رب کی طرف سے) تو رسول اللہؐ نے جبرائیل سے شکایت کی اور فرمایا کہ لوگ مجھے جھٹلاتے ہیں اور میری بات کو قبول نہیں کرتے پس اللہ عز و جل نے یہ آیت نازل کی (اگر تم نے شرک کیا تو تمہارے عمل ضائع کر دیئے جائیں گے اور تم نقصان اٹھانے والوں میں سے ہو جاؤ گے) پس اس طرح یہ آیت نازل ہوئی اور اللہ نے جتنے بھی نبیؑ بھیجے وہ صاحب شفاعت ہیں اور وہ اپنے رب کے بارے میں شرک نہیں کر سکتے پس رسول اللہؐ اس سے بری ہیں کہ وہ شرک میں مبتلا ہوں اور انہوں نے تو بتوں کو ٹھکرایا ہوا ہے اس سے مراد لوگوں کا ولایت علیؑ میں شرک کرنا ہے۔

علی بن ابراہیم نے انہوں نے جعفر بن احمد سے انہوں نے عبدالکریم بن عبدالرحیم سے انہوں نے محمد بن علی سے انہوں نے محمد بن الفضیل سے انہوں نے ابو حمزہ سے انہوں نے امام ابو جعفرؑ سے روایت کی ہے کہ یہ آیت اس طرح نازل ہوئی (اگر تم نے شرک کیا علیؑ کی ولایت میں تو تیرے اعمال ضائع کر دیئے جائیں گے)

اللہ کا قول (پس زمین اپنے رب کے نور سے روشن ہو جائے گی نامہ اعمال لائے جائیں گے انبیاء اور گواہ آئیں گے اور ان کے درمیان حق کے ساتھ فیصلہ کیا جائے گا اور ان پر ظلم نہیں کیا جائے گا)

تاویل۔ علی بن ابراہیم سے روایت ہے کہ اللہ کا قول (اور زمین اپنے پروردگار کے نور سے روشن ہو جائے گی نامہ اعمال لائے جائیں گے انبیاء اور گواہ آئیں گے) یعنی ہر نبی اپنی امت کے ساتھ آئے گا اور گواہ ان پر آئمہؑ ہونگے اور اس پر دلیل ہے کہ ان سے مراد آئمہؑ ہیں وہ اللہ کا قول سورہ الحج میں ہے (تاکہ رسول تم پر گواہ ہوں اور تم لوگوں پر گواہ ہو)۔

اسی طرح روایت ہے کہ امیر المومنینؑ سے روایت ہے کہ آپؑ نے فرمایا فلاں اور فلاں نے ہمارا حق غصب کیا اس سے انہوں نے کنیزیں خریدیں اور عورتوں سے شادیاں کیں پس اگر یہ حلال تھا تو صرف ہمارے شیعوں کے لیے ان کی پاکیزہ ولادت کی وجہ سے۔

علی بن ابراہیم نے انہوں نے جعفر بن محمد سے انہوں نے القاسم بن الربیع سے انہوں نے صباح المدائنی سے انہوں نے المفضل بن عمر سے روایت کی ہے کہ امام ابو عبد اللہؑ نے اللہ کے اس قول کے بارے میں فرمایا(اور زمین اپنے رب کے نور سے جگمگا اٹھے گی) فرمایا کہ زمین کا مالک امامؑ ہے میں نے کہا جب وہ طلوع ہوتا ہے تو کیا ہوتا ہے ؟ فرمایا جب لوگ سورج و چاند کی روشنی سے بے نیاز ہو جائیں گے تو امامؑ کے نور سے بدلہ پائیں گے۔

اللہ کا قول(وہ کہیں گے کہ اللہ کا شکر کہ جس نے اپنا وعدہ پورا کیا اور ہمیں زمین کا وارث بنایا کہ جنت میں جہاں چاہیں ٹھہریں پس عمل کرنے والوں کا کیا ہی اچھا بدلہ ہے)

تاویل۔ الکراجکی نے کنز الفوائد میں اسناد کے ساتھ مرفوعاً رجال سے اسناد کے ساتھ امام ابو عبد اللہؑ سے روایت کی ہے کہ جب قیامت کا دن ہو گا تو ایک گروہ نور کی عماریوں پر آئے گا وہ ندا دے رہے ہونگے کہ اس اللہ کی حمد کہ جس نے اپنا وعدہ سچ کر دکھایا اور ہم کو زمین کا وارث بنایا وہ جنت میں جہاں چاہیں گے رہیں گے تو مخلوقات کہیں گی کہ یہ تو انبیاء کا زمرہ ہے پس اللہ کی طرف سے یہ ندا آئے گی سے علیؑ ابن ابی طالبؑ کے شیعہ ہیں وہ میرے بندوں میں سے بہترین بندے ہیں پس مخلوقات کہے گی اے ہمارے معبود ہمارے سردار کس وجہ سے انہوں نے یہ درجہ پایا تو اللہ کی طرف سے ندا آئے گی کہ یہ اپنے دائیں ہاتھ میں انگوٹھی پہنتے تھے اکاون رکعات نماز پڑھتے تھے، مساکین کو کھانا کھلاتے تھے اپنی پیشانی پر محراب رکھتے تھے اور بسم اللہ الرحمٰن الرحیم بلند آواز میں پڑھتے تھے۔

علی بن ابراہیم سے انہوں نے اپنے والد سے انہوں نے اسماعیل بن ھمام سے انہوں نے امام ابوالحسنؑ سے روایت کی ہے کہ جب علیؑ بن الحسینؑ کی شہادت کا وقت آیا تو تین مرتبہ ان پر غشی طاری ہوئی آخری مرتبہ آپؑ نے فرمایا اس اللہ کی حمد کہ جس نے ہم سے کیا ہوا وعدہ سچ کر دکھایا اور ہمیں زمین کا وارث بنایا ہم جنت میں جہاں چاہیں رہیں پس عمل کرنے والوں کے لیے کیا ہی اچھا بدلہ ہے پھر آپؑ شہادت پا گئے۔

اللہ کا قول(اور تو فرشتوں کو اللہ کے عرش کے گرد حلقہ باندھے ہوئے اور اس کی حمد کرتا ہوا دیکھے گا)

تاویل۔رسول اللہؐ نے فرمایا جب شب معراج تھی تو میں نے اپنے سامنے عرش کے نیچے دیکھا کہ میرے سامنے علیؑ ابن ابی طالبؑ کھڑے تھے کہ عرش کے نیچے اللہ کی تسبیح و تقدیس کر رہے تھے میں نے کہا اے جبرائیل علیؑ میرے سے بھی ادھر آنے میں سبقت لے گیا جبرائیل نے فرمایا نہیں مگر اے محمدؐ میں آپؐ کو بتاتا ہوں کہ اللہ علیؑ پر بہت زیادہ درود و سلام بھیجتا ہے تو عرش علیؑ کو دیکھنے کا مشتاق ہوا پس اللہ نے اس فرشتے کو علیؑ کی صورت میں خلق کیا تا کہ عرش اس کی طرف دیکھ سکے پس اللہ نے اس فرشتے کی تسبیح و تقدیس کے ثواب کا حقدار اہل بیتؑ محمدؐ کے شیعوں کو قرار دیا ہے۔

پس محمدؐ آپؐ کے اہل بیتؑ پر عرش کے رب کی طرف سے سب سے افضل درود و سلام ہو۔

سورۃ المومن

(اس سورہ مبارکہ کی وہ آیات جو آئمہ ھدیٰؑ کی شان میں نازل ہوئیں)

اللہ کا قول(عرش کے اٹھانے والے اور اس کے ارد گرد والے اپنے رب کی حمد کے ساتھ تسبیح کرتے ہیں اور اس پر ایمان رکھتے ہیں اور ایمان والوں کے لیے استغفار کرتے ہیں اے ہمارے پروردگار تم نے ہر چیز کو اپنے علم و بخشش سے گھیر رکھا ہے پس جو توبہ کریں اور تیری راہ کی پیروی کریں ان کو جہنم کے عذاب سے محفوظ رکھ)

تاویل۔ محمد بن العباس نے کہا کہ ہم سے احمد بن محمد بن سعید نے اسناد کے ساتھ مرفوعاً اصبغ بن نباتہ سے روایت کی ہے کہ امیر المومنینؑ نے فرمایا کہ رسول اللہؐ پر میرا افضل اس آیت میں نازل ہوا اور اس وقت زمین پر مومن صرف میں تھا اور رسول اللہؐ تھے اور یہ آپؐ کا قول ہے میں وہ ہوں کہ جس کے لیے تمام مخلوق سے پہلے ملائکہ نے بخشش طلب کی اس وقت میری عمر سات آٹھ ماہ تھی۔

روایت کی ہے کہ امیر المومنینؑ نے فرمایا سات سال اور ایک ماہ ملائکہ میرے لیے اور رسول اللہؐ کے لیے بخشش طلب کرتے رہے اور ہمارے بارے میں ہی یہ آیت نازل ہوئی اور جو اس کے بعد ہے (عرش کے اٹھانے والے اور اس کے ارد گرد والے اپنے رب کی حمد کے ساتھ تسبیح کرتے ہیں اور اس پر ایمان رکھتے ہیں اور ایمان والوں کے لیے استغفار کرتے ہیں اے ہمارے پروردگار تم نے ہر چیز کو اپنے علم و بخشش سے گھیر رکھا ہے پس جو توبہ کریں اور تیری راہ کی پیروی کریں ان کو جہنم کے عذاب سے محفوظ رکھ اے ہمارے رب ان کو جنت کے باغات میں داخل فرما کہ جس کا تو نے ان سے وعدہ کیا ہے اور ان کے باپ دادوں بیویوں ان کی اولاد میں سے بے شک تو غالب حکمت والا ہے) تو منافقین کے ایک گروہ نے کہا کیا یہ آیت علیؑ اور ان کی اولاد کے بارے میں نازل ہوئی تو علیؑ نے فرمایا اللہ کی قسم اللہ پاک ہے ہمارے آباء ابراہیم و اسماعیل ہیں کیا وہ ہمارے آباء نہیں ہیں؟

ہم سے علی بن عبداللہ نے انہوں نے ابراہیم بن محمد سے انہوں نے محمد بن علی سے انہوں نے حسین الاشقر سے انہوں نے علی بن ہاشم سے انہوں نے محمد بن عبداللہ سے انہوں نے ابورافع سے انہوں نے ابوایوب سے انہوں نے عبداللہ بن عبدالرحمٰن سے انہوں نے اپنے والد سے روایت کی ہے کہ رسول اللہؐ نے فرمایا کہ ملائکہ مجھ پر اور علیؑ پر دو سال درود ایسے بھیجا کہ اس وقت ہمارے سوا کوئی نماز پڑھنے والا نہ تھا۔

ہم سے الحسین بن احمد نے انہوں نے محمد بن عیسیٰ سے انہوں نے یونس بن عبدالرحمٰن سے انہوں نے ابو بصیر سے روایت کی ہے کہ امام ابو عبداللہؑ نے مجھ سے فرمایا اے ابو محمد ! کہ ایسے فرشتے ہیں کہ جن کی وجہ سے ہمارے شیعوں کے گناہ ایسے جھڑتے ہیں جیسے خزاں میں درختوں سے پتے اور یہ اللہ کا قول ہے (اور ایمان والوں کے لیے بخشش طلب کرتے ہیں) ان کی بخشش اللہ کی قسم مخلوق

کے سواتمہارے لیے ہے اے ابو محمد ! کیا میں نے تم کو خوش کیا میں نے کہا جی ہاں میرے آقاؑ۔

علی بن ابراہیم نے اپنی تفسیر میں ملائکہ کے ذکر میں بیان کیا ہے کہ مجھ سے میرے والد نے انہوں نے القاسم بن محمد سے انہوں نے سلیمان سے انہوں نے حماد بن عیسیٰ سے انہوں نے امام ابو عبداللہؑ سے روایت کی ہے کہ آپؑ سے پوچھا گیا کہ فرشتے زیادہ ہیں یاآدمؑ کی اولاد ؟ فرمایا کہ اس ذات کی قسم کہ جس کے ہاتھ میں میری جان ہے آسمان پر فرشتوں کی تعداد زمین پر موجود زروں سے زیادہ ہے اور آسمان پر ہر جگہ پر فرشتے تسبیح و تقدیس کر رہے ہیں اور زمین میں کوئی ایسا درخت نہیں کہ ادھر ایک فرشتہ مقرر ہے اور ان کے عمل لے کر آتا ہے پس کوئی بھی کہ جو اللہ کے ہاں قریبی ہوتا ہے وہ ہم اہل بیتؑ کی ولایت کی وجہ سے ہی ہوتا ہے اور وہ فرشتے ہمارے محبت رکھنے والوں کے لیے بخشش طلب کرتے ہیں اور ہمارے دشمنوں پر لعنت کرتے ہیں اور اللہ سے سوال کرتے ہیں کہ ان پر عذاب بھیجے۔

اللہ کا قول(اس طرح تیرے رب کے کلمات سچ ثابت ہوئے ان لوگوں پر جنہوں نے کفر کیا اور وہ ہمیشہ جہنم میں رہنے والے ہیں)

تاویل۔ عمرو بن شمر نے انہوں نے جابر بن یزید سے انہوں نے امام ابو جعفرؑ سے اللہ کے اس قول کے بارے میں دریافت کیا(اس طرح تیرے رب کے کلمات سچ ثابت ہوئے ان لوگوں پر جنہوں نے کفر کیا اور وہ ہمیشہ جہنم میں رہنے والے ہیں) فرمایا اس سے مراد بنو امیہ ہیں وہ کافر ہیں اور ہمیشہ جہنم میں رہیں گے پھر اللہ کے اس قول کے بارے میں فرمایا(وہ لوگ عرش کو اٹھائے ہوئے ہیں) فرمایا یعنی رسولؐ اور ان کے بعد ان کے اوصیاء جو اللہ کے علم کو اٹھائے ہوئے ہیں پھر اللہ کے اس قول کے بارے میں فرمایا(ان کے ارد گرد فرشتے اپنے پروردگار کی تسبیح حمد کے ساتھ کرتے ہیں اور ایمان

والوں کے لیے بخشش طلب کرتے ہیں) یہ ایمان والے آل محمدؑ کے شیعہ ہیں فرشتے اللہ سے سوال کرتے ہیں کہ اے ہمارے رب تیری رحمت اور علم ہر چیز پر وسیع ہے پس تو ان لوگوں کو بخش دے جو توبہ کرتے ہیں بنو امیہ کی دوستی سے اور تیرے راستے کی پیروی کرتے ہیں یعنی ولایت امیر المومنینؑ کی اور ان کو جہنم کے عذاب سے بچا اور اسے ہمارے پروردگار ان کو جنت کے باغات میں داخل فرما کہ جن کا تو نے ان سے وعدہ فرمایا ہے اور ان کے آباء و ازواج کو ان کی زریت کو بے شک تو غالب حکمت والا ہے یعنی جو علیؑ سے محبت رکھتا ہے۔

اللہ کا قول(اے ہمارے رب تو نے ہم کو دو بار موت دی اور دو مرتبہ زندہ کیا)

تاویل۔امام صادقؑ نے فرمایا کہ یہ آیت رجعت کے بارے میں ہے۔

اللہ کا قول(اور جب تم کو ایک اللہ کی طرف بلایا گیا تو تم نے اس کے ساتھ کفر کیا)

تاویل۔آئمہؑ سے متعدد روایات میں وارد ہوا ہے کہ یہ آیت ولایت امیر المومنینؑ کے بارے میں نازل ہوئی۔

اللہ کا قول(اور آل فرعون میں سے ایک مومن نے کہا جو کہ اپنا ایمان چھپائے ہوئے تھا)

تاویل۔امام عسکریؑ نے فرمایا یہ مومن آل فرعون کے بارے میں نازل ہوئی حزقیل مومن آل فرعون نے قوم فرعون کو توحید، نبوت، تمام انبیاء پر محمدؐ اور ان کے اہل بیتؑ کی فضیلت کی دعوت دی اور فرعون اور اس کی ربوبیت سے بیزاری کے لیے کہا۔

محمد البرقی نے انہوں نے ابن ابی عمیر سے انہوں نے ابراہیم بن عبد الحمید سے انہوں نے الحسن بن الحسین سے انہوں نے امام ابو جعفرؑ سے اللہ کے اس قول کے بارے میں روایت کی ہے کہ یہ آیت

مومن آل فرعون کے بارے میں نازل ہوئی اور پہلے جیسی حدیث روایت کی۔

اللہ کا قول(بے شک ہم نے اپنے رسولوں اور ایمان والوں کی مدد دنیا میں بھی کریں گے اور اس دن بھی جب گواہی دینے والے کھڑے ہونگے)

تاویل۔امام صادقؑ سے روایت ہے کہ آپؑ نے فرمایااللہ کی قسم یہ آیت رجعت کے بارے میں نازل ہوئی کیاتم نہیں جانتے کہ کتنے انبیاء قتل کر دیئے گئے اور ان کی مدد نہیں کی گئی اور ان کے بعد آئمہؑ قتل کر دیئے گئے اور ان کی مدد نہیں کی گئی یہ رجعت کے بارے میں ہے اور اللہ کے اس قول کے بارے میں فرمایا(اور جس دن گواہ کھڑے کئے جائیں گے) فرمایا گواہی دینے والے آئمہؑ ہیں اللہ کے اس قول کی روسے (تاکہ تم لوگوں پر گواہ رہو اور رسول تم پر گواہ رہیں)

اللہ کا قول (تم مجھے پکارو میں تمہاری پکار سنوں گا جو لوگ میری عبادت سے تکبر کرتے ہیں وہ عنقریب جہنم

میں داخل کئے جائیں گے)

تاویل۔ محمد بن العباس نے کہاکہ ہم سے الحسین بن احمد المالکی نے انہوں نے محمد بن عیسیٰ سے انہوں نے یونس بن عبدالرحمٰن سے انہوں نے محمد بن سنان سے انہوں نے محمد بن النعمان سے انہوں نے کہاکہ میں نے امام ابو عبداللہؑ کو فرماتے ہوئے سناکہ اللہ نے ہم کو ہمارے سپرد نہیں کیا اگر وہ ہم کو اپنے اوپر نگہبان بنادیتا تو ہم بھی دوسرے لوگوں کی طرح ہو جاتے لیکن ہم وہ ہیں کہ جن کے بارے میں اللہ نے فرمایا(مجھے پکارو میں تمہاری پکار سنوں گا) اور فرمایااللہ کے قول کے بارے میں (اور تمہیں اپنی نشانیاں دکھاتا ہے) یعنی امیر لمومنینؑ اور آئمہؑ رجعت میں۔

اللہ کا قول(جب انہوں نے ہمارے عذاب کو دیکھا تو کہنے لگے ہم اللہ واحد پر ایمان لائے اور ہم نے

مشرکین کا انکار کیا)

تاویل۔ علی بن ابراہیم نے اپنی تفسیر میں روایت بیان کی ہے کہ امامؑ نے فرمایا اس وقت جب قیام قائمؑ ہوگا رجعت میں۔

سورۃ فصلت

(اس سورہ مبارکہ کی وہ آیات جو آئمہ ھدیٰؑ کی شان میں نازل ہوئیں)

اللہ کا قول (حم ۔ اتاری ہوئی ہے بڑے رحمٰن ورحیم کی طرف سے اپنی کتاب کہ جس کی آیات کی تفصیل کی گئی ہے کہ قرآن عربی زبان میں ہے اور ہم نے قوم کے لیے خوشخبری سنانے والا اور ڈرانے والا بھیجا اور اکثریت نے منہ پھیر لیا وہ نہیں سنتے)

تاویل۔ محمد بن العباس نے اپنی تفسیر میں کہا ہے کہ ہم سے علی بن محمد بن مخلد الدھان نے انہوں نے الحسین بن علی بن احمد العلوی سے انہوں نے کہا کہ مجھے امام ابو عبداللہؑ کے اس فرمان کے بارے میں داؤد الرقی سے علم ہوا کہ آپؑ نے داؤد سے فرمایا کہ تم میں سے کون آسمان کو پا سکتا ہے اللہ کی قسم بے شک ہماری ارواح اور نبیوں کی ارواح ہر شب جمعہ عرش پہ جاتی ہیں اے داؤد امام ابو محمد الباقرؑ نے سورہ حم سجدہ پڑھی اور جب یہاں تک پہنچے تو فرمایا (اور خوشخبری سنانے والا اور ڈرانے والا بھیجا) اس سے مراد رسول اللہؐ اور ان کے بعد علیؑ ابن ابی طالبؑ ہیں پھر پڑھا (حم۔ یہ کتاب نازل کی گئی رحمٰن ورحیم کی طرف سے ایسی کتاب کہ جس کی آیات تفصیل سے بیان کر دی گئی ہیں جو عربی زبان

میں قرآن ہے تا کہ لوگ جان سکیں اور اکثریت نے منہ پھیر لیا) ولایت علیؑ سے پس وہ نہیں سنتے اور انہوں نے کہا کہ ہمارے دل پردے میں ہیں اس سے کہ جس کی طرف تم ہمیں بلا رہے ہو اور ہمارے کانوں میں سیسہ ہے اور ہمارے اور تمہارے درمیان حجاب ہے پس عمل کرو ہم بھی عمل کرنے والے ہیں۔

اللہ کا قول(مشرکین کے لیے ہلاکت ہے جو زکواۃ نہیں دیتے اور وہ آخرت کا بھی انکار کرتے ہیں)

تاویل۔ محمد بن العباس نے کہا کہ ہم سے الحسین بن احمد المالکی نے انہوں نے محمد بن عیسیٰ سے انہوں نے یونس بن عبدالرحمٰن سے انہون نے سعدان سے انہوں نے ابان سے روایت کی ہے کہ امام ابو عبداللہؑ نے فرمایا اے ابان ! کیا تم نے دیکھا ہے کہ اللہ نے مشرکین سے زکواۃ طلب کی ہو؟ جبکہ وہ اللہ کے علاوہ اور معبود کی پرستش کرتے ہیں تو میں نے کہا تو پھر ان سے کون مراد ہیں؟ فرمایا ایسے مشرک کہ جنہوں نے پہلے امامؑ کے ساتھ شرک کیا اور آخری تک نہ لوٹے۔

احمد بن محمد ایسار سے اسناد کے ساتھ ابان بن تغلب سے روایت کی ہے کہ امام ابو عبداللہؑ نے فرمایا ان مشرکین کے لیے ہلاکت ہے جنہوں نے پہلے امامؑ کے ساتھ شرک کیا اور آخری تک نہیں لوٹے اور زکواۃ سے یہاں مراد نفس کی پاکیزگی ہے اور اللہ نے مشرکین کو نجاست سے وصف دیا فرمایا کہ مشرکین نجس ہیں پس جس نے امامؑ کے ساتھ کسی کو بھی شریک ٹھہرایا اس نے نبیؐ کے ساتھ شرک کیا اور جس نے نبیؐ کے ساتھ شریک ٹھہرایا اس نے اللہ کے ساتھ شریک ٹھہرایا وہ زکواۃ نہیں دیتے یعنی پاکیزہ عمل نہیں کرتے اور اس سے مراد ولایت اہل بیتؑ ہے۔

اللہ کا قول(پس ہم ان کافروں کو سخت عذاب چکھائیں گے اور ان کو بہت بری جزا دیں گے جو وہ عمل

اس کا بدلہ ہے جو وہ ہماری آیات کا انکار کرتے تھے)

تاویل۔ محمد بن العباس نے کہا کہ ہم سے علی بن اسباط نے انہوں نے علی بن محمد سے انہوں نے علی بن حمزہ سے انہوں نے ابو بصیر سے انہوں نے امام ابو عبد اللہؑ سے اس آیت کے بارے میں روایت کی ہے کہ آپؑ نے فرمایا(ہم کافروں کو عذاب چکھائیں گے) ولایت علیؑ ترک کرنے کے سبب(اور ہم ان کو ان کے اعمال کا بہت برا بدلہ دیں گے آخرت میں وہ بدلہ یہ ہے کہ ہم نے ان کے لیے آگ تیار کر رکھی ہے وہ اس میں ہمیشہ رہیں گے یہ اس کا بدلہ ہے جو وہ ہماری آیات کا انکار کرتے تھے) فرمایا کہ اللہ کی آیات آئمہؑ ہیں۔

اللہ کا قول(اور کافروں نے کہا اے ہمارے رب ہمیں جن وانسانوں میں سے دکھا کہ جنہوں نے ہمیں گمراہ کیا ہم ان کو اپنے قدموں کے تلے اور بہت نیچے کر دیں)

تاویل۔الشیخ محمد بن یعقوب نے انہوں نے محمد بن احمد القمی سے انہوں نے اپنے چچا عبد اللہ بن الصلت سے انہوں نے یونس بن عبد الرحمٰن سے انہوں نے عبد اللہ بن سنان سے انہوں نے الحسین الجمال سے انہوں نے امام ابو عبد اللہؑ سے اللہ کے اس قول کے بارے میں روایت کی ہے(اور کافروں نے کہا اے ہمارے رب ہمیں جن وانسانوں میں سے دکھا کہ جنہوں نے ہمیں گمراہ کیا ہم ان کو اپنے قدموں کے تلے اور بہت نیچے کر دیں) فرمایا کہ ان دونوں گرہوں سے مراد فلاں اور فلاں ہے یہاں دوسرا شیطان تھا اس سے مراد دوسرا ہے اس پر اللہ کا یہ قول دلالت کرتا ہے(ہائے ہلاکت کہ میں نے فلاں کو دوست نہ بنایا ہوتا اس نے مجھے ذکر سے گمراہ کر دیا کہ جب وہ میرے پاس آیا شیطان اور انسان۔۔۔۔) پس ادھر شیطان سے مراد فلاں ہے اور دوسرا ہے اور انسان سے مراد پہلا ہے۔اس کی تاویل گزشتہ ابواب میں گزر چکی ہے۔

ابن قولویہ نے کامل الزیارات میں ایک طویل حدیث میں ایسی ہی روایت نقل کی ہے۔

اللہ کا قول(جنہوں نے کہا کہ ہمارا پروردگار اللہ ہے پھر اس پر ڈٹ گئے ان پر ملائکہ نازل ہوتے ہیں نہ ہی تم ڈرو اور نہ ہی غم کرو اور تمہیں جنت کی بشارت ہو کہ جس کا تم سے وعدہ کیا گیا تھا)

تاویل۔ محمد بن العباس نے کہا کہ ہم سے محمد بن الحسین بن حمید نے انہوں نے جعفر بن عبداللہ حمیدی سے انہوں نے کثیر بن العیاش سے انہوں نے ابوالجارود سے انہوں نے امام ابوجعفرؑ سے اللہ کے اس قول کے بارے میں روایت کی ہے کہ (بے شک وہ لوگ جنہوں نے کہا کہ ہمارا پروردگار اللہ ہے پھر اس پر ڈٹ گئے) فرمایا کہ جو اللہ کی واحدانیت، محمدؐ کی رسالت اور ولایت آل محمدؑ پر ڈٹ گئے (ان پر ملائکہ اترتے ہیں قیامت کے دن تم مت ڈرو اور نہ ہی غم کرو اور تمہیں جنت کی بشارت ہو جس کا تم سے وعدہ کیا گیا تھا) یہی وہ لوگ ہوں گے کہ جب قیامت والے دن ان کو دوبارہ مبعوث کیا جائے گا تو فرشتے ان سے ملیں گے اور کہیں گے کہ مت ڈرو اور نہ غم کرو ہم تمہارے ساتھ دنیا میں بھی تھے اور یہاں بھی اور تمہیں اس وقت تک نہیں چھوڑیں گے جب تک تم جنت میں داخل نہیں کر دیئے جاتے اور تم کو اس جنت کی بشارت ہو جس کا تم سے وعدہ کیا گیا تھا۔

ہم سے احمد بن القاسم نے انہوں نے احمد بن محمد سے انہوں نے محمد بن خالد سے انہوں نے ابن ابی عمیر سے انہوں نے ابو ایوب سے انہوں نے محمد بن مسلم سے انہوں نے امام ابوعبداللہؑ سے اللہ کے اس قول کے بارے میں روایت کی ہے(وہ لوگ جنہوں نے کہا کہ ہمارا پروردگار اللہ ہے پھر اس پر ڈٹ گئے) فرمایا ایک امامؑ کے بعد دوسرے امامؑ پر ڈٹ گئے۔

ہم سے الحسین بن احمد نے انہوں نے محمد بن عیسیٰ سے انہوں نے یونس بن یعقوب سے انہوں نے ابو بصیر سے روایت کی ہے کہ میں نے امام ابوجعفرؑ سے اللہ کے اس قول کے بارے میں پوچھا(وہ

77 | تاویل الآیات(جلد دوئم)

لوگ جنہوں نے کہا ہمارا پروردگار اللہ ہے پھر اس پر ڈٹ گئے) فرمایا اللہ کی قسم اس سے مراد وہی ہے جس پر تم ہو میں نے کہا ان پر کب فرشتے نازل ہوتے ہیں اور اللہ کا یہ فرمان کہ نہ تو تم ڈرو اور نہ ہی غم کرو اور تمہیں اس جنت کی بشارت ہو جس کا تم سے وعدہ کیا گیا تھا فرمایا کہ موت کے وقت ان پر فرشتے نازل ہوتے ہیں اور انہی کے لیے جنت ہے قیامت والے دن نہ تو ان کو کوئی خوف ہو گا اور نہ ہی کوئی غم۔

اس کی تائید امام حسن عسکری ؑ کی یہ حدیث کرتی ہے کہ امام ؑ نے فرمایا کہ رسول اللہ ؐ نے فرمایا مومن ہر وقت برے انجام سے ڈرتا ہے تو اسے اللہ کی خوشنودی کا یقین ہی نہیں آتا یہاں تک کہ اس کا وقت نزع آجاتا ہے اور ملک الموت اس سے کہتا ہے اپنے اوپر دیکھو پس وہ دیکھتا ہے تو اسے جنت کے باغات دیکھائی دیتے ہیں اور اس کے محل بھی تب ملک الموت اسے کہتا ہے یہ تیرے گھر ہیں یہ سب نعمتیں تیرے لیے ہیں اور تیرے ہی مال وعیال ہیں اور تیری ذریت میں سے نیک ہو گا وہ بھی تیرے ساتھ ہو گا پھر ملک الموت اسے کہے گا دیکھو پس وہ دیکھے گا اور محمد ؐ و علی ؑ اور ان کی آل ؑ میں سے پاکیزہ لوگوں کو دیکھے گا تو وہ ان سے کہے گا کہ یہ تمہارے سردار ہیں اور تیرے امام ؑ ہیں یہی تو ہیں کہ جو اللہ نے فرمایا (بے شک وہ لوگ جنہوں نے کہا کہ ہمارا پروردگار اللہ ہے پھر وہ اس پر ڈٹ گئے ان پر ملائکہ اترتے ہیں کہ تم نہ ڈرو اور نہ ہی غم کرو اور تم کو جنت کی بشارت ہو جس کا تم سے وعدہ کیا گیا) یہ تمہارا ٹھکانہ ہے اور یہ آئمہ ؑ تمہارے سردار ہیں ہم تمہارے دنیا میں بھی دوست تھے اور آخرت میں بھی اور اس میں تمہارے لیے وہ سب کچھ ہے جو تم چاہتے ہو یہ اس بخشنے والے اور مہربان کی طرف سے مہمان نوازی ہے۔

علی بن ابراہیم نے کہا کہ مجھ سے میرے والد نے انہوں نے ابن ابی عمیر سے انہوں نے ابن سنان

سے انہوں نے امام ابو عبداللہؑ سے روایت کی ہے کہ آپؑ نے فرمایا ہم سے محبت کرنے والے نہیں مرتے اور ہمارے دشمنوں سے نفرت کرتے ہیں اور مومن کو موت کے وقت رسول اللہؐ ،امیر المومنینؑ، حسنؑ اور حسینؑ دیکھائی دیتے ہیں وہ اس کے پاس آتے ہیں اور اسے بشارت دیتے ہیں اور اگر کوئی ہمارا محب نہ ہو تو موت کے وقت اسے انتہائی خوفناک صورتیں دیکھائی دیتی ہیں اس پر دلیل امیر المومنینؑ کا فرمان ہے جو آپؑ نے حارث ہمدانی سے فرمایا کہ اے حارث ہمدانی جو بھی مرتا ہے وہ مجھے دیکھتا ہے چاہے مومن ہو یا منافق۔

اللہ کا قول (پس نیکی اور برائی برابر نہیں ہیں برائی کو اچھی نیکی سے دفع کرو پھر تمہارے اور اسکے کہ جس کے درمیان دشمنی تھی اچھی دوستی ہو جائے گی)

تاویل۔ محمد بن العباس نے کہا کہ ہم سے الحسین بن احمد المالکی نے انہوں نے محمد بن عیسیٰ سے انہوں نے یونس بن عبدالرحمٰن سے انہوں نے سورۃ بن کلیب سے انہوں نے امام ابو عبداللہؑ سے روایت کی ہے کہ جب یہ آیت رسول اللہؐ پر نازل ہوئی (کہ برائی کو بھلائی سے رفع کرو تو پھر ایسے ہو جائے گا کہ جیسے اس کے اور تمہارے درمیان گہری دوستی ہوگئی) پس رسول اللہؐ نے فرمایا مجھے تقیہ کا حکم دیا گیا ہے پس جب ہمارے قائمؑ کا ظہور ہو جائے گا تو تقیہ ساقط ہو جائے گا۔

ہم سے الصالح الحسین بن احمد نے انہوں نے محمد بن عیسیٰ سے انہوں نے یونس بن عبدالرحمٰن سے انہوں نے محمد بن فضیل سے انہوں نے العبد الصالحؑ سے روایت کی ہے کہ میں نے ان سے اللہ کے اس قول کے بارے میں پوچھا (نیکی اور برائی برابر نہیں) فرمایا ہم نیکی ہیں اور بنوامیہ برائی ہیں۔

علی بن ابراہیم نے اپنی تفسیر میں کہا کہ نیکی سے مراد تقیہ ہے اور برائی سے مراد اسے ضائع کرنا ہے۔

اللہ کا قول (اور ہم نے موسیٰ کو کتاب دی اس میں بھی اختلاف کیا گیا اور اگر آپ کے پروردگار کی

طرف سے بات طے نہ ہوتی تو ان کے درمیان فیصلہ ہو چکا ہوتا یہ لوت تو اس میں شک اور بے چینی میں ہیں)

تاویل۔ الشیخ محمد بن یعقوب نے انہوں نے علی بن محمد سے انہوں نے علی بن العباس سے انہوں نے الحسن بن عبد الرحمٰن سے انہوں نے عاصم بن حمید سے انہوں نے ابو حمزہ سے انہوں نے امام ابو جعفرؑ سے اللہ کے اس قول کے بارے میں روایت کی ہے (اور بے شک ہم نے موسیٰ کو کتاب دی تو اس میں بھی اختلاف کیا گیا) فرمایا انہوں نے اختلاف کیا جس طرح کہ اس امت نے اس کتاب میں اختلاف کیا اور وہ اس کتاب میں قائمؑ کے آنے تک اختلاف کرتے رہیں گے جب وہ آئیں گے تو ان کی گردنیں ماریں گے۔

اللہ کا قول (عنقریب ہم ان کو اپنی نشانیاں دکھادیں گے آفاق میں اور خود ان کی ذات میں بھی یہاں تک کہ ان پر کھل جائے گا کہ حق ہی ہے کیا آپ کے رب کا ہر چیز سے آگاہ ہونا کافی نہیں)

تاویل۔ محمد بن العباس نے کہا کہ ہم سے جعفر بن محمد نے انہوں نے قاسم بن اسماعیل انباری سے انہوں نے حسن بن علی بن ابی حمزہ سے انہوں نے اپنے والد سے انہوں نے ابراہیم سے انہوں نے امام ابو عبد اللہؑ سے

اللہ کے اس قول کے بارے میں روایت کی ہے کہ فرمایا(عنقریب ہم ان کو اپنی نشانیاں دکھادیں گے آفاق میں بھی اور خود ان کی ذات میں بھی یہاں تک کہ ان کے لیے واضح ہو جائے گا کہ یہی حق ہے) یعنی قائمؑ۔

سورۃ الشوریٰ

(اس سورہ مبارکہ کی وہ آیات جو آئمہ ھدیؑ کی شان میں نازل ہوئیں)

اللہ کا قول (حم۔ عسق)

تاویل۔ محمد بن العباس نے کہا کہ ہم سے علی بن عبداللہ بن اسد نے انہوں نے ابراہیم بن محمد الثقفی سے انہوں نے یوسف بن کلیب سے انہوں نے عمرو بن عبدالغفار سے انہوں نے ابوالحکم بن المختار سے انہوں نے الکلبی سے انہوں نے ابوصالح سے انہوں نے ابن عباس سے روایت کی ہے کہ کہا حم اللہ کے ناموں میں سے ایک نام اور ہے عسق علیؑ کا ہر گروہ کے فسق سے واقف ہونا ہے۔

علی بن ابراہیم سے انہوں نے احمد بن علی اور احمد بن ادریس سے انہوں نے محمد بن احمد العلوی سے انہوں نے العمرکی سے انہوں نے محمد بن جمہور سے انہوں نے سلیمان بن سماعہ سے انہوں نے عبداللہ بن القاسم سے انہوں نے یحییٰ بن مسیرۃ الخثعمی سے انہوں نے امام ابوجعفرؑ سے روایت کی ہے میں نے ان کو فرماتے ہوئے سنا کہ حم عسق قائمؑ کی عمر کا عدد ہے اور قاف ایسا پہاڑ ہے جو دنیا کو گھیرے ہوئے ہے اور سبز زمرد سے بنا ہوا ہے پس آسمان کی سبزی اس پہاڑ کی وجہ سے ہے۔

اللہ کا قول(اگر اللہ چاہتا توان کو ایک ہی گروہ بنا دیتا لیکن وہ جسے چاہتا ہے اپنی رحمت میں داخل کرتا ہے اور ظالموں کا نہ کوئی دوست ہے اور نہ مددگار)

تاویل۔ محمد بن العباس نے کہا کہ ہم سے علی بن العباس نے انہوں نے حسن بن محمد سے انہوں نے عبار بن یعقوب سے انہوں نے عمر بن جبیر سے انہوں نے امام جعفرؑ بن محمدؑ سے اللہ کے اس قول کے بارے میں روایت کی ہے(لیکن وہ جسے چاہتا ہے اپنی رحمت میں داخل کرتا ہے) فرمایا اللہ کی رحمت ولایت علیؑ ابن ابی طالبؑ ہے۔

اللہ کا قول(اس نے تمہارے لیے یہی دین مقرر کیا ہے جس کو قائم کرنے کا حکم اس نے نوح کو دیا تھا)

تاویل۔ محمد بن العباس نے کہا کہ ہم سے جعفر بن محمد الحسنی نے انہوں نے ادریس بن زیاد الحناط سے انہوں نے احمد بن عبدالرحمٰن الخراسانی سے انہوں نے برید بن ابراہیم سے انہوں نے ابو حبیب القباحی سے انہوں نے امام ابو عبداللہؑ سے انہوں نے اپنے والد گرامیؑ سے انہوں نے امام علیؑ بن الحسینؑ سے اس آیت کی تفسیر کی ہے ہم ہی وہ لوگ ہیں کہ جن کے لیے اس نے اپنا دین اپنی کتاب میں مقرر کیا ہے اور یہ اللہ کا قول ہے(تمہارے لیے مقرر کیا اے آل محمدؑ ایسا دین کہ جس کی وصیت نوحؑ کو کی اور جو ہم نے آپ کی طرف وحی کیا اور جو ابراہیمؑ و موسیٰؑ و عیسیٰؑ کی طرف وحی کیا گیا کہ وہ دین کو قائم کریں اور جب آپ مشرکین کو ولایت علیؑ کی طرف بلاتے ہیں تو یہ ان پر بہت گراں ہے)

ہم سے محمد بن ھمام نے انہوں نے عبداللہ بن جعفر سے انہوں نے عبداللہ القصبانی سے انہوں نے عبدالرحمٰن بن ابی نجران سے روایت کی ہے کہ امام ابوالحسنؑ نے فرمایا کہ علیؑ بن الحسینؑ نے فرمایا ہم لوگوں میں اللہ کے زیادہ حقدار ہیں اور ہم اللہ کی کتاب کے زیادہ حقدار ہیں اور ہم اللہ کے دین کے زیادہ حقدار ہیں اور ہم ہی وہ لوگ ہیں کہ جن کے لیے اللہ نے اپنا دین مقرر کیا اس نے اپنی کتاب میں

فرمایا(اس نے تمہارے لیے اپنا دین مقرر کیاائے آل محمدؑ جس کی نصیحت اس نے نوح کو کی اور ہم نے ان کو اس کی وصیت کی جو نوح کو کی جو آپ کی طرف وحی کیا گیا یا محمد جو ہم نے ابراہیم کو وصیت کی اسماعیل ویعقوب کو وصیت کی اور موسیٰ وعیسیٰ کو وصیت کی) پس ہم انبیاء کے وارث ہیں اور اولی العزم رسولوں کے وارث ہیں اور اللہ کا قول ہے(اے آل محمدؑ جس کی طرف تم ان مشرکین کو بلا رہے ہو ولایت علیؑ کی طرف یہ ان پر بڑا گران گزرتا ہے)

علی بن ابراہیم نے بھی اس کے قریب تر ہی روایت بیان کی ہے۔

اللہ کا قول (کہہ دیجئے میں تم سے اس پر کوئی اجر نہیں مانگتا سوائے میرے قرابتداروں سے مودت کرو)

تاویل۔ محمد بن العباس نے کہا کہ ہم سے الحسن بن محمد بن یحییٰ العلوی نے انہوں نے ابو محمد اسماعیل بن محمد بن اسحاق بن محمد بن جعفر بن مھمد سے انہوں نے اپنے چچا علی بن جعفر سے انہوں نے الحسین بن زید سے انہوں نے اپنے والد سے انہوں نے اپنے دادا علیھم السلام سے روایت کی ہے کہ فرمایا کہ ہم اہل بیتؑ کی مودت اللہ نے ہر مسلمان پر فرض کی ہے کہ اس نے فرمایا(کہہ دیجئے کہ میں تم سے کوئی اجر رسالت نہیں مانگتا سوائے یہ کہ میرے قرابتداروں سے مودت کرنا)

ہم سے عبدالعزیز بن یحییٰ نے انہوں نے محمد بن زکریا سے انہوں نے محمد بن عبداللہ الخثعمی سے انہوں نے الھیثم بن عدی سے انہوں نے سعید بن صفوان سے انہوں نے عبدالملک سے انہوں نے امام الحسینؑ بن علیؑ سے اللہ کے اس قول کے بارے میں روایت کی ہے(کہہ دیجئے کہ میں تم سے کوئی اجر رسالت نہیں مانگتا سوائے اس کے کہ میرے قرابتداروں سے مودت رکھنا) فرمایا کہ وہ قرابت کہ جس کو اللہ نے واجب قرار دیا ہے وہ ہم اہل بیتؑ کی مودت ہے کہ جس کو اللہ نے ہر مسلمان

پر واجب قرار دیا ہے۔

ابو علی الطبرسی نے کہا کہ ہم سے مہدی نے اسناد کے ساتھ رجال سے انہوں نے ابن عباس سے روایت کی ہے کہ جب اللہ نے یہ آیت نازل فرمائی (کہہ دیجئے کہ میں تم سے اس پر کوئی اجر رسالت نہیں مانگتا سوائے اس کے کہ میرے قریبیوں سے مودت رکھو) اصحاب نے رسول اللہؐ سے پوچھا یا رسول اللہؐ یہ کون ہیں کہ جن کی مودت کا اللہ نے ہمیں حکم دیا ہے فرمایا علیؑ، فاطمہؑ اور ان کے دونوں بیٹے۔

ابو حمزہ الثمالی نے اپنی تفسیر میں کہا ہے کہ مجھ سے عثمان بن عمیر نے انہوں نے سعید بن جبیر سے انہوں نے عبداللہ بن عباس سے روایت کی ہے کہ جب رسول اللہؐ مدینہ تشریف لائے اور اسلام مستحکم ہوا تو انصار نے کہا کہ ہم رسول اللہؐ کے پاس آئیں گے اور ان سے کہیں گے کہ یہ ہمارے مال ہیں آپؐ ان کو اپنے تصرف میں لائیں بغیر کسی تنگی کے پس یہ آیت نازل ہوئی (کہہ دیجئے کہ میں تم سے کوئی اجر رسالت نہیں مانگتا سوائے اس کے کہ میرے قرابتداروں سے مودت رکھنا) تو آپؐ نے ان کے سامنے یہ آیت تلاوت فرمائی میرے بعد میرے قرابتداروں سے مودت رکھنا وہ اس میں پس و پیش کرنے لگے پس یہ آیت نازل ہوئی (کیا وہ کہتے ہیں کہ انہوں نے اللہ پر جھوٹ باندھا) آپؐ نے اللہ کا فرمان ان کو سنایا تو وہ روئے اور معاملہ سنگین ہو گیا پس اللہ نے فرمایا (وہی ذات ہے جو اپنے بندوں سے توبہ قبول کرتا ہے اور ان کی برائیاں معاف کر دیتا ہے اور وہ جانتا ہے جو کچھ تم کرتے ہو)

اس کی مثال ہی علی بن ابراہیم نے روایت کی ہے اور کئی طریقوں سے اہل بیتؑ کی مودت کے وجوب کو ثابت کیا ہے۔

اللہ کا قول (اور جو نیکی کرے گا ہم اس کی نیکی کا حسن اور بڑھا دیں گے)

تاویل۔ الشیخ محمد بن یعقوب سے انہوں نے علی بن محمد سے انہوں نے علی بن العباس سے انہوں نے علی بن احمد سے انہوں نے عمرو بن شمر سے انہوں نے جابر سے انہوں نے امام ابو جعفرؑ سے اللہ کے اس قول کے بارے میں روایت کی ہے (اور جو نیکی کرے گا ہم اس کی نیکی کا حسن اور بڑھا دیں گے) فرمایا نیکی ہماری اطاعت کو تسلیم کرنا ہے اور ہم کو ماننا ہے اور ہماری تکذیب نہ کرنا ہے۔

الشیخ محمد بن یعقوب نے انہوں نے علی بن محمد سے انہوں نے علی بن العباس سے انہوں نے علی بن حمار سے انہوں نے عمرو بن شمر سے انہوں نے جابر سے انہوں نے امام ابو جعفرؑ سے اللہ کے اس قول کے بارے میں روایت کی ہے (اور جو نیکی کرے گا ہم اس کی نیکی کا حسن اور بڑھا دیں گے) فرمایا جو اوصیائے آل محمدؐ سے محبت کرے گا اور ان کی اتباع کرے گا اور یہی نیکی ہے اور اللہ اسے مزید بڑھا دے گا اور جو انبیاء و مومنین گزر چکے ہیں ان کی محبت کو زیادہ کرے گا یہاں تک کہ ولایت آدمؑ تک پہنچ جائے گی اور یہ اللہ کا قول ہے (اور جو نیکی کرے گا ہم اس کی نیکی کا حسن اور بڑھا دیں گے) اللہ اسے جنت میں داخل کرے گا اور یہ اللہ کا قول ہے (کہہ دیجئے میں نے جو تم سے اجر مانگا ہے وہ تمہارے لیے ہی ہے) وہ کہتا ہے کہ جو میں نے تم سے اجر مودت مانگا ہے وہ تمہارے لیے ہے کہ تم ہی اس کے ذریعے ہدایت پاؤ گے اور قیامت کے عذاب سے بچ جاؤ گے اللہ اپنے دشمنوں اور شیطان کے دوستوں سے، جھٹلانے والوں سے اور انکار کرنے والوں سے فرماتا ہے (کہہ دیجئے میں تم سے کوئی اجر نہیں مانگتا میں تکلف کرنے والوں میں سے نہیں ہوں) تو بعض منافقین نے کہا کہ محمدؐ کے لیے یہی کافی نہیں ہے کہ اس نے بیس برس ہماری گردنوں پر سوار ہو کر گزارے اور اب اپنے اہل بیتؑ کو ہم پر مسلط کر کے جا رہا ہے اگر محمدؐ مارے جائیں یا مر جائیں تو ہم ان کے اہل بیتؑ سے ان کا حق چھین لیں گے اور پھر ان کو کبھی نہیں لوٹائیں گے پس اللہ نے ارادہ کیا کہ وہ اپنے نبیؐ کو ان کے سینے کی

پوشیدہ باتوں سے باخبر کردے پس اس نے اپنی کتاب میں فرمایا کہ (کیا وہ کہتے ہیں کہ انہوں نے اللہ پر جھوٹ باندھا اگر اللہ چاہتا توآپ کے دل پر مہر لگادیتا) وہ کہتا ہے کہ اگر اللہ چاہتا توآپ سے وحی کو روک دیتا توآپ اہل بیتؑ کے فضائل اور ان کی مودت کے بارے میں ان کو نہ بتا سکتے اور اللہ نے فرمایا (اور اللہ باطل کو مٹاتا ہے اور اپنے کلمات کے زریعے حق کوثابت کرتا ہے) وہ کہتا ہے کہ آپؐ کے اہل بیتؑ کے بارے میں ولایت کوثابت کرتا ہے (اور اللہ سینوں کی باتوں کو جانتا ہے) وہ کہتا ہے کہ وہ ان کے سینوں میں چھپی عداوت کو جانتا ہے اور یہ اللہ کا قول ہے (اور انہوں نے یعنی ظالموں نے اپنی سرگوشیاں پوشیدہ کیں کہ یہ تمہارے جیسا ایک انسان ہے)

آل محمدؑ کی مودت کے بارے میں بہت سی روایات بیان ہوئیں ہیں جن میں سے یہ بھی ہے کہ رسول اللہؐ نے فرمایا میں چار قسم کے لوگوں کی قیامت والے دن شفاعت کروں گا اگرچہ وہ اہل دنیا کے گناہ لے کر آئیں وہ آدمی جو میری اولاد کی مدد کرے وہ جس نے تنگی میں میری اولاد کی مدد کی وہ شخص جو میری اولاد سے زبان اور دل سے محبت کرے اور وہ شخص جس نے میری اولاد کی ضروریات پوری کیں۔

امام صادقؑ سے روایت ہے کہ جب قیامت کا دن ہوگا تو ایک ندا دینے والا ندا دے گا اے مخلوق چپ ہو جاؤ محمدؐ تم سے کلام کرنے لگے ہیں پس مخلوقات خاموش ہو جائیں گی پس نبیؐ کھڑے ہونگے اور کہیں گے اے مخلوقات کہ جس کا مجھ پر احسان ہے وہ کھڑا ہو جائے یہاں تک کہ میں اسے اس کا صلہ دوں وہ کہیں گے اے ہمارے آباء ہائے ہماری مائیں ہم آپؐ پر کیسے احسان کر سکتے ہیں بلکہ اللہ اور اس کے رسولؐ کا مخلوقات پر احسان ہے توآپؐ فرمائیں گے کیوں نہیں کہ جس نے میرے اہل بیتؑ میں سے کسی کو پناہ دی ان کو لباس پہنایا ان کو کھانا کھلایا یا ان سے نیکی کی تو وہ کھڑا ہو میں اسے اجر عظیم

دوں گا تو ایسے لوگ کھڑے ہونگے کہ جنہوں نے ایسا کیا ہو گا تو اللہ کی طرف سے ندا آئے گی اے محمدؐ اے میرے حبیب میں نے ان کو ان کا بدلہ دے دیا ہے جنت میں جہاں چاہو انہیں ٹھہراؤ ان کو محمدؐ وآل محمدؑ کی ہمسائیگی دے دی ہے کہ وہ محمدؐ وآل محمدؑ سے دور نہ ہوں۔

اللہ کا قول(اور جو مظلوم ہونے کے بعد اپنا بدلہ لے لے اس پر کوئی الزام نہیں ہے)

تاویل۔ محمد بن العباس سے کہ ہم سے علی بن عبد اللہ نے انہوں نے ابراہیم بن محمد سے انہوں نے علی بن ھلالالاحمسی سے انہوں نے الحسن بن وہب سے انہوں نے جابر الجعفی سے انہوں نے امام ابو جعفرؑ سے اللہ کے اس قول کے بارے میں روایت کی ہے کہ آپؑ نے فرمایا اس سے مراد قائمؑ ہیں کہ جب وہ بنو امیہ سے بدلہ لیں گے اور جھٹلانے والے ناصبیوں سے۔

اللہ کا قول(اور آپ ظالموں کو دیکھیں گے کہ وہ جب عذاب کو دیکھیں گے تو کہیں گے کہ کیا اس سے واپسی کی کوئی راہ ہے)

تاویل۔ محمد بن العباس سے کہا کہ ہم سے احمد بن القاسم نے انہوں نے احمد بن محمد الیساری سے انہوں نے محمد بن خالد سے انہوں نے محمد بن علی سے انہوں نے محمد بن فضیل سے انہوں نے ابو حمزہ سے انہوں نے امام ابو جعفرؑ سے روایت کی ہے کہ آپؑ نے اللہ کے قول کا اس طرح تلاوت فرمایا(کہ آپ آل محمدؑ کے حق پر ظلم کرنے والوں کو دیکھیں گے اور ان پر وہ عذاب دیکھیں گے جو ان پر نازل کیا جائے گا اور وہ کہیں گے کہ کیا کوئی واپسی کی راہ ہے) امامؑ نے فرمایا کہ اس عذاب کا سبب علیؑ ہونگے کیونکہ وہ جنت اور دوزخ کے تقسیم کرنے والے ہیں۔

اللہ کا قول(اور تو ان کو دیکھے گا کہ وہ جب جہنم کے سامنے کھڑے کئے جائیں گے تو ذلت کے مارے گرتے جاتے ہونگے اور چوری آنکھوں سے دیکھ رہے ہونگے)

تاویل۔ محمد بن العباس نے کہا کہ ہم سے احمد بن القاسم نے انہوں نے احمد بن محمد الیساری سے انہوں نے البرقی سے انہوں نے محمد بن اسلم سے انہوں نے ایوب النبراز سے انہوں نے عمرو بن شمر سے انہوں نے جابر بن یزید سے انہوں نے امام ابو جعفرؑ سے روایت کی ہے کہ اللہ کا قول (وہ ذلت سے گر رہے ہونگے اور چور آنکھوں سے دیکھ رہے ہونگے)فرمایا یعنی قائمؑ کی طرف۔

اللہ کا قول(اس طرح ہم نے اپنے امر میں سے روح کے ذریعے وحی کی کہ جسے پہلے آپ نہ جانتے تھے نہ کتاب اور نہ ایمان لیکن ہم نے اسے نور بنایا ہم اس کے زریعے جسے چاہتے ہیں ہدایت دیتے ہیں اپنے بندوں کو بے شک آپ صراط مستقیم دکھا رہے ہیں)

تاویل۔ محمد بن العباس سے انہوں نے احمد بن ادریس سے انہوں نے احمد بن محمد بن عیسیٰ سے انہوں نے علی بن حدید سے انہوں نے محمد بن اسماعیل بن بزیع سے انہوں نے منصور بن یونس سے انہوں نے ابو بصیر سے اور ابو الصباح الکنانی سے روایت کی ہے کہ ہم نے امام ابو عبد اللہؑ سے کہا ہمیں اللہ آپؑ پر قربان کرے اللہ کا قول (اس طرح ہم نے اپنے امر میں سے روح کے ذریعے وحی کی کہ جسے پہلے آپ نہ جانتے تھے نہ کتاب اور نہ ایمان لیکن ہم نے اسے نور بنایا ہم اس کے زریعے جسے چاہتے ہیں ہدایت دیتے ہیں اپنے بندوں کو بے شک آپ صراط مستقیم دکھا رہے ہیں) فرمایا اے ابو محمد روح جبرائیل سے بڑی مخلوق ہے یہ رسول اللہؐ کے ساتھ ہوتا تھا ان کو آگاہ واصلاح کرتا تھا اور سب آئمہؑ کے ساتھ ہوتا ہے ان کو آگاہ کرتا ہے اور ان کی مدد کرتا ہے۔

اسی طرح ہم سے علی بن عبد اللہ نے انہوں نے ابراہیم بن محمد سے انہوں نے علی بن ہلال سے انہوں نے الحسن بن وہب العبسی سے انہوں نے جابر الجعفی سے انہوں نے امام ابو جعفرؑ سے اللہ کے اس قول کے بارے میں روایت کی ہے کہ (ہم اسے نور بنادیتے ہیں اس کے زریعے ہم اپنے بندوں

میں سے جسے چاہتے ہیں ہدایت دیتے ہیں) فرمایا وہ نور علیؑ ہیں اور اللہ کا قول (اور بے شک آپ صراط مستقیم کی طرف ہدایت دیتے ہیں) فرمایا ولایت علیؑ ابن ابی طالبؑ کی طرف۔

علی بن ابراہیم نے بھی ایسے ہی روایت بیان کی ہے۔

سورۃ الزخرف

(اس سورہ مبارکہ کی وہ آیات جو آئمہ ھدیٰؑ کی شان میں نازل ہوئیں)

اللہ کا قول (یقیناً یہ لوح محفوظ میں ہے اور ہمارے نزدیک بلند حکمت والی ہے)

تاویل۔ الحسن بن ابوالحسن الدیلمی سے اسناد کے ساتھ انہوں نے رجال سے انہوں نے حمار السندی سے انہوں نے امام ابوعبداللہؑ سے اللہ کے اس قول کے بارے میں روایت کی ہے (یقیناً یہ لوح محفوظ میں ہے اور ہمارے نزدیک بلند حکمت والی ہے) فرمایا اس سے مراد امیر المومنینؑ ہیں۔

محمد بن العباس سے انہوں نے احمد بن ادریس سے انہوں نے عبداللہ بن محمد سے انہوں نے موسیٰ بن القاسم سے انہوں نے محمد بن علی بن جعفر سے روایت کی ہے کہ میں نے امام رضاؑ کو فرماتے ہوئے سنا کہ آپؑ نے فرمایا کہ میرے والد گرامیؑ نے اس آیت کی تلاوت فرمائی (یقیناً یہ لوح محفوظ میں ہے اور ہمارے نزدیک بلند حکمت والی ہے) پھر فرمایا کہ اس سے مراد علیؑ ابن ابی طالبؑ ہیں۔

انہی سے روایت ہے کہ امامؑ سے پوچھا گیا کہ علیؑ کا ذکر قرآن میں کہاں ہے؟ فرمایا اللہ کا قول (اھدنا

الصراط المستقیم) یہ علیؑ ابن ابی طالبؑ ہیں۔

ہم سے احمد بن محمد النوفلی نے انہوں نے محمد بن حمد الشاشی سے انہوں نے الحسین بن اسد الطاوی سے انہوں نے علی بن اسماعیل سے انہوں نے عباس الصائغ سے انہوں نے سعد الاسکاف سے انہوں نے اصبغ بن نباتہ سے روایت کی ہے کہ ہم امیر المومنینؑ کے ساتھ تھے اور ہم صعصعۃ بن صوحان کے پاس آئے وہ اپنے بستر پر تھا جب اس نے جناب امیرؑ کی دیکھا تو احترام کے طور پر جھکا تو جناب امیرؑ نے اس سے فرمایا ہماری زیارت اپنی قوم پر فخر کرنے کے لیے نہ کر کہا یا امیر المومنینؑ میں آپؑ کی تعظیم آپؑ کی عزت و شرف کی وجہ سے کر رہا ہوں فرمایا میں جانتا ہوں کہ تم خفیف المواۃنۃ ہو اور زیادہ مداح والے ہو صعصہ نے کہا کہ اے امیر المومنینؑ اللہ کی قسم میں آپؑ کو جانتا ہوں کہ آپؑ اللہ کو سب سے زیادہ جاننے والے ہیں اور اللہ آپؑ کو جاننے والا ہے اور اللہ کی کتاب میں آپ بلند و بالا اور حکمت والے ہیں اور آپؑ مومنین پر بڑے مہربان اور شفیق ہیں۔

ہم سے احمد بن ادریس نے انہوں نے محمد بن احمد یحییٰ سے انہوں نے ابراہیم بن ہاشم سے انہوں نے علی بن معبد سے انہوں نے واصل بن سلیمان سے انہوں نے عبداللہ بن سنان سے انہوں نے امام ابو عبداللہؑ سے روایت کی ہے کہ آپؑ نے فرمایا کہ دعائے غدیر میں ہے اور میں گواہی دیتا ہوں کہ وہ ہدایت دینے والے امام ہیں کہ جن کا ذکر کتاب میں ہے (بے شک وہ کتاب میں ہمارے ہاں بلند و بالا حکمت والے ہیں)

اللہ کا قول (ہم عنقریب ان کی گواہیاں لکھیں گے اور ان سے سوال کیا جائے گا)

تاویل۔ محمد بن العباس نے کہا کہ ہم سے احمد بن ھنورہ الباہلی سے انہوں نے ابراہیم بن اسحاق سے انہوں نے عبداللہ بن حمار سے انہوں نے عمرو بن شمر سے روایت کی ہے کہ امام ابو عبداللہؑ نے فرمایا

رسول اللہؐ نے ابو بکر، عمر اور علیؑ کو رقیم اور اصحاب کہف کے پاس بھیجا پس ابو بکر نے وضو کیا اور اپنے قدم آگے بڑھائے اور دو رکعت نماز پڑھی اور تین مرتبہ انہیں آواز دی لیکن انہوں نے جواب نہیں دیا پس ایسا ہی عمر نے کہا مگر کوئی جواب نہ ملا پس علیؑ آگے بڑھے اور ایسا ہی کیا اور انہیں آواز دی تو انہوں نے تین مرتبہ لبیک لبیک لبیک کہا تو آپؑ نے ان سے فرمایا کہ تم نے پہلے دونوں کی آواز پر لبیک نہ کہا اور تیسرے کا جواب دیا انہوں نے کہا کہ ہمیں حکم دیا گیا ہے کہ ہم صرف نبی یا وصی کی آواز پر ہی لبیک کہہ سکتے ہیں پھر وہ نبیؐ کے پاس آئے اور ان کو سارا واقعہ سنایا پس رسول اللہؐ نے ایک سرخ صحیفہ نکالا اور ان سے کہا کہ اپنے ہاتھوں سے اپنی گوائیاں لکھو جو تم نے دیکھا اور سنا پس اللہ نے یہ آیت نازل کی (ہم عنقریب ان کی شہادتیں لکھیں گے اور ان سے سوال کیا جائے گا) قیامت والے دن۔

ابن طاؤس نے اپنی کتاب الیقین فی تسمتہ امیر المومنینؑ میں اور کتاب سعد السعود میں طریق عامہ سے یہی روایت بیان کی ہے۔

ہم سے الحسین بن احمد المالکی نے انہوں نے محمد بن عیسیٰ سے انہوں نے یونس بن خلف سے انہوں نے حمار بن عیسیٰ سے انہوں نے ابو بصیر سے روایت کی ہے کہ امام ابو جعفرؑ نے فرمایا کہ اس سے مراد وہ تحریر ہے کہ جو کعبہ میں لکھی گئی اور سب نے اپنے اپنے دستخط کیے پس اے ابو محمد اللہ نے ان کے کام سے نبیؐ کو آگاہ کر دیا میں نے کہا کہ اللہ نے ان کے بارے میں ایک نوشتہ اتارا؟ فرمایا ہاں کیا تم نے اللہ کا یہ قول نہیں سنا (عنقریب ان کے لیے گوائیاں لکھ دی جائینگی اور ان سے سوال کیا جائے گا)

اللہ کا قول (اور ہم نے اسے کلمہ باقیہ بنایا ان کے پیچھے)

تاویل۔ محمد بن العباس نے کہا کہ ہم سے علی بن محمد الجعفی نے انہوں نے احمد بن القاسم سے انہوں نے علی بن محمد بن مروان سے انہوں نے اپنے والد سے انہوں نے ابان بن ابی عیاش سے انہوں نے

سلیم بن قیس سے روایت کی ہے ہماری طرف امیر المومنینؑ نکلے اور ہم مسجد میں تھے فرمایا کہ مجھ سے پوچھو اس سے پہلے کہ تم مجھے کھو دو مجھ سے قرآن کے بارے میں پوچھو بے شک قرآن میں اولین و آخرین کا علم ہے اور اس کے تاویل اللہ کے سوا اور ہمارے سوا کوئی نہیں جانتا اور ہم علم میں راسخ ہیں اور ان میں سے ایک رسول اللہؐ ہیں پس جو علم ان کے پاس تھا انہوں نے ہمیں سکھایا اور وہ ہم میں ہی قیامت تک باقی رہے گا جس طرح موسیٰ وآل ہارون نے ترکہ چھوڑا پس میں رسول اللہؐ کو بقیہ ہوں جیسا کہ ہارون کو موسیٰ سے نسبت تھی وہی نسبت میری رسول اللہؐ سے ہے سوائے نبوت کے اور علم ہم میں ہی قیامت تک باقی رہے گا اور پھر آپؑ نے یہ آیت تلاوت فرمائی (ہم نے اسے کلمہ باقیہ بنایا ان کے پیچھے) پھر آپؑ نے فرمایا رسول اللہؐ ابراہیمؑ کی بقاء ہیں اور ہم اہل بیتؑ بھی ابراہیمؑ کی بقاء ہیں اور محمدؐ کی بقاء ہیں۔

ہم سے محمد بن الحسن بن علی بن مہزیار نے انہوں نے کہا کہ مجھ سے میرے والد نے انہوں نے اپنے والد سے انہوں نے الحسین بن سعید سے انہوں نے محمد بن سنان سے انہوں نے ابو سلام سے انہوں نے سورۃ بن کلیب سے انہوں نے ابو بصیر سے انہوں نے امام ابو جعفرؑ سے اللہ کے اس قول کے بارے میں روایت کی ہے (کہ ہم نے اسے کلمہ باقیہ بنایا) فرمایا یہ حسینؑ کی اولاد میں سے آئمہؑ ہیں پس یہ معاملہ ایک باپ سے بیٹے میں منتقل ہوتا رہا۔

الشیخ محمد بن بابویہ نے کتاب النبوۃ میں اسناد کے ساتھ مفضل بن عمر سے روایت کی ہے کہ میں نے امام ابو عبد اللہؑ سے عرض کی اے فرزند رسولؐ مجھے اللہ کے اس قول کے بارے میں بتایئے (ہم نے اسے باقی رہنے والا کلمہ بنایا) فرمایا اس سے مراد امامت ہے کہ جو اللہ نے حسینؑ کی اولاد میں رکھی میں نے کہا اے فرزند رسولؐ مجھے بتایئے امامت حسنؑ کی اولاد میں کیوں نہیں گئی ؟ اور حسینؑ کی اولاد میں

کیوں رکھی گئی ؟ جبکہ دونوں فرزند رسولؐ ہیں ان کے نواسے ہیں اور دونوں ہی جنت کے جوانوں کے سردار ہیں آپؑ نے فرمایا اے مفضل ! موسیٰؑ و ہارونؑ دونوں ہی نبی تھے اور دونوں بھائی رسول بھی تھے تو اللہ نے نبوت ہارونؑ کے صلب میں رکھی اور موسیٰؑ کے صلب میں نہ رکھی اور کسی نے یہ نہ کہا کہ ایسا کیوں ہوا اسی طرح امامت ہے یہ اللہ کی خلافت ہے کسی کے لیے جائز نہیں کہ یہ کہے کہ اللہ نے اسے حسینؑ کے صلب میں کیوں رکھا اور امام حسنؑ کے صلب میں کیوں نہیں رکھا۔

اللہ کا قول (اور جبکہ تم ظالم ٹھہر چکے ہو تو تمہیں آج تم سب عذاب کے لیے جمع ہو گئے ہو اس دن ہر گز تمہیں کوئی نفع نہ دے گا)

تاویل۔ محمد بن العباس نے کہا کہ ہم سے احمد بن القاسم نے انہوں نے احمد بن محمد الیساری سے انہوں نے محمد بن خالد البرقی سے انہوں نے ابو اسلم سے انہوں نے ایوب البزار سے انہوں نے جابر سے انہوں نے امام ابو جعفرؑ سے اس آیت کے بارے میں روایت کی ہے (اس دن تم کو کوئی نفع نہیں ہو گا کہ جب تم ظلم کر چکے ہو آل محمدؐ کے حق پر اور تم عذاب میں سب جمع ہو گئے)

اللہ کا قول (پس اگر ہم تجھے یہاں سے لے جائیں تو بھی ہم ان سے بدلہ لینے والے ہیں)

تاویل۔ اس آیت کے معنی یہ ہیں کہ اللہ نے اپنے نبیؐ سے فرمایا کہ جب ہم آپ کو وفات دے دیں گے (تو ہم ان سے بدلہ ضرور لیں گے) یعنی آپ کی امت میں سے آپ کے بعد کیونکہ اللہ نے ان کو اپنے اس قول سے امان دی ہے (اور اللہ ان کو ہر گز عذاب نہیں دے گا جب تک آپ ان کے درمیان ہیں) جب نبیؐ کی زندگی میں ان کو عذاب سے امان دے دی ہے تو ان کی وفات کے بعد ان کو وعید بھی دی ہے کیونکہ نبیؐ نے فرمایا اے علیؑ تم ان سے تاویل پر جنگ کرو گے جیسا تم نے ان سے تنزیل پر جنگ کی اور تم ناکثین، قاسطین اور مارقین سے جنگ کرو گے۔

ابو علی الطبرسی نے کہا کہ جابر بن عبد اللہ انصاری سے روایت ہے کہ میں حجۃ الوداع کے دن رسول اللہؐ کے بہت قریب تھا آپؐ نے فرمایا مجھے خوف ہے کہ تم میرے بعد کافر نہ ہو جاؤ کہ تم ایک دوسرے کی گردنیں مارنے لوگ پس اللہ نے یہ آیت نازل کی (اگر ہم آپ کو لے بھی جائیں تو ہم ان سے انتقام لے کر رہیں گے)

محمد بن العباس نے انہوں نے محمد بن عثمان سے انہوں نے یحییٰ بن حسن بن فرات سے انہوں نے مصبع بن الھلقام سے انہوں نے ابو مریم سے انہوں نے المنہال بن عمر سے انہوں نے زر بن جیش سے انہوں نے حذیفہ بن الیمان سے روایت کی ہے کہ اللہ کا قول (اگر ہم آپ کو لے بھی جائیں تو ہم ان سے انتقام ضرور لیں گے) فرمایا اس سے مراد علیؑ ابن ابی طالبؑ ہیں کہ وہ انتقام لیں گے۔

ہم سے احمد بن محمد بن موسیٰ النوفلی سے انہوں نے عیسیٰ بن مہران سے انہوں نے یحییٰ بن حسن بن فنرت سے اسناد کے ساتھ حرب بن ابی الاسود سے انہوں نے اپنے چچا سے اللہ کے اس قول کے بارے میں روایت کی ہے (اگر ہم آپ کو لے بھی جائیں تو ان سے انتقام ضرور لیں گے) یعنی علیؑ کے ذریعے۔

ہم سے عبد العزیز بن یحییٰ نے انہوں نے المغیرہ بن محمد سے انہوں نے عبد الغفار بن محمد سے انہوں نے منصور ابو الاسود سے انو ہں نے زیاد بن المنذر سے انہوں نے عدی بن ثابت سے روایت کی ہے کہ میں نے ابن عباس کو کہتے ہوئے سنا کہ قریش نے سب سے زیادہ حسد علیؑ پر اس وجہ سے کیا کہ ایک دن رسول اللہؐ نے فرمایا اے گروہ قریش اگر تم میرے بعد کافر ہو جاؤ گے تو میں ایک شخص کو دیکھ رہا ہوں کہ جو تمہارے چہروں پر تلوار سے مارے گا پس جبرائیل رسول اللہؐ کی طرف اترے اور کہا کہہ دیجیئے انشاءاللہ علیؑ ہو گا۔

تاویل الآیات (جلد دوئم) | 95

ہم سے الحسین بن احمد نے انہوں نے محمد بن عیسیٰ سے انہوں نے یونس سے انہوں نے عبدالرحمٰن بن سالم سے انہوں نے اپنے والد سے انہوں نے امام ابو عبداللہؑ سے اللہ کے اس قول کے بارے میں روایت کی ہے کہ (اگر ہم آپ کو لے بھی جائیں تو ہم ان سے انتقام ضرور لیں گے) فرمایا کہ اللہ نے فرمایا کہ وہ ان سے علیؑ کے ذریعے جمل میں انتقام لے گا۔

ہم سے علی بن عبداللہ نے انہوں نے ابراہیم بن محمد سے انہوں نے علی بن ھلال سے انہوں نے محمد بن ربیع سے روایت کی ہے کہ میں نے یوسف الازرق کے سامنے سورۃ الزخرف پڑھی اور اللہ کے اس قول کے بارے میں پوچھا (اگر ہم آپ کو لے بھی جائیں تو ہم ان سے انتقام ضرور لیں گے) تو کہا اے محمد رکو پس میں رکا تو یوسف نے کہا کہ میں نے الاعمش کے سامنے یہ آیت پڑھی تو فرمایا کہ اے یوسف جانتے ہو کہ یہ آیت کن کے بارے میں نازل ہوئی؟ میں نے کہا اللہ ہی جانتا ہے فرمایا کہ یہ علیؑ ابن ابی طالبؑ کے بارے میں نازل ہوئی اور اس طرح نازل ہوئی (اگر ہم آپ کو لے بھی جائیں تو ہم ان سے علیؑ کے ذریعے انتقام لیں گے)۔

اللہ کا قول (پس جو آپ کی طرف وحی کیا گیا ہے اسے مضبوطی سے تھام رکھیں بے شک آپ صراط مستقیم پر ہیں)

تاویل۔ محمد بن العباس نے کہا کہ ہم سے علی بن عبداللہ نے انہوں نے ابراہیم بن محمد سے انہوں نے علی بن ھلال سے انہوں نے الحسن بن وہب سے انہوں نے جابر بن یزید سے انہوں نے امام ابو جعفرؑ سے اللہ کے اس قول کے بارے میں روایت کی ہے کہ یہ آیت علیؑ ابن ابی طالبؑ کے بارے میں نازل ہوئی۔

الشیخ محمد بن یعقوب نے انہوں نے محمد بن یحییٰ سے انہوں نے محمد بن الحسین سے انہوں نے نضر بن

شعیب سے اسناد کے ساتھ انہوں نے محمد بن یحییٰ سے انہوں نے محمد بن الحسین سے انہوں نے نضر بن شعیب سے اسناد کے ساتھ محمد بن الفضیل سے انہوں نے ابو حمزہ الثمالی سے انہوں نے امام ابو جعفرؑ سے روایت کی ہے کہ اللہ نے اپنے نبیؐ کی طرف وحی کی (اور آپ کی طرف ولایت علیؑ نازل کی گئی ہے اسے مضبوطی سے تھامے رہو بے شک آپ صراط مستقیم پر ہیں)

اللہ کا قول (اور بے شک وہ آپ کے لیے اور آپ کی قوم کے لیے ذکر ہیں اور عنقریب تم سے پوچھا جائیگا)

تاویل۔ محمد بن العباس نے کہا کہ ہم سے محمد بن القاسم نے انہوں نے حسین بن الحکم سے انہوں نے حسین بن نصر سے انہوں نے اپنے والد سے انہوں نے ابان بن العباس سے انہوں نے کہا ہم سے محمد بن القاسم نے انہوں نے حسین بن الحکم سے انہوں نے اپنے والد سے انہوں نے ابان بن ابو عیاش سے انہوں نے سلیم بن قیس سے انہوں نے جناب امیرؑ سے روایت کی ہے کہ اللہ کا قول (اور بے شک وہ آپ کے لیے اور آپ کی قوم کے لیے ذکر ہیں اور عنقریب تم سے پوچھا جائیگا) فرمایا ہم ہی وہ ذکر ہیں اور ہمارے بارے میں ہی پوچھا جائے گا۔

ہم سے عبدالعزیز بن یحییٰ نے انہوں نے محمد بن عبدالرحمٰن سے انہوں نے احمد بن عبداللہ سے انہوں نے اپنے والد سے انہوں نے زرارۃ سے روایت کی ہے کہ میں نے امام ابو جعفرؑ سے اللہ کے اس قول کے بارے میں دریافت کیا (اور بے شک وہ آپ کے لیے اور آپ کی قوم کے لیے ذکر ہیں اور عنقریب تم سے پوچھا جائیگا) فرمایا اس سے مراد ہم ہیں اور ہم ہی اہل ذکر ہیں اور ہم ہی سے سوال کیا جائے گا۔

ہم سے الحسین بن عامر نے انہوں نے محمد بن الحسین سے انہوں نے ابن فضال سے انہوں نے ابو

جمیلہ سے انہوں نے محمد الحلبی سے انہوں نے امام ابو عبداللہؑ سے روایت کی ہے کہ اللہ کا قول(اور بے شک وہ آپ کے لیے اور آپ کی قوم کے لیے ذکر ہیں اور عنقریب تم سے پوچھا جائیگا) فرمایا رسول اللہؐ ذکر ہیں اور ان کے اہل بیتؑ اہل الذکر ہیں اور انہی سے سوال کیا جائے گا اللہ نے لوگوں کو حکم دیا ہے کہ وہ ان سے پوچھیں وہ لوگوں کے والی ہیں پس لوگوں کے لیے جائز نہیں کہ جو حق اللہ نے ان کو دیا ہے وہ ان سے چھین لیں۔

ہم سے الحسین بن احمد نے انہوں نے محمد بن عیسیٰ سے انہوں نے یوسف سے انہوں نے صفوان سے انہوں نے امام ابو عبداللہؑ سے اللہ کے اس قول کے بارے میں روایت کی ہے(اور بے شک وہ آپ کے لیے اور آپ کی قوم کے لیے ذکر ہیں اور عنقریب تم سے پوچھا جائیگا) فرمایا کہ اس سے مراد ہم ہیں۔

اللہ کا قول۔(اور جو ہم نے آپ سے پہلے رسول بھیجے ہیں ان سے پوچھو)

تاویل۔ یہی روایت خاص و عام سے ہے اس میں ابو نعیم الحافظ سے روایت کی ہے کہ شب معراج نبیؐ کے سامنے اللہ نے تمام انبیاء کو جمع کیا اور ان سے کہا کہ اے محمدؐ ان سے پوچھو کہ کس وجہ سے ان کو نبوت ملی ؟ انہوں نے کہا کہ ہم کو ان گوائیوں پر مبعوث کیا گیا کہ اللہ کے سوا کوئی معبود نہیں اور آپؐ کی نبوت کا اقرار اور علیؑ ابن ابی طالبؑ کی ولایت کا اقرار۔

محمد بن العباس سے انہوں نے جعفر بن محمد الحسینی سے انہوں نے علی بن ابراہیم القطان سے انہوں نے عباد بن یعقوب سے انہوں نے محمد بن الفضیل سے انہوں نے محمد بن سوقہ سے انہوں نے علقمہ سے انہوں نے عبداللہ بن مسعود سے روایت کی ہے کہ رسول اللہؐ نے فرمایا کہ معراج کی رات مجھے اللہ نے کہا اے محمدؐ ان تمام انبیاء سے پوچھو کہ یہ کس چیز پر مبعوث کئے گئے تو انہوں نے کہا اللہ کی

توحید کے اقرار آپؐ کی نبوت کے اقرار اور علیؑ ابن ابی طالبؑ کی ولایت کے اقرار پر ہمیں نبوت و رسالت ملی پس یہ اللہ کا قول ہے (اور جو ہم نے آپ سے پہلے رسول بھیجے ان سے پوچھو)

طریق عامہ سے انہوں نے ابو نعیم الحافظ سے انہوں نے محمد بن حمید سے مرفوعاً ابن عباس سے روایت کی ہے کہ اللہ کا قول (اور جو ہم نے آپ سے پہلے رسول بھیجے ان سے پوچھو) رسول اللہؐ نے فرمایا کہ جب اللہ نے معراج کی رات تمام انبیاء و رسل کو میرے سامنے جمع کیا تو اللہ نے فرمایا اے محمدؐ! ان سے پوچھو کہ یہ کیسے مبعوث ہوئے ؟ انہوں نے کہا کہ اس گواہی پر کہ اللہ کے سوا کوئی معبود نہیں آپؐ کی نبوت کے اقرار اور علیؑ ابن ابی طالبؑ کی ولایت پر۔

پس اے دیکھنے والے دیکھ کہ ولایت علیؑ ابن ابی طالبؑ تمام مخلوقات پر فرض تھی۔

محمد بن العباس نے احمد بن ادریس سے انہوں نے احمد بن عیسیٰ سے انہوں نے الحسین بن سعید سے انہوں نے فضالہ بن ایوب سے انہوں نے ابو بکر الحضرمی سے انہوں نے امام ابو عبد اللہؑ سے اس آیت کے بارے میں روایت کی ہے کہ معراج کی رات اللہ نے اپنے نبیؐ سے فرمایا اے محمدؐ! ان نبیوں سے پوچھو کہ یہ کیسے مبعوث ہوئے ؟ تو اللہ کے تمام نبیؐ جو اس وقت رسول اللہؐ کے سامنے جمع تھے اور جب آپؐ نے ان سے پوچھا تو انہوں نے کہا کہ اس شرط پر کہ اللہ کے سوا کوئی معبود نہیں آپؐ کی نبوت کے اقرار اور علیؑ ابن ابی طالبؑ کی ولایت کے اقرار پر ہم نبی و رسول بنے ہیں۔

الشیخ ابو جعفر الطوسی نے اپنی امالی میں اسناد کے ساتھ محمد بن سنان سے انہوں نے طلحہ بن زید سے انہوں نے امام جعفر بن محمد صادق علیہ السلام سے انہوں نے اپنے والد گرامیؑ سے روایت کی ہے کہ رسول اللہؐ نے فرمایا کہ اللہ نے جس نبیؐ کو بھی مبعوث کیا ہے اسے پہلے حکم دیا کہ وہ اپنا وصی مقرر کرے اور مجھے بھی وصیت کی گئی کہ میں اپنا وصی مقرر کروں تو میں نے کہا کہ اے میرے

پروردگار میں کسے اپنا وصی مقرر کروں ؟ فرمایا اے محمدؐ! اپنے چچازاد علیؑ ابن ابی طالبؑ کو اپنا وصی مقرر کرو میں علیؑ کو ذکر پہلی کتابوں میں کر چکا ہوں اور میں ان میں لکھ چکا ہوں کہ وہ آپؐ کے وصی ہیں اسی پر میں نے انبیاء، مخلوقات اور رسولوں سے اپنی ربوبیت کے ساتھ آپؐ کی نبوت اور علیؑ کی ولایت کا اقرار لیا ہے۔

پس یہ دلیل ہے کہ نبیؐ اور امیر المومنینؑ تمام انبیاء و مرسلین سے افضل ہیں۔

الشیخ محمد بن یعقوب نے انہوں نے محمد بن یحییٰ سے انہوں نے عبداللہ بن محمد سے انہوں نے محمد بن عبدالحمید سے انہوں نے یونس بن یعقوب سے انہوں نے عبدالاعلیٰ سے روایت کی ہے کہ میں نے امام ابو عبداللہؑ کو فرماتے ہوئے سنا کہ جو بھی نبی آیا وہ ہماری فضیلت کو تسلیم کرتے ہوئے اور ہماری معرفت رکھتے ہوئے آیا۔

وہ احادیث کہ جن میں وارد ہوا ہے کہ امیر المومنینؑ تمام انبیاء سے افضل ہیں۔

اسناد کے ساتھ مرفوعاً جابر بن عبداللہ سے روایت ہے کہ رسول اللہؐ نے مجھ سے فرمایا اے جابر! کون سے بھائی

افضل ہیں ؟ میں نے کہا جو والد اور والدہ کی طرف سے بھائی ہوں۔ فرمایا کہ ہم انبیاء بھائی بھائی ہیں اور میں ان میں سے افضل ہوں اور ان میں سب سے افضل بھائی علیؑ ابن ابی طالبؑ ہیں وہ تمام انبیاء سے افضل ہیں جس نے گمان کیا کہ انبیاء اس سے افضل ہیں تو اس نے مجھے ان سے کمتر قرار دیا اور جس نے ایسا کیا اس نے کفر کیا کیونکہ میں نے علیؑ کو بھائی نہیں بنایا بلکہ اللہ نے مجھے اس کا حکم دیا تو میں نے بنایا۔

اس کی وضاحت یہ ہے کہ رسول اللہؐ اور علیؑ کے درمیان بھائی چارہ تمام فضیلتوں میں برابر ہے صرف یہ کہ محمدؐ کو نبوت ملی اور علیؑ کو ولایت۔

الفضل بن محمد المھلبی سے انہوں نے اپنے رجال سے اسناد کے ساتھ انہوں نے محمد بن ثابت سے انہوں نے کہا کہ مجھ سے امام ابوالحسن موسیٰؑ نے فرمایا کہ رسول اللہؐ نے علیؑ سے فرمایا اے علیؑ میری تمہارے سوا کوئی مثال نہیں اور تمہاری میرے علاوہ کوئی مثال نہیں۔

اللہ کا قول (اور جب آپ نے اپنی قوم کے لیے عیسیٰ بن مریم کی مثال بیان فرمائی تو آپ کی قوم نے اس کا مذاق اڑایا اور کہا کہ ہمارے معبود اس سے بہتر ہیں)

تاویل۔ محمد بن العباس نے کہا کہ ہم سے عبد العزیز بن یحییٰ نے انہوں نے محمد بن زکریا سے انہوں نے نجدح بن عمیر سے انہوں نے عمرو بن قائد سے انہوں نے الکلبی سے انہوں نے ابو صالح سے انہوں نے ابن عباس سے روایت کی ہے کہ نبیؐ اپنے اصحاب کے درمیان بیٹھے ہوئے تھے کہ فرمایا ابھی تھوڑی دیر میں تم دیکھو گے کہ عیسیٰؑ بن مریمؑ کی نظیر تم میں آئے گی تو ابو بکر آیا تو انہوں نے کہا کیا یہ ہے فرمایا نہیں پھر عمر آیا انہوں نے کہا کیا یہ ہے ؟ آپؐ نے فرمایا نہیں پھر علیؑ تشریف لائے تو انہوں نے کہا کیا یہ ہیں ؟ فرمایا ہاں تو قوم نے کہا کہ لات و عزیٰ کی عبادت اس سے بہتر تھی پس اللہ نے یہ آیت نازل فرمائی (اور جب آپ نے اپنی قوم کے لیے عیسیٰ بن مریم کی مثال بیان فرمائی تو آپ کی قوم نے اس کا مذاق اڑایا اور کہا کہ ہمارے معبود اس سے بہتر ہیں)

ہم سے محمد بن سہل العطار نے کہا کہ ہم سے احمد بن عمرو الدھقان نے انہوں نے محمد بن کثیر الکوفی سے انہوں نے محمد بن السائب سے انہوں نے ابو صالح سے انہوں نے ابن عباس سے روایت کی ہے کہ قوم نبیؐ کے پاس آئی اور کہنے لگے اے محمدؐ عیسیٰ بن مریمؑ مردوں کو زندہ کرتے تھے آپؐ بھی ہمارے لیے مردہ زندہ کریں تو آپؐ نے ان سے فرمایا تم کسے زندہ دیکھنا چاہتے ہو؟ انہوں نے کہا کہ فلاں کو اور اسے مرے ہوئے ابھی تھوڑا عرصہ ہی گزرا تھا پس آپؐ نے علیؑ کو بلایا اور انہیں کوئی چیز

تھمائی جسے ہم نہ پہچانتے تھے پھر فرمایا کہ ان کے ساتھ اس مردے کے پاس جاؤاور اسے اس کے اور اس کے باپ کے نام سے پکارو پس آپؑ ان کے ساتھ گئے اور اس آدمی کی قبر پر کھڑے ہوئے پھر اسے پکارا اے فلاں بن فلاں پس وہ مردہ زندہ ہو گیا جناب امیرؑ نے اس سے باتیں کیں پھر وہ اپنی لحد میں لیٹ گیا لوگ چلے اور وہ کہہ رہے تھے یہ بنو عبدالمطلبؑ کے عجائبات ہیں پس اللہ نے یہ آیت نازل فرمائی(اور جب آپ نے اپنی قوم کے لیے عیسیٰ بن مریم کی مثال بیان فرمائی تو آپ کی قوم نے اس کا مذاق اڑایا اور کہا کہ ہمارے معبود اس سے بہتر ہیں)

ہم سے عبداللہ بن عبدالعزیز نے انہوں نے عبداللہ بن عمر سے انہوں نے عبداللہ بن نمیر سے انہوں نے شریک سے انہوں نے عثمان سے انہوں نے عبدالرحمٰن بن ابی لیلیٰ سے روایت کی ہے کہ مجھے امیر المومنینؑ نے فرمایا میری امت میں میری مثال عیسیٰ بن مریمؑ جیسی ہے کہ قوم نے ان سے محبت کی اور ان کی محبت میں حد سے بڑھ گئے تو وہ ہلاک ہو گئے اور ایک گروہ نے ان سے بغض رکھا اور ان کے بغض میں بڑھ کر ہلاک ہو گئے ایک قوم میانہ رو رہی اور وہ نجات پا گئے۔

ہم سے محمد بن مخلد الدھان نے انہوں نے علی بن احمد الحریفی سے انہوں نے ابراہیم بن علی بن ضباح سے انہوں نے امام الحسنؑ بن علیؑ بن محمدؑ بن جعفرؑ سے انہوں نے اپنے والد گرامیؑ سے انہوں نے اپنے آباءؑ سے روایت کی ہے کہ رسول اللہؐ نے علیؑ ابن ابی طالبؑ کی طرف دیکھا اور ان کے اصحاب ان کے ارد گرد تھے اور آپؐ ان کے آگے چل رہے تھے کہ آپؐ نے علیؑ سے فرمایا تم میں عیسیٰ بن مریمؑ کی شبیہ ہے اگر مجھے خوف نہ ہوتا کہ میری امت تمہارے بارے میں وہ کہے گی کہ جو انہوں نے عیسیٰ بن مریمؑ کے بارے میں کہا تو میں تمہارے ایسے ایسے فضائل بیان کرتا کہ لوگ تمہارے پاؤں کے نیچے سے مٹی اٹھا کر اسے اپنے ساتھ رکھتے اور اس سے برکت پاتے تو قوم نے کہا کہ ابھی محمدؐ اس پر راضی نہ

تھے کہ اس نے اپنے گھر والوں کو بنی اسرائیل سے ملا دیا ہے پس اللہ نے یہ آیت نازل فرمائی (اور جب آپ نے اپنی قوم کے لیے عیسیٰ بن مریم کی مثال بیان فرمائی توآپ کی قوم نے اس کا مذاق اڑایااور کہاکہ ہمارے معبود اس سے بہتر ہیں)

اللہ کا قول (پس وہ قیامت کی علامت ہے اور تم قیامت کے بارے میں شک نہ کرو اور میری اتباع کرو یہی صراط مستقیم ہے)یعنی امیر المومنینؑ۔

تاویل۔ابو علی الطبرسی نے کہاکہ بے شک وہ سے مراد عیسیٰؑ ہیں یعنی وہ قیامت کے نزدیک آئیں گے جناب قائمؑ عیسیٰؑ سے کہیں گے کہ آئیں لوگوں کو نماز پڑھائیں تو عیسیٰؑ کہیں گے کہ اے فرزند رسولؐ آپؑ مجھ سے افضل ہیں اس لیے آپ ہی نماز پڑھائیں کہ بعض کو بعض پر اللہ نے عزت بخشی ہے اس روایت کو صحیح مسلم نے بھی بیان کیا ہے۔

تفسیر اہل بیتؑ میں ہے کہ اس آیت میں وہ کی ضمیر علیؑ کی طرف راجع ہے اور حذف اسناد کے ساتھ امام ابو عبداللہؑ سے اللہ کے اس قول کے بارے میں روایت ہے کہ (وہ قیامت کی نشانی ہیں) سے مراد امیر المومنینؑ ہیں۔رسول اللہؐ نے فرمایااے علیؑ تم اس امت کے علم ہو جس نے تمہاری اتباع کی وہ نجات پاگیااور جو اس سے رہ گیاوہ ہلاک ہو گیا۔

پس اس تاویل میں کہ اس سے مراد علیؑ یا عیسیٰؑ ہیں اختلاف نہیں ہے کیونکہ جیساکہ روایات میں گزر چکاہے کہ عیسیٰؑ کی مثال اس امت میں علیؑ ابن ابی طالبؑ ہیں جب یہ بات طے ہے کہ علیؑ اس امت میں مثال عیسیٰؑ ہیں اور عیسیٰؑ قیام قائمؑ کے وقت اتریں گے اور وہ دونوں ہی قیامت کی نشانیاں ہیں اور جب قائمؑ قیامت کی نشانی ہیں تو وہ امیر المومنینؑ کے فرزند ہیں۔

اللہ کا قول (یہ لوگ صرف قیامت کے انتظار میں ہیں کہ اچانک آجائے اور انہیں خبر بھی نہ ہو)

| 103

تاویل۔ محمد بن العباس نے کہا کہ ہم سے علی بن عبداللہ بن اسد نے انہوں نے ابراہیم بن محمد سے انہوں نے اسماعیل بن بشیر سے انہوں نے علی بن جعفر الحضرمی سے انہوں نے زرارۃ بن اعین سے روایت کی ہے کہ میں نے امام ابو جعفرؑ سے اللہ کے اس قول کے بارے میں پوچھا تو فرمایا کہ یہ قائمؑ کے بارے میں ہے۔

اللہ کا قول (بے شک مجرم لوگ جہنم کے عذاب میں ہمیشہ رہیں گے یہ ان سے ہلکا نہ کیا جائے گا یہ اسی میں پڑے رہیں گے اور ہم نے ان پر ظلم نہیں کیا یہ خود ہی ظالم تھے)

تاویل۔ محمد بن العباس سے کہا کہ ہم سے احمد بن القاسم نے انہوں نے احمد بن محمد الیساری سے انہوں نے محمد بن خالد سے انہوں نے محمد بن سلیمان سے انہوں نے اپنے والد سے انہوں نے امام ابو عبداللہؑ سے اللہ کے اس قول کے بارے میں روایت کی ہے کہ آپؑ نے فرمایا (اور ہم نے ان پر ظلم نہیں کیا مگر وہ ولایت علیؑ ترک کرنے کے سبب خود ہی ظلم کرنے والے تھے)

اس تاویل سے مراد ہے کہ جب اللہ نے قیامت کے دن ان مجرموں کا حال بیان کیا تو جواب دیتے ہوئے فرمایا (اور ہم نے ان پر ظلم نہیں کیا جو ہم نے ان کے ساتھ کیا مگر یہ خود ہی خود پر ظلم کرنے والے تھے) کہ جو انہوں نے ولایت اہل بیتؑ کو ترک کرکے خود پر ظلم کیا اور یہ ان کے عذاب کا سبب ہے۔

اللہ کا قول (کیا انہوں نے کسی کام کا پختہ ارادہ کر لیا ہے تو یقین مانو کہ ہم بھی پختہ کام کرنے والے ہیں کیا ان کا خیال ہے کہ ہم ان کی پوشیدہ باتوں اور ان کی سرگوشیوں کو نہیں سنتے بلکہ ہمارے بھیجے ہوئے ان کے پاس ہی لکھ رہے ہیں)

تاویل۔ محمد بن العباس نے کہا کہ ہم سے احمد بن محمد النوفلی نے انہوں نے محمد بن حمار الشاشی سے

انہوں نے الحسین بن اسد الطفاوی سے انہوں نے علی بن اسماعیل المیثمی سے انہوں نے الفضل بن الزبیر سے انہوں نے ابو داؤد سے انہوں نے بریدہ اسلمی سے روایت کی ہے کہ نبیؐ نے اپنے اصحاب سے فرمایا کہ علیؑ کو امیر المومنین کہہ کر سلام کرو تو قوم میں سے ایک آدمی نے کہا نہیں اللہ کی قسم ہم نبوت و خلافت اہل بیتؑ میں جمع نہیں ہونے دیں گے پس اللہ نے یہ آیت نازل کی (کیا انہوں نے کسی کام کا پختہ ارادہ کر لیا ہے تو یقین مانو کہ ہم بھی پختہ کام کرنے والے ہیں کیا ان کا خیال ہے کہ ہم ان کی پوشیدہ باتوں اور ان کی سرگوشیوں کو نہیں سنتے بلکہ ہمارے بھیجے ہوئے ان کے پاس ہی لکھ رہے ہیں)

عبداللہ بن عباس نے کہا کہ رسول اللہؐ نے اپنے اصحاب سے علیؑ کے بارے میں دو مرتبہ میثاق لیا پہلا کہ جب آپؐ نے فرمایا کہ کیا تم جانتے ہو کہ میرے بعد تمہارا اولی کون ہے ؟ انہوں نے کہا کہ اللہ اور اس کا رسولؐ ہی زیادہ جانتے ہیں فرمایا مومنوں میں سے صالح ترین اور اپنے ہاتھ سے علیؑ کی طرف اشارہ فرمایا اور فرمایا کہ یہ میرے بعد تمہارا حاکم ہے اور دوسرا غدیر خم میں فرمایا کہ جس کا میں مولا ہوں اس کا علیؑ مولا ہے اور دشمنان علیؑ نے اپنے دلوں کے اندر باتیں چھپائی ہوئی تھیں اور یہ عہد کیا تھا کہ وہ رسول اللہؐ کے اہل بیتؑ میں خلافت کو نہیں جانے دیں گے اور نہ ہی ان کو خمس دیں گے پس اللہ نے اس معاملے سے نبیؐ کو آگاہ کر دیا اور یہ آیت نازل فرمائی (کیا انہوں نے کسی کام کا پختہ ارادہ کر لیا ہے تو یقین مانو کہ ہم بھی پختہ کام کرنے والے ہیں کیا ان کا خیال ہے کہ ہم ان کی پوشیدہ باتوں اور ان کی سرگوشیوں کو نہیں سنتے بلکہ ہمارے بھیجے ہوئے ان کے پاس ہی لکھ رہے ہیں)

سورۃ الدخان

(اس سورہ مبارکہ کی وہ آیات جو آئمہ ھدیٰؑ کی شان میں نازل ہوئیں)

اللہ کا قول (حم۔اور قسم ہے وضاحت والی کتاب کی ہم نے اسے برکت والی رات میں اتارا بے شک ہم ڈرانے والے ہیں اس میں ہر ایک مضبوط کام کا فیصلہ کیا جاتا ہے)

تاویل۔الشیخ محمد بن یعقوب سے انہوں نے احمد بن مہران اور علی بن ابراہیم سے انہوں نے محمد بن علی سے اسناد کے ساتھ انہوں نے یعقوب بن جعفر بن ابراہیم سے روایت کی ہے کہ میں امام ابوالحسنؑ کی خدمت میں حاضر تھا کہ ان کے پاس ایک عیسائی آگیا اور امامؑ سے مختلف مسائل کے بارے میں پوچھنے لگا اور کہا کہ مجھے اللہ کے اس قول کے بارے میں بتائیں کہ اس کی باطن میں تفسیر کیا ہے فرمایا حم سے مراد محمدؐ ہیں اور وہ کتاب ہدایت ہے کہ جو اللہ نے ان پر اتاری لیکن یہ منقوص الحروف ہے اور جو اصل کتاب ہے وہ کتاب مبین ہے وہ امیر المومنینؑ ہیں اور مبارک رات فاطمہؑ ہیں اور یہ اللہ کا قول (اس میں ہر مضبوط

کام کا فیصلہ ہوتا ہے) اللہ فرماتا ہے اہل بیتؑ خیر کا منبع ہیں۔

اللہ کا قول (اور ہم نے خود ان کو تمام جہانوں پر فضیلت دی)

تاویل۔ محمد بن جمہور سے انہوں نے حماد بن عیسیٰ سے انہوں نے حریز سے انہوں نے الفضیل سے انہوں نے

امام ابو جعفرؑ سے اللہ کے اس قول کے بارے میں روایت کی ہے (اور ہم نے خود ان کو تمام جہانوں پر فضیلت دی) فرمایا مومنین میں سے آئمہؑ کہ ہم نے ان کو اپنے علم میں رکھتے ہوئے تمام جہانوں پر فضیلت دی۔

اللہ کا قول (یقیناً فیصلے کا دن ان سب کا طے شدہ وقت ہے اس دن کوئی دوست کسی دوست کے کام نہ آئے گا اور نہ ہی کسی کی امداد کی جائے گی مگر جس پر اللہ رحم کرے بے شک وہ غالب اور رحم کرنے والا ہے)

تاویل۔ محمد بن العباس سے انہوں نے حمید بن زیاد سے انہوں نے عبداللہ بن احمد سے انہوں نے ابن ابی عمیر سے انہوں نے ابراہیم بن عبدالحمید سے انہوں نے ابو اسامہ سے روایت کی ہے کہ میں امام ابو عبداللہؑ کی خدمت میں حاضر تھا جمعہ کی رات تو مجھ سے فرمایا پڑھو میں نے پڑھا تو مجھے فرمایا پڑھو میں نے پڑھا پھر مجھے فرمایا اے شحام پڑھو یہ قرآن کی رات ہے پس میں نے اور پڑھا یہاں تک کہ اس آیت تک پہنچا (اس دن کوئی دوست کسی دوست کے کام نہ آئے گا اور نہ ہی کسی کی امداد کی جائے گی سوائے اس کے کہ جس پر اللہ

رحم کرے) فرمایا ہم ہی وہ لوگ ہیں کہ جن پر اللہ نے اپنی رحمت کی اور ہم ہی وہ گروہ ہیں جن کو اللہ نے علیحدہ رکھا ہے اور اللہ کی قسم ہم اس سے بے نیاز ہیں۔

احمد بن محمد النوفلی سے انہوں نے محمد بن عیسیٰ سے انہوں نے نضر بن سوید سے انہوں نے یحییٰ الحلبی سے انہوں نے ابن مسکان سے انہوں نے یعقوب بن شعیب سے انہوں نے امام ابو عبداللہؑ سے اللہ کے اس قول کے بارے میں روایت کی ہے (اس دن کوئی دوست کسی دوست کے کام نہ آئے گا اور نہ ہی کسی کی امداد کی جائے گی سوائے اس کے کہ جس پر اللہ رحم کرے) فرمایا ہم اہل رحمت ہیں۔

ہم سے الحسین بن احمد نے انہوں نے محمد بن عیسیٰ سے انہوں نے یونس بن عبدالرحمٰن سے انہوں نے اسحاق بن عمار سے انہوں نے شعیب سے انہوں نے امام ابو عبداللہؑ سے اللہ کے اس قول کے بارے میں روایت کی ہے کہ (اس دن کوئی دوست کسی دوست کے کام نہ آئے گا اور نہ ہی کسی کی امداد کی جائے گی سوائے اس کے کہ جس پر اللہ رحم کرے) فرمایا ہم ہی اللہ کی قسم وہ ہیں کہ جن پر اللہ نے رحم کیا اور ان لوگوں سے ہم کو علیحدہ رکھا کہ جو ولایت علیؑ سے الگ ہیں۔

سورۃ الجاثیہ

(اس سورہ مبارکہ کی وہ آیات جو آئمہ ھدیٰؑ کی شان میں نازل ہوئیں)

اللہ کا قول (ایمان والوں سے کہہ دیجئے کہ ان لوگوں سے در گزر کریں جو اللہ کے دنوں کی توقع نہیں رکھتے تاکہ اللہ ان کو ان کے کرتوتوں کا بدلہ دے)

تاویل۔ علی بن ابراہیم نے اپنی تفسیر میں اللہ کے اس قول کے بارے میں روایت کی ہے (ایمان والوں سے کہہ دیجئے کہ ان لوگوں سے در گزر کریں جو اللہ کے دنوں کی توقع نہیں رکھتے تاکہ اللہ ان کو ان کے کرتوتوں کا بدلہ دے) یعنی عدل کے اماموں سے کہہ دیجئے کہ آئمہ ظلم کو مت پکاریں یہاں تک کہ اللہ ہی ان سے انتقام لے لے۔

امام علیؑ بن الحسینؑ سے روایت ہے کہ انہوں نے اپنے ایک غلام کو سزا دینے کا ارادہ کیا تو اس نے یہ آیت تلاوت کرنا شروع کر دی (ایمان والوں سے کہہ دیجئے کہ ان لوگوں سے در گزر کریں کہ جو اللہ کے دنوں کی توقع نہیں رکھتے) آپؑ نے اپنے ہاتھ سے کوڑار کھ دیا تو غلام رو دیا آپؑ نے اس سے فرمایا تم کیوں روئے؟ اس نے کہا اے میرے مولاؑ میں آپؑ کے پاس ہوں اور اللہ کے دنوں کی توقع

رکھتا ہوں آپؑ نے فرمایا کیا تم اللہ کے دنوں کی توقع رکھتے ہو؟ اس نے کہا جی میرے مولاؑ تو فرمایا کہ میں پسند نہیں کرتا کہ اسے غلامی میں رکھوں جو اللہ کے دنوں کی توقع رکھتا ہو آپؑ نے اسے بازو سے پکڑا اور اسے رسول اللہؐ کی قبر پر لے آئے اور فرمایا کہ تم اللہ کی رضا کے لیے آزاد ہو۔

امام ابوعبداللہؑ سے روایت ہے کہ آپؑ نے فرمایا اللہ کے دن کہ جن کی توقع کی جاتی ہے تین ہیں۔ قیام قائمؑ کا دن، رجعت کا دن اور قیامت کا دن۔

اللہ کا قول (کیا ان لوگوں کو جو برے کام کرتے ہیں گمان ہے کہ ہم ان کو اس جیسا کر دیں گے جو ایمان لائے اور نیک کام کرے ان کا مرنا جینا یکساں ہو جائے برا ہے وہ فیصلہ جو وہ کر رہے ہیں)

تاویل۔ محمد بن العباس سے کہا کہ ہم سے علی بن عبید نے انہوں نے حسین بن حکم سے انہوں نے حسن بن حسین سے انہوں نے حیان بن علی سے انہوں نے الکلبی سے انہوں نے ابو صالح سے انہوں نے ابن عباس سے اللہ کے اس قول کے بارے میں روایت کی ہے (کیا ان لوگوں نے کہ جنہوں نے برے کام کئے گمان کر لیا ہے) فرمایا جو ایمان والے اور نیک عمل کرنے والے ہیں وہ بنو ہاشم اور بنو عبد المطلبؑ ہیں اور جنہوں نے برے کام کئے وہ بنو عبد شمس ہیں۔

ہم سے عبد العزیز بن یحییٰ نے انہوں نے محمد بن زکریا سے انہوں نے ایوب بن سلیمان سے انہوں نے محمد بن مروان سے انہوں نے الکلبی سے انہوں نے ابو صالح سے انہوں نے ابن عباس سے اللہ کے اس قول کے بارے میں روایت کی ہے (کیا وہ لوگ جنہوں نے برے کام کئے گمان کر لیا ہے۔۔۔) فرمایا کہ یہ آیت علیؑ بن ابی طالبؑ، حمزہ بن عبد المطلبؑ، عبیدہ بن الحارث کے بارے میں نازل ہوئی وہ ایمان والے ہیں اور تین مشرکوں عتبہ ،شیبہ اور ولید بن عتبہ کے بارے میں نازل ہوئی۔

اللہ کا قول (یہ ہماری کتاب ہے تم سے حق کے ساتھ گفتگو کرتی ہے)

تاویل۔ محمد بن العباس نے کہا کہ ہم سے احمد بن القاسم نے انہوں نے احمد بن محمد الیساری سے انہوں نے محمد بن خالد البرقی سے انہوں نے محمد بن سلیمان سے انہوں نے ابو بصیر سے روایت کی ہے کہ میں نے امام ابو عبداللہؑ سے اللہ کے اس قول کے بارے میں پوچھا (یہ ہماری کتاب ہے جو تم سے حق کے ساتھ گفتگو کرتی ہے) فرمایا کتاب گفتگو نہیں کرتی حق کے ساتھ گفتگو کرنے والے محمدؐ و اہل بیتؑ محمدؐ ہیں۔ ان پر اللہ کا ہمیشہ درود و سلام ہو۔

سورۃ الاحقاف

(اس سورہ مبارکہ کی وہ آیات جو آئمہ ھدیؑ کی شان میں نازل ہوئیں)

اللہ کا قول(اگر تم سچے ہو تو میرے پاس سے پہلے لکھی ہوئی کتاب یا کوئی آثار ہی لے آؤ)

تاویل۔ محمد بن یعقوب سے انہوں نے محمد بن یحییٰ سے انہوں نے احمد بن محمد سے انہوں نے الحسن بن محبوب سے انہوں نے جمیل بن صالح سے انہوں نے ابو عبیدہ سے روایت کی ہے کہ میں نے امام ابو جعفرؑ سے اللہ کے اس قول کے بارے میں پوچھا تو فرمایا کتاب سے مراد تورات، انجیل اور جو آثار علم ہیں اس سے مراد علم اوصیاء وانبیاء ہے۔

اللہ کا قول(اور ہم نے انسان کو والدین کے ساتھ احسان کرنے کا حکم دیا۔۔۔اس آیت تک۔۔۔اور میں فرمانبرداروں میں سے ہوں)

تاویل۔ محمد بن العباس سے کہ ہم سے محمد بن ھمام نے انہوں نے عبداللہ بن جعفر سے انہوں نے الحسن بن موسیٰ سے انہوں نے ابراھیم بن یوسف العبری سے انہوں نے ابراھیم بن صالح سے انہوں

نے الحسین بن زید سے انہوں نے اپنے آباء علیھم السلام سے روایت کی ہے کہ جبرائیل نبیؐ کے پاس آئے اور کہا اے محمدؐ آپؐ کے ہاں ایک بچہ پیدا ہوگا کہ جسے آپؐ کے بعد آپؐ کی امت قتل کردے گی آپؐ نے فرمایا اے جبرائیل اس کے بعد کیا ہوگا؟ فرمایا اس بچے کی اولاد میں سے آئمہؑ و اوصیاء ہونگے پس نبیؐ فاطمہؑ کے پاس آئے اور ان کو یہ سب بتایا کہ عنقریب تمہارے بیٹے کا ظہور ہوگا جسے میرے بعد میری امت قتل کردے گی پس جناب فاطمہؑ نے فرمایا مجھے یہ بچہ نہیں چاہیئے آپؐ نے انہیں تین مرتبہ مخاطب کیا پھر فرمایا کہ اس بچے کی اولاد میں سے اوصیاء و آئمہؑ ہونگے تو فرمایا اب میں راضی ہوں اے بابا جان پس حسینؑ کا ظہور ہوا آپؑ کی مدت حمل چھ ماہ ہے دنیا میں صرف دو ہستیاں چھ ماہ کے حمل کے بعد زندہ رہ پائیں ایک حسینؑ اور دوسرے یحییٰ بن زکریاؑ جب حسینؑ کا ظہور ہوا تو نبیؐ نے ان کے منہ میں اپنی زبان رکھی تو انہوں نے اسے چوسا اور حسینؑ نے کسی عورت کا دودھ نہیں پیا کہ ان کا گوشت اور خون لعاب رسولؐ سے ہے اور یہ اللہ کا قول ہے (اور ہم نے انسان کو اس کے والدین کے ساتھ احسان کرنے کا حکم دیا) ۔

الشیخ محمد بن یعقوب نے انہوں نے محمد بن یحییٰ سے انہوں نے احمد بن محمد سے انہوں نے الوشاء سے انہوں نے احمد بن عائذ سے انہوں نے ابو خدیجہ سے انہوں نے امام ابو عبداللہؑ سے روایت کی ہے کہ آپؑ نے فرمایا جب فاطمہؑ حسینؑ سے حاملہ ہوئیں تو جبرائیل رسول اللہؐ کے پاس آئے اور کہا کہ عنقریب فاطمہؑ ایک بچے کو جنم دیں گی کہ جسے آپ کی امت قتل کردے گی تو فاطمہؑ نے رنج کی حالت میں ان کا حمل اٹھایا اور رنج کے عالم میں ہی انہیں جنم دیا پھر امام ابو عبداللہؑ نے فرمایا انہوں نے ایسا اس لیے کیا کہ انہیں علم ہو گیا تھا کہ ان کے بیٹے کو قتل کر دیا جائے گا۔

محمد بن یحییٰ سے انہوں نے علی بن اسماعیل سے انہوں نے محمد بن عمرو الزیات سے انہوں نے ہمارے

اصحاب میں سے انہوں نے امام ابو عبداللہؑ سے روایت کی ہے کہ آپؑ نے فرمایا جبرائیل محمدؐ پر نازل ہوئے اور کہا اللہ آپؐ کو سلام کہہ رہا ہے اور آپؐ کو ایک مولود کی خوشخبری دے رہا ہے کہ جس فاطمہؑ سے پیدا ہوگا جسے آپؐ کے بعد آپؐ کی امت قتل کر دے گی پس فاطمہؑ کو یہ علم ہوا تو انہوں نے رنج کی حالت میں ان کا حمل اٹھایا اور رنج کی حالت میں ہی ان کو وضع کیا پس یہ آیت اس کے بارے میں نازل ہوئی پھر فرمایا یہ اس لیے ہوا کہ ان کو علم ہو گیا تھا کہ ان کے بیٹے کو قتل کر دیا جائے گا۔

اللہ کا قول(جب وہ بلوغت کو پہنچے اور چالیس برس کے ہوئے) یعنی حسینؑ تو انہوں نے فرمایا(اے میرے پروردگار مجھے الہام کر کہ میں تیری نعمت کا جو مجھ پر ہے شکر ادا کروں جو تو نے مجھ پر انعام کی امامت، ولایت اور وصائیت اور میرے والد کی ولایت کو اپنی تمام مخلوقات پر واجب قرار دیا)

پس جناب امیرؑ کی نعمت حسینؑ کی نعمت ہے اور ولایت علیؑ جو تمام مخلوقات پر اللہ نے فرض کی ہے سب سے بڑی نعمت ہے۔ اللہ کا ان پر اور ان کے آباء واجداد پر درود وسلام ہو ہمیشہ رہتی دنیا تک اور قیامت کے دن تک

سورۃ محمدؐ

(اس سورہ مبارکہ کی وہ آیات جو آئمہ ھدیٰؑ کی شان میں نازل ہوئیں)

سورہ محمدؐ کی تاویل۔ محمد بن العباس نے کہا کہ اس سورہ کی تاویل میں ہم سے احمد بن محمد بن سعید نے انہوں نے احمد بن الحسن سے انہوں نے اپنے والد سے انہوں نے حصین بن مخارق سے انہوں نے سعد بن ظریف سے اور ابو حمزہ سے انہوں نے اصبغ بن نباتہ سے انہوں نے امیر المومنینؑ علیؑ سے روایت کی ہے کہ آپؑ نے فرمایا سورۃ محمدؐ کی ایک آیت ہمارے بارے میں ہے اور ایک بنو امیہ کے بارے میں ہے۔

ہم سے علی بن العباس البجلی نے انہوں نے عباد بن یعقوب سے انہوں نے علی بن ہاشم سے انہوں نے جابر سے انہوں نے امام ابو جعفرؑ سے روایت کی ہے کہ آپؑ نے فرمایا کہ جو جاننا چاہتا ہے کہ ہماری ہمارے دشمنوں پر کیا فضیلت ہے تو وہ اس سورۃ کو یاد کرے کہ جس میں ہے (کہ جو کافر ہیں وہ اللہ کے راستے سے روکتے ہیں) اس میں کافر بنو امیہ اور اللہ کا راستہ ہم ہیں۔

علی بن ابراہیم سے انہوں نے الحسین بن محمد سے انہوں نے معلیٰ بن محمد سے اسناد کے ساتھ اسحاق

تاویل الآیات(جلد دوئم) | 115

بن عمار سے انہوں نے امام ابو عبد اللہؑ سے اللہ کے اس قول کے بارے میں روایت کی ہے (وہ لوگ جو ایمان لائے اور نیک عمل کئے اور جو محمدؐ پر نازل کیا گیا علیؑ کے بارے میں اس پر ایمان رکھتے ہیں کہ یہ ان کے پروردگار کی طرف سے حق ہے)

انہی سے انہوں نے اپنے والد سے انہوں نے ان کے بعض اصحاب سے انہوں نے امام ابو عبد اللہؑ سے روایت کی ہے کہ آپؑ نے فرمایا سورہ محمدؐ میں ایک آیت ہمارے بارے میں ہے اور ایک ہمارے دشمنوں کے بارے میں ہے۔

اللہ کا قول (اس لیے کہ انہوں نے اس کو ناپسند کیا جو اللہ نے نازل کیا اور اللہ نے ان کے اعمال تباہ کر دیئے)

تاویل۔ محمد بن العباس نے کہا کہ ہم سے احمد بن القاسم نے انہوں نے احمد بن محمد سے انہوں نے محمد بن خالد سے انہوں نے محمد بن علی سے انہوں نے ابن فضیل سے انہوں نے ابو حمزہ سے انہوں نے جابر سے انہوں نے امام ابو جعفرؑ سے اللہ کے اس قول کے بارے میں روایت کی ہے کہ جبرائیل محمدؐ پر یہ آیت اس طرح لے کر نازل ہوئے (اس لیے کہ انہوں نے اس کو ناپسند کیا جو اللہ نے علیؑ کے بارے میں نازل کیا پس اللہ نے ان کے اعمال تباہ کر دیئے)

اللہ کا قول (ان میں سے کچھ ایسے ہیں جو آپ کی بات بڑے غور سے سنتے ہیں یہاں تک کہ جب آپ کے پاس سے نکلتے ہیں تو علم والوں سے کہتے ہیں اس نے ابھی کیا کہا تھا)

تاویل۔ محمد بن العباس نے کہا کہ ہم سے احمد بن محمد النوفلی نے انہوں نے محمد بن عیسیٰ العبیدی سے انہوں نے ابو محمد الانصاری سے انہوں نے صباح المزنی سے انہوں نے الحارث بن حصیرۃ سے انہوں نے اصبغ بن نباتہ سے انہوں نے امیر المومنینؑ سے روایت کی ہے کہ آپؑ نے فرمایا ہم رسول اللہؐ کے

پاس ہوتے تھے وہ ہم کو وحی کے بارے میں بتاتے پس میں سب کچھ یاد کرلیتا اور باقی جب رسولؐ کی مجلس سے نکلتے تو مجھ سے پوچھتے کہ انہوں نے ابھی کیا کہا تھا یعنی علم والوں سے مراد علیؑ ہیں۔

امام ابو عبداللہؑ نے کہا کہ رسول اللہؐ نے فرمایا کہ وہ اپنے اصحاب سے فرماتے تھے کہ اللہ جس کے ساتھ بھلائی کا ارادہ کرتا ہے اسے بہتر سوچ اور سمجھ عطا کرتا ہے اور جس سے برائی کا ارادہ کرتا ہے اس کے دل پر مہر لگا دیتا ہے پس وہ نہ سنتا ہے اور نہ سمجھتا ہے اور یہ اللہ کا قول ہے (اور جب آپ کے پاس سے نکلتے ہیں تو علم والوں سے پوچھتے ہیں کہ ابھی انہوں نے کیا کہا تھا) یہی وہ لوگ ہیں کہ اللہ نے ان کے دلوں پر مہریں لگا دی ہیں اور وہ اپنی خواہشات کی پیروی کرتے ہیں۔

اللہ کا قول (اور یہ تم سے بعید نہیں کہ اگر تم کو حکومت مل جائے تو تم زمین میں فساد برپا کروگے اور رشتے ناتے توڑ دوگے یہ ہی وہ لوگ ہیں کہ جن پر اللہ کی لعنت ہے اور وہ بہرے اور اندھے ہیں)

تاویل۔ محمد بن العباس سے انہوں نے کہا کہ ہم سے محمد بن احمد نے انہوں نے حسین بن حزیمہ الرازی سے انہوں نے عبداللہ بن بشیر سے انہوں نے ابو ھنورہ سے انہوں نے اسماعیل بن عیاش سے انہوں نے جوپیر سے انہوں نے الضحاک سے انہوں نے ابن عباس سے اللہ کے اس قول کے بارے میں روایت کی ہے (اور اگر تم کو حکومت مل جائے تو تم زمین میں فساد برپا کروگے اور رشتے ناتے سب توڑ دوگے) فرمایا یہ آیت بنو ہاشم اور بنو امیہ کے بارے میں نازل ہوئی۔

اسی طرح مرفوعاً ابن ابی عمیر سے انہوں نے حماد بن عیسیٰ سے انہوں نے محمد الحلبی سے روایت کی ہے کہ امام ابو عبداللہؑ نے اس آیت کو پڑھا (اگر تم کو حکومت مل جائے تو تم زمین پر فساد ضرور کروگے اور رشتے ناتے توڑ دوگے) پھر فرمایا یہ آیت ہمارے اور ہمارے چچا عباس کی اولاد اور بنو امیہ کے بارے میں نازل ہوئی پھر فرمایا (یہی وہ لوگ ہیں جن پر اللہ نے لعنت کی اور ان کو بہرا کر دیا)

دین سے (اور ان کی آنکھوں کو اندھا کر دیا) وصیؑ سے پھر آپؐ نے یہ آیت پڑھی (بے شک وہ لوگ جو اپنی پشتوں سے پھر گئے) ولایت علیؑ کے عہد کو توڑ کر۔

اللہ کا قول (جو لوگ ایمان لائے اور نیک عمل کئے اور وہ اس پر ایمان رکھتے ہیں جو اللہ نے نازل کیا اور جنہوں نے انکار کیا تو وہ دنیا میں ہی کچھ دن کا فائدہ اٹھاتے ہیں اور اس طرح کھاتے ہیں جیسے جانور کھاتے ہیں اور ان کا ہمیشہ کا ٹھکانہ آگ ہے)

امام جعفر صادقؑ سے روایت ہے کہ یہ آیت اس طرح نازل ہوئی (جو لوگ ایمان لائے اور نیک عمل کئے اور وہ اس پر ایمان رکھتے ہیں جو اللہ نے علیؑ کے بارے میں نازل کیا اور جس نے ولایت علیؑ کا انکار کیا تو وہ دنیا میں ہی کچھ دن کا فائدہ اٹھاتا ہے اور اس طرح کھاتا ہے جیسے جانور کھاتا ہے اور ان لوگوں کا ہمیشہ کا ٹھکانہ آگ ہے)

اللہ کا قول (وہ لوگ جو پیٹھ پھیر کر پھر گئے اس کے بعد کہ ان کے لیے ہدایت واضح ہو چکی تھی شیطان نے ان کو امید دکھائی)

تاویل۔ محمد بن العباس نے کہا کہ ہم سے علی بن سلیمان الرازی نے انہوں نے محمد بن الحسین سے انہوں نے ابن فضال سے انہوں نے ابو جمیلہ سے انہوں نے محمد بن علی الحلبی سے انہوں نے امام ابو عبد اللہؑ سے اللہ کے اس قول کے بارے میں روایت کی ہے (وہ لوگ جو اسلام سے اپنی پیٹھوں سے پھر گئے اس کے بعد کہ ان کے لیے ہدایت کا راستہ واضح ہو چکا تھا) فرمایا ہدایت علیؑ کا راستہ ہے۔

محمد بن یعقوب نے انہوں نے الحسین بن محمد سے انہوں نے معلیٰ بن محمد سے انہوں نے محمد بن اورمہ سے اور علی بن عبد اللہ سے انہوں نے علی بن حسان سے انہوں نے عبد الرحمٰن بن کثیر سے انہوں نے امام ابو عبد اللہؑ سے اللہ کے اس قول کے بارے میں روایت کی ہے کہ (وہ لوگ جو اسلام

سے پیٹھ پھیر کر پھر گئے اس کے بعد کہ ان کے لیے ہدایت کا راستہ واضح ہو چکا تھا) فرمایا فلاں، فلاں اور فلاں ایمان کے بعد مرتد ہو گئے اور امیر المومنینؑ کی ولایت کو ترک کر دیا۔

اللہ کا قول (انہوں نے ان ناپسند کرنے والے لوگوں سے کہا ہم تمہاری اطاعت بعض امور میں کریں گے)

امام ابو عبد اللہؑ سے روایت ہے کہ اللہ کی قسم یہ آیت ان دونوں اور ان دونوں کے پیرو کاروں کے بارے میں نازل ہوئی اور یہ اللہ کا قول ہے کہ جو محمدؐ پر جبرائیل لے کر نازل ہوا (کہ ان لوگوں نے آپس میں عہد کر لیا تھا) اس بات کا عہد کہ ہم ولایت علیؑ تسلیم نہیں کریں گے ہم خلافت کو اہل بیتؑ میں نہیں جانے دیں گے اور ہم بنو ہاشم کو خمس نہیں دیں گے۔

علی بن ابراہیم نے اپنی تفسیر میں اس آیت کی تاویل میں کہا ہے کہ مجھ سے میرے والد نے انہوں نے اسماعیل بن مراد سے انہوں نے محمد بن الفصیل سے انہوں نے امام ابو عبد اللہؑ سے روایت کی ہے کہ میں نے امامؑ سے اللہ کے اس قول کے بارے میں پوچھا (انہوں نے ان ناپسند کرنے والے لوگوں سے کہا کہ ہم تمہاری بعض امور میں اطاعت کریں گے) فرمایا کہ جب رسول اللہؐ نے امیر المومنینؑ کے لیے میثاق لیا تو فرمایا کیا تم جانتے ہو کہ میرے بعد تمہارا ولی کون ہے انہوں نے کہا کہ اللہ اور اس کا رسولؐ ہی بہتر جانتے ہیں تو فرمایا کہ اللہ فرماتا ہے (اگر وہ دونوں آپ کی دشمنی پر اتر آئیں تو بے شک ان کا مددگار جبرائیل ہے اور نیک مومن ہیں) اس سے مراد علیؑ ہے اور وہی تمہارا میرے بعد ولی ہے یہ پہلی مرتبہ تھا اور دوسری مرتبہ غدیر خم میں فرمایا اور امیر المومنینؑ کی ولایت کا اعلان کیا تو وہ کہنے لگے کہ اگر محمدؐ کو اللہ اٹھا لے تو ہم اس امر کو اہل بیتؑ میں جمع نہیں ہونے دیں گے اور نہ ہی ان کو کچھ خمس دیں گے پس اللہ نے اپنے نبی کو اس سے مطلع فرما دیا اور ان پر یہ آیت نازل کی (کیا انہوں

نے گمان کرلیاہے کہ ہم ان کی پوشیدہ باتیں اور سرگوشیاں نہیں سنتے کیوں نہیں بلکہ ہمارے بھیجے ہوئے پہلے ہی ان کے اعمال لکھ رہے ہیں)

اللہ کا قول(کیا وہ لوگ کہ جن کے دلوں میں بیماری ہے انہوں نے گمان کرلیاہے کہ اللہ ان کے کینوں کو ظاہر نہیں کرے گا)

تاویل۔ محمد بن العباس نے کہا کہ ہم سے عبدالعزیز بن یحییٰ نے انہوں نے محمد بن زکریا سے انہوں نے کہا کہ مجھ سے میرے والد نے انہوں نے جابر سے انہوں نے امام ابو جعفرؑ سے انہوں نے جابر بن عبداللہ سے روایت کی ہے کہ جب رسول اللہؐ نے غدیر خم میں امیر المومنینؑ علیؑ کو بنایا تو ایک گروہ نے کہا کہ یہ اپنے چچازاد کو ہماری گردنوں پر مسلط کررہے ہیں پس اللہ نے یہ آیت نازل فرمائی(کیا وہ لوگ کہ جن کے دلوں میں بیماری ہے انہوں نے گمان کرلیاہے کہ اللہ ان کے دلوں میں چھپے ہوئے کینوں کو ظاہر نہیں کرے گا)

اللہ کا قول(اگر ہم چاہتے ہم ان کو آپ کو دکھادیتے تو آپ ان کو ان کی پیشانیوں سے پہچان لیتے اور ان کو ان کی باتوں سے پہچان لیتے اور اللہ تمہارے اعمال کو جانتا ہے)

تاویل۔ محمد بن العباس نے کہا کہ ہم سے محمد بن حریز نے انہوں نے عبداللہ بن عمر سے انہوں نے الحمامی سے انہوں نے محمد بن مالک سے انہوں نے ابو ہارون سے انہوں نے ابو سعید الخذری سے روایت کی ہے کہ اللہ کا قول(اور آپ ان کو ان کی باتوں سے پہچان لیں گے) فرمایا علیؑ سے بغض کی وجہ سے۔

ہم سے احمد بن ادریس نے انہوں نے احمد بن محمد بن عیسیٰ سے انہوں نے الحسن بن محبوب سے انہوں نے علی بن رئاب سے انہوں نے ابن بکیر سے روایت کی ہے کہ امام ابو جعفرؑ نے فرمایا کہ اللہ

نے ہمارے شیعوں سے ولایت علیؑ کا میثاق لیا تو ہم ان کو ان کی آوازوں سے پہچان لیتے ہیں۔

علی بن ابراہیم نے اپنی تفسیر میں کہا ہے کہ اس سورۃ میں زیادہ تر ذکر ولایت امیر المومنینؑ رکھنے والوں اور ان کے دشمنوں کا ہے۔

سورۃ الفتح

(اس سورہ مبارکہ کی وہ آیات جو آئمہ ھدیٰؑ کی شان میں نازل ہوئیں)

اللہ کا قول (ہم نے آپ کو واضح فتح عطا کی اس لیے کہ اللہ آپ کے اگلے پچھلے گناہ معاف کردے)

تاویل۔ ابو جعفر محمد بن بابویہ نے کہا کہ ہم سے سعد بن عبداللہ نے انہوں نے محمد بن عیسیٰ سے انہوں نے علی بن مہران سے انہوں نے علی بن عبدالغفار سے انہوں نے صالح بن حمزہ سے اور انہوں نے محمد بن سعید الروزی سے روایت کی ہے امامؑ سے پوچھا کہ کیا محمدؐ کا کوئی گناہ ہے؟ فرمایا نہیں میں نے کہا تو اللہ کے اس قول کے اس قول سے کیا مراد ہے (تاکہ آپ کے اگلے پچھلے گناہ معاف کردے) فرمایا کہ اللہ نے محمدؐ پر شیعان علیؑ کے گناہوں کا بوجھ لاد دیا پھر فرمایا کہ میں نے ان کے تمام اگلے پچھلے گناہوں کو معاف کر دیا ہے۔

کتاب العلل میں اسناد کے ساتھ امام صادقؑ سے روایت ہے کہ نبیؐ نے علیؑ کو اس لیے اٹھایا کہ اگر علیؑ ان کو اٹھا لیتے تو وہ ان سے زیادہ افضل ہو جاتے کیا تم نہیں سمجھتے کہ علیؑ نے فرمایا کہ اگر میں چاہوں تو

آسمان کو چھو لوں۔

علی بن ابراہیم نے انہوں نے محمد بن جعفر سے انہوں نے محمد بن احمد سے انہوں نے محمد بن الحسین سے انہوں نے علی بن نعمان سے انہوں نے علی بن ایوب سے انہوں نے عمر بن زید سے روایت کی ہے کہ میں نے امام ابو عبد اللہؑ سے کہا کہ اللہ کی کتاب میں اس کا یہ قول (تا کہ آپ کے اگلے پچھلے گناہ معاف کر دے) اس کے کیا معنی ہیں ؟ وہ تو گناہ کر ہی نہیں سکتے تو پھر ان گناہوں سے کیا مراد ہے ؟ فرمایا لیکن اللہ نے ان پر ان کے شیعوں کے گناہ لاد دیے پھر ان کو معاف کر دیا۔

اس کی تائید مرفوعاً امام ابو الحسن الثالثؑ کی روایت کرتی ہے کہ آپؑ سے اللہ کے اس قول کے بارے میں پوچھا گیا (تا کہ اللہ آپ کے اگلے پچھلے گناہ معاف کر دے) فرمایا بے شک رسول اللہؐ کے لیے گناہ کا تصور بھی ناممکن ہے لیکن اللہ نے ان کے شیعوں کے گناہ ان کے ذمے رکھے پھر انہیں بخش دیا

۔

اس کی تائید یہ روایت بھی کرتی ہے کہ شیعان علیؑ کو بخش دیا گیا ہے مرفوعاً نبیؐ سے روایت ہے کہ آپؐ نے علیؑ سے فرمایا اے علیؑ میں نے اللہ نے سوال کیا کہ تمہارے شیعوں پر آخری ہچکی تک توبہ حرام نہ کرے پس اللہ نے اسے قبول کیا کیونکہ شیعان علیؑ کے گناہ ان سے مٹا دیئے جاتے ہیں دنیا میں ہی امتحان لے کر اور ان میں کوئی بھی اس دنیا میں جب نکلتا ہے تو اسکے گناہ معاف کر دیئے جاتے ہیں۔

الشیخ ابو جعفر الطوسی نے اپنے رجال سے انہوں نے زید سے انہوں نے امام ابو الحسن موسیٰ بن جعفر علیہ السلام سے روایت کی ہے میں نے امام ابو الحسنؑ سے کہا کہ آپؑ سے محبت رکھنے والوں میں سے شراب پینے والا اور علی الاعلان گناہ کرنے والے سے ہم بیزاری اختیار کر سکتے ہیں ؟ فرمایا اس کے فعل سے بیزاری اختیار کر و اور بھلائی سے بیزاری اختیار نہ کر و اور اسکے عمل کو ناپسند کرو میں نے کہا کیا ہم

اس کو فاسق و فاجر کہہ سکتے ہیں ؟ فرمایا نہیں فاسق و فاجر وہ کافر ہیں کہ جو ہمارا حق چھین لے اور ہمارے اولیاء پر ظلم کرے اللہ نے ناپسند کیا ہے کہ ہمارا دوست فاسق و فاجر ہو لیکن تم یہ کہہ سکتے ہو کہ یہ عمل فاسق و فاجر والا ہے اور ناپاک کام پاک روح اور بدن میں اللہ کی قسم ہمارا دوست اس دنیا میں ایسی حالت میں نکلتا ہے کہ ہم اس سے راضی ہوتے ہیں اور وہ ہم سے اللہ اسے سفید چہرے والا بنا کر مبعوث کرے گا ان پر نہ کوئی خوف ہوگا اور نہ وہ غمگیں ہونگے اور دنیا میں سے ایسی حالت میں نکلیں گے کہ تمام گناہوں سے پاک ہونگے۔

اللہ کا قول(اللہ ان مومنین سے راضی ہوگیا کہ جب وہ شجرہ کے نیچے آپ سے بیعت کر رہے تھے پس اللہ نے جان لیا کہ جو ان کے دلوں میں ہے پس اللہ نے پر تسلی اتاری)

تاویل۔ محمد بن العباس نے کہا کہ ہم سے محمد بن احمد الواسطی سے انہوں نے زکریا بن یحییٰ سے انہوں نے اسماعیل بن عثمان سے انہوں نے عمار الدھنی سے انہوں نے ابو زبیر سے انہوں نے جابر سے انہوں نے امام ابو جعفرؑ سے روایت کی ہے کہ میں نے امامؑ سے اللہ کے اس قول(اللہ ان مومنین سے راضی ہوگیا کہ جب وہ درخت کے نیچے آپ کی بیعت کر رہے تھے) میں نے ان کی تعداد کے بارے میں پوچھا تو فرمایا ایک ہزار دو سو میں نے کہا کیا ان میں علیؑ بھی تھے فرمایا ہاں علیؑ ان کے سردار اور آقا ہیں۔

اللہ کا قول(اور ان پر کلمہ تقویٰ لازم قرار دیا اور وہ اس کے حقدار اور اہل تھے)

تاویل۔ الحسن بن ابوالحسن الدیلمی نے اسناد کے ساتھ اپنے رجال سے انہوں نے مالک بن عبداللہ سے روایت کی ہے میں نے اپنے مولا رضاؑ سے اللہ کے اس قول کے بارے میں پوچھا(اور ہم نے ان پر کلمہ تقویٰ لازم قرار دیا) فرمایا اس سے مراد ولایت امیر المومنینؑ ہے کہ جو شیعان امیر المومنینؑ کے

لیے لازم ٹھہرائی گئی اور وہی اس کے اصل حقدار اور اہل تھے۔

علی بن ابراہیم نے کہا کہ امام ابو جعفرؑ نے فرمایا کہ جب رسول اللہؐ کو معراج ہوئی تو اللہ نے ان سے فرمایا اے محمدؐ جان لو کہ علی امام المتقین، قائد الغرا لمحجلین، یعسوب المومنین ہیں اور وہ کلمہ ہیں کہ جن کو متقین کے لیے لازم ٹھہرادیا ہے اور وہ اس کے اہل اور حقدار ہیں اس کو اس کی بشارت دے دو پس رسول اللہؐ نے ان کو اس کی بشارت دے دی اور علیؑ سجدہ شکر میں گر گئے پھر فرمایا اے رسول اللہؐ کیا مجھے وہاں یاد کیا گیا؟ فرمایا ہاں اللہ کے ہاں تمہیں سب پہچانتے ہیں اور رفیق اعلیٰ کے ہاں تیرا تذکرہ عام ہے۔

اس کی تائید محمد بن العباس کی روایت کرتی ہے کہ انہوں نے احمد بن محمد بن ہارون سے انہوں نے محمد بن مالک سے انہوں نے محمد بن الفضیل سے انہوں نے غالب الجعفی سے انہوں نے امام ابو جعفرؑ محمد بن علیؑ سے انہوں نے اپنے والد گرامیؑ سے انہوں نے اپنے داداؑ سے انہوں نے علیؑ سے روایت کی ہے کہ نبیؐ نے مجھ سے فرمایا کہ جب مجھے معراج ہوئی پھر میں سدرۃ المنتہیٰ کے پاس پہنچا تو میں اپنے رب کے سامنے تھا کہ مجھے فرمایا اے محمدؐ میں نے کہا لبیک فرمایا کہ میں نے تمہارے لیے علیؑ کو چن لیا ہے اسے اپنا خلیفہ اور وصی بنایا اس میں اپنا علم و حلم بھرا وہ حقیقی امیر المومنینؑ ہیں اسے پہلوں میں کوئی بھی نہ پاسکے گا اور نہ ہی کسی کو بعد میں ایسا رتبہ ملے گا اے محمدؐ علیؑ ہدایت کا پرچم ہے اور جس نے میری اطاعت کی اس کا امام ہے اور میرے اولیاء کا نور ہے اور وہ کلمہ ہے جسے میں نے متقین پر لازم قرار دیا ہے جس نے اس سے محبت کی اس نے مجھ سے محبت کی جس نے اس سے بغض رکھا اس نے مجھ سے بغض رکھا پس اے محمدؐ ان کو بشارت دے دیجیے پس رسول اللہؐ نے علیؑ کو اس کی بشارت دے دی تو علیؑ نے فرمایا میں اللہ کا بندہ ہوں اور اس کے قبضہ میں میری جان ہے اس نے جو مجھ سے وعدہ کیا

125 | تاویل الآیات(جلد دوئم)

اسے پورا کرے گا پس نبیؐ نے فرمایا اے اللہ اے میرے پرودگار علیؑ میرا بھائی اور میرا دوست ہے اللہ نے فرمایا علیؑ میرے علم کا خازن ہے اور علیؑ وہ آزمائش ہے تیری امت کی کہ جس کے زریعے مجھ سے محبت کرنے والے پہچانے جائیں گے۔

ہم سے محمد بن الحسین نے انہوں نے علی بن منذر سے انہوں نے مسکین الرجل سے انہوں نے ابن المنذر سے روایت کی ہے کہ متقین سے مراد امیر المومنینؑ کے شیعہ ہیں کہ جن پر اللہ نے اپنا کلمہ لازم ٹھہرایا ہے اور ان پر علیؑ کی ولایت فرض قرار دی ہے انہوں نے اسے قبول کیا اور ان کی اولاد کی ولایت کو بھی کہ جن پر اس

کا دین مکمل ہوا اور نعمت تمام ہوئی اور اللہ کا ان پر درود و سلام برکتیں اور رحمتیں نازل ہوں۔

اللہ کا قول (وہی ذات ہے کہ جس نے اپنے رسول کو ہدایت کے ساتھ بھیجا اور سچے دین کے ساتھ تا کہ اس کو تمام ادیان پر غالب کر دے اور اللہ ہی ان کے لیے گواہ کافی ہے محمدؐ اللہ کے رسول ہیں اور جو لوگ اس کے ساتھ ہیں وہ کفار پر سخت ہیں اور آپس میں رحیم ہیں تم ان کو رکوع و سجود کرتے ہوئے اللہ کے فضل اور اس کی خوشنودی تلاش کرتے ہوئے دیکھو گے ان کے چہروں پر سجدوں کے آثار ہونگے ان کی مثال تورات اور انجیل میں ہے۔۔۔اس قول تک۔۔۔اللہ نے ایمان والوں اور نیک عمل کرنے والوں کے لیے بخشش اور اجر عظیم تیار کر رکھا ہے)

تاویل۔اللہ کا قول (تا کہ اس کو تمام ادیان پر غالب کر دے)اس سے مراد دین اسلام ہے کہ سے تمام ادیان پر فضیلت دی گئی ہے حجت و برہان کے ساتھ اور غلبہ سے سلطنت اور بادشاہت کے ساتھ تمام دنیا پر اور یہ صرف امام قائمؑ کی حکومت میں ہو گا کہ ان پر ہر دور ہر وقت میں درود و سلام ہو پھر اللہ نے جنوں اور انسانوں کی طرف بھیجے جانے والے رسولوں کا ذکر فرمایا اور فرمایا کہ محمدؐ اللہ کے رسول

ہیں اور جو لوگ ان کے ساتھ ہیں ان کی مدح کی کہ وہ کفار پر سخت ہیں یعنی وہ کفار سے سختی سے پیش آتے ہیں اور آپس میں رحیم ہیں اور اللہ کا قول (تم ان کو رکوع و سجود کرتے ہوئے دیکھو گے) اللہ نے ان کی کثرت عبادت کے بارے میں زکر کیا ہے کہ وہ اس کے زریعے اللہ کے فضل کو تلاش کرتے ہیں اور اس کی خوشنودی چاہتے ہیں یعنی وہ اللہ سے دنیا میں فضل اور آخرت میں اس کی خوشنودی چاہتے ہیں اور اللہ کا قول (ان کی پیشانیوں پر سجدوں کے آثار ہونگے) یعنی ان کی پیشانیوں پر علامات سجدہ ہوتی ہیں اور آخرت میں یہ ایسے ہونگے جس طرح چودہویں کا چاند چمکتا ہے ان کی پیشانیوں پر ۔اور اللہ کا قول (ان کی مثل تورات و انجیل میں ہے) یعنی ان کے اوصاف ان کتب آسمانی میں موود ہیں۔

ابن مردویہ نے کہا کہ الحافظ ،اور خطیب خوارزمی نے کہا کہ اللہ کا قول (تم ان کو رکوع و سجود میں دیکھو گے) فرمایا کہ یہ آیت خاص طور پر علیؑ ابن ابی طالبؑ کے بارے میں نازل ہوئی۔

امام موسیٰ کاظمؑ سے بھی ایسی ہی روایت بیان کی گئی ہے۔

محمد بن العباس نے کہا کہ ہم سے محمد بن احمد نے انہوں نے عیسیٰ بن اسحاق سے انہوں نے الحسن بن الحارث بن طیب سے انہوں نے اپنے والد سے انہوں نے داؤد بن ابی ہند سے انہوں نے سعید بن جبیر سے انہوں نے ابن عباس سے اللہ کے اس قول کے بارے میں تاویل بیان کی ہے (اللہ نے ایمان والوں اور نیک عمل کرنے والوں سے وعدہ کیا ہے بخشش اور اجر عظیم کا) ابن عباس کہتے ہیں کہ ایک گروہ نے نبیؐ سے سوال کیا کہ یہ آیت کس کے بارے میں نازل ہوئی ؟ فرمایا کہ قیامت کا دن ہو گا تو ایک سفید نور کا علم کھڑا کیا جائے گا اور ایک منادی ندا دے گا کہ امیر المومنینؑ اور جو ان کے ساتھ بعثت نبیؐ کے بعد ایمان لائے وہ کھڑے ہیں پس علیؑ ابن ابی طالبؑ کھڑے ہونگے ان کو وہ سفید

نور والا علم دیا جائے گا تو اس کے نیچے اللہ تمام سابقین و اولین مہاجرین و انصار کو جمع کرے گا ان کے ساتھ کوئی دوسرا نہیں مل سکے گا یہاں تک علیؑ نور کے منبر پر بیٹھیں گے اور سب لوگ ان کے پاس آئیں گے تو اللہ ان کو ان کا اجر دے دے گا تو ان کا جب آخری بندہ ملے گا تو اس سے فرمائیں گے کہ بے شک تمہارے رب نے کہا کہ تمہارے لیے اس کے پاس بخشش اور اجر عظیم ہے پس یہ اللہ کا قول ہے (جو لوگ ایمان لائے اللہ پر اس کے رسول پر وہی لوگ سچے، شہید ہیں اور ان کے رب کے ہاں ان کے لیے بڑا اجر ہے) یعنی وہ مومنین جو سبقت لے جانے والے اور اہل ولایت ہیں (اور جن لوگوں نے کفر کیا اور ان کی آیات کو جھٹلایا یہی لوگ جہنم والے ہیں) یعنی جنہوں نے ولایت علیؑ کا انکار کیا اور علیؑ کے حق کا انکار کیا۔

اسی روایت کو الشیخ نے امالی میں ذکر کیا ہے کہ علیؑ کی ولایت اور حق تمام مخلوقات پر واجب ہے کہ اللہ کا ان پر اور ان کی پاکیزہ اولاد پر ہمیشہ قیامت تک درود و سلام ہو۔

سورۃ حجرات

(اس سورہ مبارکہ کی وہ آیات جو آئمہ ھدیٰؑ کی شان میں نازل ہوئیں)

اللہ کا قول (وہ لوگ جو اپنی آوازیں رسول اللہؐ کے سامنے پست رکھتے ہیں یہی وہ لوگ ہیں کہ جن کے دلوں کو اللہ نے ایمان کے لیے آزمالیا ہے ان کے لیے مغفرت اور اجر عظیم ہے)

تاویل۔ محمد بن العباس سے کہا کہ ہم سے احمد بن محمد بن سعید سے انہوں نے محمد بن احمد سے انہوں نے المنذر بن حقیر سے انہوں نے ابو جعفر بن الحکیم سے انہوں نے منصور سے انہوں نے ربعی بن خراش سے روایت کی ہے کہ ہم بھی حدیبیہ کے موقع پر موجود تھے اور ہمارے ساتھ سہیل بن عمرو بھی تھا انہوں نے کہا اے محمدؐ تو ہمارا پڑوسی ہے ہمارا حلیف ہے ہمارا چچاذاد ہے تم سے ہمارے لوگ ،بیٹے، بھائی اور ہمارے رشتہ دار مل گئے ہیں وہ دین کی سمجھ نہیں رکھتے پس رسول اللہؐ نے ابو بکر سے کہا دیکھو یہ کیا کہہ رہے ہیں اس نے کہا یا رسول اللہؐ یہ سچ کہہ رہے ہیں اور وہ لوگ کہنے لگے کہ یہ صرف ہمارے پاس سے اس لیے بھاگ گئے ہیں کہ انہوں نے نے ہمارا قرض دینا ہے آپؐ ان کو ہمیں

لوٹا دیجئے ابو بکر نے کہا آپؐ ان کے پڑوسی بھی ہیں اس لیے ان کی بات مان لیں پھر عمر کو بلایا اور اس نے بھی ابو بکر جیسی بات کی تو رسول اللہؐ نے اس وقت فرمایا اے قریش باز رہو یہاں تک کہ اللہ ایسے شخص کو بھیجے کہ جس کے دل کو اللہ نے تقویٰ کے لیے آزما لیا ہے وہ دین کے معاملے میں تمہاری گردنیں مارے گا ابو بکر نے کہا یا رسول اللہؐ کیا اس سے مراد میں ہوں ؟ فرمایا نہیں تو عمر نے کہا یا رسول اللہؐ اس سے مراد میں ہوں ؟ فرمایا نہیں مگر وہ جو اس وقت جوتا گانٹھ رہا ہے اور اس وقت علیؑ رسول اللہؐ کا جوتا گانٹھ رہے تھے پھر علیؑ ہماری طرف متوجہ ہوئے اور فرمایا کہ جس نے رسول اللہؐ کے مقابلے میں اپنی آواز بلند کی اور اپنے رائے دینے کی کوشش کی اور ان پر جان بوجھ کر جھوٹ باندھا تو وہ اپنا ٹھکانہ جہنم میں دیکھے گا۔

اللہ کا قول (اے ایمان والوں اگر تمہارے پاس کوئی فاسق خبر لے کر آئے تو اس کی اچھے طریقے سے تحقیق کر لیا کرو ایسا نہ ہو کہ تم کسی قوم کی جہالت کے سبب کسی دوسری قوم کو نقصان نہ پہنچادو اور پھر تم اپنے کئے پر شرمندہ نہ ہو جاؤ)

تاویل۔ علی بن ابراہیم نے اور عبید اللہ بن موسیٰ کی روایت میں احمد بن راشد سے انہوں نے مروان بن مسلم سے انہوں نے عبد اللہ بن بکیر سے روایت کی ہے کہ میں نے امام ابو عبد اللہؑ سے کہا کہ میں آپؑ پر قربان جاؤں رسول اللہؐ نے اس قبطی کے قتل کا حکم دیا اور وہ جانتے تھے کہ اس نے اس قبطی پر جھوٹ بولا تھا کیا وہ نہیں جانتے تھے کہ اللہ نے علیؑ سے قتل کو اس لیے اٹھایا تھا تا کہ ان کو ثابت کر سکے فرمایا کیوں نہیں اللہ کی قسم وہ جانتے تھے۔

اللہ کا قول (اور جان لو کہ تم میں اللہ کے رسول ہیں اگر وہ بہت سے معاملات میں تمہاری اطاعت

دلوں میں زینت بخشی اور تمہارے لیے کفر، فسوق اور عصیان کو ناپسند کیا یہی لوگ ہدایت یافتہ ہیں)

تاویل۔ محمد بن یعقوب سے انہوں نے الحسین بن محمد سے انہوں نے معلیٰ بن محمد سے انہوں نے محمد بن اورمہ سے انہوں نے علی بن حسان سے انہوں نے عبدالرحمٰن بن کثیر سے انہوں نے امام ابو عبداللہؑ سے اس آیت کے بارے میں روایت کی ہے کہ آپؑ نے فرمایا(لیکن اللہ نے تمہارے لیے ایمان کو پسند کیا اور اسے تمہارے دلوں زینت بخشی) فرمایا اس سے مراد امیر المومنینؑ ہیں (اور تمہارے لیے کفر، فسوق اور عصیان کو ناپسند کیا) فرمایا اس سے مراد پہلا، دوسرا اور تیسرا ہیں۔

علی بن ابراہیم سے انہوں نے محمد بن جعفر سے انہوں نے یحییٰ بن زکریا سے انہوں نے علی بن حسان سے انہوں نے عبدالرحمٰن بن کثیر سے انہوں نے امام ابو عبداللہؑ سے ایسی ہی روایت کی ہے۔

اور امیر المومنینؑ کو اللہ نے اس لیے ایمان قرار دیا کیونکہ آپؑ کی ولایت ہی اصل ایمان ہے اور آپؑ کے مخالف تینوں اصل میں کفر، فسق اور عصیان ہیں۔

اللہ کا قول (اگر مسلمانوں کے دو گروہ آپس میں لڑ پڑیں تو ان دونوں کے درمیان اصلاح کرو اور اگر ان میں سے ایک دوسرے پر بغاوت کرے تو جو بغاوت کرے اسے قتل کردو یہاں تک کہ معاملہ اس کی طرف پلٹ جائے اگر وہ پلٹ آئیں تو ان کے درمیان صلح کروادو اور عدل و انصاف کے ساتھ بے شک اللہ انصاف کرنے والوں کو پسند کرتا ہے)

تاویل۔ آئمہؑ معصومینؑ سے روایت ہے کہ جب یہ آیت نازل ہوئی تو رسول اللہؐ نے فرمایا کہ تم میں سے ایک ایسا ہے جو میرے بعد تاویل پر تم سے جنگ کرے گا جیسا کہ اس نے میرے ساتھ تنزیل پر تم سے جنگ کی تو نبیؐ سے سوال کیا گیا کہ وہ کون ہے ؟ فرمایا کہ جو جوتا گانٹھ رہا ہے اور امیر المومنینؑ اس وقت رسول اللہؐ کا جوتا گانٹھ رہے تھے۔

حدیث طویل میں ہے کہ انہوں نے اپنے والد سے انہوں نے القاسم بن محمد سے انہوں نے سلیمان بن داؤد المنقری سے انہوں نے حفض بن غیاث سے انہوں نے امام ابو عبداللہؑ سے اسی طرح کی روایت کی ہے۔

اللہ کا قول(اے لوگوں ہم نے تم کو ایک مرد اور ایک عورت سے پیدا کیا اور تمہارے لیے قومیں اور قبیلے بنائے تاکہ تم ایک دوسرے کی پہچان کر سکو بے شک تم میں سے عزت والا وہ ہے جو پرہیز گار ہے بے شک اللہ جاننے والا اور باخبر ہے)

تاویل۔ابو علی الطبرسی نے کہا کہ ابو بکر الیتمعی نے اسناد کے ساتھ عبایہ بن ربعی سے انہوں نے ابن عباس سے

روایت کی ہے کہ رسول اللہؐ نے فرمایا اللہ نے مخلوق کی دو قسمیں بنائیں اور مجھے ان کی بہترین قسم میں رکھا اور یہ اللہ کا قول ہے(اور دائیں ہاتھ والے) (اور بائیں ہاتھ والے) پس میں دائیں ہاتھ والوں میں سے بہترین ہوں پس میں سبقت لے جانے والوں میں سے ہوں اور ان میں سے بہترین ہوں پھر اللہ نے مجھے آدم کی پرہیز گار اولاد میں سے سب سے اعلیٰ کے اصلاب و ارحام میں رکھا پھر مجھے جس قبیلہ میں رکھا اسے دنیا میں سب سے بہترین بنایا اور یہ اللہ کا قول ہے(اور ہم نے تمہاری قومیں اور قبیلے بنائے تاکہ تم ایک دوسرے کو پہچان سکو بے شک میں میں سے عزت والا وہ ہے جو کہ پرہیز گار ہے) اور یہ اللہ کا قول ہے(انما یرید اللہ لیذھب عنکم الرجس۔۔۔۔۔۔۔۔۔)

علی بن ابراہیم سے انہوں نے الحسن بن علی سے انہوں نے اپنے والد سے انہوں نے الحسن بن سعید سے انہوں نے الحسین بن علوان الکلبی سے انہوں نے علی بن الحسین العبری سے انہوں نے ربیعہ السعدی سے انہوں نے حذیفہ سے انہوں نے رسول اللہؐ سے اسی جیسی روایت بیان کی ہے۔

اللہ کا قول (بے شک ایمان والے وہ ہیں کہ جو اللہ اور اس کے رسولؐ پر ایمان لائے پھر وہ شک میں نہ پڑے انہوں نے اپنے مالوں سے جہاد کیا اور اپنی جانوں سے اللہ کے راستے میں جہاد کیا یہی لوگ سچے ہیں)

تاویل۔ محمد بن العباس سے کہا کہ ہم سے علی بن عبد اللہ نے انہوں نے ابراہیم بن محمد سے انہوں نے حفص بن غیاث سے انہوں نے مقاتل بن سلیمان سے انہوں نے ضحاک بن مزاحم سے انہوں نے ابن عباس سے روایت کی ہے کہ اللہ کے اس قول کے بارے میں فرمایا کہ یہ آیت امیر المومنینؑ کے بارے میں نازل ہوئی۔

اللہ کا قول (یہ آپ پر احسان جتلاتے ہیں کہ وہ اسلام لے آئے ہیں کہہ دیجئے کہ تم مجھ پر اپنے اسلام کا احسان نہ جتاؤ بلکہ اللہ نے تم پر احسان کیا ہے اور تم کو ایمان کی طرف ہدایت دی اگر تم سچے ہو)

تاویل۔ الشیخ ابو جعفر الطوسی نے کتاب مصباح الانوار میں اسناد کے ساتھ رجال سے مرفوعاً جابر بن عبد اللہ سے روایت کی ہے کہ میں رسول اللہؐ کے ساتھ خندق کے گھڑے میں تھا کہ رسول اللہؐ نے فرمایا میرے ماں باپ اس پر قربان کہ جس کے چہرے سے جبرائیل مٹی صاف کر رہا ہے اور اس کی مدد میکائیل کر رہا ہے کہ اس سے پہلے کسی مخلوق کی اس نے مدد نہیں کی پھر نبیؐ نے عثمان سے فرمایا کہ گڑھا کھودو تو عثمان غصے میں آگیا اور کہا کہ محمدؐ اس بات سے راضی نہیں کہ ہم اس کے ہاتھ پر اسلام لے آئے یہاں تک کہ اس نے ہمیں گڑھا کھودنے کا حکم دے دیا پس اللہ نے اپنے نبیؐ پر یہ آیت نازل کی (یہ آپ پر احسان جتلاتے ہیں کہ ہم اسلام لے آئے کہہ دیجئے کہ تم مجھ پر اپنے اسلام کا احسان نہ جتاؤ بلکہ اللہ نے تم پر احسان کیا اور تم کو ایمان کی طرف ہدایت دی اگر تم سچے ہو)

سورة ق

(اس سورہ مبارکہ کی وہ آیات جو آئمہ ھدیٰؑ کی شان میں نازل ہوئیں)

اللہ کا قول(اور ہم نے انسان کو پیدا کیا اور جو اس کے دل میں وسوسے اٹھتے ہیں ہم انہیں جانتے ہیں اور ہم اس کی شہ رگ سے بھی زیادہ قریب ہیں)

تاویل۔ تفسیر اہل بیتؑ میں محمد بن جمہور سے انہوں نے فضالہ سے انہوں ابان سے انہوں نے عبدالرحمٰن سے انہوں نے میسر سے انہوں نے آئمہ آل محمدؑ میں سے بعض سے اس قول کے بارے میں روایت کی ہے(جو اس کے دل میں وسوسہ اٹھتا ہے) فرمایا اس سے مراد پہلا ہے۔

علی بن ابراہیم نے بھی اس جیسی ہی روایت کی ہے۔

اللہ کا قول(اور ہر شخص اس حالت میں آئے گا کہ اس کے ساتھ ایک لانے والا ہو گا اور ایک گواہ)

تاویل۔ ابوالحسن الدیلمی سے اسناد کے ساتھ انہوں نے رجال سے انہوں نے جابر بن یزید سے انہوں نے امام ابو عبداللہؑ سے اللہ کے اس قول کے بارے میں روایت کی ہے(ہر شخص اس حالت میں آئے

گا کہ اس کے ساتھ ایک لانے والا ہو گا اور ایک گواہ) فرمایا لانے والے امیر المومنینؑ ہیں اور گواہ رسول اللہؐ ہیں۔

اس حدیث کی تائید اللہ کا یہ قول کرتا ہے (ڈال دو جہنم میں ہر کافر و سرکش کو) اس کی وضاحت ابو علی الطبرسی نے کی ہے کہ ابو القاسم الحسکانی سے روایت ہے اسناد کے ساتھ انہوں نے الاعمش سے انہوں نے ابو المتوکل النابی سے انہوں نے ابو سعید الخدری سے کہا کہ رسول اللہؐ نے ہم سے فرمایا جب قیامت کا دن ہو گا تو اللہ مجھ سے اور علیؑ سے فرمائے گا کہ اس کو جہنم میں ڈال دو کہ جس نے تم دونوں سے بغض رکھا اور جس نے تم دونوں سے محبت کی اس کو جنت میں داخل کر دو اور یہ اللہ کا قول ہے (ڈال دو ہر کافر و سرکش کو جہنم میں)

الشیخ نے امالی میں اسناد کے ساتھ رجال سے انہوں نے امام رضاؑ سے انہوں نے اپنے آباءؑ سے انہوں نے امیر المومنینؑ سے روایت کی ہے کہ رسول اللہؐ نے اللہ کے اس قول کے بارے میں فرمایا کہ یہ آیت میرے اور علیؑ ابن ابی طالبؑ کے بارے میں نازل ہوئی اور فرمایا کہ اس دن میرا پروردگار مجھ سے اور علیؑ سے شفاعت قبول کرے گا اور مجھے بھی چادر اوڑھائے گا اور علیؑ کو بھی چادر اوڑھائے گا پھر فرمایا یہ آیت علیؑ کے لیے ہے (ڈال دو ہر اس کو جہنم میں جس نے تم سے بغض رکھا اور جس نے تم سے محبت کی اس کو جنت میں داخل کر دو)

اس کی تائید یہ روایت بھی کرتی ہے حذف اسناد کے ساتھ محمد بن حمران سے روایت ہے کہ میں نے امام ابو عبد اللہؑ سے اللہ کے اس قول کے بارے میں پوچھا (اور ہر کافر و سرکش کو جہنم میں ڈال دو) فرمایا کہ جب قیامت کا دن ہو گا تو محمدؐ و علیؑ پل صراط پر کھڑے ہونگے تو اس پل سے وہی گزر سکے گا کہ جس کے پاس بری نامہ ہو گا میں نے کہا وہ بری نامہ کیا ہے ؟ فرمایا ولایت علیؑ ابن ابی طالبؑ و آئمہؑ اور

ایک ندا دینے والا ندا دے گا یا محمدؐ یا علیؑ جہنم میں اپنی نبوت کے انکار کرنے والے اور علیؑ کی ولایت کے سر کش کو جہنم میں ڈال دو۔

محمد بن العباس سے انہوں نے احمد بن ھنورہ الباہلی سے انہوں نے ابراہیم بن اسحاق سے انہوں نے عبداللہ بن حمار سے انہوں نے شریک سے مرفوعاً رسول اللہؐ سے روایت کی ہے کہ آپؐ نے علیؑ سے فرمایا کہ یا علیؑ یہ آیت میرے اور تیرے بارے میں نازل ہوئی اور فرمایا کہ اے علیؑ اس دن میرا پروردگار تجھ سے اور مجھ سے شفاعت قبول کرے گا اور مجھے بھی چادر اوڑھائے گا اور تجھے بھی پھر فرمائے گا کہ جس نے تم دونوں سے بغض رکھا اسے جہنم میں ڈال دو اور جس نے تم دونوں سے محبت کی اسے جنت میں داخل کر دو۔

اللہ کا قول (اس میں ہر دل والے کے لیے نصیحت ہے اور اس کے لیے جو کان لگائے دل سے حاضر ہو)

تاویل۔ابن شہر آشوب نے اپنی کتاب میں مرفوعاً اپنے رجال سے انہوں نے ابن عباس سے روایت کی ہے کہ ایک آدمی نے رسول اللہؐ کو دو موٹی تازی اور بڑی اونٹنیاں تحفہ میں دیں تو آپؐ نے صحابہ سے فرمایا کہ کیا تم میں سے کوئی ایسا ہے کہ جو دو رکعت نماز پڑھے اور اس دوران اس کے دل میں کوئی خیال نہ آئے اور اسکے وضو سے لے کر قیام ،رکوع، سجود تک خشوع و خضوع ہی ہو آپؐ نے یہ تین مرتبہ فرمایا مگر کسی نے جواب نہ دیا پس فرمایا کہ جو ایسا کرے گا میں سے ان دو انٹنیوں میں سے ایک تحفہ میں دے دوں گا پس امیر المومنینؑ کھڑے ہوئے اور فرمایا یا رسول اللہؐ میں دو رکعت ایسے پڑھوں گا کہ تکبیر سے لے کر سلام تک دنیا میں سے کسی بھی معاملے کی طرف توجہ نہیں کروں گا تو فرمایا اے علیؑ تم پر اللہ کا درود ہو پڑھو پس امیر المومنینؑ نے تکبیر کہی اور نماز شروع کی جب دو رکعت کے بعد

سلام کیا تو جبرائیل اترے اور نبیؐ سے فرمایا اے محمدؐ اللہ آپؐ پر سلام بھیج رہا ہے اور فرما رہا ہے کہ علیؑ کو ایک ناقہ دے دو تو رسول اللہؐ نے فرمایا کہ میں نے ایک شرط رکھی تھی کہ دو رکعت ایسے

پڑھیں کہ ان میں کسی دنیا کے معاملے کا خیال تک نہ آئے اور جب یہ تشہد میں بیٹھے تو انہوں نے اپنے دل میں سوچا کہ یہ کونسی اونٹنی لیں گے تو جبرائیل نے کہا اے محمدؐ اللہ آپ کو سلام کہہ رہا ہے اور کہہ رہا ہے کہ انہوں نے یہ سوچا کہ ان میں کونسی موٹی ناقہ لے کر اسے اللہ کی راہ میں اور اللہ کی رضا کے لیے ذبح کریں اور اسے صدقہ کریں وہ اللہ کے لیے سوچ رہے تھے نہ کہ دنیا کے لیے پس رسول اللہؐ یہ سن کر روئے اور ان کو دونوں اونٹنیاں دے دیں انہوں نے دونوں کو ذبح کر دیا اور ان کو صدقہ کر دیا پس یہ اللہ کا قول ہے (اس میں نصیحت ہے ہر صاحب دل کے لیے یا وہ کہ جو کان لگائے دل سے سنتا ہے) اس سے مراد علیؑ ابن ابی طالبؑ ہیں کہ آپؑ نے نماز میں بھی اللہ کے بارے میں سوچا۔

سورۃ الذاریات

(اس سورہ مبارکہ کی وہ آیات جو آئمہ ھدیٰ کی شان میں نازل ہوئیں)

اللہ کا قول(یقین کرلو کہ جو تم سے وعدے کیے جاتے ہیں وہ سچے ہیں)

تاویل۔اسناد متصل کے ساتھ احمد بن محمد بن خالد البرقی سے انہوں نے حسین بن سیف بن عمیرۃ سے انہوں نے اپنے بھائی سے انہوں نے اپنے والد سے انہوں نے ابو حمزہ الثمالی سے انہوں نے امام ابو جعفرؑ سے اللہ کے اس قول کے بارے میں روایت کی ہے (ان سے جو وعدے کیے جاتے ہیں وہ سچے ہیں) فرمایا علیؑ کے بارے میں۔

علی بن ابراہیم نے انہوں نے جعفر بن احمد سے انہوں نے عبدالکریم بن عبدالرحیم سے انہوں نے محمد بن علی سے انہوں نے محمد بن فضیل سے انہوں نے ابو حمزہ سے روایت کی ہے کہ میں نے امام ابو جعفرؑ کو اللہ کے اس قول کے بارے میں فرماتے ہوئے سنا(تم سے جو وعدے کیے جاتے ہیں وہ یقیناً سچے ہیں) فرمایا علیؑ کے بارے میں۔

اللہ کا قول(بے شک انصاف ہونے والا ہے)

تاویل۔ روایات معصومینؑ میں وارد ہوا ہے کہ اس آیت کے مصداق علیؑ ہیں اور وہی انصاف ہیں۔

اللہ کا قول(قسم ہے راستے والے آسمان کی)

تاویل۔ روایات آئمہؑ میں بیان ہوا ہے کہ آسمان سے مراد رسول اللہؐ ہیں اور علیؑ راستہ ہیں۔

اللہ کا قول(اور قسم ہے راستے والے آسمان کی یقیناً تم مختلف بات میں پڑے ہوئے ہو اس سے وہی پھر ا رہتا ہے جسے پھیر دیا جاتا ہے)

تاویل۔ محمد بن یعقوب سے انہوں نے محمد بن یحییٰ سے انہوں نے احمد بن محمد بن عیسیٰ سے انہوں نے الحسین بن سیف سے انہوں نے اپنے بھائی سے انہوں نے اپنے والد سے انہوں نے ابو حمزہ الثمالی سے انہوں نے امام ابو جعفرؑ سے اللہ کے اس قول کے بارے میں روایت کی ہے کہ (تم مختلف بات میں پڑے ہوئے ہو) فرمایا ولایت کے بارے میں (اس سے وہی پھرا رہتا ہے جسے پھیر دیا جاتا ہے) فرمایا کہ جسے ولایت سے پھیر دیا جاتا ہے اسے جنت سے پھیر دیا جاتا ہے۔

اللہ کا قول(زمین وآسمان کے پروردگار کی قسم یہ بالکل ایسے ہی حق ہے کہ جیسا تم باتیں کرتے ہو)

تاویل۔ محمد بن العباس سے انہوں نے کہا کہ ہم سے علی بن عبد اللہ نے انہوں نے ابراہیم بن محمد الثقفی سے انہوں نے الحسین بن الحسین سے انہوں نے سفیان بن ابراہیم سے انہوں نے عمرو بن ہاشم سے انہوں نے اسحاق بن عبد اللہ سے انہوں نے امام علیؑ بن الحسینؑ سے اللہ کے اس قول کے بارے میں روایت کی ہے (زمین وآسمان کے پروردگار کی قسم یہ بالکل ایسے ہی حق ہے کہ جیسا تم باتیں کرتے ہو) فرمایا اس سے مراد قیام قائمؑ ہے اور انہی کے بارے میں یہ آیت نازل ہوئی(اور تم

میں سے جو ایمان لائے اور نیک عمل کرے تو اللہ نے ان سے وعدہ کیا ہے کہ ان کو زمین میں خلیفہ بنائے گا جس طرح ان سے پہلے خلیفہ بنایا)

سورۃ الطور

(اس سورہ مبارکہ کی وہ آیات جو آئمہ ھدیٰؑ کی شان میں نازل ہوئیں)

اللہ کا قول (طور کی قسم اور لکھی ہوئی کتاب کی اور جھلی کے کھلے ہوئے ورق میں ہے)

تاویل۔ اسناد کے ساتھ متصل علی بن سلیمان سے انہوں نے جس سے سنا کہ انہوں نے امام ابو عبد اللہؑ سے اللہ کے اس قول کے بارے میں روایت کی ہے (کتاب کہ جو لکھی ہوئی ہے اور جھلی کے کھلے ہوئے ورق میں ہے) فرمایا اسے مراد وہ کتاب ہے کہ جسے اللہ نے آدم کی تخلیق سے دو ہزار سال پہلے لکھا اور اسے عرش پر رکھا اور فرمایا اے آل محمدؑ کے شیعوں میں تمہاری دعا تمہارے پکارنے سے پہلے سنوں گا اور تمہارے مانگنے سے پہلے تمہیں عطا کروں گا اور تمہاری بخشش طلب کرنے سے پہلے تم کو بخش دوں گا۔

اللہ کا قول (اور جو لوگ ایمان لائے اور ان کی اولاد نے بھی ایمان میں ان کی پیروی کی ہم ان کی اولاد کو ان تک پہنچا دیں گے اور ان کے عمل سے ہم کچھ کم نہیں کریں گے ہر شخص اپنے اپنے اعمال میں

گرفتار ہے)

تاویل۔ مومنین کی وہ اولاد جو ایمان میں ان کی اتباع کرے گی تو انہیں بھی ان کے ساتھ جنت میں جگہ دی جائے گی۔

علی بن ابراہیم سے انہوں نے ابو العباس سے انہوں نے یحییٰ بن زکریا سے انہوں نے علی بن حسان سے انہوں نے عبد الرحمٰن بن کثیر سے انہوں نے امام ابو عبد اللہؑ سے روایت کی ہے کہ وہ لوگ جو ایمان لائے ان سے مراد نبیؐ، امیر المومنینؑ اور ان دونوں کی آئمہؑ و اوصیاء اولاد ہیں۔

الشیخ محمد بن یعقوب نے انہوں نے محمد بن یحییٰ سے انہوں نے احمد بن ابی حمزہ سے انہوں نے الخشاب سے انہوں نے علی بن حسان سے انہوں نے عبد الرحمٰن بن کثیر سے انہوں نے امام ابو عبد اللہؑ سے روایت کی ہے کہ جو ایمان والے ہیں وہ نبیؐ، امیر المومنینؑ اور ان کی اولاد میں سے آئمہؑ و اوصیاء ہیں اور ان کی اولاد جو ان کی اتباع کرے گی ان کے اعمال میں سے کوئی کمی نہیں کی جائے گی اور ان کے ساتھ جنت میں انہیں ملحق کر دیا جائے گا۔

محمد بن العباس نے کہا کہ ہم سے احمد بن القاسم نے انہوں نے عیسیٰ بن مہران سے انہوں نے داؤد بن المجید سے انہوں نے الولید بن محمد سے انہوں نے زید بن مہران سے انہوں نے اپنے چچا علی بن زید سے روایت کی ہے کہ عبد اللہ بن عمر نے کہا کہ ہم ایسے فضیلت دیتے ہیں ابو بکر، عمر، عثمان، فلاں ، فلاں اور فلاں تو کہا گیا کہ علیؑ؟ اس نے کہا علیؑ تو اہل بیتؑ ہیں ان کو لوگوں کے ساتھ قیاس نہیں کیا جا سکتا علیؑ نبیؐ کے ساتھ ان کے درجہ میں ہیں اللہ فرماتا ہے(وہ ایمان والے کہ جو ایمان لائے اور ان کی اولاد نے ان کی اتباع کی ہم ان کو ان کے ساتھ ملا دیں گے) کہا کہ فاطمہؑ ذریت نبیؐ ہیں وہ ان کے ساتھ ان کے درجہ میں ہیں اور علیؑ ان کے ساتھ ہیں۔

ہم سے ابو عبداللہ جعفر بن محمد الحسینی نے انہوں نے محمد بن الحسین نے انہوں نے حمید بن واثق سے انہوں نے محمد بن یحییٰ المازی سے انہوں نے الکلبی سے انہوں نے امام جعفرؑ بن محمدؑ سے انہوں نے اپنے والد گرامیؑ سے روایت کی ہے کہ آپؑ نے فرمایا جب قیامت کا دن ہو گا تو ایک نداد ینے والا عرش سے ندادے گا اے مخلوقات ! اپنی آنکھیں جھکالو کہ فاطمہؑ بنت محمدؐ گزر رہی ہیں تو سب سے پہلے جنت میں ان کا استقبال بارہ ہزار حوریں کریں گی ان کے ساتھ پچاس ہزار فرشتے ہونگے ان کے پر سرخ یاقوت کے ہونگے فاطمہؑ فردوس میں آئیں گی ان کے صدقے میں جنت والے خوش ہو جائیں گے وہ نور کے تخت پر تشریف فرما ہونگی اور حورین ان کے ارد گرد ہونگی اور عرش کے گرد دو محل ہونگے ایک سفید محل ہو گا اور دوسرا زرد موتیوں کا محل ہو گا اور سفید محل میں ستر ہزار گھر محمدؐ وآل محمدؑ کے ہونگے اور زرد محل میں ستر ہزار گھر ابراہیمؑ وآل ابراہیمؑ کے ہونگے پس اللہ ان کی طرف وحی کرے گا کہ میں نے تم پر اپنی نعمت تمام کی اور اپنا فضل وہ کرم تم پر تمام کر دیا اور جس نے تم سے اور تمہاری اولاد سے محبت کی اسے جنت میں داخل کر دیا پس آپؑ فرمائیں گی کہ اس اللہ کی حمد جس نے مجھ سے غم کو دور کیا اور میری آنکھیں ٹھنڈی کیں پھر امام جعفرؑ نے فرمایا کہ میرے والد اس حدیث کے بعد اس آیت کی تلاوت فرمایا کرتے تھے (وہ لوگ جو ایمان لائے اور ان کی اولاد میں سے جس نے انکی اتباع کی ہم ان کو ان کے ساتھ ملادیں گے اور ان کے اعمال میں سے کوئی کمی نہیں کی جائے گی)

اللہ کا قول (اور جن لوگوں نے ظلم کیا ان کے لیے اس کے علاوہ عذاب ہے لیکن اکثر لوگ نہیں جانتے)

تاویل۔ محمد بن العباس نے کہا کہ ہم سے احمد بن القاسم نے انہوں نے احمد بن محمد بن خالد سے انہوں نے محمد بن علی سے انہوں نے ابن فضیل سے انہوں نے ابو حمزہ الثمالی سے انہوں نے امام ابو جعفرؑ

سے اللہ کے اس قول کے بارے میں روایت کی ہے کہ فرمایا جن لوگوں نے ظلم کیاآل محمدؑ کے حق پر ان کے لیے اس کے علاوہ عذاب ہے۔

سورۃ النجم

(اس سورہ مبارکہ کی وہ آیات جو آئمہ ھدیؑ کی شان میں نازل ہوئیں)

اللہ کا قول(قسم ہے ستارے کی کہ جب وہ اترا کہ تمہارے ساتھی نے نہ راہ گم کی ہے اور نہ وہ ٹیڑھی راہ پر ہے اور وہ اپنی مرضی سے نہیں بولتا جو بھی بولتا ہے اس کی طرف وحی کیا جاتا ہے)

تاویل۔ طریق عامہ وخاصہ سے روایت ہے عامہ میں سے فقیہ علی بن المغازلی نے اسناد کے ساتھ ابن عباس سے روایت کی ہے میں بنی ہاشم کے محلے میں بیٹھا تھا اور نبیؐ پاس تھے تو فرمایا کہ یہ ستارہ جس کے گھر اترے گا وہ میرے بعد میرا وصی ہوگا پس بنو ہاشم کا گروہ کھڑا ہوا اور دیکھنے لگے کہ ستارہ کہاں اترتا ہے ستارہ اترا اور علیؑ ابن ابی طالبؑ کے گھر میں اتر گیا انہوں نے کہا یا رسول اللہؐ آپؐ اپنے چچازاد کی محبت میں حد سے بڑھ گئے ہیں اور گمراہ ہو گئے ہیں پس اللہ نے یہ آیت نازل کی۔

الشیخ محمد بن بابویہ نے امالی میں مرفوعاً اسناد کے ساتھ امام جعفرؑ بن محمدؑ سے انہوں نے اپنے والد گرامیؑ سے انہوں نے اپنے آباءؑ سے روایت کی ہے جب نبیؐ مریض ہوئے کہ جس مرض سے آپؐ کا انتقال ہوا

145 | تاویل الآیات(جلد دوئم)

توان کے ارد گرد اہل بیتؑ اور اصحاب جمع ہوئے اور انہوں نے کہا کہ یارسول اللہؐ آپؐ کے بعد ہمارا حاکم کون ہے ؟ پس آپؐ نے انہیں کوئی جواب نہ دیا اور خاموش رہے دوسرے دن پھر انہوں نے یہی بات دہرائی لیکن آپؐ نے ان کو کوئی جواب نہ دیا جب تیسرا دن ہوا انہوں نے پھر اپنی بات دہرائی تو آپؐ نے ان سے فرمایا کہ کل آسمان سے ستارہ میرے جس صحابی کے گھر میں اترے گا وہی میرے بعد میرا خلیفہ ہوگا اور تم میں میرا قائم مقام ہوگا پس اگلے دن ستارہ زمین پر اترنے لگا تو اس کی روشنی اہل دنیا پر چمکنے لگی یہاں تک کہ تمام لوگوں نے دیکھا کہ وہ علیؑ کے گھر میں اتر گیا پس قوم جمع ہوئی اور کہنے لگی کہ یہ آدمی اپنے چچا زاد کی محبت میں بہک گیا ہے پس اللہ نے یہ آیت نازل فرمائی (قسم ہے ستارے کی کہ جب وہ اترا تمہارا ساتھی نہ ہی بہکا ہے اور نہ ہی اس کی راہ ٹیڑھی ہوئی ہے اور نہ ہی وہ اپنی مرضی سے بولتا ہے بلکہ جو بھی وہ کہتا ہے وہ اس کی طرف وحی کیا جاتا ہے)

الحسین بن محمد بن سعید الہاشمی سے انہوں نے کہا کہ ہم سے فرات بن ابراہیم الکوفی نے کہا کہ ہم سے محمد بن احمد بن علی الصمدانی نے کہا انہوں نے الحسین بن علی سے انہوں نے عبداللہ بن سعید الہاشمی سے انہوں نے عبدالواحد بن غیاث سے انہوں نے عاصم بن سلیمان سے انہوں نے جو پیر سے انہوں نے الضحاک سے انہوں نے ابن عباس سے روایت کی ہے کہ ہم نے رات کی نماز رسول اللہؐ کے ساتھ پڑھی جب سلام پھیرا تو ہماری طرف بڑھے اور فرمایا کہ آسمان سے طلوع فجر کے وقت ستارہ اترے گا کہ جس کے گھر میں اترے گا تو وہ میرا وصی خلیفہ اور تم پر میرے بعد امام ہوگا جب فجر کا وقت آیا تو ستارہ اترنے کا انتظار ہونے لگا اور لوگ چاہ رہے تھے کہ یہ میرے والد عباس بن عبدالمطلبؑ کے گھر اترے جب فجر طلوع ہوئی تو ستارہ ہوا میں آیا اور علیؑ ابن ابی طالبؑ کے گھر اترا تو رسول اللہؐ نے علیؑ سے فرمایا اے علیؑ اس ذات کی قسم کہ جس نے مجھے حق کے ساتھ مبعوث کیا تو وصی ،امام اور میرے بعد میرا خلیفہ ہے تو منافقین نے کہا کہ محمدؐ اپنے چچا زاد کی محبت میں حد سے بڑھ گیا ہے اور اپنی مرضی سے گفتگو

کرتا ہے پس اللہ نے یہ آیات نازل فرمائیں (قسم ہے ستارے کی کہ جب وہ اترا۔۔۔۔۔اور تمہارا ساتھی علیؑ کی محبت میں نہیں بہکا)

محمد بن العباس نے انہوں نے جعفر بن محمد العلوی سے انہوں نے عبداللہ بن الزیات سے انہوں نے جندل بن والق سے انہوں نے محمد بن ابی عمیر سے انہوں نے غیاث بن ابراہیم سے انہوں نے امام جعفرؑ بن محمدؑ سے روایت کی ہے کہ رسول اللہؐ نے فرمایا میں انسانوں کا سردار ہوں اور علیؑ سیدالمومنین ہیں اور جو اس سے محبت کرے گا میں اس سے محبت کروں گا جو اس سے دشمنی کرے گا میں اس سے دشمنی کروں گا تو قریش کے آدمی نے کہا کہ یہ چچازاد کی محبت میں بہک گیا ہے پس اللہ نے یہ آیت نازل کی (تمہارا ساتھی نہ تو بہکا ہے اور نہ ہی اپنے راستے سے ہٹا ہے)

ہم سے احمد بن القاسم نے انہوں نے منصور بن العباس سے انہوں نے الحصین نے العباس العقبانی سے انہوں نے داؤد بن الحصین سے انہوں نے فضل بن عبدالملک سے انہوں نے امام ابو عبداللہؑ سے روایت کی ہے کہ جب غدیر خم میں رسول اللہؐ نے علیؑ کی ولایت کا اعلان کیا تو لوگ تین گروہوں میں تقسیم ہو گئے ایک گروہ نے کہا کہ محمدؐ راہ سے ہٹ گیا ہے اور ایک گروہ نے کہا کہ محمدؐ بہک گیا ہے اور ایک گروہ نے کہا کہ یہ اپنے اہل بیتؑ کے بارے میں اپنی مرضی سے کہہ رہا ہے پس اللہ نے یہ آیات نازل کیں (قسم ہے ستارے کی کہ جب وہ اترا تمہارا ساتھی نہ ہی راہ سے ہٹا ہے اور نہ ہی وہ بہکا ہے اور نہ ہی وہ اپنی خواہش سے بولتا ہے بلکہ وہ جو کچھ بھی بولتا ہے وہ اس کی طرف وحی کیا جاتا ہے)

احمد بن ھنورہ الباہلی نے انہوں نے ابراہیم بن اسحاق النھاوندی سے انہوں نے عبداللہ بن حمار الانصاری سے انہوں نے محمد بن عبداللہ سے انہوں نے امام ابو عبداللہؑ سے ایسی ہی روایت بیان کی

ہے۔

محمد بن العباس سے روایت ہے کہ ہم سے احمد بن محمد النوفلی نے انہوں نے احمد بن ھلال سے انہوں نے الحسن بن محبوب سے انہوں نے عبداللہ بن بکیر سے انہوں نے حمران بن اعین سے روایت کی ہے کہ میں نے امام ابو جعفرؑ سے اللہ کے اس قول کے بارے میں سوال کیا تو فرمایا کہ غدیر خم میں جب نبیؐ نے علیؑ کی ولایت کا اعلان کیا تو لوگ تین گرہوں میں تقسیم ہو گئے ایک گروہ نے کہا کہ محمدؐ بہک گیا ہے ایک گروہ نے کہا کہ محمدؐ راہ سے ہٹ گیا ہے ایک گروہ نے کہا کہ محمدؐ اپنے اہل بیتؑ کے بارے میں اپنی مرضی سے بولتا ہے پس اللہ نے یہ آیات نازل فرمائیں (قسم ہے ستارے کی کہ جب وہ اترا تمہارا ساتھی نہ ہی راہ سے ہٹا ہے اور نہ ہی وہ بہکا ہے اور نہ ہی وہ اپنی خواہش سے بولتا ہے بلکہ وہ جو کچھ بھی بولتا ہے وہ اس کی طرف وحی کیا جاتا ہے)

سورۃ القمر

(اس سورہ مبارکہ کی وہ آیات جو آئمہ ھدیٰؑ کی شان میں نازل ہوئیں)

اللہ کا قول (بے شک پرہیز گار جنتوں اور نہروں میں ہیں راستی اور عزت کی بیٹھک میں قدرت والے بادشاہ کے پاس)

تاویل۔ ابو جعفر الطوسی نے کہا کہ ہم سے اسناد کے ساتھ جابر بن عبداللہ سے روایت کی ہے کہ رسول اللہؐ نے علیؑ سے فرمایا اے علیؑ جس نے تم سے محبت کی تو اللہ اسے ہمارے ساتھ جنت میں رکھے گا اور رسول اللہؐ نے ان آیات کی تلاوت فرمائی (بے شک پرہیز گار جنتوں اور نہروں میں ہیں راستی اور عزت کی بیٹھک میں قدرت والے بادشاہ کے پاس)

محمد بن العباس نے انہوں نے محمد بن عمر بن ابی شیبہ سے انہوں نے زکریا بن یحییٰ سے انہوں نے عمرو بن ثابت سے انہوں نے اپنے والد سے انہوں نے عاصم بن حمزہ سے روایت کی ہے کہ جابر بن عبداللہ نے کہا کہ ہم رسول اللہؐ کے پاس تھے مسجد میں کہ آپؐ کے بعض اصحاب نے جنت کا تذکرہ کیا

تو نبیؐ نے فرمایا سب سے پہلے جنت میں علیؑ ابن ابی طالبؑ داخل ہونگے ابو دجانہ انصاری نے کہا یا رسول اللہؐ آپؐ نے تو فرمایا تھا کہ جنت میں انبیاء سے پہلے کسی کا بھی داخلہ حرام ہے اور تمام امتوں پر حرام ہے جب تک کہ میری امت نہ داخل ہو جائے تو رسول اللہؐ نے فرمایا کیوں نہیں اے ابو دجانہ کیا تم نہیں جانتے کہ اللہ نے آسمانوں اور زمینوں کی تخلیق سے دو ہزار سال پہلے ایک نور کا پرچم اور ایک نور کا ستون خلق کیا اس پرچم پر لکھا ہے لا الہ الا اللہ محمد رسول اللہ خیر البریہ آل محمد۔ پس اس علم کو اٹھانے والے علیؑ ہیں اور وہ قوم کے امامؑ ہیں تو علیؑ نے فرمایا اس اللہ کی حمد کہ جس نے آپؐ رسول اللہؐ کے ذریعے ہمیں ہدایت دی اور عزت بخشی تو نبیؐ نے فرمایا اے علیؑ خوشخبری ہو کہ جس نے تم سے محبت رکھی اللہ قیامت والے دن اسے ہمارے ساتھ اٹھائے گا اور اس آیت کی تلاوت فرمائی (بے شک پرہیزگار جنتوں اور نہروں میں ہیں راستی اور عزت کی بیٹھک میں قدرت والے بادشاہ کے پاس)

سورۃ الرحمٰن

(اس سورہ مبارکہ کی وہ آیات جو آئمہ ھدیٰ کی شان میں نازل ہوئیں)

اللہ کا قول (رحمٰن نے قرآن کی تعلیم دی انسان کو خلق کیا اور اسے بیان سکھایا)

تاویل۔ محمد بن العباس نے کہا کہ ہم سے الحسن بن احمد نے انہوں نے محمد بن عیسیٰ سے انہوں نے یونس بن یعقوب سے انہوں نے کسی ایک سے انہوں نے امام ابو عبداللہ سے روایت کی ہے کہ سورۃ رحمٰن شروع سے لے کر آخر تک ہمارے بارے میں نازل ہوئی۔

ہم سے احمد بن ادریس نے انہوں نے محمد بن احمد بن یحییٰ سے انہوں نے ابراہیم بن ہاشم سے انہوں نے علی بن معبد سے انہوں نے الحسین بن خالد سے انہوں نے امام ابو الحسن الرضاؑ سے روایت کی ہے کہ میں نے امامؑ سے اللہ کے اس قول کے بارے میں پوچھا (رحمٰن نے قرآن کی تعلیم دی) فرمایا اللہ نے قرآن سکھایا میں نے کہا کہ اللہ کا یہ قول (اس نے انسان کو خلق کیا اور اسے بولنا سکھایا) فرمایا اسے مراد امیر المومنینؑ ہیں کہ جنہیں اللہ نے ہر شے کا علم عطا کیا ہر چیز کی وضاحت ان کے لیے بیان

فرمائی کہ جس کے لوگ محتاج ہیں۔

اس کی تائید کتاب الاحتجاج میں ایسی ہی روایت اسناد کے ساتھ عبداللہ بن جعفر الحمیری سے اسناد کے ساتھ مرفوعاً حمار اللحام سے روایت کی ہے کہ امام ابو عبداللہؑ نے فرمایا اللہ کی قسم ہم زمینوں اور آسمانوں میں جو کچھ ہے اسے جانتے ہیں اور جانتے ہیں کہ جو جنت اور دوزخ میں ہے اور جو کچھ ان کے درمیان ہے اور پھر آپؑ نے یہ آیت تلاوت فرمائی(اس دن ہم امت میں سے ایک گواہ لائیں گے اور آپ کو ان پر گواہ لائیں گے اور ہم نے آپ پر کتاب نازل کی جس میں ہدایت و رحمت ہے اور مسلمانوں کے لیے خوشخبری ہے) فرمایا اس میں اس تمام کی وضاحت ہے کہ جس کی لوگوں کو ضرورت ہے۔

اللہ کا قول(سورج اور چاند مقررہ حساب میں ہیں، ستارہ اور شجر سجدہ کر رہے ہیں اور آسمان کو ہم نے بلند کیا اور میزان کو وضع کیا پس میزان میں کمی نہ کرو اور وزن کو انصاف کے ساتھ پورا کرو اور میزان میں کمی نہ کرو)

تاویل۔ محمد بن العباس نے کہا کہ ہم سے جعفر بن محمد بن مالک نے انہوں نے الحسن بن علی بن مہران سے انہون نے سعید بن عثمان سے انہوں نے داؤد الرقی سے روایت کی ہے کہ میں نے امام ابو عبداللہؑ سے اللہ کے اس قول کے بارے میں پوچھا(اور سورج اور چاند مقررہ حساب میں ہیں) فرمایا اے داؤد ! سورج اور چاند اللہ کی آیات میں سے دو آیات ہیں جو اس کے حکم سے چلتے ہیں پھر اللہ نے ہمارے دشمنوں کی مثال دی کہ وہ مقررہ حساب میں ہیں میں نے کہا(ستارہ اور درخت سجدہ کر رہے ہیں) فرمایا ستارہ رسول اللہؐ اور شجر امیر المومنینؑ اور آئمہؑ ہیں کہ جو اللہ کی پلک جھپکنے میں بھی نافرمانی نہیں کرتے میں نے کہا اللہ کا یہ قول(اور ہم نے آسمان کو بلند کیا اور میزان وضع کی) فرمایا آسمان رسول اللہؐ ہیں کہ جن کو اللہ نے اپنے پاس اٹھالیا اور میزان کو نصب کیا یعنی میزان امیر المومنینؑ ہیں جن کو ان

کے بعد نصب کیا گیا میں نے اس آیت کے بارے میں پوچھا(تولنے میں تجاوز نہ کرو) فرمایا امامؑ کی نافرمانی کر کے حد سے تجاوز نہ کرو میں نے کہا(اور وزن کو انصاف کے ساتھ پورا کرو اور ناپ تول میں کمی نہ کرو) فرمایا امامؑ کی عدل کے ساتھ اطاعت کرو اور ان کے حق کو مت چھینو۔

علی بن ابراہیم نے انہوں نے اپنے والد سے انہوں نے الحسین بن خالد سے انہوں نے امام ابوالحسن الرضاؑ سے ایسی ہی روایت کی ہے اللہ کے اس قول کے بارے میں (اور سورج اور چاند ایک مقررہ حساب میں ہیں) فرمایا ان دونوں کو عذاب دیا جارہا ہے میں نے کہا کیا سورج اور چاند کو عذاب دیا جارہا ہے ؟ فرمایا اگر تم نے پوچھا ہے تو سنو چاند اور سورج اللہ کی آیات میں سے آیات ہیں جو کہ اس کے امر سے چل رہے ہیں اس کے اطاعت گزار ہیں ان دونوں کی روشنی عرش کے نور سے ہے اور ان کی تپش جہنم میں سے ہے جب قیامت کا دن ہو گا تو عرش پر اس کا نور پلٹ آئے گا اور جہنم میں ان کی گرمی پلٹ جائے گی پس نہ سورج ہو گا اور نہ چاند اس سے مراد وہ دونوں ہیں کہ اللہ کی ان پر لعنت ہے میں نے کہا(ستارہ اور شجر سجدہ کر رہے ہیں) فرمایا ستارہ رسول اللہؐ ہیں اور شجر امیر المومنینؑ ہیں اسی طرح ایک اور حدیث میں فرمایا(اور علامات کے ذریعے اور ستارہ کے ذریعے وہ ہدایت پاتے ہیں) فرمایا علامات تو اوصیاء ہیں اور نجم رسول اللہؐ ہیں۔

الصدوق نے علل الشرائع میں اپنے والد سے انہوں نے سعد بن عبداللہ سے انہوں نے ابراہیم بن مہزیار سے انہوں نے اپنے بھائی سے انہوں نے احمد بن محمد سے انہوں نے حماد بن عثمان سے انہوں نے ابو بصیر سے انہوں نے امام ابو عبداللہؑ سے روایت کی ہے کہ جب قیامت کا دن ہو گا تو سورج اور چاند دونوں کو کاٹنے والے اژدھے کی صورت میں لایا جائے گا اور ان دونوں کو جہنم میں پھینکا جائے گا اور جو ان دونوں کی عبادت کرتا ہو گا اسے بھی جہنم میں پھینکا جائے گا۔

اللہ کا قول(اور وہ دونوں میرے عذاب میں ہیں)

تاویل۔روایات آئمہ ؑ میں بیان ہوا ہے کہ ان دونوں سے مراد اول اور ثانی ہیں۔

اللہ کا قول(پس تم دونوں اپنے رب کی کونسی نعمتوں کو جھٹلاؤ گے)

تاویل۔اسناد کے ساتھ روایت ہے کہ اللہ کا قول(پس تم دونوں اپنے رب کی کون سی نعمتوں کو جھٹلا ؤ گے) یعنی تم کون کون سی نعمتوں کو جھٹلاؤ گے محمد ؐ کو یا علی ؑ کو پس ان دونوں کے ذریعے ہی میں نے اپنے بندوں پر انعام کیا ہے۔

علی بن ابراہیم سے انہوں نے محمد بن یحییٰ سے انہوں نے محمد بن الحسین سے انہوں نے محمد بن اسلم سے انہوں نے علی بن ابی حمزہ سے انہوں نے ابو بصیر سے روایت کی ہے کہ میں نے امام ابو عبداللہ ؑ سے اللہ کے اس قول کے بارے میں پوچھا(پس تم دونوں اپنے رب کی کون کون سی نعمت کو جھٹلاؤ گے) توآپ ؑ نے فرمایا کہ اللہ نے فرمایا کہ تم اپنے رب کی کون کون سی نعمت کا کفر کرو گے رسول اللہ کا یا علی ؑ کا۔

اس کی تائید محمد بن یعقوب کی روایت کرتی ہے کہ انہوں نے الحسین بن محمد سے انہوں نے معلیٰ بن محمد سے مرفوعاًامام جعفر ؑ بن محمد ؑ سے اللہ کے اس قول کے بارے میں فرمایا کہ تم نبی ؐ کو جھٹلاؤ گے یا ان کے وصی ؑ کاانکار کرو گے اور سورۃ رحمٰن ہمارے بارے میں ہی نازل ہوئی۔

اللہ کا قول(اس نے دو دریا جاری کئے جو آپس میں مل جاتے ہیں ان کے درمیان ایک آڑ ہے کہ اس سے بڑھ نہیں سکتے ان میں سے موتی اور مونگے برآمد ہوتے ہیں)

تاویل۔محمد بن العباس نے کہا کہ ہم سے محمد بن احمد نے انہوں نے محفوظ بن بشر سے انہوں نے عمرو

بن شمر سے انہوں نے جابر الجعفی سے انہوں نے امام ابو عبد اللہؑ سے اللہ کے اس قول کے بارے میں روایت کی ہے (اس نے دو دریا جاری کر دیئے جو آپس میں مل جاتے ہیں علیؑ اور فاطمہؑ ان کے درمیان ایک آڑ ہے کہ وہ اس سے آگے نہیں بڑھتے) فرمایا علیؑ فاطمہؑ سے آگے نہیں بڑھتے اور فاطمہؑ علیؑ سے آگے نہیں بڑھتیں (ان دونوں میں سے موتی اور مونگے نکلتے ہیں) فرمایا حسنؑ اور حسینؑ پس ان چار جیسا کسی نے دیکھا ہے علیؑ، فاطمہؑ، حسن اور حسینؑ کہ اللہ کا ان پر درود ہو ان سے محبت صرف مومن کرتا ہے اور ان سے بغض صرف کافر رکھتا ہے پس حب اہل بیتؑ کے زریعے مومن بن جاؤ اور بغض اہل بیتؑ کے ذریعے کافر نہ بنو کہ تم کو آگ میں ڈال دیا جائے۔

علی بن ابراہیم نے انہوں نے محمد بن عبد اللہ سے انہوں نے سعد بن عبد اللہ سے انہوں نے القاسم بن محمد سے انہوں نے سلیمان بن داؤد المنقری سے انہوں نے یحییٰ بن سعید سے انہوں نے امام ابو عبد اللہؑ سے ایسی ہی روایت بیان کی ہے۔

ہم سے جعفر بن سہل نے انہوں نے احمد بن محمد سے انہوں نے عبد الکریم سے انہوں نے یحییٰ بن عبد الحمید سے انہوں نے قیس بن ربیع سے انہوں نے ابو ہارون العبری سے انہوں نے ابو سعید الخذری سے اللہ کے اس قول کے بارے میں روایت کی ہے (اس نے دو دریا جاری کر دیئے جو مل جاتے ہیں) فرمایا علیؑ وہ فاطمہؑ (وہ ایک دوسرے سے آگے نہیں بڑھتے) علیؑ فاطمہؑ سے آگے نہیں بڑھتے اور فاطمہؑ علیؑ سے (ان دونوں میں سے موتی اور مونگے نکلتے ہیں) فرمایا حسنؑ اور حسینؑ۔

ہم سے علی بن عبد اللہ نے انہوں نے ابراہیم بن محمد سے انہوں نے محمد بن صلت سے انہوں نے ابو الجارود سے انہوں نے الضحاک سے انہوں نے ابن عباس سے اللہ کے اس قول کے بارے میں روایت کی ہے کہ (اس نے دو دریا جاری کر دیئے جو آپس میں مل جاتے ہیں ان دونوں کے درمیان آڑ

ہے کہ اس سے آگے نہیں بڑھتے) فرمایا اس نے جو دریا جاری کیے وہ علیؑ و فاطمہؑ ہیں اور جو ان کے درمیان آڑ ہے وہ نبیؐ ہیں (ان دونوں میں سے موتی اور مونگے نکلتے ہیں) وہ حسنؑ اور حسینؑ ہیں۔

ہم سے علی بن مخلد الدھان نے انہوں نے احمد بن سلیمان سے انہوں نے اسحاق بن ابراہیم الاعمش سے انہوں نے کثیر بن ہشام سے انہوں نے کھمش بن الحسن سے انہوں نے ابوالبلیل سے انہوں نے ابوذرؓ سے اللہ کے اس قول کے بارے میں روایت کی ہے (اس نے دو دریا جاری کر دیئے) کہا کہ وہ علیؑ اور فاطمہؑ ہیں (ان دونوں کے درمیان سے موتی اور مونگے نکلتے ہیں) فرمایا حسنؑ اور حسینؑ

۔

اسی طرح انہوں نے سیف بن عمیرۃ سے انہوں نے اسحاق بن عمار سے انہوں نے ابو بصیر سے انہوں نے امام ابو عبداللہؑ سے روایت کی ہے کہ مشرقین سے مراد رسول اللہؐ اور امیر المومنینؑ ہیں اور مغربین سے مراد حسنؑ اور حسینؑ ہیں۔

ابو علی الطبرسی نے کہا کہ سلمان الفارسی سے سعید بن جبیر اور سفیان الثوری نے روایت کی ہے کہ دو سمندر علیؑ و فاطمہؑ ہیں ان کے درمیان پردہ محمدؐ ہیں ان سے موتی اور مونگے نکلتے ہیں جو حسنؑ اور حسینؑ ہیں۔

اللہ نے ان کو سمندر سے ان کی علمی وسعت اور ان کی عظیم فضیلت اور عظیم فضائل و مناقت کے باعث تشبیہ دی کیونکہ سمندر کی وسعت کوئی نہیں پا سکتا اسی طرح فضائل امیر المومنینؑ اور جناب سیدہؑ کی حد کو بھی کوئی بشر، نبی، رسول یا ملک نہیں پا سکتا سوائے اللہ کے۔

اللہ کا قول (عنقریب ہم تمہارے لیے فارغ ہو جائیں گے)

تاویل۔ اللہ کے قول کے معنی کہ ہم فارغ ہو جائیں گے جب کہ فارغ ہونا جسموں کی صفت ہے اور

اس عیب سے اللہ پاک ہے یہاں اس سے مراد مجاز لیا گیا ہے اس کا معنی ہے کہ ہم عنقریب تمہارے معاملے کا فیصلہ کر دیں گے اور تمہارے احوال پوچھیں گے اور مظلوم کو ظالم سے انصاف دلائیں گے اور یہ قیامت کا دن ہوگا۔

محمد بن العباس نے کہا کہ ہم سے الحسین بن احمد نے انہوں نے محمد بن عیسیٰ سے انہوں نے یونس سے انہوں نے ہارون بن خارجہ سے انہوں نے یعقوب بن شعیب سے انہوں نے امام ابو عبد اللہؑ سے اللہ کے اس قول کے بارے میں روایت کی ہے کہ ثقلین سے مراد ہم اور قرآن ہیں۔

اس کی تائید یہ روایت بھی کرتی ہے کہ عبداللہ بن محمد بن ناحیہ سے انہوں نے مجاہد بن عیسیٰ سے انہوں نے انس بن مالک سے انہوں نے حجام سے انہوں نے عطیہ سے انہوں نے ابو سعید الخذری سے روایت کی ہے کہ نبیؐ نے فرمایا میں تم میں دو گرانقدر چیزیں چھوڑ کر جا رہا ہوں ان میں سے ایک بڑی ہے دوسری سے اللہ کی کتاب جو ایک لمبی رسی ہے جو آسمان سے زمین کی طرف لٹک رہی ہے اور میری عترت اہل بیتؑ یہ دونوں ایک دوسرے سے جدا نہ ہونگی یہاں تک کہ حوض کوثر پر میرے پاس آجائیں۔

اور ان کو ثقلین کا نام ان کی عظیم قدر اور شان کی وجہ سے دیا گیا ہے۔

اللہ کا قول (پس اس دن تم میں سے کسی جن اور انسان سے اس کی گناہوں کے بارے میں نہیں پوچھا جائے گا) تاویل۔ الشیخ ابو جعفر محمد بن بابویہ نے کہا کہ ہم سے محمد بن علی ماحیلویہ نے اسناد کے ساتھ اپنے رجال سے انہوں نے حنظلہ سے انہوں نے میسرۃ سے روایت کی ہے کہ میں نے امام ابو الحسنؑ کو فرماتے ہوئے سنا اللہ کی قسم میں تم میں سے دو کو بھی آپ میں نہیں دیکھ رہا اللہ کی قسم نہ ہی تم میں سے کسی ایک کو دیکھ رہا ہوں میں نے پوچھا یہ قرآن میں کہاں ہے؟ فرمایا کہ میرے ساتھ ہی رہنا پس میں

ایک دن امامؑ کے ساتھ طواف کر رہا تھا تو فرمایا اے میسرۃ آج میں تیرے سوال کا جواب دوں گا میں نے کہا کہ قرآن میں کہاں ہے ؟فرمایا سورہ رحمٰن میں اور یہ اللہ کا قول ہے (پس اس دن تم میں سے گناہوں کے بارے میں نہیں پوچھا جائے گا نہ کسی جن سے نہ کسی انسان سے) فرمایا(تم میں سے) اس سے مراد ہمارے شیعہ ہیں۔

اللہ کا قول(اس دن گناہگار اپنی پیشانیوں سے سے پہچانے جائیں گے اور پکڑے جائیں گے پیشانیوں کے بالوں سے اور قدموں سے)

تاویل۔الشیخ المفید نے اسناد کے ساتھ رجال سے انہوں نے ابو بصیر سے انہوں نے امام ابو عبد اللہؑ سے اللہ کے اس قول کے بارے میں روایت کی ہے(اس دن گناہگار اپنی پیشانیوں سے پہچانے جائیں گے اور پکڑے جائیں گے اپنی پیشانی کے بالوں سے اور قدموں سے) فرمایا اللہ پاک ہے وہ تو ان کو ایسے ہی پہچان لے گا مگر یہ آیت قائمؑ کے بارے میں نازل ہوئی وہ ان کو ان کی پیشانیوں سے پہچان لیں گے اور ان کو تلوار سے قتل کریں گے۔

اللہ کا قول(ان میں سے نیک سیرت خوبصورت عورتیں ہیں)

تاویل۔الشیخ محمد بن یعقوب نے اسناد کے ساتھ رجال سے انہوں نے الحسین بن اعین سے روایت کی ہے کہ میں نے امام ابو عبد اللہؑ سے اس آیت کے بارے میں پوچھا (ان میں نیک سیرت اور خوبصورت عورتیں ہیں) فرمایا کہ پاکیزہ اور صالح مومنات ہیں میں نے کہا(ان کو خیموں میں بٹھایا گیا ہے) فرمایا سفید چہروں والی عورتیں پاکیزہ خیموں میں ہیں ہر خیمے کے چار دروازے ہیں اور ہر دروازے پر ستر پردے ہیں ان کے لیے اور ان کے پاس ہر دن اللہ کی طرف سے بزرگی نازل ہوتی ہے تا کہ اللہ ان کے ذریعے مومنین پر آسانی بخشے۔

سورۃ الواقعہ

(اس سورہ مبارکہ کی وہ آیات جو آئمہ ھدیٰؑ کی شان میں نازل ہوئیں)

اللہ کا قول (سبقت لے جانے والے اور سبقت لے جانے والوں کا کیا کہنا وہی مقرب ہیں)

تاویل۔ طریق عامہ اور خاصہ دونوں طریقوں سے وارد ہوا ہے پس وہ یہ ہے ابو نعیم الحافظ نے اپنے رجال سے مرفوعاً ابن عباس سے روایت کی ہے کہ کہ اس امت میں سبقت لے جانے والے علیؑ ابن ابی طالبؑ ہیں جو اسلام کی طرف سبقت لے گیا وہی اس کے نبیؐ کی طرف سبقت لے گیا اور طریق خاصہ سے روایت ہے کہ محمد بن العباس نے انہوں نے احمد بن محمد الکاتب سے انہوں نے حمید بن الربیع سے انہوں نے حسین بن الحسن الاشقر سے انہوں نے سفیان بن عتیبہ سے انہوں نے ابو نجیح بن عامر سے انہوں نے ابن عباس سے روایت کی ہے کہ لوگوں میں سے سبقت لے جانے والے تین ہیں موسیٰؑ کے وصی یوشعؑ جو موسیٰ کی طرف سبقت لے گئے اور صاحب یٰسین جو عیسیٰؑ کی طرف سبقت لے گئے اور علیؑ ابن ابی طالبؑ محمدؐ کی طرف سبقت لے گئے۔

اسی طرح ہم سے الحسین بن علی المنقری نے انہوں نے ابو بکر محمد بن ابراہیم الجوانی سے انہوں نے محمد بن عمرو الکوفی سے انہوں نے حسین الاشقر سے انہوں نے ابن عتیبہ سے انہوں نے عمرو بن دینار سے انہوں نے طاوؤس سے انہوں نے ابن عباس سے روایت کی ہے کہ سبقت لے جانے والے تین ہیں حزقیل مومن آل فرعون موسیٰؑ کی طرف صاحب یٰسین عیسیٰؑ کی طرف اور علی ابن ابی طالبؑ محمدؐ کی طرف اور علیؑ ان تمام سے افضل ہیں۔

الشیخ المفید نے روایت کی ہے کہ ہم سے علی بن حسین نے اسناد کے ساتھ داؤد الرقی سے روایت کی ہے کہ میں نے امام ابو عبد اللہؑ سے کہا کہ میں آپؑ پر قربان جاؤں مجھے اللہ کے اس قول کے بارے میں بتائیں (سبقت لے جانے والے اور سبقت لے جانے والوں کا کیا کہنا وہی مقرب ہیں) فرمایا کہ یہ سبقت لے جانے والے تخلیق آدمؑ سے پہلے کے ہیں کہ جب اللہ نے تمام مخلوق کو خلق کیا تو ان کے لیے آگ بلند کی اور ان سے کہا کہ اس میں داخل ہو جاؤ پس جو اس میں داخل ہوئے ان میں سے سب سے پہلے داخل ہونے والے محمدؐ، امیر المومنینؑ، حسنؑ، حسینؑ اور ان کے بعد نو آئمہؑ ان کی اتباع کرنے والے شیعہ ہیں پس اللہ کی قسم یہی سبقت لے جانے والے ہیں)

امالی میں الشیخ نے ابن عباس سے روایت کی ہے کہ میں نے رسول اللہؐ سے اللہ کے اس قول کے بارے میں پوچھا (اور سبقت لے جانے والے سبقت لے جانے والوں کا کیا کہنا یہی مقرب ہیں) تو رسول اللہؐ نے فرمایا کہ جبرائیل نے مجھے بتایا کہ اس سے مراد علیؑ اور ان کے شیعہ ہیں جو اللہ کی بزرگی کے باعث جنت کی طرف سبقت لے جانے والے ہیں۔

اللہ کا قول (بہت سے اولین میں سے اور تھوڑے سے بعد والوں میں سے)

تاویل۔ محمد بن العباس نے کہا کہ ہم سے محمد بن جریر نے انہوں نے احمد بن یحییٰ سے انہوں نے

الحسن بن الحسین سے انہوں نے محمد بن القراث سے انہوں نے امام جعفرؑ بن محمدؑ سے اللہ کے اس قول کے بارے میں روایت کی ہے کہ (بہت سے پہلوں میں سے اور تھوڑے سے بعد والوں میں سے)فرمایا بہت سے پہلوں میں سے آدم کا وہ بیٹا کہ جسے اس کے بھائی نے قتل کیا، مومن آل فرعون ،حبیب النجار، صاحب یاسین ہیں اور تھوڑے سے بعد والوں میں سے اس سے مراد علیؑ ابن ابی طالبؑ ہیں۔

اللہ کا قول(بہت سے پہلوں میں سے اور بہت سے بعد والوں میں سے)

محمد بن العباس نے کہا کہ ہم سے الحسن بن علی التمیمی نے انہوں نے سلیمان بن داؤد الصیرفی سے انہوں نے اسباط سے انہوں نے ابو سعید المدائنی سے روایت کی ہے کہ میں نے امام ابو عبداللہؑ سے سوال کیا اللہ کے اس قول کے بارے میں (اور بہت سے پہلوں میں سے اور بہت سے بعد والوں میں سے) فرمایا کہ بہت سے پہلوں والوں میں سے مراد حزقیل مومن آل فرعون اور بہت سے بعد والوں میں سے مراد علیؑ ابن ابی طالبؑ ہیں۔

اس آیت میں لفظ تو بہت سے یعنی جماعت کا استعمال ہوا ہے لیکن مراد ایک ہی ہے جمع کا صیغہ ان کی تعظیم اور رفعت کے لیے ہوا ہے جیسا کہ اللہ کا فرمان (بے شک ابراہیم ایک امت تھے) اور ایسا اللہ کی کتاب میں کئی مقامات پر آیا ہے۔

اللہ کا قول(اس وقت کیا ہو گا کہ جب تمہاری جانیں حلق میں پہنچ جائیں گی اور تم اس وقت دیکھتے ہی رہ جاؤ گے اور ہم تم سے اس سے بھی زیادہ قریب ہیں مگر تم دیکھتے نہیں)

تاویل۔تاویل اہل بیتؑ میں احمد بن ابراہیم سے روایت ہے کہ جو تم علیؑ کا انکار کرتے ہو تو اس وقت کیا ہو گا جب تمہاری جانیں تمہارے حلق میں پہنچ جائیں گی اور تم اس وقت دیکھتے ہی رہ جاؤ گے علیؑ کو اور

ہم تمہاری نسبت ان کے زیادہ قریب ہیں یعنی تم سے امیر المومنینؑ کے زیادہ قریب ہیں مگر تم نہیں دیکھتے یعنی تم معرفت ہی نہیں رکھتے۔

اسی تائید یہ تاویل بھی کرتی ہے جو امام ابو محمد العسکریؑ سے مروی ہے کہ رسول اللہؐ سے کہا گیا کہ قبر میں نعمتیں اور عذاب بھی ہے؟ فرمایا ہاں اللہ کی قسم کہ جس نے محمدؐ کو نبی بنا کر حق کے ساتھ مبعوث کیا اسے پاکیزہ، ہدایت یافتہ اور ہدایت دینے والا بنا کر بھیجا اور ان کے بھائی علیؑ کو ان کا مددگار بنایا اور حق سے انہیں مزین کیا پھر حدیث طویل ہے پھر فرمایا کہ قبر میں نعمتیں ہیں کہ جن کے ذریعے اللہ اپنے دوستوں کو نوازتا ہے اور قبر میں سخت عذاب بھی ہے کہ جس کے ذریعے اللہ اپنے دشمنوں کو مشکلات میں ڈالتا ہے بے شک مومن اور آل محمدؐ سے محبت رکھنے والا محمدؐ کے بعد علیؑ کو امام ماننے والا اور ولایت علیؑ کے اقرار کرنے والے کی روح جب قبض کی جاتی ہے تو وہ اپنے سرہانے محمد رسول اللہؐ اور دوسرے جانب علیؑ جو کہ اوصیاء کے سردار ہیں ان کو دیکھتا ہے اور قدموں کے ایک جانب امام حسنؑ اور دوسری جانب سید الشہداء امام حسینؑ کو پاتا ہے ان کے ارد گرد ان کے بعد آئمہؑ ہوتے ہیں اور ان سے محبت رکھنے والے ہوتے ہیں جو آل محمدؐ کے سرداروں کے بعد اس امت کے سردار ہیں پس پھر وہ بیمار مومن دوسرے لوگوں سے مخاطب ہوتا ہے تو اللہ اس کی باتیں ان کے کانوں سے پردے میں رکھتا ہے کہ جیسے ہم اہل بیتؑ کی روایات تمام جاہلوں سے پوشیدہ رکھتا ہے اور وہ مومن کہتا ہے میرے ماں باپ آپؐ پر قربان اے اللہ رب العزت کے رسولؐ میرے ماں باپ آپؑ پر قربان اے رسول رحمتؐ کے وصی میرے ماں باپ آپؑ پر قربان اے رسول اللہؐ کے فرزندوں اور ان کی اولاد اور نواسوں اے جوانان جنت کے سرداروں اے محمدؐ کے بہترین رفیقوں خوش آمدید میرا عشق اس وقت بہت زیادہ ہے اور آپؑ کی ملاقات سے میں بہت خوش ہوں پس رسول اللہؐ ملک الموت سے مخاطب ہوتے ہیں اور فرماتے ہیں اے ملک الموت اس کو احسان کی وصیت کرنے دے وہ کہتا ہے کہ یارسول

اللہؐ پہلے ایک مرتبہ جنت کی طرف دیکھئے کہ جو اللہ نے اس کے لیے جنت میں تیار کر رکھا ہے اے اللہ کے رسولؐ اگر موت صرف اس لیے نہ ہوتی کہ اسے ادھر سے ملکوت اعلیٰ کی طرف منتقل کرنا مقصود ہوتا لیکن یہ آپؐ کا محب اور خادم ہے تو اس کی موت بھی ایسے ہی ہو گی جیسے انبیاء کی ہوتی ہے پھر محمدؐ فرماتے ہیں کہ اے ملک الموت یہ ہمارا یہ ہمارا مومن ہے میں تمہیں اس کے ساتھ اچھے طریقے سے پیش آنے کا حکم دیتا ہوں پس وہ اس کی روح کے ساتھ جنت کی طرف پرواز کرتا ہے پس وہ مومن کہتا ہے کہ اے ملک الموت مجھے یہاں مت ٹھہرا مجھے محمدؐ و آل محمدؑ و عترت محمدؐ کے ساتھ ملا دے اور جب منکر و نکیر قبر میں آتے ہیں تو ایک دوسرے سے کہتا ہے یہ محمدؐ، علیؑ، حسنؑ، حسینؑ اور ان کے بہترین ساتھی یہاں موجود ہیں پس منکر و نکیر رسول اللہؐ کو سلام کہتے ہیں پھر علیؑ کو سلام کہتے ہیں پھر حسنؑ اور حسینؑ کو سلام کہتے ہیں پھر ان کے ساتھ موجود سب ساتھیوں کو سلام کہتے ہیں اور پھر کہتے ہیں کہ یا رسول اللہؐ ہم جان گئے کہ یہ آپؐ کا دوست اور محب ہے اور اگر اللہ کو اسے دوسروں پر فضیلت دینا مقصود نہ ہوتا تو ہم اس سے سوال نہ کرتے پھر وہ اس سے سوال کرتے ہیں من ربک، من دینک، من نبیک، من امامک، ماقبلتک، من اخوانک، وہ کہتا ہے اللہ ربی، الاسلام دینی، محمد نبی، علی وصی محمد امامی، الکعبہ قبلتی اور محمدؐ و آل محمدؑ سے محبت کرنے والے اللہ کے دوست ہیں ان کے دشمن اللہ کے دشمن ہیں اشہد ان لا الہ الا اللہ وحدہ لا شریک لہ واشہد ان محمد عبدہ ورسولہ وہ اخاہ علیاً ولی اللہ۔ پھر وہ کہتے ہیں کہ تم اسی پر زندہ رہے اور اسی پر مر گئے اور اسی پر دوبارہ اٹھو گے اور انہی کے ساتھ رہو گے کہ جن سے تم نے محبت رکھی اللہ کے بزرگی والے گھر میں اگر کوئی ہمارا دشمن مرتا ہے تو ملک الموت اس کے پاس جاتا ہے اور کہتا ہے اے فاجر و کافر تم نے اللہ کے دوستوں کو ترک کر دیا ان کے دشمنوں سے مل گیا آج وہ تمہیں کچھ فائدہ نہیں دے سکتے پھر اسے عذاب دے کر ہلاک کر دیتا ہے پھر جب اسے قبر میں ڈالا جاتا ہے تو جنت کا ایک دروازہ کھلا دیکھتا ہے تو فرشتے کہتے ہیں کہ ادھر دیکھو کہ جو تم پر حرام

کیا گیا ہے پھر اس کی قبر میں جہنم کا ایک دروازہ کھول دیتے ہیں اور ادھر سے اس پر عذاب داخل کر دیتے ہیں وہ کہتا ہے اے پروردگار قیامت قائم نہ کرنا قیامت قائم نہ کرنا۔

اسی طرح کی روایت اصبغ بن نباتہ سے مروی ہے کہ حارث صمدانی امیر المومنینؑ کے پاس کچھ شیعہ اصحاب کے ساتھ آتا ہے اور حدیث تقریباً اسی نہج پر چلتی ہے۔

اللہ کا قول (اگر وہ مقربین میں سے ہو تو تمہارے لیے راحت آرام اور نعمتوں والی جنت ہے اگر دائیں ہاتھ والوں میں سے ہو تو تم پر دائیں ہاتھ والوں کی طرف سے سلام ہو اور اگر تم جھٹلانے والے گمراہوں میں سے ہو تو تمہاری مہمان نوازی کھولتے ہوئے پانی سے کی جائے گی اور تمہارا ٹھکانہ جہنم میں ہے بے شک یہ حق الیقین ہے پس اپنے عظمت والے رب کے نام کی تسبیح کر)

تاویل۔ محمد بن العباس نے کہا کہ ہم سے علی بن العباس نے انہوں نے جعفر بن محمد سے انہوں نے موسیٰ بن زیاد سے انہوں نے عنسبہ سے انہوں نے جابر بن یزید سے انہوں نے امام ابو جعفرؑ سے روایت کی ہے کہ اللہ کا قول (پس تم پر اصحاب یمین کی طرف سے سلام) فرمایا ان سے مراد شیعہ ہیں کہ اللہ نے اپنے نبیؐ سے فرمایا کہ تمہارے لیے دائیں ہاتھ والوں کی طرف سے سلامتی ہے وہ تیری اولاد کو قتل نہیں کریں گے۔

ہم سے علی بن عبداللہ نے انہوں نے ابراہیم بن محمد الثقفی سے انہوں نے محمد بن عمران سے انہوں نے عاصم بن حمید سے انہوں نے محمد بن مسلم سے انہوں نے امام ابو جعفرؑ سے اللہ کے اس قول کے بارے میں روایت کی ہے (اگر دائیں ہاتھ والوں میں سے ہوا تو تم پر دائیں ہاتھ والوں کی طرف سے سلام ہو) امام ابو جعفرؑ نے فرمایا وہ ہمارے شیعہ اور محبت کرنے والے ہیں۔

اس کی تائید الشیخ ابو جعفر الطوسی نے اسناد کے ساتھ اپنے رجال سے انہوں نے ابو محمد الفضل بن

شاذان سے مرفوعاً امام ابو جعفرؑ سے روایت کی ہے کہ اللہ نے فرمایا کہ مجھے سب سے زیادہ وہ مخلوق محبوب ہے جو مجھ سے محمدؐ وآل محمدؑ کا واسطہ دے کر سوال کرتی ہے اور وہ کلمات جو آدم نے اپنے رب سے سیکھے تو کہا اے اللہ تو میرا مالک ہے اس نعمت پر اور میری خواہش پر قادر ہے تو میری حاجت کو جانتا ہے پس میں تجھ سے محمدؐ وآل محمدؑ کے صدقے سے مانگتا ہوں کہ تو میری لغزش کو بخش دے فرمایا اے آدم تو محمدؐ وآل محمدؑ کو کیسے پہچانتا ہے کہا اے میرے پروردگار جب تو نے اپنی روح میں سے مجھ میں پھونکا تو میں نے سر اٹھا کر عرش کی طرف دیکھا تو اس پر لکھا تھا لا الہ الا اللہ محمد رسول اللہ علی ولی اللہ میں نے جان لیا کہ یہ تیری عزت والی مخلوق ہے میں نے آسمان کی طرف دیکھا تو ادھر سے اصحاب یمین آل محمدؐ اور ان کے شیعہ گزر رہے تھے میں جان گیا کہ یہ تیری مقرب مخلوق ہے فرمایا اے آدم تم نے سچ کہا۔

الشیخ نے امالی میں انہوں نے جابر سے انہوں نے امام ابو جعفرؑ سے انہوں نے اپنے والد گرامیؑ سے انہوں نے اپنے داداؑ سے روایت کی ہے کہ رسول اللہؐ نے علیؑ سے فرمایا تم وہ ہو کہ اللہ نے تیرے ذریعے اپنی مخلوق پر حجت قائم کی کہ فرمایا کیا میں تمہارا رب نہیں ہوں؟ انہوں نے کہا کیوں نہیں اور محمدؐ میرے رسول ہیں انہوں نے کہا کیوں نہیں فرمایا اور علیؑ امیر المومنینؑ ہیں پس تمام مخلوق نے تیری ولایت سے رو گردانی کی سوائے ایک چھوٹے سے گروہ کے اور وہ بہت کم تھے وہی اصحاب یمین ہیں۔

محمد بن العباس نے کہا کہ ہم سے عبد العزیز بن یحییٰ نے انہوں نے محمد بن عبد الرحمن بن الفضل سے انہوں نے جعفر بن الحسین سے انہوں نے اپنے والد سے انہوں نے محمد بن زید سے انہوں نے اپنے والد سے روایت کی ہے کہ میں نے امام ابو جعفرؑ سے اللہ کے اس قول کے بارے میں دریافت کیا (

اگروہ مقرب میں سے ہوا تو اس کے لیے راحت ،آرام اور باغات والی جنتیں ہیں) فرمایا کہ یہ آیت امیر المومنینؑ اور آئمہؑ کے بارے میں ہے۔

الشیخ ابو جعفر محمد بن بابویہ نے اسناد کے ساتھ اپنے رجال سے مرفوعاً صادق آل محمدؑ سے روایت کی ہے کہ یہ آیات ہماری ولایت کے اہل کے بارے میں نازل ہوئیں اور ہمارے دشمنوں کے بارے میں نازل ہوئیں (اگروہ مقربین میں سے ہے تو اس کے لیے راحت و سکون ہے) یعنی اس کی قبر میں اور (نعمتوں والی جنت ہے)آخرت میں (اور اگروہ جھٹلانے والے گمراہوں میں سے ہوا تو اس کی مہمان نوازی کھولتے ہوئے پانی سے ہوگی) اس کی قبر میں (اور جہنم میں اس کا ٹھکانہ ہوگا) آخرت میں۔

محمد بن العباس نے انہوں نے الحسین بن احمد سے انہوں نے محمد بن عیسیٰ سے انہوں نے یونس سے انہوں نے محمد بن الفضیل سے انہوں نے محمد بن عمران سے روایت کی ہے کہ میں نے امام ابو جعفرؑ سے اللہ کے اس قول کے بارے میں پوچھا(اگروہ مقربین میں سے ہوا) فرمایا کہ جس کی نسبت امامؑ سے ہوئی میں نے کہا(اگروہ دائیں ہاتھ والوں میں سے ہوا) فرمایا جو اس امر سے متصف ہوا یعنی آئمہؑ کا اطاعت گزار ہوا میں نے کہا(اگروہ جھٹلانے والے گمراہوں میں سے ہوا) فرمایا امامؑ کا انکار کرنے والا۔

سورۃ الحدید

(اس سورہ مبارکہ کی وہ آیات جو آئمہ ھدیٰؑ کی شان میں نازل ہوئیں)

اللہ کا قول(وہی اول ہے وہی آخر ہے وہی ظاہر ہے وہی باطن ہے اور وہ ہر چیز کا جاننے والا ہے)

تاویل۔آثار میں آیا ہے کہ سورج نے یہی الفاظ امیر المومنینؑ کے لیے کہے اور نبیؐ نے ان کی تفسیر بیان فرمائی۔

محمد سے انہوں نے ابو زرعہ عبید اللہ بن عبد الکریم سے انہوں نے قبیصہ بن عقبہ سے انہوں نے سفیان بن یحییٰ سے انہوں نے جابر بن عبد اللہ سے روایت کی ہے کہ میں عمارؓ سے مدینہ کی کسی گلی میں ملا اور اس سے نبیؐ کے بارے میں پوچھا تو اس نے بتایا کہ وہ مسجد میں اپنی قوم کے سرداروں کے ساتھ ہیں اور جب انہوں نے صبح کی نماز پڑھ لی تو ہماری طرف بڑھے اور سورج طلوع ہو چکا تھا کہ علیؑ ابن ابی طالبؑ آئے اور نبیؐ کھڑے ہوئے ان کے ماتھے پر بوسہ دیا اور انہیں اپنے پہلو میں بٹھایا یہاں تک کہ ان کے گھٹنے علیؑ کے گھٹنوں کو چھو رہے تھے پھر فرمایا اے علیؑ اٹھو سورج سے کلام کرو پس آپؑ

نے اس سے کلام کیا اس نے جناب امیرؑ سے کلام کیا تو اہل مسجد کھڑے ہوئے اور کہا کیا تم نے دیکھا کہ سورج نے علیؑ سے کلام کیا اور بعض نے کہا کہ یہ تو اپنے چچا زاد کا مقام بڑھا رہا ہے علیؑ نکلے اور سورج سے کہا اے اللہ کی مخلوق تیرا کیا حال ہے اس نے کہا میں ٹھیک ہوں اے رسول اللہؐ کے بھائی اے اول اے آخر اے ظاہر اے باطن اے ہر چیز کو جاننے والے پس علیؑ نبیؐ کی طرف پلٹے اور نبیؐ مسکرائے اور فرمایا یا علیؑ تم بتاتے ہو مجھے یا میں بتاؤں تو فرمایا یا رسول اللہؐ آپؐ سے اچھا کون بتا سکتا ہے فرمایا اس کا یہ کہنا کہ تم اول ہو اس کا مطلب ہے کہ تم سب سے پہلے اللہ پر ایمان لانے والے ہو اور اس کا یہ کہنا کہ تم آخر ہو یعنی سب سے آخر میں میرے غسل میں میری مدد کرو گے اور اس کا کہنا کہ تم ظاہر ہو تو فرمایا کہ تم سب سے آخری ہو جو میرے رازوں کے امین ہو اور اس کا کہنا کہ تم باطن ہو تو تم میرے علم کو چھپانے والے ہو اس نے جو کہا کہ تم ہر چیز کا علم رکھتے ہو تو اللہ عزوجل نے حلال و حرام ،فرائض واحکام، تنزیل وتاویل، ناسخ و منسوخ، محکم و متشابہ جتنے بھی علم اتارے تم انہیں جانتے ہو اگر میری امت کا ایک گروہ تمہارے بارے میں ایسا نہ کہتا کہ جیسا عیسیٰؑ بن مریمؑ کے بارے میں عیسائیوں نے کہا تو میں تمہارے وہ فضائل بیان کرتا کہ تم جہاں سے گزرتے لوگ تمہارے قدموں کی مٹی تبرکاً اٹھاتے جابر بیان کرتے ہیں کہ عمار فارغ ہوئے تو سلمانؑ بھی آگئے تو عمار نے کہ سلمانؑ بھی ہمارے ساتھ تھے پس سلمانؑ نے بھی ایسے ہی مجھ سے حدیث بیان کی جیسا کہ عمار نے کی۔

اسی طرح عبدالعزیز بن یحییٰ سے انہوں نے محمد بن زکریا سے انہوں نے علی بن حکیم سے انہوں نے ربیع بن عبداللہ بن حسن سے انہوں نے امام ابو جعفر محمدؑ بن علیؑ سے روایت کی ہے کہ ایک دن نبیؐ لیٹے ہوئے تھے اور ان کا سر علیؑ کی گود میں تھا رسول اللہؐ سوئے ہوئے تھے اور علیؑ نے عصر نہ پڑھی تھی پس سورج ڈوبنے کے قریب تھا کہ رسول اللہؐ بیدار ہوئے اور علیؑ سے فرمایا کہ دعا کرو علیؑ کی دعا فرمائی تو سورج پلٹ آیا اس کے بعد آپؐ نے حدیث رد شمس بیان کی پھر رسول اللہؐ نے فرمایا اے علیؑ سورج

سے کلام کرو آپؑ نے کلام کیا آگے حدیث پہلی حدیث کی طرح ہی ہے۔

طریق عامہ سے الخوارزمی نے رسول اللہؐ کی سند کے ساتھ اسے تمام منقبت کو روایت کیا ہے۔

اسی طرح ہم سے صدر کبیر، متلاطم سمند خطباء کے سردار ضیاء الدین ابوالعزیز المویئد الموفق بن احمد البکری المکی الخوازی نے اسناد کے ساتھ ابو منصور شہردار بن شیرویہ سے انہوں نے کہا کہ ہم کو عبدوس بن عبداللہ بن عبدوس الصمدانی نے انہوں نے کہا کہ ہم سے الشیخ ابوالفرج محمد بن سہل نے کہا کہ ہم سے ابوالعباس احمد بن ابراہیم بن ترکان سے انہوں نے زکریا بن عثمان بن ہانی سے انہوں نے محمد بن زکریا العلابی سے انہوں نے الحسن بن موسیٰ بن محمد بن عباد الخزاز سے انہوں نے عبدالرحمٰن بن القاسم الصمدانی سے انہوں نے ابو حاتم محمد بن محمد الطالقانی سے انہوں ابو مسلم سے انہوں نے امام الحسنؑ بن علیؑ بن محمدؑ بن علیؑ بن موسیٰؑ بن جعفرؑ سے انہوں نے اپنے آباءؑ سے انہوں نے امیر المومنینؑ سے انہوں نے رسول اللہؐ سے ایسی ہی روایت بیان کی ہے

اللہ کا قول (کون ہے جو اللہ کو قرض حسنہ دے اور وہ اسے بڑھا کر اسے واپس دے اور اس کے پاس عزت والا اجر ہے)

تاویل۔ محمد بن العباس نے کہا کہ ہم سے احمد بن ھنورہ الباہلی نے انہوں نے ابراہیم بن اسحاق سے انہوں نے عبداللہ بن حمار سے انہوں نے معاویہ بن عمار سے روایت کی ہے کہ میں نے امام ابو عبداللہؑ سے اللہ کے اس قول کے بارے میں دریافت کیا (کون ہے کہ جو اللہ کو قرض حسنہ دے) فرمایا یہ صلہ رحمی آل محمدؑ کے بارے میں ہے۔

الشیخ محمد بن یعقوب سے انہوں نے ہمارے اصحاب سے انہوں نے احمد بن محمد سے انہوں نے الوشاء سے انہوں نے عیسیٰ بن سلیمان النحاس سے انہوں نے المفضل بن عمر سے انہوں نے الخیبری سے اور

یونس بن ظبیان سے روایت کی ہے کہ ہم نے امام ابو عبد اللہؑ کو فرماتے ہوئے سنا کہ اللہ کو سب سے زیادہ محبوب عمل یہ ہے درہم نکال کر امامؑ کو دو تو اللہ نے درا ہم کو قیامت والے دن احد پہاڑ کے برابر کر دے گا پھر فرمایا(کون ہے جو اللہ کو قرض حسنہ دے تو وہ اسے بڑھا کر واپس کر دے) فرمایا امام کی صلہ رحمی کے بارے میں ہے۔

اس تاویل کی صحت پر یہ بھی دلیل ہے کہ جو امامؑ تک پہنچا وہ اس طرح ہے کہ اس نے اللہ کو قرض حسنہ دیا اور جب وہ یہ کام کرے گا تو اس کے لیے عزت والا اجر ہے اور اللہ جانتا ہے کہ یہ کام صرف مومنین ہی کریں گے۔

اللہ کا قول(اس دن مومنین و مومنات کو دیکھو گے کہ ان کا نور ان کے آگے اور ان کے دائیں دوڑ رہا ہو گ آج کے دن تمہیں جنت کی خوشخبری ہے کہ جس کے نیچے نہریں بہہ رہی ہونگی وہ اس میں ہمیشہ رہیں گے یہ بہت بڑی کامیابی ہے)

تاویل۔ محمد بن العباس نے کہ ہم سے محمد بن ھمام نے انہوں نے عبد اللہ بن العلاء سے انہوں نے محمد بن الحسین سے انہوں نے عبد اللہ بن عبد الرحمٰن سے انہوں نے عبد اللہ بن القاسم سے انہوں نے صالح بن سہل سے روایت کی ہے کہ میں نے امام ابو عبد اللہؑ کو فرماتے ہوئے سنا(اور ان کا نور ان کے دائیں اور آگے دوڑ رہا ہو گا) فرمایا قیامت کے دن مومنین کے آئمہؑ کا نور مومنین کے دائیں اور ان کے آگے دوڑ رہا ہو گا یہاں تک کہ وہ انہیں جنت میں ان کے گھروں تک لے جائے گا پھر جب مومنین کے بعد منافقین مردوں و عورتوں کا حال بیان کیا تو اللہ نے فرمایا اس دن منافق مرد اور عورتیں ایمان والوں سے کہیں گے ہمیں بھی مہلت دو کہ ہم تمہارے نور سے کچھ لے لیں کہا جائے گا کہ اپنے پیچھے پلٹ جاؤ اور نور تلاش کرو ان کے درمیان ایک دیوار حائل کر دی جائے گی جس میں دروازہ بھی ہو گا

اس کے اندر تو رحمت ہو گی اور باہر عذاب ہو گا وہ پکاریں گے کیا ہم تمہارے ساتھ نہ تھے وہ کہیں گے کیوں نہیں لیکن تم نے خود کو فتنے میں پھنسا رکھا تھا اور تم انتظار میں ہی رہے اور تم شک و شبہ ہی کرتے رہے اور تمہاری خواہشات نے تمہیں دھوکہ میں رکھا یہاں تک کہ اللہ کا امر آگیا اور تمہیں اللہ کے بارے میں دھوکہ دینے والے نے دھوکہ میں رکھا آج تم سے کوئی فدیہ نہیں لیا جائے گا اور نہ ہی کافروں سے تمہارا ٹھکانہ جہنم ہے اور یہ کیا ہی برا ٹھکانہ ہے۔

محمد بن العباس نے کہا کہ ہم سے محمد بن الحسن بن علی بن مہزیار نے انہوں نے اپنے والد سے انہوں نے اپنے دادا سے انہوں نے الحسن بن محبوب سے انہوں نے الاحول سے انہوں نے سلام بن المستنید سے انہوں نے کہا میں نے امام ابو جعفرؑ سے اللہ کے اس قول کے بارے میں پوچھا (ان کے درمیان ایک دیوار حائل کر دی جائے گی جس کے اندر تو رحمت ہو گی باہر عذاب ہو گا وہ پکاریں گے کہ کیا ہم تمہارے ساتھ نہ تھے) فرمایا یہ ہمارے اور ہمارے شیعوں اور منافقین کے بارے میں نازل ہوئی کہ جب قیامت کا دن ہو گا اور لوگوں کو محشر میں اللہ نے جمع کیا ہو گا تو ان کے درمیان ایک دیوار حائل ہو جائے گی جس میں دروازہ بھی ہو گا اس کے اندر تو رحمت ہو گی لیکن باہر عذاب ہو گا یعنی اندر روشنی اور باہر اندھیرا اللہ ہمارے شیعوں کو اس کے اندر رہنے دے گا اور ہمارے دشمنوں اور کفار کو اس کے باہر لے جائے گا تو ہمارے اور تمہارے دشمن ندا دیں گے اس دروازے میں سے کہ کیا ہم دنیا میں تمہارے ساتھ نہ تھے ہمارا اور تمہارا نبی ایک نہ تھا ہماری اور تمہاری نماز ایک نہ تھی ہمارا اور تمہارا روزہ ایک نہ تھا ہمارا اور تمہارا حج ایک نہ تھا پس اللہ کی طرف سے ایک فرشتہ ندا دے گا کیوں نہیں مگر تم نے خود کو فتنے میں رکھا اپنے نبیؐ کے بعد پھر تم اپنے نبیؐ کے حکم کی اتباع سے پھر گئے اور تمہاری خواہشات جو تم خلافت پر جمع ہو گئے انہوں نے دھوکہ دیا یہاں تک کہ حق ظاہر ہو گیا اس ظاہر سے

مراد علیؑ ابن ابی طالبؑ اور آئمہؑ کا ظہور ہے۔

ایک اور تاویل میں احمد بن محمد الہاشمی سے انہوں نے محمد بن عیسیٰ العبیدی سے کہا کہ ہم سے ابو محمد الانصاری نے کہا کہ انہوں نے شریک سے انہوں نے الاعمش سے انہوں نے عطاء سے انہوں نے ابن عباس سے روایت کی ہے کہ میں نے رسول اللہؐ سے اللہ کے اس قول کے بارے میں پوچھا(ان کے درمیان ایک دیوار حائل ہو جائے گی جس میں دروازہ بھی ہوگا) تو رسول اللہؐ نے فرمایا میں دیوار ہوں اور علیؑ دروازہ ہے۔

احمد بن ھنورہ سے انہوں نے ابراہیم بن اسحاق سے انہوں نے عبداللہ بن حمار سے انہوں نے عمرو بن ابوالمقدام سے انہوں نے اپنے والد سے انہوں نے سعید بن جبیر سے روایت کی ہے کہ رسول اللہؐ سے اللہ کے اس قول کے بارے میں پوچھا گیا(اور ان کے درمیان ایک دیوار حائل کر دی جائے گی جس میں دروازہ بھی ہوگا) فرمایا کہ میں دیوار ہوں اور علیؑ دروازہ ہیں۔

اللہ کا قول(کیا اب تک وقت نہیں آیا کہ ایمان والوں کے دل ذکر الہیٰ سے اور جو ان پر نازل ہو چکا ہے اس سے نرم ہو جائیں اور ان کی طرح نہ ہو جائیں کہ جن کو ان سے پہلے کتاب دی گئی تھی پھر ایک زمانہ دراز گزرنے کے بعد ان کے دل سخت ہو گئے ان میں سے اکثر نافرمان ہیں)

تاویل۔الشیخ المفید نے اسناد کے ساتھ محمد بن ھمام سے انہوں نے اصحاب امام ابو عبداللہؑ میں سے کسی ایک سے روایت کی ہے کہ میں نے امامؑ کو فرماتے ہوئے سنا یہ آیت زمانہ غیبت والوں کے بارے میں نازل ہوئی اور لمبی مدت سے مراد مدت غیبت ہے یعنی اللہ نے فرمایا کہ اے امت محمدؐ اے گروہ شیعہ ان لوگوں کی طرح نہ ہو جانا کہ جن کو اس سے پہلے کتاب دی گئی اور ایک لمبی مدت گزرنے کے بعد ان کے دل سخت ہو گئے پس اس تاویل سے مراد زمانہ غیبت کے دن ہیں کیونکہ اللہ نے شیعوں کو

حجت خدا کے بارے میں شک کرنے سے روکا ہے اور اس گمان سے روکا ہے کہ وہ کہیں کہ اللہ نے اپنی زمین کو ایک پلک جھپکنے کے لیے بھی حجت خدا سے خالی چھوڑ دیا۔

اللہ کا قول (اللہ نے زمین کو اس کے مردہ ہونے کے بعد زندہ کر دیا)

تاویل۔ محمد بن العباس سے انہوں نے حمید بن زیاد سے انہوں نے الحسن بن محمد بن سماعہ سے انہوں نے احمد بن الحسن المیثمی سے انہوں نے الحسن بن محبوب سے انہوں نے الاحول سے انہوں نے سلام بن المستنید سے انہوں نے امام ابو جعفرؑ سے اللہ کے اس قول کے بارے میں روایت کی ہے (اللہ نے زمین کو اس کے مردہ ہونے کے بعد زندہ کر دیا) فرمایا اس کے رہنے والے کافروں کو موت کے بعد قائمؑ کے ذریعے زندہ کر دیا کہ انہوں نے زمین کو عدل سے زندہ کر دیا۔

اللہ کا قول (جو لوگ اللہ پر اور اس کے رسولوں پر ایمان لائے وہی صدیق اور شہداء ہیں اور ان کے رب کے پاس ان کے لیے اجر اور نور ہے)

تاویل۔ محمد بن العباس نے کہا کہ انہوں نے احمد بن محمد سے انہوں نے ابراہیم بن اسحاق سے انہوں نے الحسن بن عبدالرحمٰن سے مرفوعاً عبدالرحمٰن بن ابی لیلیٰ سے روایت کی ہے کہ رسول اللہؐ نے فرمایا صدیق تین ہیں حبیب النجار ، مومن آل فرعون اور علیؑ ابن ابی طالبؑ اور ان تینوں میں سے افضل علیؑ ہیں۔

اسی طرح الحسن بن علی المقری سے اسناد کے ساتھ ان کے رجال سے مرفوعاً ابو ایوب انصاری سے روایت ہے

کہ رسول اللہؐ نے فرمایا صدیق تین ہیں حزقیل مومن آل فرعون ، حبیب صاحب آل یاسین اور علیؑ

ابن ابی طالبؑ جوان سب سے افضل ہیں۔

ابو علی الطبرسی نے کہا کہ العیاشی نے اسناد کے ساتھ منہال القصار سے روایت کی ہے کہ میں نے امام ابو عبداللہؑ سے کہا دعا کیجئے کہ اللہ مجھے شہادت دے فرمایا کہ مومن شہید ہی ہوتا ہے پھر اس آیت کی تلاوت فرمائی(جو لوگ اللہ پر اس کے رسول پر ایمان لائے وہی صدیق، شہید ہیں اپنے رب کے ہاں ان کے لیے اجر ہے) ۔

الحارث بن المغیرہ سے روایت ہے کہ ہم امام ابو جعفرؑ کے پاس موجود تھے تو آپؑ نے فرمایا تم میں سے ولایت کی معرفت رکھنے والا اور ظہور قائم آل محمدؑ کا انتظار کرنے والا ایسا ہے کہ اس نے قائم آل محمدؑ کے ساتھ ان کی تلوار لے کر جہاد کیا پھر فرمایا بلکہ ایسا ہے کہ اس نے رسول اللہؐ کے ساتھ تلوار سے جہاد کیا پھر فرمایا کہ ایسا ہے کہ جیسے رسول اللہؐ کے ساتھ شہید ہو گیا میدان جنگ میں اور تمہارے بارے میں قرآن میں یہ آیت نازل ہوئی ہے(وہ لوگ جو اللہ پر اور اس کے رسول پر ایمان لائے وہی صدیق اور شہید ہیں ان کے رب کے ہاں ان کے لیے بڑا اجر ہے) پھر فرمایا اللہ کی قسم تم ہی صدیق اور شہید ہو۔

اسی طرح کی روایت صاحب کتاب البشارات نے مرفوعاً حسین بن ابی حمزہ سے انہوں نے اپنے والد سے انہوں نے امام ابو عبداللہؑ سے بیان کی ہے۔

محمد بن یعقوب نے اسناد کے ساتھ یحییٰ الحلبی سے انہوں نے عبداللہ بن مسکان سے انہوں نے ابو بصیر سے روایت کی ہے کہ میں نے امام ابو عبداللہؑ سے کہا کہ جس نے اس امر کو آپؑ کی طرف لوٹا دیا فرمایا اے ابو محمد جس نے اس امر کو ہماری طرف لوٹا دیا گویا کہ اس نے رسول اللہؐ اور اللہ پر لوٹا دیا اور جو تم میں سے اس امر پر مر گیا گویا کہ وہ شہید ہے اگرچہ اپنے بستر پر ہی مرے وہ اللہ کے ہاں زندہ و

مرزوق (رزق پانے والا) ہے۔

اسناد کے ساتھ عبداللہ بن مسکان سے انہوں نے مالک بن الجعفی سے روایت کی ہے کہ امام ابو عبداللہؑ نے فرمایااے مالک کیاتم راضی نہیں ہو کہ تم نماز قائم کروز کواۃ ادا کرواور اپنی زبان اور ہاتھ روکے رکھواور جنت میں داخل ہو جاؤاے مالک وہ گروہ جو دنیا میں امام پر ایمان نہیں رکھتے قیامت والے دن ایسے آئیں گے کہ ان پر لعنت برس رہی ہو گی اے مالک تم میں سے اس امر پر مر جانے والا شہید ہے اور ایسا ہے کہ اس نے اللہ کی راہ میں تلوار سے جہاد کیا۔

الشیخ ابو جعفر محمد بن بابویہ نے اپنے والد سے اسناد کے ساتھ مرفوعاًابو بصیر سے اور محمد بن مسلم سے روایت کی ہے کہ امام ابو عبداللہؑ نے فرمایا مجھ سے میرے والد گرامیؑ نے انہوں نے اپنے داداؑ سے انہوں نے اپنے آباءؑ سے روایت کی ہے کہ امیر المومنینؑ نے اپنے اصحاب کو ایک دن میں چودہ سو علم کے باب سکھائے ان میں سے ایک یہ ہے کہ حماقت سے بچو حماقت یہ ہے کہ وہ انبیاء کو قتل کرنے سے نہیں ڈرتے تھے اور ان میں ہمارے دشمن ہیں اللہ نے زمین میں سے ہم کو اختیار کیا ہے اور ہمارے لیے ہمارے شیعہ چنے ہیں کہ جو ہماری مدد کریں ہماری خوشی میں خوش ہوں اور ہمارے غم میں غمگیں ہوں اور اپنے مال اور جان ہمارے لیے خرچ کریں ہمارا گناہگار شیعہ اس وقت تک نہیں مرتا کہ اس کی آزمائش کے ذریعے اس کے گناہ اس کی موت سے قبل مٹادیئے جاتے ہیں اور ہمارا مرنے والا شیعہ صدیق و شہید ہوتا ہے کہ جس نے ہمارے امر کی تصدیق کی اور ہمارے لیے ہی محبت کی اور ہمارے لیے ہی بغض رکھا وہ اس سے اللہ کی رضا چاہتا تھا اللہ اور اس کے رسول پر ایمان رکھتا تھا تو اللہ نے اس کے لیے اپنی کتاب میں فرمایا(جو لوگ اللہ پر اور اسکے رسول پر ایمان لائے وہی صدیق اور شہید ہیں ان کے رب کے ہاں ان کے لیے اجر اور نور ہے۔۔۔)

اللہ کا قول(اے ایمان والوں اللہ سے ڈرو اور اس کے رسول پر ایمان لاؤ وہ تم کو اپنی رحمت کے دو حصے دے گا اور تمہارے لیے نور بنادے گا کہ جس کے ذریعے تم چلو گے اور تمہیں بخش دے گا بے شک اللہ بخشنے والا اور مہربان ہے)

تاویل۔ محمد بن العباس نے کہا کہ ہم سے علی بن عبد اللہ نے انہوں نے ابراہیم بن محمد الثقفی سے انہوں نے اسماعیل بن بشار سے انہوں نے علی بن صقر سے انہوں نے جابر بن یزید الجعفی سے روایت کی ہے کہ میں نے امام ابو جعفرؑ سے سوال کیا اللہ کے اس قول کے بارے میں (وہ تم کو اپنی رحمت کے دو حصے دے گا) فرمایا حسنؑ اور حسینؑ میں نے کہا(اور تمہارے لیے نور بنادے گا جس کے ذریعے تم چلو گے) فرمایا تمہارے لیے امام بنادے گا جس کے ذریعے تم امن میں رہو گے۔

اسی طرح عبد العزیز بن یحییٰ نے انہوں نے محمد بن زکریا سے انہوں نے احمد بن عیسیٰ سے انہوں نے کہا کہ مجھ سے میرے چچا حسین بن زید نے کہا کہ مجھ سے شعیب بن واقد نے کہا کہ میں نے حسین بن زید کو فرماتے ہوئے سنا کہ انہوں نے جعفرؑ بن محمدؑ سے انہوں نے اپنے والد گرامیؑ سے انہوں نے جابر بن عبد اللہ سے انہوں نے نبیؐ سے روایت کی ہے کہ اللہ کا قول(وہ تم کو رحمت کے دو حصے دے گا) فرمایا حسنؑ اور حسینؑ(اور تمہارے لیے نور بنادے گا جس کے ذریعے تم چلو گے) فرمایا علیؑ۔

ہم سے علی بن عبد اللہ نے انہوں نے ابراہیم بن محمد سے انہوں نے ابراہیم بن میمون سے انہوں نے ابن ابی شیبہ سے انہوں نے جابر الجعفی سے انہوں نے امام ابو جعفرؑ سے اللہ کے اس قول کے بارے میں روایت کی ہے(تم کو رحمت کے دو حصے دے گا) فرمایا حسنؑ اور حسینؑ(اور تمہارے لیے نور بنادے گا جس کے ذریعے تم چلو گے) فرمایا امام عدال علیؑ ابن ابی طالبؑ۔

ہم سے عبد العزیز بن یحییٰ سے انہوں نے المغیرہ سے انہوں نے حسین بن حسن المروزی سے انہوں

نے الاحول بن حواب سے انہوں نے عمار بن زریق سے انہوں نے ثور بن یزید سے انہوں نے خالد بن معدان سے انہوں نے کہب بن عیاض سے روایت کی ہے کہ رسول اللہؐ نے فرمایااے کعب علیؑ کے لیے دو نور ہیں ایک آسمان میں اور ایک زمین میں جو اس نور سے متمسک رہے گا اللہ اسے جنت میں داخل کرے گا جو اسے چھوڑ دے گا اللہ اسے دوزخ میں داخل کرے گا پس لوگوں کو میری طرف سے بتادو۔

آپؑ کے نور کے معنی میں مرفوعاً انس بن مالک سے روایت ہے کہ رسول اللہؐ نے فرمایا کہ اللہ نے علیؑ کے چہرے کے نور سے ستر ہزار فرشتے خلق کئے جو ان کے اور ان کے محبین کے لیے قیامت تک بخشش طلب کرتے رہیں گے۔

سورۃ المجادلہ

(اس سورہ مبارکہ کی وہ آیات جو آئمہ ھدیٰؑ کی شان میں نازل ہوئیں)

اللہ کا قول (اللہ نے اس خاتون کی بات سن لی جو تجھ سے اپنے شوہر کے بارے میں بات کر رہی تھی اللہ تم دونوں کا مکالمہ سن رہا تھا اور بے شک اللہ سننے والا اور جاننے والا ہے)

تاویل۔ اس آیت کا ظاہر تو ظاہر ہے اور باطن ہے کہ محمد بن العباس نے کہا کہ انہوں نے احمد بن عبدالرحمٰن سے انہوں نے محمد بن سلیمان بن بزیع سے انہوں نے جمیع بن المبارک سے انہوں نے اسحاق بن محمد سے انہوں نے کہا کہ مجھ سے میرے والد نے انہوں نے امام جعفرؑ بن محمدؑ سے انہوں نے اپنے والد گرامیؑ سے انہوں نے اپنے آباءؑ سے روایت کی ہے کہ فرمایا کہ نبیؐ نے فاطمہؑ سے فرمایا کہ تمہارے شوہر کو میرے بعد یہ کچھ سامنا کرنا پڑے گا تو انہوں نے فرمایا یا رسول اللہؐ اللہ سے دعا کیجئے کہ اسے ان سے پھیر دے تو فرمایا کہ میں نے اللہ سے مانگا تھا لیکن یہ آزمائش ہے پس جبرائیل اترے اور کہا (اللہ نے اس خاتون کی باتیں سن لی ہیں جو تم سے اپنے شوہر کے بارے میں بات کر رہی تھی اللہ تم دونوں کا مکالمہ سن رہا تھا اور بے شک اللہ سننے والا اور جاننے والا ہے)

اللہ کا قول (کیا تم نہیں سمجھتے کہ اللہ جانتا ہے جو کچھ آسمانوں میں ہے اور زمین میں ہے کہ اگر تین لوگ سر گوشیاں کر رہے ہوں تو وہ چوتھا ہوتا ہے اور اگر پانچ ہوں تو وہ چھٹا ہوتا ہے کم ہوں یا زیادہ وہ ان کے ساتھ ہوتا ہے وہ جہاں بھی ہوں پھر وہ انہیں بتادے گا کہ جو عمل وہ کرتے تھے قیامت کے دن بے شک اللہ ہر چیز کو جاننے والا ہے)

تاویل۔ الشیخ ابو جعفر الطوسی نے کہا کہ ہم سے ابو جعفر الطبری نے اسناد کے ساتھ ابن عباس سے روایت کی ہے کہ قریش نے اپنے دل میں علیؑ کے قتل کا منصوبہ بنایا اور ایک معاہدہ لکھا اور اسے ابو عبیدہ الجراح کو دے دیا پس جبرائیل نے اللہ کے رسولؐ پر یہ آیت نازل فرمائی اور ان کے منصوبے سے آپؐ کو آگاہ کیا پس انہوں نے کہا اس کا علم تو کسی کو نہیں تب اللہ نے اپنے رسولؐ پر یہ آیت نازل فرمائی۔

الشیخ محمد بن یعقوب سے انہوں نے علی بن محمد سے انہوں نے علی بن الحسین سے انہوں نے علی بن ابی حمزہ سے انہوں نے ابو بصیر سے انہوں نے امام ابو عبد اللہؑ سے اللہ کے اس قول کے بارے میں روایت کی ہے کہ یہ آیت فلاں، فلاں اور فلاں اور ابو عبیدہ الجراح، عبد الرحمٰن بن عوف، سالم، مغیرہ بن شیبہ کے بارے میں نازل ہوئی کہ جو انہوں نے آپس میں معاہدہ کیا فرمایا کہ یہ آیت ان کے بارے میں نازل ہوئی اور یہ بھی کہ (وہ یہ گمان کرتے ہیں کہ ہم ان کی شر گوشیاں نہیں سنتے حالانکہ ہمارے بھیجے ہوئے پہلے ہی ان کے پاس لکھ رہے ہیں)

اللہ کا قول (اے ایمان والوں جب تم رسولؐ سے سر گوشیاں کرو تو اپنی سر گوشیوں سے پہلے صدقہ دے لیا کرو یہ تمہارے لیے بہتر اور پاکیزہ ہے)

تاویل۔ ابو علی الطبرسی نے کہا کہ یہ آیت اغنیاء کے بارے میں نازل ہوئی کیونکہ وہ نبیؐ کے پاس آتے تھے اور بہت زیادہ سر گوشیاں کیا کرتے تھے تو اللہ نے ہر سر گوشی کے وقت صدقے کا حکم دیا جب

تاویل الآیات(جلد دوئم) | 179

ان کواس بات کا علم ہوا تو انہوں نے اسے ترک کر دیا پس یہ آیت رخصت نازل ہوگئی اور اس فضیلت کو سوائے امیر المومنینؑ کے کوئی نہ پاسکا۔

محمد بن العباس نے کہا کہ انہوں نے علی بن عقبہ سے اور محمد بن القاسم سے انہوں نے الحسین بن الحکم سے انہوں نے حسن بن حسین سے انہوں نے حیان بن علی سے انہوں نے الکلبی سے انہوں نے ابو صالح سے انہوں نے ابن عباس سے اللہ کے اس قول کے بارے میں روایت کی ہے (اے ایمان والوں جب تم رسول اللہؐ سے سرگوشیاں کرو تو اپنی سرگوشیوں سے پہلے صدقہ دے دیا کرو) فرمایا یہ آیت خاص طور پر علیؑ کے بارے میں نازل ہوئی کہ ان کے پاس دینار تھا تو اسے دس درہم کے عوض بیچ ڈالا جب بھی وہ رسول اللہؐ سے سرگوشی کرتے وہ درہم صدقہ دے دیا کرتے یہاں تک کہ دس مرتبہ صدقہ کر دیا پھر اس آیت کو منسوخ کر دیا گیا۔

ہم سے علی بن عباس نے انہوں نے محمد بن مروان سے انہوں نے ابراہیم بن الحکم بن ظہیر سے انہوں نے اپنے والد سے انہوں نے السری سے انہوں نے ایک آدمی سے انہوں نے علیؑ سے روایت کی ہے کہ میں پہلا ہوں کہ جس نے رسول اللہؐ سے سرگوشی کی اور میرے پاس دینار تھا اسے میں نے دس درہموں کے عوض بیچ دیا اور رسول اللہؐ سے دس مرتبہ سرگوشی کی اور ہر مرتبہ ایک درہم صدقہ کیا پس یہ اصحاب رسولؐ پر شاق گزرا تو منافقین نے کہا کہ یہ اس نے اپنے ابن عم کی فضیلت کے لیے کیا ہے پھر اللہ نے اپنے قول سے اسے منسوخ کر دیا(کیا تم پر شاق گزرتا ہے کہ تم سرگوشیوں سے پہلے صدقہ دو) اور پھر فرمایا کہ میں پہلا ہوں کہ جس نے اس آیت پر عمل کیا اور آخری بھی میں ہی ہوں جس نے اس پر عمل کیا نہ مجھ سے پہلے کسی نے عمل کیا اور نہ ہی بعد میں۔

ہم سے عبدالعزیز بن یحییٰ نے انہوں نے محمد بن زکریا سے انہوں نے ایوب بن سلیمان سے انہوں

نے محمد بن مروان سے انہوں نے الکلبی سے انہوں نے ابو صالح سے انہوں نے ابن عباس سے اللہ کے اس قول کے بارے میں روایت کی ہے کہ فرمایا کہ پہلے ان سے کلام کو روک دیا گیا پھر صدقہ کے زریعے رخصت دے دی گئی پھر جب کوئی شخص ارادہ کرتا کہ ان سے کلام کرے تو صدقہ کرتا پھر جو چاہتا کہتا تو لوگ رسول اللہؐ سے کلام کرنے سے رک گئے اور صدقہ کرنے میں بخل کرنے لگے اور علیؑ نے ایک دینار صدقہ کیا جو انہوں نے دس درہم کے عوض بیچا اور پھر دس مرتبہ رسول اللہؐ سے سرگوشیاں کیں اور ان درہموں کو صدقہ کر دیا اور مسلمانوں میں سے کسی نے بھی ایسا نہیں کیا تو منافقوں نے کہا کہ علیؑ ابن ابی طالبؑ نے جو صدقہ کیا ہے وہ صرف اپنے ابن عم کو عروج دینے کے لیے کیا تو اللہ عزوجل نے یہ آیت نازل کی (اے ایمان والوں جب تم رسولؐ سے سرگوشیاں کرو تم پہلے صدقہ دے دیا کرو۔۔۔۔۔)

اس آیت کے بارے میں طریق خاص وعام میں ستر سے زائد روایات ہیں جن سے ثابت ہوتا ہے کہ اس آیت کے مصداق صرف امیر المومنینؑ ہیں۔

اللہ کا قول(یہی وہ لوگ ہیں کہ جن کے دلوں میں اللہ نے ایمان لکھ دیا ہے اور ان کی مدد روح سے کی اور ان کو ایسی جنتوں میں داخل کرے گا کہ جس کے نیچے نہریں بہہ رہی ہیں وہ اس میں ہمیشہ رہیں گے اللہ ان سے راضی ہوا اور وہ اللہ سے یہی اللہ کا گروہ ہے اور جان لو کہ اللہ کا گروہ ہی کامیاب ہے)

تاویل۔ محمد بن العباس نے کہا کہ ہم سے منذر بن محمد نے انہوں نے اپنے والد سے انہوں نے الحسین بن سعید سے انہوں نے ابان بن تغلب سے انہوں نے علی بن محمد بن بشر سے روایت کی ہے کہ امام محمدؑ بن علیؑ نے فرمایا کہ ہم اہل بیتؑ کی محبت اللہ نے ایمان والوں کے دلوں میں لکھ دی ہے اور جس کے دل میں اللہ نے ایمان لکھ دیا ہو اسے کوئی نہیں مٹا سکتا کیا تم نے اللہ کا فرمان نہیں سنا(یہی وہ

لوگ ہیں کہ جن کے دلوں میں اللہ نے ایمان لکھ دیا ہے اور ان کی مدد روح کے زریعے کی) پس ہم اہل بیتؑ کی محبت ایمان ہے۔

طریق عامہ سے ابو نعیم الحافظ نے کہا کہ ہم سے محمد بن حمید نے اسناد کے ساتھ عیسیٰ بن عبداللہ بن محمد بن عمر بن علیؑ بن ابی طالبؑ نے کہا کہ مجھ سے میرے والد نے انہوں نے اپنے دادا سے انہوں نے امیر المومنینؑ سے روایت کی ہے کہ سلمان الفارسیؑ نے کہا اے ابو الحسنؑ میں رسولؐ کے سامنے جب بھی گیا تو انہوں نے میرے کندھے پر ہاتھ مارا اور فرمایا اے سلمانؑ تم اور تمہارا گروہ ہی اللہ کا گروہ ہے اور تم ہی کامیاب ہو۔

سورۃ الحشر

(اس سورہ مبارکہ کی وہ آیات جو آئمہ ھدیٰؑ کی شان میں نازل ہوئیں)

اللہ کا قول(جو اللہ نے اپنے رسول کو بستیوں والوں کا مال فے دیا وہ اللہ کے لیے ہے رسول کے لیے ہے اور قربیٰ کے لیے، یتیموں، مساکین اور مسافر کے لیے ہے)

تاویل۔ محمد بن العباس نے کہا کہ ہم سے احمد بن ادریس نے انہوں نے احمد بن محمد بن عیسیٰ سے انہوں نے علی بن حدید سے اور محمد بن اسماعیل بن بزیع سے انہوں نے منصور بن حازم سے انہوں نے زید بن علیؑ سے روایت کی ہے کہ میں نے ان سے کہا میں آپؑ پر قربان اللہ کا قول(جو اللہ نے اپنے رسول کو مال فے دیا وہ اللہ کے لیے اس کے رسول کے لیے اور قربیٰ کے لیے ہے) فرمایا قربیٰ سے مراد ہمارے قریبی ہیں۔

ہم سے احمد بن ھنورہ نے انہوں نے ابراہیم بن اسحاق سے انہوں نے عبد اللہ بن حمار سے انہوں نے عمرو بن ابو المقدام سے انہوں نے اپنے والد سے روایت کی ہے کہ میں نے امام ابو جعفرؑ سے اللہ کے

اس قول کے بارے میں پوچھا (جو اللہ نے اپنے رسول کو بستیوں والوں کا مال فے دیا ہے وہ اللہ کے لیے اس کے رسول کے لیے قربیٰ کے لیے یتیموں، مساکین اور مسافروں کے لیے ہے) امام ابو جعفرؑ نے فرمایا یہ آیت خاص طور پر ہمارے بارے میں نازل ہوئی جو اللہ اور اس کے رسولؐ کے لیے ہے وہ ہمارے لیے ہے اور ہم ہی ذی القربیٰ ہیں اور ہم مساکین ہیں کیونکہ ہماری مسکنت کبھی بھی رسول اللہؐ سے ختم نہیں ہو سکتی اور ہم ابناء السبیل ہیں تو ہمارے سوا کوئی بھی راستہ نہیں جان سکتا اور تمام امر ہمارے لیے ہی ہیں۔

اللہ کا قول (جو رسول تمہیں دیں وہ لے لو اور جس سے روکے اس سے رک جاؤ پس اللہ سے ڈرو بے شک اللہ سخت عذاب والا ہے)

تاویل۔ محمد بن العباس نے کہا کہ ہم سے الحسین بن احمد المالکی نے انہوں نے محمد بن عیسیٰ سے انہوں نے محمد بن ابی عمیر سے انہوں نے عمر بن ازنیہ سے انہوں نے ابان بن عیاش سے انہوں نے سلیم بن قیس الہلالی سے انہوں نے امیر المومنینؑ سے روایت کی ہے کہ اللہ کا قول (اور جو تمہیں رسول دیں وہ لے لو اور جس سے روکیں اس سے باز آجاؤ) (اللہ سے ڈرو اور ظلم آل محمدؐ سے رک جاؤ بے شک اللہ سخت عذاب والا ہے)

اللہ کا قول (وہ ان کو خود پر ترجیح دیتے ہیں اگرچہ خود ہی ضرورت مند ہوں اور جو بخل سے بچایا گیا ہے وہی کامیاب ہیں)

تاویل۔ محمد بن العباس سے روایت ہے کہ ہم سے محمد بن سہل العطاء سے انہوں نے احمد بن عمرو الد ھقان سے انہوں نے محمد بن کثیر سے انہوں نے عاصم بن کلیب سے انہوں نے اپنے والد سے انہوں نے ابو ہریرہ سے روایت کی ہے کہ ایک شخص نبیؐ کے پاس آیا اور ان سے بھوک کی شکایت کی

پس آپؐ نے اپنی بیویوں کے گھروں میں بھیجا انہوں نے کہا ہمارے پاس تو صرف پانی ہے تو نبیؐ نے فرمایا اس شخص کو آج کی رات کون مہمان رکھے گا تو علیؑ ابن ابی طالبؑ نے فرمایا یا رسول اللہؐ میں اس کو مہمان رکھوں گا اور گھر آکر فاطمہؑ کو بتایا انہوں نے کہا کہ ہمارے پاس تو صرف بچوں کے لیے غذا ہے لیکن ہم خود پر اپنے مہمان کو ترجیح دیں گے تو علیؑ نے فرمایا بچوں کو سلا دو اور چراغ بجھا دو جب صبح ہوئی تو رسول اللہؐ پر یہ آیت نازل ہوئی (وہ ان کو خود پر ترجیح دیتے ہیں اگرچہ خود ہی ضرورت مند ہوں اور جو بخل سے بچایا گیا ہے وہی کامیاب ہیں)

ہم سے احمد بن ادریس نے انہوں نے احمد بن محمد بن عیسیٰ سے انہوں نے الحسین بن سعید سے انہوں نے فضالہ بن ایوب سے انہوں نے کلیب سے انہوں نے امام ابو عبد اللہؑ سے اللہ کے اس قول کے بارے میں روایت کی ہے کہ فرمایا علیؑ فاطمہؑ کے پاس تھے کہ فاطمہؑ نے فرمایا یا علیؑ میرے بابا کے پاس جایئے اور ہمارے لیے کچھ لے کر آئیں تو علیؑ رسول اللہؐ کے پاس آئے انہوں نے علیؑ کو ایک دینار دیا اور ان سے فرمایا جاؤ علیؑ اس سے اپنے گھر والوں کے لیے کھانا لے جاؤ علیؑ رسول اللہؐ کے پاس سے چلے تو انہیں مقدادؓ ملا اور ان سے اپنی حاجت کا ذکر کیا آپؑ نے وہ دینار مقداد کو دے دیا اور خود مسجد میں تشریف لے گئے اور وہاں سو گئے رسول اللہؐ نے علیؑ کا انتظار کیا لیکن وہ نہیں آئے پس آپؐ مسجد میں تشریف لائے اور دیکھا کہ علیؑ مسجد میں سوئے ہوئے ہیں آپؐ نے انہیں جگایا تو وہ اٹھ کر بیٹھ گئے رسول اللہؐ نے علیؑ سے فرمایا اے علیؑ تم کہاں تھے ؟ فرمایا جب میں آپؐ کے پاس سے رخصت ہوا تو مجھے مقدادؓ ملا تو اس نے مجھ سے اپنی حاجت کا ذکر کیا تو میں نے وہ دینار اسے دے دیا تو رسول اللہؐ نے فرمایا کہ مجھے جبرائیل نے خبر دے دی ہے اور اللہ نے تمہارے لیے اپنی کتاب میں یہ آیت نازل فرمائی ہے (اور وہ خود پر ترجیح دیتے ہیں اگرچہ وہ خود ضرورت مند ہوں اور جو بخل سے بچا لیا گیا وہی

کامیاب ہیں)

ہم سے محمد بن احمد بن ثابت نے انہوں نے القاسم بن اسماعیل سے انہوں نے محمد بن سنان سے انہوں نے سماعہ بن مہران سے انہوں نے جابر بن یزید سے انہوں نے امام ابو جعفرؑ سے روایت کی ہے کہ رسول اللہؐ کے پاس مال لایا گیا اور حلے آئے اور ان کے ارد گرد اصحاب بیٹھے ہوئے تھے آپؐ نے ان میں وہ مال تقسیم کر دیا یہاں تک کہ کوئی حلہ اور دینار باقی نہ رہا جب آپؐ تقسیم سے فارغ ہو گئے تو مہاجرین میں سے ایک غریب آگیا جو پہلے ادھر موجود نہ تھا جب رسول اللہؐ نے اسے دیکھا تو فرمایا کون ہے جو اسے خود پر ترجیح دے پس علیؑ نے سنا اور فرمایا میرا حصہ اسے دے دیجئے اور اپنا حصہ اسے دے دیا پس رسول اللہؐ نے اس وقت فرمایا اے علیؑ تم نیکیوں اور سخاوت میں سبقت لے گئے ہو تم یعسوب المومنین ہو اور ظالم ہیں وہ لوگ جو تم سے حسد کرتے ہیں اور تم پر بغاوت کریں گے اور تم سے میرے بعد تمہارا حق چھین لیں گے۔

اسناد کے ساتھ قاسم بن اسماعیل سے انہوں نے اسماعیل بن ابان سے انہوں نے عمرو بن شمر سے انہوں نے جابر بن یزید سے انہوں نے امام ابو جعفرؑ سے روایت کی ہے کہ رسول اللہؐ ایک دن تشریف فرما تھے اور ان کے اصحاب ان کے گرد تھے پس علیؑ آگئے جیسے ہی علیؑ آئے رسول اللہؐ نے اس آیت کی تلاوت فرمائی(اور وہ خود پر ترجیح دیتے ہیں۔۔۔۔۔۔) پھر رسول اللہؐ نے علیؑ سے فرمایا اے علیؑ جن کے بارے میں یہ آیت نازل ہوئی ہے تم ان کے سردار اور امام ہو پھر رسول اللہؐ نے فرمایا اے علیؑ تمہارا حلہ کہاں ہے جو میں نے تمہیں پہنایا تھا؟ فرمایا یا رسول اللہؐ آپؐ کے اصحاب میں سے کوئی میرے پاس آیا اور اپنی اور اپنے گھر والوں کی عریانی کا شکوہ کیا پس میں نے اسے اپنے اوپر ترجیح دی اور جان لیا کہ اللہ عنقریب مجھے اس سے بہتر دے گا تو رسول اللہؐ نے فرمایا تم نے سچ کہا جبرائیل نے

مجھے بتایا کہ اللہ نے تمہارا جنت میں سبز رنگ کا حلہ اس حلے کے عوض میں رکھا ہے جو یاقوت اور زبرجد سے منقش ہے پس اے علیؑ تمہیں بشارت ہو پس علیؑ خوشی سے وہ خبر لے کر چل دیئے جو انہیں رسول اللہؐ نے دی تھی۔ درود و سلام ہو ان پر اور ان کی پاکیزہ آلؑ پر۔

اللہ کا قول (اور جو ان کے بعد آئیں گے وہ کہیں گے اے ہمارے رب ہمیں بخش دے اور ہمارے ان بھائیوں کو بھی جو ایمان میں سبقت لائے تھے اور ہمارے دلوں میں کینہ نہ ڈال ان لوگوں کے لیے جو ایمان لائے اے ہمارے رب بے شک تو بخشنے والا اور مہربان ہے)

تاویل۔ محمد بن العباس نے کہا کہ ہم سے علی بن عبداللہ نے انہوں نے ابراہیم بن محمد سے انہوں نے یحییٰ بن صالح سے انہوں نے الحسین بن الاشقر سے انہوں نے عیسیٰ بن راشد سے انہوں نے ابو بصیر سے انہوں نے عکرمہ سے انہوں نے ابن عباس سے روایت کی ہے کہ فرمایا اللہ نے ہر مسلمان پر علیؑ کے لیے بخشش کہنا فرض کیا ہے اور یہ اللہ کا قول ہے (اے ہمارے رب ان کو بخش دے جو ایمان میں سبقت لے گئے) علیؑ تمام امت میں سبقت لے جانے والے ہیں اور اللہ کا قول (جو ان کے بعد آئیں گے) یعنی ان کے بعد جو مومنین کو خود پر ترجیح دینے والے ہونگے اور وہ کہیں گے کہ اے ہمارے رب ہمیں بھی بخش دے اور ہمارے ان بھائیوں کو بھی جو ایمان میں ہم پر سبقت لے گئے اور ہمارے دلوں میں ان کے لیے کینہ نہ ڈال کہ جو ایمان لائے)اور ایمان والوں سے مراد جو ہے وہ کئی مرتبہ قرآن میں آیا ہے جیسا کہ ہے (اللہ تمہارا حاکم ہے اور اس کا رسول حاکم ہے اور لوگ جو ایمان لائے اور نماز قائم کرتے ہیں اور حالت رکوع میں زکواۃ دیتے ہیں) پس آپؑ پر اور آپؑ کی ذریت پر درود و سلام ہو۔

اللہ کا قول (اصحاب جہنم اور اصحاب جنت برابر نہیں ہیں بے شک اصحاب جنت ہی کامیاب ہیں)

تاویل۔ ہمارے اصحاب نے حذف اسناد کے ساتھ مرفوعاً امیر المومنینؑ سے روایت کی ہے کہ رسول اللہؐ نے یہ آیت تلاوت فرمائی اور فرمایا اصحاب جنت وہ ہیں جنہوں نے میری اطاعت کی اور میرے بعد علیؑ کی اطاعت کی اور ان کی ولایت کا اقرار کیا اور اصحاب جہنم وہ ہیں جنہوں نے علیؑ کی ولایت کا انکار کیا اور میرے بعد اس عہد کو توڑ ڈالا۔

الشیخ نے امالی میں محدوج سے روایت کی ہے کہ ان کا وفد نبیؐ کے پاس آیا تو آپؐ نے اس آیت کی تلاوت فرمائی تو ہم نے کہا یا رسول اللہؐ اصحاب جنت کون ہیں؟ فرمایا جس نے میری اطاعت کی اور میرے بعد اس کی اطاعت کی اور رسول اللہؐ نے علیؑ کو کلائی سے پکڑ کر بلند کیا جو ان کے پہلو میں بیٹھے ہوئے تھے اور فرمایا علیؑ مجھ سے ہے اور میں علیؑ سے ہوں جس نے اسے ناراض کیا اس نے مجھے ناراض کیا اور جس نے مجھے ناراض کیا اس نے اللہ کے غضب کو دعوت دی پھر فرمایا یا علیؑ تیری جنگ میری جنگ ہے اور تیری صلح میری صلح ہے اور تم میرے اور میری امت کے درمیان علم ہو۔

سورۃ الممتحنہ

(اس سورہ مبارکہ کی وہ آیات جو آئمہ ھدیٰؑ کی شان میں نازل ہوئیں)

اللہ کا قول (پھر تمہیں دوبارہ پلٹایا جائے گا اور ہم تمہاری مدد مال اور بیٹوں سے کریں گے اور تم کو زیادہ گروہ والا کردیں گے)

تاویل۔ محمد بن العباس نے کہا کہ ہم سے علی بن عبداللہ نے انہوں نے ابراہیم بن محمد الثقفی سے کہا کہ میں نے محمد بن صالح کو کہتے ہوئے سنا کہ مجھ سے ابوالجارود اور زیاد المنذر سے انہوں نے علیؑ کو فرماتے ہوئے سنا کہ تعجب ہے اور تعجب ہے رجب اور جمادی کے درمیان تو ایک آدمی نے کہا یا امیرالمومنینؑ آپؑ کیوں تعجب فرمارہے ہیں؟ فرمایا تیری ماں تجھے گم پائے کہ دشمن خدا، رسول اور ان کے اہل بیتؑ اسی مہینے میں مارے جائیں گے اور تم کہو گے کہ مر گئے ہلاک ہوگئے یا کون سی وادی میں چلے گئے یہ اس آیت کی تاویل ہے (پھر تمہیں دوبارہ پلٹایا جائے گا اور ہم تمہاری مدد مال اور بیٹوں سے کریں گے اور تم کو زیادہ گروہ والا کردیں گے) یہ تاویل رجعت پر دلالت کرتی ہے اور جناب امیرؑ کا یہ فرمان تم کہو گے مر گئے یا ہلاک ہوگئے اس سے مراد قائمؑ ہیں کہ ان پر اور ان کے آباءؑ پر درود سلام ہو قیامت کے دن تک۔

سورۃ الصف

(اس سورہ مبارکہ کی وہ آیات جو آئمہ ھدیٰؑ کی شان میں نازل ہوئیں)

اللہ کا قول (اللہ ان لوگوں سے محبت کرتا ہے جو اس کے راستے میں قتال کرتے ہیں ایسے صف بندی کر کے گویا کہ وہ سیسہ پلائی ہوئی دیوار ہیں)

تاویل۔ محمد بن العباس نے کہا کہ ہم سے علی بن عبید نے اور محمد بن القاسم نے کہا کہ ہم سے حسین بن حکم نے انہوں نے حسن بن حسین سے انہوں نے حیان بن علی سے انہوں نے الکلبی سے انہوں نے ابو صالح سے انہوں نے ابن عباس سے اللہ کے اس قول کے بارے میں روایت کی ہے (اللہ ان لوگوں سے محبت کرتا ہے جو اس کی راہ میں صف بندی کر کے قتال کرتے ہیں گویا کہ وہ سیسہ پلائی ہوئی دیوار ہوں) فرمایا یہ علیؑ، حمزہؓ اور عبیدہ بن الحارث ، سہل بن حسیف ، حارث بن الصمہ اور ابو دجانہ کے بارے میں نازل ہوئی۔

ہم سے الحسین بن محمد نے انہوں نے حجاج بن یوسف سے انہوں نے بشر بن الحسین سے انہوں نے

الزبیر بن عدی سے انہوں نے الضحاک سے انہوں نے ابن عباس سے اللہ کے اس قول کے بارے میں روایت کی ہے (اللہ ان لوگوں سے محبت کرتا ہے جو اس کے راستے میں قتال کرتے ہیں ایسے صف بندی کر کے گویا کہ وہ سیسہ پلائی ہوئی دیوار ہیں) میں نے کہا یہ کون ہیں ؟ کہا کہ علیؑ ابن ابی طالبؑ، حمزہؓ اللہ اور اس کے رسولؐ کے شیر ، عبیدہ بن الحارث، مقداد بن اسود۔

ہم سے عبد العزیز بن یحییٰ نے انہوں نے میسرۃ بن محمد سے انہوں نے ابراہیم بن محمد سے انہوں نے ابن فضیل سے انہوں نے حسان سے انہوں نے الضحاک بن مزاحم سے انہوں نے ابن عباس سے روایت کی ہے کہ علیؑ صف قتال میں تھے کہ جیسے سیسہ پلائی دیوار ہوں تو اللہ نے ان کی مدح فرمائی اور علیؑ جیسی جنگ کسی کی جنگ نہیں تھی۔

اللہ کا قول (وہ چاہتے ہیں کہ اپنی پھونکوں سے اللہ کے نور کو بجھا دیں اور اللہ تو اپنے نور کو مکمل کر کے چھوڑے گا اگرچہ کفار کو ناپسند ہی کیوں نہ ہو وہی ذات ہے کہ جس نے اپنے رسول کو ہدایت اور دین حق کے ساتھ بھیجا تا کہ اسے تمام ادیان پر غالب کر دے اگرچہ مشرکین ناخوش ہی ہوں)

تاویل۔ محمد بن العباس نے کہا کہ ہم سے علی بن عبد اللہ بن حاتم نے انہوں نے اسماعیل بن اسحاق سے انہوں نے یحییٰ بن ہاشم سے انہوں نے ابو الجارود سے انہوں نے امام ابو جعفرؑ سے اللہ کے اس قول کے بارے میں روایت کی ہے (وہ چاہتے ہیں کہ اپنی پھونکوں سے اللہ کے نور کو بجھا دیں اور اللہ اپنے نور کو مکمل کر کے رہے گا) فرمایا اگر اللہ کی قسم تم امر ولایت کو چھوڑ بھی دو تو اللہ اسے نہیں چھوڑے گا۔

اس کی تائید یہ روایت بھی کرتی ہے کہ الشیخ محمد بن یعقوب نے انہوں نے علی بن محمد سے انہوں نے ہمارے بعض اصحاب سے انہوں نے الحسن بن محبوب سے انہوں نے محمد بن الفضیل سے انہوں نے

امام ابوالحسن الماضیؑ سے روایت کی ہے کہ میں نے امامؑ سے اللہ کے اس قول کے بارے میں دریافت کیا تو آپؑ نے فرمایا وہ چاہتے ہیں کہ اپنی پھونکوں سے ولایت علیؑ کو بجھادیں میں نے کہا(اور اللہ اپنے نور کو مکمل کر کے رہے گا) فرمایا کہ اللہ امامت کو پورا کرنے والا ہے کیونکہ اللہ عزوجل کا قول ہے (اللہ، اس کے رسول پر ایمان لاؤ اور اس نور پر کہ جو ان کے ساتھ اتارا گیا) اس نور سے مراد امامؑ ہیں میں نے کہا(وہی ذات ہے کہ جس نے اپنے رسول کو ہدایت اور دین حق کے ساتھ بھیجا) فرمایا اللہ نے اپنے رسول کا حکم دیا ولایت وصایت کا اور ولایت علیؑ ہی دین حق ہے میں نے کہا(اسے تمام ادیان پر غالب کر دے) اس کا کیا مطلب ہے ؟ فرمایا کہ قیام قائمؑ کے وقت اللہ اسے تمام ادیان پر غالب کر دے گا(اور اللہ اپنے نور کو تمام کرنے والا ہے ولایت قائمؑ کے ذریعے اگرچہ کافروں کو ناپسند ہو) میں نے کہا یہ تنزیل ہے ؟ فرمایا ہاں یہ حروف تنزیل ہیں اور اس کے علاوہ تاویل ہے۔

محمد بن الحسین نے انہوں نے محمد بن وہبان سے انہوں نے احمد بن جعفر الصولی سے انہوں نے علی بن الحسین سے انہوں نے حمید بن ربیع سے انہوں نے ہیثم بن بشیر سے انہوں نے ابو اسحاق سے انہوں نے علیؑ سے روایت کی ہے کہ رسول اللہؐ منبر پر تشریف لائے اور فرمایا کہ اللہ نے اہل زمین میں سے مجھے چنا اور دوسری مرتبہ دیکھا تو میرے بھائی علیؑ کو چنا جو میرا وزیر، وارث، وصی اور میری امت میں میرا خلیفہ اور میرے بعد ہر مومن کا ولی ہے جس نے اس سے محبت رکھی اس نے اللہ سے محبت رکھی جس نے اس سے دشمنی رکھی اس نے اللہ سے دشمنی رکھی جس نے اس سے محبت کی اس نے اللہ سے محبت کی جس نے اس سے بغض رکھا اس نے اللہ سے بغض رکھا اللہ کی قسم اس سے محبت صرف مومن کرے گا اور اس سے بغض صرف کافر رکھے گا اور وہ میرے بعد زمین کا نور ہے اور اس کا رکن ہے کلمہ تقویٰ میں عروۃالوثقیٰ میں پھر آپؐ نے اس آیت کی تلاوت فرمائی(وہ چاہتے ہیں کہ اللہ کے نور کو اپنی پھونکوں سے بجھادیں مگر اللہ اپنے نور کو مکمل کر کے رہے گا چاہے کافروں کا ناپسند

ہی کیوں نہ ہو) اے لوگوں تم میں سے جو غائب ہے اور جو یہاں موجود ہے وہ انہیں پہنچادیں اے اللہ میں تمہیں اس پر گواہ ٹھہراتا ہوں اے لوگوں اللہ نے تیسری مرتبہ دیکھااور میرے اور علیؑ کے بعد گیارہ اماموںؑ کو چناایک کے بعد ایک کے ان میں سے ایک قائمؑ ہوں گے ان کی مثال ایسے ہے جیسے آسمان کے

ستارے کہ سب ستارے غائب ہو جاتے ہیں ایک رہ جاتا ہے کہ جس سے ہدایت پانے والے ہدایت پاتے ہیں جس نے ان کی اطاعت کی اس نے اللہ کی اطاعت کی جس نے ان کی نافرمانی کی اس نے اللہ کی نافرمانی کی وہ قرآن کے ساتھ ہیں اور قرآن ان کے ساتھ ہے وہ ان کو نہیں چھوڑتااور یہ اس کو کبھی نہیں چھوڑیں گے یہاں تک کہ حوض پر آجائیں۔

محمد بن العباس نے کہا کہ ہم سے احمد بن ھنورہ نے انہوں نے ابراہیم بن اسحاق سے انہوں نے عبداللہ بن حمار سے انہوں نے ابوبصیر سے روایت کی ہے کہ میں نے امام ابوعبداللہؑ سے سوال کیااللہ کے اس قول کے بارے میں (وہی ذات ہے کہ جس نے اپنے رسول کوہدایت اور دین حق کے ساتھ مبعوث کیاتاکہ اسے تمام ادیان پر غالب کردے اگرچہ مشرکین کوناپسند ہی کیوں نہ ہو) فرمایااس آیت کی تاویل ابھی نازل نہیں ہوئی میں نے کہامیں آپؑ پر قربان اس کی تاویل کب نازل ہوگی؟ فرمایا جب قیام قائمؑ ہوگا انشاء اللہ جب قیام قائمؑ ہوگا تو کوئی کافر و مشرک باقی نہ رہے گا اگر کوئی کافر و مشرک چٹان کے پیٹ میں بھی چھپا ہوگا تو چٹان کہے گی کہ اے مومن میرے پیٹ میں کافر یا مشرک ہے اسے قتل کردوتووہ آئیں گے اور اسے قتل کردیں گے۔

اس کی تائید یہ روایت بھی کرتی ہے کہ انہوں نے احمد بن ادریس سے انہوں نے عبداللہ بن محمد سے انہوں نے صفوان بن یحییٰ سے انہوں نے یعقوب بن شعیب سے انہوں نے عمران بن میثم سے

انہوں نے عبایہ بن ربعی سے روایت کی ہے کہ انہوں نے امیر المومنینؑ کو اس آیت کے بارے میں فرماتے ہوئے سنا(وہی ذات ہے کہ جس نے اپنے رسول کو ہدایت اور دین حق کے ساتھ بھیجا تا کہ اسے تمام ادیان پر غالب کر دے اگرچہ مشرکین کو ناپسند ہی ہو) فرمایا کہ یہ بعد میں ظاہر ہو گا اللہ کی قسم کہ جس کے ہاتھ میں میری جان ہے کہ زمین میں کوئی بھی بستی باقی نہ رہے گی کہ اس میں ندا دی جائے گی کہ لا الہ الا اللہ محمد رسول اللہ صبح و شام۔

ہم سے یوسف بن یعقوب نے انہوں نے محمد بن ابی بکر المقری سے انہوں نے نعیم بن سلیمان سے انہوں نے لیث سے انہوں نے مجاہد سے انہوں نے ابن عباس سے اللہ کے قول کے بارے میں روایت کی ہے کہ فرمایا کہ کرہ ارض پر کوئی نصرانی اور یہودی نہ رہے گا کہ تمام اسلام میں داخل ہو جائیں گے یہاں تک کہ بھیڑ، بکری، شیر، گائے، انسان، سانپ سب امن میں ہونگے اور اللہ کا یہ قول(اسے تمام ادیان پر غالب کر دے گا اگرچہ مشرکین کو ناپسند ہی کیوں نہ ہو) اور یہ قیام قائمؑ کے وقت ہو گا۔

اللہ کا قول(اے ایمان والوں کیا میں تمہاری راہنمائی ایسی تجارت کی طرف نہ کروں کہ جو تمہیں دردناک عذاب سے نجات دے دے)

تاویل۔ الحسن بن ابی الحسن الدیلمی سے انہوں نے اپنے رجال سے اسناد کے ساتھ متصل نوفلی سے انہوں نے امام ابو عبد اللہؑ سے روایت کی ہے کہ امیر المومنینؑ نے فرمایا میں ہی وہ نفع بخش تجارت ہوں کہ جو دردناک عذاب سے نجات دیتی ہے۔

اس کی وضاحت یہ ہے کہ امامؑ کی ولایت نفع بخش تجارت ہے۔

الشیخ الطوسی سے انہوں نے عبد الواحد بن الحسن سے انہوں نے محمد بن محمد الحوینی سے روایت کی ہے

کہ میں نے علی بن احمد الواحدی سے مرفوعاً حدیث میں نبیؐ سے روایت کی ہے کہ عمرو بن عبدود کی مبارزہ طلبی کے جواب میں علیؑ میدان جنگ میں گئے اور اس کو جو ضرب لگائی تو رسول اللہؐ نے فرمایا کہ آج کے دن علیؑ کی یہ ایک ضربت میری امت کی تمام عبادت سے افضل ہے قیامت تک اور یہ ہی تجارت نفع بخش ہے کہ جو عذاب الیم سے نجات دیتی ہے۔

اللہ کا قول (اور پاکیزہ رہائش گاہیں جنت عدن میں)

تاویل۔ محمد بن العباس سے انہوں نے احمد بن عبداللہ الرقاق سے انہوں نے ایوب بن محمد ابو واق سے انہوں نے الحجاج بن محمد سے انہوں نے الحسن بن جعفر سے انہوں نے الحسن بن الحسین سے روایت کی ہے کہ میں نے عمران بن الحصین اور ابو ہریرہ سے اللہ کے اس قول کے اس قول کی تفسیر میں سوال کیا (اور پاکیزہ رہائش گاہیں جنت عدن میں) تو انہوں نے کہا کہ ہم نے رسول اللہؐ سے پوچھا تو فرمایا کہ جنت میں لئو لئو سے بنے محل ہیں اس محل کے ستر دروازے ہیں سرخ یاقوت کے بنے ہوئے ہر محل میں ستر محل ہونگے جو سبز زمرد کے بنے ہوئے ہونگے ہر گھر میں ستر چارپائیاں ہونگی اور ستر بستر ہونگے ہر بستر پر ایک حور عین ہوگی ہر گھر میں ستر دستر خوان ہونگے ہر دستر خوان پر ستر قسم کا کھانا ہوگا ہر گھر میں ستر قسم کے اوصاف ہونگے اور یہ گھر اللہ عزوجل مومنین کو عطا کرے گا اور مومنین کو اتنی قوت دے گا کہ وہ ایک ہی وقت میں ان تمام نعمتوں سے فائدہ اٹھا سکے۔

اللہ کا قول (اے ایمان والون اللہ کے مددگار بن جاؤ کہ جس طرح عیسیٰؑ بن مریم نے حواریوں سے کہا کہ اللہ کی طرف میرا کون مددگار ہے تو حواریوں نے کہا کہ ہم اللہ کے مددگار ہیں پس بنی اسرائیل میں سے ایک گروہ ایمان لے آیا اور ایک گروہ کافر ہو گیا پس اللہ نے ایمان لانے والوں کی اپنے دشمنوں پر مدد کی اور وہ غالب آ گئے)

تاویل۔ محمد بن العباس نے کہا کہ ہم سے احمد بن عبداللہ بن سابق نے انہوں نے محمد بن عبدالملک بن زنجویہ سے انہوں نے عبدالرزاق سے انہوں نے معمر سے روایت کی ہے کہ قتادۃ نے اس آیت کی تلاوت کی(اے ایمان والوں اللہ کے مددگار بن جاؤ کہ جیسے عیسیٰؑ بن مریم نے حواریوں سے کہا کون اللہ کا مددگار ہے) کہا کہ محمدؐ کی اللہ کی حمد کے ساتھ حواریوں نے ان کے پاس آکر ان کی بیعت کی اور ان کی مدد کی یہاں تک کہ اللہ نے اپنے دین کو غالب کر دیا اور وہ تمام حواری قریش سے تھے اور اس نے علیؑ، حمزہؓ، جعفرؑ، عثمان بن مظعون اور دوسروں کا ذکر کیا۔

سورۃ الجمعہ

(اس سورہ مبارکہ کی وہ آیات جو آئمہ ھدیٰ کی شان میں نازل ہوئیں)

اللہ کا قول (وہی ذات ہے کہ جس نے تم میں رسول بھیجا جو تمہارے سامنے اللہ کی آیات تلاوت کرتا ہے تمہیں پاک کرتا ہے اور تمہیں کتاب وحکمت کی تعلیم دیتا ہے)

تاویل۔ محمد بن العباس نے کہا کہ ہم سے محمد بن القاسم نے انہوں نے عبید بن کثیر سے انہوں نے حسین بن نصر سے انہوں نے اپنے والد سے انہوں نے ابان بن ابی عیاش سے انہوں نے سلیم بن قیس الھلالی سے انہوں نے امیر المومنینؑ سے روایت کی ہے کہ آپؑ نے فرمایا ہم ہی وہ ہیں کہ جن میں اللہ نے رسول بھیجا کہ وہ ہم پر اس کی آیات تلاوت کرتا ہے ہمارا تزکیہ کرتا ہے اور ہمیں کتاب و حکمت کی تعلیم دیتا ہے۔

اللہ کا قول (یہ اللہ کا فضل ہے جسے چاہتا ہے دیتا ہے اور بے شک اللہ بڑے فضل والا اور عظمت والا ہے)

197 | تاویل الآیات(جلد دوئم)

تاویل۔اس آیت کی تاویل میں ہے کہ الشیخ محمد بن یعقوب نے انہوں نے محمد بن یحییٰ سے انہوں نے احمد بن محمد بن عیسیٰ سے انہوں نے علی بن الحکم سے انہوں نے المستورد سے انہوں نے جس سے روایت کی انہوں نے امام ابو عبداللہؑ سے روایت کی ہے کہ جو فرشتے آسمان پر ہیں وہ گروہ در گروہ زمین پر آتے ہیں اور آل محمدؑ کی صفات بیان کرتے ہیں ایک گروہ دیکھتا ہے کہ دشمنان آل محمدؑ کثرت میں ہیں اور مومنین کی تعداد بہت کم ہے تو ملائکہ کا پہلا گروہ کہتا ہے کہ آل محمدؑ کی مودت اللہ کا عظیم فضل ہے وہ جسے چاہتا ہے دیتا ہے اور بے شک اللہ بڑے فضل والا اور عظمت والا ہے۔

اللہ کا قول(اور جب کوئی تجارت دیکھتے ہیں یا کوئی تماشہ دیکھتے ہیں توآپ کو کھڑا چھوڑ کر ہی بھاگ جاتے ہیں کہہ دیجئے کہ جو اللہ کے پاس ہے وہ اس تجارت اور تماشے سے بہتر ہے اور اللہ بہتر رزق دینے والا ہے)

تاویل۔ محمد بن العباس نے کہا کہ ہم سے عبدالعزیز بن یحییٰ نے انہوں نے المغیرۃ بن محمد سے انہوں نے عبدالغفار سے انہوں نے قیس بن ربیع سے انہوں نے حصین سے انہوں نے سالم بن ابی الجعد سے انہوں نے جابر بن عبداللہ سے روایت کی ہے کہ مدینہ میں شام کا تجارتی قافلہ وارد ہوا پس اہل مدینہ دف بجانے لگے اور خوش ہوئے پس نبیؐ نکلے اور جمعہ کے دن مسجد میں خطبہ دینے لگے تو لوگ مسجد سے نکل کر اس کی طرف بھاگ گئے اور رسول اللہؐ کو کھڑا ہی چھوڑ گئے اور مسجد میں صرف بارہ لوگ رہ گئے ان میں علیؑ بن ابی طالبؑ بھی تھے۔

ہم سے احمد بن القاسم نے انہوں نے احمد بن محمد بن سیار سے انہوں نے محمد بن خالد سے انہوں نے الحسن بن سیف بن عمیرۃ سے انہوں نے عبدالکریم بن عمرو سے انہوں نے جعفر بن الاحمر سے انہوں نے امام ابو عبداللہؑ سے اللہ کے اس قول کے بارے میں روایت کی کہ آپؑ نے فرمایا کہ وہ تمام

اس تماشے کی طرف بھاگ گئے سوائے علیؑ ابن ابی طالبؑ کے پس اللہ نے یہ آیت نازل فرمائی (پس کہہ دیجئے کہ جو اللہ کے پاس ہے وہ اس تجارت اور تماشے سے بہتر ہے اور بے شک اللہ بہتر رزق دینے والا ہے)

سورة المنافقون

(اس سورہ مبارکہ کی وہ آیات جو آئمہ ھدیٰؑ کی شان میں نازل ہوئیں)

اللہ کا قول(جب آپ کے پاس منافق آتے ہیں۔۔۔اس قول تک۔۔۔بے شک اللہ نافرمانوں کے گروہ کو ہدایت نہیں دیتا)

تاویل۔الشیخ محمد بن یعقوب نے ان آیات کی تاویل میں کہا ہے کہ ہم سے علی بن محمد نے انہوں نے اپنے بعض اصحاب سے انہوں نے الحسن بن محبوب سے انہوں نے محمد بن الفضیل سے انہوں نے امام ابوالحسن الماضیؑ سے روایت کی ہے کہ میں نے امامؑ سے اللہ کے اس قول کے بارے میں پوچھا(اس لیے کہ وہ ایمان لائے پھر انہوں نے کفر کیا پس ان کے دلوں پر مہر لگادی گئ) فرمایا کہ جنہوں نے علیؑ کی بیعت کی پھر وہ اس عہد سے پھر گئے پس اللہ نے ان کے دلوں پر مہر لگادی امامؑ نے فرمایا کہ جو اللہ کے رسول اور اس کے وصیؑ کی اطاعت نہ کرے وہی منافق ہے اور جس نے امامت کا انکار کیا وہ ایسا ہی ہے جیسے اس نے نبوت محمدؐ کا انکار کیا اور اللہ نے قرآن میں نازل کیا(اے محمدؐ! جب آپ کے پاس منافق آتے ہیں اور علیؑ کی ولایت کو تسلیم کرتے ہیں اور کہتے ہیں کہ ہم گواہی دیتے ہیں کہ آپ

اللہ کے رسول ہیں اللہ جانتا ہے کہ آپ اللہ کے رسول ہیں لیکن یہ منافق ہیں اور جھوٹے ہیں اور علیؑ کی ولایت کا انکار کرتے ہیں وہ اپنی قسموں کو ڈھال بناتے ہیں اور اللہ کے راستے سے یعنی ولایت علیؑ سے روکتے ہیں اور وہ کتنا ہی برا کرتے ہیں کیونکہ وہ آپ کی رسالت پر ایمان لائے پھر انہوں نے علیؑ کی ولایت کا انکار کر کے کفر کیا پس اللہ نے ان کے دلوں پر مہر لگا دی لیکن وہ سمجھتے نہیں)(اور جب ان سے کہا جاتا ہے کہ ولایت علیؑ کی طرف پلٹ آؤ تو اللہ کا رسول تمہارے گناہوں کی بخشش طلب کرے گا تو وہ غرور میں آ جاتے ہیں اور آپ انہیں دیکھتے ہیں کہ وہ ولایت علیؑ سے روکتے ہیں اور اس پر تکبر کرتے ہیں)

سورۃ التغابن

(اس سورہ مبارکہ کی وہ آیات جو آئمہ ھدیٰؑ کی شان میں نازل ہوئیں)

اللہ کا قول(وہی ذات ہے کہ جس نے تم کو پیدا کیا تم میں سے کافر بھی ہیں اور مومن بھی اور جو تم کرتے ہو اللہ اسے دیکھ رہا ہے)

تاویل۔ محمد بن یعقوب نے انہوں نے محمد بن یحییٰ سے انہوں نے احمد بن محمد سے انہوں نے الحسن بن محبوب سے انہوں نے الحسین بن نعیم الصحاف سے روایت کی ہے کہ میں نے امام ابو عبد اللہؑ سے اللہ کے اس قول کے بارے میں پوچھا(تم میں سے کافر بھی ہیں اور تم میں سے مومن بھی ہیں) فرمایا کہ اللہ ایمان کو ہماری ولایت کے ذریعے پہچانتا ہے اور ان کا کفر اس دن کا ہے جب علیؑ کی ولایت کا میثاق لیا گیا تھا۔

اللہ کا قول(پس ایمان لاؤ اللہ پر اس کے رسول پر اور اس نور پر جسے ہم نے نازل کیا اور اللہ تمہارے اعمال سے باخبر ہے)

تاویل۔ محمد بن یعقوب نے انہوں نے الحسین بن محمد سے انہوں نے معلیٰ بن محمد سے انہوں نے علی

بن مروان سے انہوں نے صفوان بن یحییٰ سے اور الحسن بن محبوب سے انہوں نے ابو ایوب سے انہوں نے ابو خالد الکابلی سے روایت کی ہے کہ میں نے امام ابو جعفرؑ سے سوال کیا اللہ کے اس قول کے بارے میں (پس ایمان لاؤ اللہ پر اس کے رسول پر اور اس نور پر جسے ہم نے نازل کیا) فرمایا اے ابو خالد! وہ نور اللہ کی قسم آل محمدؐ کے امام ہیں اور اللہ کی قسم وہی نور ہیں جو اللہ نے نازل کیا ہے اور اللہ کی قسم وہی آسمانوں اور زمینوں کا نور ہیں اے ابو خالد! امامؑ کا نور مومنین کے دلوں میں سورج کے نور سے زیادہ روشن ہے اور اللہ کی قسم وہ مومنین

کے دلوں کو منور کرتے ہیں اور اللہ جس سے چاہتا ہے اس نور کو پوشیدہ کر دیتا ہے اور ان کے دلوں میں اندھیرا کر دیتا ہے اللہ کی قسم اے ابو خالد! اللہ جس کے دل میں ہماری محبت ڈالتا ہے اس کو پہلے پاک کرتا ہے۔

اللہ کا قول (اطاعت کرو اللہ کی اور اطاعت کرو رسول کی اگر تم پھر جاؤ گے تو ہمارے رسول کے ذمہ صرف صاف صاف پہنچانا ہے)

تاویل۔ محمد بن یعقوب نے انہوں نے محمد بن یحییٰ سے انہوں نے احمد بن محمد سے انہوں نے الحسن بن محبوب سے انہوں نے الحسین بن نعیم الصحاف سے روایت کی ہے کہ میں نے امام ابو عبد اللہؑ سے اللہ کے اس قول کے بارے میں پوچھا تو فرمایا اللہ کی قسم اللہ نے تمام مخلوق کو ہماری ولایت کا حکم دیا اور یہی پیغام ہر نبی اور رسول اللہؐ لے کر آئے اللہ کی قسم اس امت میں سے اور پہلی امتوں میں سے وہی ہلاک ہوئے جنہوں نے ہماری ولایت کو ترک کیا اور ہمارے حق پر ظلم کیا اللہ کی قسم رسول اللہؐ اس دنیا سے اس وقت تک نہیں گئے جب تک انہوں نے تمہاری گردنوں میں ہمارے حق کا پٹہ نہیں ڈال دیا اور اللہ جسے چاہتا ہے صراط مستقیم کی طرف ہدایت دیتا ہے۔

سورۃ التحریم

(اس سورہ مبارکہ کی وہ آیات جو آئمہ ھدیٰؑ کی شان میں نازل ہوئیں)

اللہ کا قول(جب نبیؐ نے اپنی دو بیویوں سے راز کی بات کہی تو انہوں نے اسے فاش کر دیا اللہ نے اپنے نبیؐ پر اسے ظاہر کر دیا جب نبیؐ نے ان کو یہ بات بتائی تو وہ کہنے لگیں آپ کو کس نے اس کی خبر دی فرمایا کہ سب جاننے والے اور پوری خبر رکھنے والے نے مجھے بتایا ہے تم دونوں اللہ کی طرف توبہ کرو تم دونوں کے دل ٹیڑھے ہو چکے ہیں اگر تم ان سے دشمنی کرو گی تو اللہ ان کا مددگار ہے جبرائیل اور نیک مومنین کا سردار اور ملائکہ اس کے مددگار ہیں)

سبب نزول۔ نبیؐ نے عائشہ اور حفصہ سے راز کی بات کہی جو یہ تھی کہ ابو بکر اور عمر ان کے بعد جبر اور ظلم سے علیؑ سے خلافت چھین لیں گے جب نبیؐ نے ان دونوں کو یہ بات بتائی تو انہوں نے اپنے اپنے باپ کو یہ بات بتادی اور رسول اللہؐ کا راز فاش کر دیا پس اللہ نے اپنے رسول پر یہ آیت نازل فرمائی اور فرمایا کہ ان دونوں کے دل ٹیڑھے ہو گئے ہیں یعنی ہدایت و رشد سے ہٹ گئے ہیں اور اگر یہ تم سے دشمنی کریں گی یعنی نبیؐ پر طاقت کا مظاہرہ کریں گی تو اللہ آپؐ کا مددگار ہے اسی طرح جبرائیل اور

مومنین میں سے نیک ترین اور اس کے بعد فرشتے اس کے مددگار ہیں صالح المومنین سے مراد امیر المومنینؑ ہیں۔

محمد بن العباس نے طریق عامہ اور خاص سے اس کی تفسیر میں باون احادیث روایت کی ہیں ان میں سے چند یہ ہیں۔

ہم سے جعفر بن محمد الحسینی نے انہوں نے عیسیٰ بن مہران سے انہوں نے محول بن ابراہیم سے انہوں نے عبدالرحمٰن بن الاسود سے انہوں نے محمد بن عبداللہ بن ابی رافع سے انہوں نے عون بن عبداللہ بن ابی رافع سے روایت کی ہے کہ جس دن رسول اللہؐ کی وفات ہوئی ان پر غشی طاری تھی انہیں کچھ افاقہ ہوا اور میں رو رہا تھا میں نے ان کے ہاتھوں پر بوسہ دیا اور میں نے کہا اے اللہ کے رسولؐ آپؐ کے بعد میرا اور میرے بچوں کا کون ہے ؟ فرمایا میرے بعد اللہ اور میرا وصی صالح المومنین علیؑ ابن ابی طالبؑ ہیں۔

ہم سے محمد بن سہل القطان نے انہوں نے عبداللہ بن محمد البوی سے انہوں نے ابراہیم بن عبید اللہ سے انہوں نے سعید بن یرجوع سے انہوں نے اپنے والد سے انہوں نے عمار بن یاسرؓ سے روایت کی ہے کہ میں نے علیؑ ابن ابی طالبؑ کو فرماتے ہوئے سنا کہ مجھے اللہ کے رسولؐ نے بلایا اور فرمایا میں تمہیں خوشخبری نہ دوں میں نے کہا یارسول اللہؐ وہ کیا ہے؟ فرمایا کہ اللہ نے تمہارے بارے میں قرآن میں نازل کیا ہے (جبرائیل اور صالح المومنین اس کے بعد فرشتے مددگار ہیں) یا علیؑ تم اور تمہارے بیٹے صالح المومنین ہیں۔

ہم سے احمد بن ادریس نے انہوں نے احمد بن محمد بن عیسیٰ سے انہوں نے ابن فضال سے انہوں نے ابو جمیلہ سے انہوں نے محمد الحلبی سے انہوں نے امام ابو عبداللہؑ سے روایت کی ہے کہ رسول اللہؐ نے

تاویل الآیات(جلد دوئم) | 205

اپنے اصحاب کو دو مرتبہ امیر المومنینؑ کا تعارف کروایا ان سے فرمایا کیا تم جانتے ہو کہ میرے بعد حاکم کون ہے ؟ انہوں نے کہا اللہ اور اس کا رسولؐ ہی جانتے ہیں فرمایا کہ اللہ نے فرمایا(بے شک ان کا مددگار اللہ ہے اور جبرائیل اور صالح المومنین ہیں) صالح المومنین علیؑ ہے میرے بعد تمہارے حاکم ہیں۔ اور دوسری مرتبہ غدیر خم میں کہ جب فرمایا من کنت مولاہ فھذا علی مولاہ۔

اللہ کا قول (اللہ کافروں کے لیے نوحؑ اور لوطؑ کی بیویوں کی مثال بیان فرماتا ہے وہ دونوں ہمارے عبادت گزار اور صالح بندوں کے ماتحت تھیں پس ان دونوں نے خیانت کی لیکن ان دونوں کو کوئی چیز اللہ سے بے نیاز نہ کر سکی اور ان سے کہا جائے گا کہ تم دونوں جہنم میں جانیوالوں کے ساتھ داخل ہو جاؤ)

تاویل۔ ابو علی الطبرسی نے کہا کہ یہ مثال اللہ نے ازواج نبیؐ کے لیے بیان کی ہے کہ جنہوں نے آپؐ کا راز فاش کر دیا ان کو توبہ واطاعت کا حکم دیا اس کی تائید امام ابو عبداللہؑ کی روایت کرتی ہے کہ اللہ کا قول (اور اللہ کافروں سے نوح اور لوط کی بیویوں کی مثال بیان کرتا ہے) فرمایا اللہ نے یہ مثال عائشہ اور حفصہ کے لیے بیان کی ہے کہ جب انہوں نے اللہ کے رسولؐ کا راز فاش کر دیا پھر اللہ نے فرمایا(اللہ مومنین کے لیے فرعون کی بیوی کی مثال پیش کرتا ہے کہ جس اس نے کہا اے اللہ میرا گھر جنت میں بنا اپنے پاس اور مجھے فرعون اور اس کے عمل سے نجات دے اور مجھے ظالموں کے گروہ سے نجات دے)

تاویل۔ روایت محمد بن علی سے انہوں نے علی بن الحکم سے انہوں نے سیف بن عمیرۃ سے انہوں نے داؤد بن فرقد سے انہوں نے امام ابو عبداللہؑ سے اللہ کے اس قول کے بارے میں روایت کی ہے (اور اللہ ایمان والوں کے لیے فرعون کی بیوی کی مثال بیان کرتا ہے) فرمایا یہ مثال رقیہ کے لیے ہے

کہ اس نے کہا کہ مجھے عثمان اور اس کے عمل سے نجات دے اور مجھے بنو امیہ سے نجات دے۔

اللہ کا قول (مریم بنت عمران جس نے اپنی ناموس کی حفاظت کی)

تاویل۔ امام ابو عبداللہؑ نے فرمایا کہ یہ آیت اللہ نے فاطمہؑ بنت محمدؐ کے لیے بیان فرمائی اور ان کی ذریت پر آگ کو حرام کیا۔

محمد بن العباس نے انہوں نے احمد بن القاسم سے انہوں نے احمد بن محمد الیساری سے انہوں نے اپنے بعض اصحاب سے انہوں نے امام ابو عبداللہؑ سے اللہ کے اس قول کے بارے میں روایت کی ہے (اور مریم بنت عمران نے اپنی ناموس کی حفاظت کی) فرمایا یہ مثال اللہ نے فاطمہؑ بنت محمدؐ کے لیے بیان فرمائی۔ اللہ کا درود و سلام ہو اہلبیتؑ پر۔

سورۃ الملک

(اس سورہ مبارکہ کی وہ آیات جو آئمہ ھدیؑ کی شان میں نازل ہوئیں)

اللہ کا قول (اچھا وہ زیادہ ہدایت والا ہے کہ جو اپنے منہ کے بل اوندھا ہو کر گرے یا وہ زیادہ ہدایت والا ہے جو صراط مستقیم پر سیدھا چلے)

تاویل۔احادیث معصومین میں ہے کہ اللہ نے یہ مثال عقل والوں کے لیے بیان فرمائی کہ کون ہے حق کے راستے کی طرف وہ جو منہ کے بل اوندھا ہو کر ولایت ظالمین پر چلے یا کہ وہ جو ولایت امیر المومنینؑ کے صراط مستقیم پر چلے۔

الشیخ محمد بن یعقوب نے انہوں نے علی بن محمد سے انہوں نے ہمارے بعض اصحاب سے انہوں نے الحسن بن محبوب سے انہوں نے محمد بن الفضیل سے انہوں نے امام ابوالحسن الماضیؑ سے اللہ کے اس قول کے بارے میں روایت کی ہے آپؑ نے فرمایا کہ اللہ نے مثال بیان فرمائی ہے کہ جو ولایت علیؑ سے پھر جائے وہ ایسا ہی ہے کہ جیسے اپنے منہ کے بل اوندھا ہو کر چلے اور جو ان کی اتباع کرے وہی صراط مستقم کی طرف ہدایت پاتا ہے۔

محمد بن العباس نے انہوں نے حمید بن زیاد سے انہوں نے الحسن بن محمد بن سماعہ سے انہوں نے صالح بن خالد سے انہوں نے منصور سے انہوں نے حریز سے انہوں نے فضیل بن یسار سے انہوں نے امام ابو جعفرؑ سے روایت کی ہے کہ آپؑ نے اس آیت کی تلاوت فرمائی اور آپؑ لوگوں کی طرف دیکھ رہے تھے اور فرمایا اللہ کی قسم ہم آئمہؑ ہی صراط مستقیم ہیں جس پر چل کر لوگ ہدایت پاتے ہیں۔

اللہ کا قول (جب یہ اس وعدے کو قریب پالیں گے ان کے چہرے بگڑ جائیں گے اور کہا جائے گا یہ وہی ہے کہ جس کو تم طلب کیا کرتے تھے)

تاویل۔ محمد بن العباس نے کہا کہ انہوں نے حسن بن محمد سے انہوں نے محمد بن علی الکنانی سے انہوں نے حسین بن وہب الاسدی سے انہوں نے عبیس بن ہشام سے انہوں نے داؤد بن سرحان سے روایت کی ہے کہ میں نے امام جعفرؑ بن محمدؑ سے اللہ کے اس قول کے بارے میں پوچھا (جب وہ اس وعدہ کو دیکھیں گے تو ان کے چہرے بگڑ جائیں گے اور کہا جائے گا کہ یہ وہی ہے جو تم طلب کیا کرتے تھے) فرمایا کہ یہ علیؑ کے بارے میں ہے کہ جب ان کا مقام و مرتبہ اللہ کے ہاں دیکھیں گے تو وہ ان کی ولایت پر خوش ہو جائیں گے۔

ہم سے عبدالعزیز بن یحییٰ نے انہوں نے المغیرہ بن محمد سے انہوں نے احمد بن محمد بن یزید سے انہوں نے اسماعیل بن عامر سے انہوں نے شریک سے انہوں نے الاعمش سے اللہ کے اس قول کے بارے میں روایت کی ہے کہ یہ آیت علیؑ ابن ابی طالبؑ کے بارے میں نازل ہوئی۔

ہم سے عبدالعزیز بن یحییٰ نے انہوں نے زکریا سے انہوں نے عبداللہ بن الحسین الاشقر سے انہوں نے ربیعہ الحناط سے انہوں نے شریک سے انہوں نے الاعمش سے اللہ کے اس قول کے بارے میں روایت کی ہے (وہ جب دیکھیں گے اس وعدے کو تو ان کے چہرے بگڑ جائیں گے) فرمایا کہ جب وہ

علیؑ ابن ابی طالبؑ کو دیکھیں گے کہ ان کا مقام و مرتبہ رسول اللہؐ کے کتنا قریب ہے تو کافروں کے چہرے بگڑ جائیں گے۔

ہم سے حمید بن زیاد نے انہوں نے الحسن بن محمد سے انہوں نے صالح بن خالد سے انہوں نے منصور سے انہوں نے حریز سے انہوں نے فضیل بن یسار سے انہوں نے امام ابو جعفرؑ سے روایت کی ہے کہ آپؑ نے اس آیت کی تلاوت فرمائی (جب وہ اس وعدے کو دیکھیں گے تو ان کے چہرے بگڑ جائیں گے اور ان سے کہا جائے گا کہ یہ وہی ہے جو تم طلب کرتے تھے) فرمایا اللہ کی قسم وہ علیؑ کو رسول اللہؐ کے قریب دیکھیں گے اور یاد رکھو کہ امیر المومنینؑ صرف علیؑ ہیں اے فضیل جس نے علیؑ کے علاوہ کسی کو بھی امیر المومنین کا نام دیا تو وہ بہتان باندھنے والا اور کذاب ہے۔

الشیخ محمد بن یعقوب سے انہوں نے الحسین بن محمد سے انہوں نے معلیٰ بن محمد سے انہوں نے محمد بن جمہور سے انہوں نے اسماعیل بن سہل سے انہوں نے القاسم بن عروہ سے انہوں نے ابو السفائج سے انہوں نے زرارة سے انہوں نے امام ابو جعفرؑ سے اللہ کے اس قول کے بارے میں روایت کی ہے کہ یہ آیت امیر المومنینؑ اور ان کے اصحاب کے بارے میں نازل ہوئی۔

اسی طرح انہی رجال سے اسناد کے ساتھ مرفوعاً یوسف بن ابو سعید سے روایت ہے کہ امام ابو عبد اللہ الصادقؑ نے فرمایا کہ اللہ کی قسم یہ آیت امیر المومنینؑ کے بارے میں نازل ہوئی۔

اللہ کا قول (کہہ دیجئے کہ اللہ مجھے اور جو میرے ساتھ ہیں ان کو ہلاک کرے یا ہم پر رحم کرے تو کافروں کو دردناک عذاب سے کون نجات دے گا)

تاویل۔ علی بن اسباط سے انہوں نے علی بن ابی حمزہ سے انہوں نے ابو بصیر سے روایت کی ہے کہ میں نے امام ابو عبد اللہؑ سے اللہ کے اس قول کے بارے میں پوچھا (کہہ دیجئے کہ اگر اللہ مجھے اور جو

میرے ساتھ ہیں ان کو ہلاک کر دے یا رحم کرے) فرمایا یہ آیت ایسے نازل ہوئی (اگر اللہ تم کو ہلاک کر دے اور ہم پر رحم کرے اور کافروں کو دردناک عذاب سے کون بچائے گا)

اللہ کا قول (ان سے کہہ دیجیئے وہ رحمٰن ہے ہم اس پر ایمان لائے اور اس پر ہم نے بھروسہ کیا پس تم عنقریب جان جاؤ گے کہ کون کھلی گمراہی میں ہے)

تاویل۔ الشیخ محمد بن یعقوب نے انہوں نے الحسین بن محمد سے انہوں نے معلیٰ بن محمد سے انہوں نے علی بن

اسباط سے انہوں نے علی بن حمزہ سے انہوں نے ابو بصیر سے انہوں نے امام ابو عبداللہؑ سے اللہ کے اس قول کے بارے میں روایت کی ہے کہ آپؑ نے فرمایا اللہ نے ولایت علیؑ کے دشمنوں کو خطاب کرتے ہوئے فرمایا اے جھٹلانے والے گروہ تم عنقریب جان جاؤ گے کہ تم میرے رب کے پیغام ولایت علیؑ کو کیسے جھٹلاتے تھے اور کون گمراہی میں تھا۔

اللہ کا قول (اگر تمہارا پانی زمین میں اتر جائے تو کون ہے کہ جو تمہارا پانی نتھار کر لے آئے)

تاویل۔ المفید نے اپنے رجال سے اسناد کے ساتھ موسیٰ بن القاسم سے انہوں نے معاویہ البجلی سے انہوں نے علی بن جعفرؑ سے انہوں نے اپنے بھائی امام موسیٰ بن جعفر علیہ السلام سے روایت کی ہے (اگر تمہارا پانی زمین میں اتر جائے تو کون ہے کہ جو تمہارا پانی نتھار کر لے آئے) فرمایا کہ اس کی تاویل یہ ہے کہ اگر تم اپنے امام کو کھو دو تو کون ہے کہ جو تمہارے لیے پھر امام لے آئے۔

علی بن ابراہیم سے انہوں نے محمد بن جمہور سے انہوں نے فضالہ بن ایوب سے انہوں نے امام ابوالحسن الرضاؑ سے روایت کی ہے کہ آپؑ نے فرمایا تمہارے پانی سے مراد آئمہؑ ہیں جو اللہ کے

دروازے ہیں۔

محمد بن العباس نے کہا کہ انہوں نے احمد بن القاسم سے انہوں نے احمد بن محمد بن یسار سے انہوں نے محمد بن خالد سے انہوں نے نضر بن سوید سے انہوں نے یحییٰ الحلبی سے انہوں نے امام ابو عبداللہؑ سے اللہ کے اس قول کے بارے میں روایت کی ہے فرمایا اگر تم اپنے امام کو غائب پاؤ تو کون امام کو دوبارہ لاتا ہے پس پاک ہے پاک ہے وہ ذات کہ جس نے دنیا وآخرت کو خلق کیا۔

سورۃ القلم

(اس سورہ مبارکہ کی وہ آیات جو آئمہ ھدیٰؑ کی شان میں نازل ہوئیں)

اللہ کا قول(ن اور قلم کی قسم جو کچھ وہ لکھتے ہیں تو اپنے رب کی نعمت سے دیوانہ نہیں ہے اور بے شک تیرے لیے بے انتہا اجر ہے اور بے شک تو بلند خلق پر ہے پس تو بھی دیکھے گا اور یہ بھی دیکھ لیں گے کہ تم میں سے کون فتنے میں پڑا ہوا ہے بے شک تمہارا پروردگار جانتا ہے کہ کون اس کے راستے سے ہٹا ہوا ہے اور وہ ہدایت یافتہ لوگوں کو بھی خوب جانتا ہے)

تاویل۔ اللہ عزوجل نے نون اور قلم کی کی قسم کھائی ہے نون نبیؐ کا نام ہے اور قلم علیؑ کا کہ ان پر اور ان کی اولاد پر درود و سلام ہو۔

الحسن بن ابوالحسن الدیلمی سے انہوں نے اپنے رجال سے اسناد کے ساتھ مرفوعاً محمد بن الفضیل سے انہوں نے امام ابوالحسن موسیٰؑ سے روایت کی ہے کہ میں نے امامؑ سے اس آیت کے بارے میں پوچھا تو فرمایا کہ نون رسول اللہؐ کا نام ہے اور اور قلم امیر المومنینؑ کا نام ہے یہ اس کے موافق ہے کہ جیسے

قرآن میں نام ہیں طہٰ، یٰسین، ص، ق، وغیرہ اور امیر المومنینؑ کا نام قلم اس لیے ہے کہ اس میں لوگوں کے لیے نفع ہے۔

تاویل اُخری۔ محمد بن العباس سے انہوں نے عبد العزیز بن یحییٰ سے انہوں نے عمرو بن محمد ترکی سے انہوں نے محمد بن الفضل سے انہوں نے محمد بن شعیب سے انہوں نے دلم بن صالح سے انہوں نے الضحاک سے روایت کی ہے کہ جب قریش نے نبیؐ کو علیؑ کا اس قدر اکرام و تعظیم کرتے ہوئے دیکھا تو کہنے لگے کہ محمدؐ فتنے میں مبتلا ہیں تو اللہ نے یہ آیات نازل فرمائیں۔

اسی طرح علی بن العباس سے انہوں نے حسن بن محمد سے انہوں نے یوسف بن کلیب سے انہوں نے خالد سے انہوں نے حفص بن عمر سے انہوں نے حنان سے انہوں نے ابو ایوب الانصاری سے روایت کی ہے کہ جب رسول اللہؐ نے علیؑ کا ہاتھ بلند کیا اور فرمایا من کنت مولاہ فھذا علی مولاہ تو لوگوں نے کہا کہ یہ اپنے چچا زاد کی محبت میں فتنے میں مبتلا ہے پس یہ آیت نازل ہوئی (تم بھی دیکھ لوگے اور وہ بھی دیکھ لیں گے کہ تم میں کون فتنے میں مبتلا ہے)۔

محمد البرقی سے انہوں نے الاحمی سے انہوں نے امام ابو عبد اللہؑ سے ایسی ہی روایت بیان کی ہے اس اضافہ کے ساتھ کہ امیر المومنینؑ یہ آیت تلاوت فرما رہے تھے (کہ عنقریب تم بھی دیکھ لوگے اور وہ بھی دیکھ لیں گے کہ تم میں سے کون فتنے میں مبتلا ہے) تو آپؑ کو خلیفہ ثانی ملا اور کہنے لگا آپؑ میرے اور میرے ساتھیوں کے بارے میں ایسے ایسے کہتے ہیں تو امیر المومنینؑ نے فرمایا کیا میں تم کو یہ بھی بتاؤں کہ بنو امیہ کے بارے میں کیا نازل ہوا ہے ان کے بارے میں ہے کہ (قریب ہے کہ تم کو زمین میں حکومت دی جائے تو تم زمین میں فساد برپا کروگے اور قطع رحمی کروگے) ۔

علی بن ابراہیم نے بھی اسی معنی میں ایسے ہی روایت کی ہے۔

اللہ کا قول(اور قریب ہے کہ کافر آپ کو اپنی تیز نگاہوں سے پھسلا دیں اور جب بھی وہ ذکر سنتے ہیں تو کہتے ہیں یہ ضرور دیوانہ ہے اور یہ تو عالمین کے لیے نصیحت ہے)

تاویل۔ محمد بن العباس نے کہا کہ ہم سے حسن بن احمد المالکی نے انہوں نے محمد بن عیسیٰ سے انہوں نے یونس بن عبد الرحمٰن سے انہوں نے عبداللہ بن سنان سے انہوں نے حسان سے روایت کی ہے کہ امام ابو عبداللہ ؑ مکہ سے مدینہ تشریف لائے اور جب غدیر خم کے مقام تک پہنچے تو میری طرف دیکھا اور فرمایا کہ یہ نبیؐ کے رکنے کی جگہ ہے کہ جب انہوں نے علیؑ کا بازو پکڑ کر فرمایا من کنت مولاہ فھذا علی مولاہ ان کے خیمے کے دائیں قریش میں سے چار لوگ تھے اور مجھے ان کے نام بتائے اور جب انہوں نے رسول اللہؐ کو علیؑ کا بازو بلند کئے ہوئے دیکھا یہاں تک کہ ان کے بغل کی سفیدی بھی نظر آرہی تھی انہوں نے کہا اس کی طرف دیکھو کہ اس کی آنکھیں ایسے پھر گئی ہیں جیسا کہ وہ پاگل ہے تو جبرائیل ان کے پاس آئے اور کہا پڑھیے (قریب ہے کہ کافر آپ کو اپنی تیز نظروں سے پھسلا دیں جب وہ ذکر سنتے ہیں تو کہتے ہیں کہ یہ ضرور دیوانہ ہے اور یہ تو عالمین کے لیے نصیحت ہے) فرمایا کہ ذکر سے مراد علیؑ ابن ابی طالبؑ ہیں میں نے کہا کہ اس اللہ کی حمد کہ جس نے مجھے آپؑ سے یہ حدیث سننے کی سعادت نصیب کی۔

سورۃ الحاقہ

(اس سورہ مبارکہ کی وہ آیات جو آئمہ ھدیٰؑ کی شان میں نازل ہوئیں)

اللہ کا قول (اور فرعون اور اس سے قبل جو پہلے بستیاں الٹ دی گئیں وہ خطاکار تھے)

تاویل۔ محمد البرقی نے الحسین بن سیف بن عمیرۃ سے انہوں نے اپنے بھائی سے انہوں نے منصور بن حازم سے انہوں نے عمران سے روایت کی ہے کہ میں نے امام ابو جعفرؑ کو فرماتے ہوئے سنا اللہ کے اس قول کے بارے میں (اور فرعون اور اس سے پہلے جو بستیاں الٹ دی گئیں وہ خطاکار تھے) فرمایا فرعون سے مراد تیسرا ہے اور اس سے پہلے دونوں۔۔۔۔۔ الٹ دی جانے والی سے مراد اہل بصرہ اور خطاکار سے مراد عائشہ ہے۔

اسناد کے ساتھ امام ابو عبداللہؑ سے ایسی ہی روایت ہے۔

اللہ کا قول (اور اسے یاد رکھنے والے کان یاد رکھتے ہیں)

تاویل۔ محمد بن العباس نے خاص و عام سے اس آیت کی تاویل میں تیس احادیث روایت کی ہیں ان میں

سے کچھ یہ ہیں۔

محمد بن سہل القطان نے انہوں نے احمد بن عمر الدھقان سے انہوں نے محمد بن کثیر سے انہوں نے حارث بن حصیرۃ سے انہوں نے ابو داؤد سے انہوں نے ابو ہریرہ سے روایت کی ہے کہ رسول اللہؐ نے فرمایا کہ میں نے اپنے رب سے سوال کیا کہ وہ علیؑ کو میرے لیے یاد رکھنے والے کان بنادے تو اللہ نے میری دعا قبول فرمائی۔

اسی طرح محمد بن جریر الطبرسی سے انہوں نے عبد اللہ بن احمد المروزی سے انہوں نے یحییٰ بن صالح سے انہوں نے علی بن حوشب سے انہوں نے مکحول سے اللہ کے اس قول کے بارے میں روایت کی ہے کہ رسول اللہؐ نے فرمایا میں نے اللہ سے سوال کیا وہ ان کانوں کو علیؑ کے کان بنادے اور علیؑ فرماتے ہیں کہ میں نے رسول اللہؐ سے جو بھی سنا اسے یاد رکھا۔

الحسین بن احمد نے انہوں نے محمد بن عیسیٰ سے انہوں نے یونس بن عبد الرحمٰن سے انہوں نے سالم الاشل سے انہوں نے سعد بن طریف سے انہوں نے امام ابو جعفرؑ سے اللہ کے اس قول کے بارے میں روایت کی ہے (اسے یاد رکھنے والے کان یاد رکھتے ہیں) فرمایا یاد رکھنے والے کان علیؑ ہیں۔

اسی طرح علی بن عبد اللہ سے انہوں نے ابراہیم بن محمد الثقفی سے انہوں نے اسماعیل بن بشار سے انہوں نے علی بن جعفر سے انہوں نے جابر الجعفی سے انہوں نے امام ابو جعفرؑ سے روایت کی ہے کہ رسول اللہؐ علیؑ کے پاس ان کے گھر آئے اور فرمایا اے علیؑ آج رات مجھ پر یہ آیت نازل ہوئی (اور اسے یاد رکھنے والے کان یاد رکھتے ہیں) اور میں نے اپنے رب سے سوال کیا کہ ان کو تیرے کان بنادے پس اللہ نے میری مراد پوری کر دی

اللہ کا قول (اس دن تیرے رب کے عرش کو آٹھ فرشتے اٹھائے ہوئے ہونگے)

تاویل۔ محمد بن العباس نے کہا کہ انہوں نے جعفر بن محمد بن مالک سے انہوں نے احمد بن الحسین العلوی سے انہوں نے محمد بن حاتم سے انہوں نے ہارون بن الخعیم سے انہوں نے محمد بن مسلم سے روایت کی ہے کہ میں نے امام ابو جعفرؑ کو اللہ کے اس قول کے بارے میں فرماتے ہوئے سنا(اس دن تیرے رب کے عرش کو آٹھ فرشتے اٹھائے ہوئے ہونگے) یعنی محمدؐ، علیؑ، حسنؑ، حسینؑ، نوحؑ، ابراہیمؑ ، موسیٰؑ، عیسیٰؑ۔ یہ آٹھ لوگ عرش کے ارد گرد ہونگے۔

الشیخ ابو جعفر محمد بن بابویہ نے کتاب الاعتقاد میں کہا ہے کہ عرش سے مراد علم ہے اسے پہلوں میں سے چار لوگ اٹھائیں گے یعنی نوحؑ، ابراہیمؑ، موسیٰؑ اور عیسیٰؑ اور آخرین میں سے چار لوگ محمدؐ، علیؑ، حسنؑ ، حسینؑ۔

اسی طرح صحیح اسناد کے ساتھ آئمہؑ سے روایات ہیں۔

اللہ کا قول(جسے اعمال نامہ اس کے دائیں ہاتھ میں دیا جائے گا تو وہ کہے گا کہ میرا نامہ اعمال پڑھو مجھے یقین کامل تھا کہ مجھے میرا احساب ملے گا وہ ایک دل پسند زندگی میں ہوگا بلند جنت میں جس کے میوے جھکے ہوئے ہونگے پس تم ہنسی خوشی اس میں سے کھاؤ یہ ان اعمال کا بدلہ ہے جو تم نے کئے)

تاویل۔ ابن مردویہ نے اپنے رجال سے انہوں نے ابن عباس سے روایت کی ہے کہ اللہ کا قول(جسے اعمال نامہ اس کے دائیں ہاتھ میں دیا جائے گا۔۔۔۔۔۔) اس سے مراد علیؑ ابن ابی طالبؑ ہیں۔

علی بن ابراہیم نے اس کی تفسیر میں کہا ہے کہ اس سے مراد امیر المومنینؑ ہیں۔

محمد بن العباس نے کہا کہ ہم سے محمد بن الحسین سے انہوں نے جعفر بن عبداللہ المحمدی سے انہوں نے کثیر بن عیاش سے انہوں نے ابوالجارود سے انہوں نے امام ابو جعفرؑ سے اللہ کے اس قول کے بارے میں روایت کی ہے کہ یہ آیت علیؑ کے بارے میں نازل ہوئی۔

اس کی تائید یہ روایت بھی کرتی ہے کہ احمد بن ادریس سے انہوں نے احمد بن عیسیٰ سے انہوں نے الحسین بن سعید سے انہوں نے عمرو بن عثمان سے انہوں نے حنان بن سدیر سے انہوں نے امام ابو عبداللہؑ سے اللہ کے اس قول کے بارے میں روایت کی ہے کہ یہ آیات امیر المومنینؑ کی شان میں نازل ہوئیں۔

الشیخ ابو جعفر الطوسی نے اسناد کے ساتھ مرفوعاً محمد بن عمار بن ثابت سے انہوں نے اپنے والد سے روایت کی ہے کہ میں نے رسول اللہؐ کو فرماتے ہوئے سنا میری حفاظت کرنے والا علیؑ ابن ابی طالبؑ ہے میں ان کے ذریعے تمام مخلوق پر فخر کروں گا۔

اللہ کا قول(اور وہ کہ جسے نامہ اعمال بائیں ہاتھ میں دیا جائے گا وہ کہے گا ہائے افسوس اے کاش مجھے میرا نامہ اعمال نہ ہی دیا جاتا اور میں جانتا ہی نہ کہ حساب کیا ہے کاش کہ موت ہی میرا کام تمام کر دیتی میرے مال نے مجھے کچھ نفع نہ دیا میرا غلبہ مجھ سے جاتا رہا حکم ہو گا اسے پکڑ لو اور طوق پہنا دو پھر اسے دوزخ میں ڈال دو پھر اسے ایسی زنجیر جس کی پیمائش ستر ہاتھ ہے اس میں جکڑ دو یہ اللہ عظمت والے پر یقین نہ رکھتا تھا اور نہ ہی مسکین کو کھلانے میں رغبت دیتا تھا پس آج اس کا نہ کوئی دوست ہے اور نہ ہی پیپ کے سوا اس کا کوئی کھانا ہے جسے گنا ہگاروں کے سوا کوئی نہیں کھائے گا)

تاویل۔ علی بن ابراہیم نے اپنی تفسیر میں اس آیت کے بارے میں روایت کی ہے(اور جسے اس کا نامہ اعمال بائیں ہاتھ میں دیا جائے گا۔۔۔۔۔۔) اور اس کے بعد والی آیات معاویہ کے بارے میں نازل ہوئیں۔

امام ابو عبداللہؑ نے فرمایا کہ معاویہ کو زنجیروں میں جکڑا جائے گا وہ اس امت کا فرعون ہے۔

الحسین بن محبوب سے انہوں نے محمد بن مسکان سے انہوں نے عمرو بن شمر سے انہوں نے جابر سے

انہوں نے امام ابو جعفرؑ سے روایت کی ہے کہ سورۃ الحاقہ امیر المومنینؑ اور معاویہ کے بارے میں نازل ہوئی۔

محمد بن العباس سے انہوں نے الحسین بن احمد سے انہوں نے محمد بن عیسیٰ سے انہوں نے ایک شخص سے انہوں نے الحلبی سے انہوں نے امام ابو عبد اللہؑ سے روایت کی ہے کہ آپؑ نے اس آیت کی تفسیر میں فرمایا(جسے نامہ اعمال دائیں ہاتھ میں دیا جائے گا۔۔۔یہ اس کا بدلہ ہے جو تم نیک عمل کرتے رہے) یہ آیت امیر المومنینؑ کے بارے میں ہے اور(جسے اس کا نامہ اعمال بائیں ہاتھ میں دیا جائے گا ۔۔۔اسے صرف گناہگار ہی کھائیں گے) اس سے مراد معاویہ شامی لعنتی ہے۔

اللہ کا قول(پس مجھے قسم ہے ان چیزوں کی جنہیں تم دیکھتے ہو اور جنہیں نہیں دیکھتے بے شک یہ بزرگ رسول کا قول ہے اور کسی شاعر کا قول نہیں کہ تمہیں بہت کم یقین ہے اور نہ ہی کسی کاہن کا قول ہے یہ رب العالمین کا اتارا ہوا ہے اور اگر یہ ہم پر کوئی بھی بات بنالیتا البتہ ہم اس کا داہنا ہاتھ پکڑ لیتے پھر اس کی شہ رگ کاٹ دیتے پھر تم میں سے کوئی بھی اسے روکنے والا نہ ہوتا یقیناً یہ قرآن پرہیز گاروں کے لیے نصیحت ہے ہمیں پوری طرح معلوم ہے کہ تم میں سے بعض اس کے جھٹلانے والے ہیں بے شک کافروں پر حسرت ہے اور یہ یقینی حق ہے پس تو اپنے رب عظیم کی تسبیح بیان کر)

تاویل۔الشیخ محمد بن یعقوب نے انہوں نے علی بن محمد سے انہوں نے ہمارے بعض اصحاب سے انہوں نے الحسن بن محبوب سے انہوں نے محمد بن الفضیل سے انہوں نے امام ابو الحسن الماضیؑ سے روایت کی ہے کہ میں نے امامؑ سے اللہ کے اس قول کے بارے میں پوچھا(یہ ایک بزرگ رسول کا قول ہے) فرمایا ولایت علیؑ کے بارے میں اللہ کی طرف سے بھیجے گئے جبرائیل کا قول ہے میں نے کہا اور یہ آیت(یہ کسی شاعر کا قول نہیں کہ تم کم یقین رکھتے ہو) فرمایا کہ انہوں نے کہا محمدؐ نے اپنے رب

پر جھوٹ بولا اور اللہ نے علیؑ کے بارے میں حکم نہیں دیا پھر اللہ نے اس آیت کو نازل کیا (یہ پرہیز گاروں کے لیے نصیحت ہے اور ہم جانتے ہیں کہ تم میں جھٹلانے والے ہیں) اور اللہ کا یہ قول (اور بے شک کافروں پر حسرت ہے) اور (بے شک علیؑ کی ولایت یقینی حق ہے پس اے محمدؐ تو اپنے رب عظیم کی تسبیح کر جو عظمت والا ہے)

احمد بن ادریس سے انہوں نے احمد بن محمد بن عیسیٰ سے انہوں نے الحسین بن سعید سے انہوں نے عبداللہ بن یحییٰ سے انہوں نے عبداللہ بن مسکان سے انہوں نے ابو بصیر سے انہوں نے عبدالواحد بن المختار الانصاری سے انہوں نے ام المقدام سے انہوں نے جویریہ بن معصر سے روایت کی ہے کہ ہم خوارج سے قتال کے بعد امیر المومنینؑ کے ساتھ نکلے تو بابل پہنچے اور نماز عصر کا وقت آگیا پس امیر المومنینؑ بھی اترے اور لوگ بھی اترے تو امیر المومنینؑ نے فرمایا کہ اے لوگوں یہ زمین لعنت شدہ ہے اسے ایک زمانے میں تین مرتبہ عذاب دیا گیا اور یہ الٹ دی جانے والی زمین ہے اور یہ پہلی زمین ہے جس میں بتوں کی پوجا ہوئی کسی نبیؐ یا وصیؑ کے لیے جائز نہیں کہ اس میں نماز پڑھے پس جویریہ کا بیان ہے کہ آپؑ رسول اللہؐ کے خچر پر سوار ہوئے اور نکل پڑے اور ہم نے بھی ارادہ کیا کہ امیر المومنینؑ کے پیچھے چلتے ہیں اور ہم بھی چلے ایک جگہ رک کر جناب امیرؑ نے وضو کیا اور سورج غروب ہو چکا تھا تو امیر المومنینؑ نے عبرانی زبان میں کچھ ارشاد فرمایا اور نماز کے لیے پکارے میں نے دیکھا کہ سورج پلٹ آیا آپؑ نے عصر کی نماز پڑھی اور میں نے بھی ان کے ساتھ عصر پڑھی

جب ہم اپنی نماز سے فارغ ہوئے تو رات دوبارہ چھا گئی پس آپؑ میری طرف متوجہ ہوئے اور فرمایا اے جویریہ اللہ فرماتا ہے (پس تو اپنے رب عظمت والے کی تسبیح کر) اور میں نے اللہ سے اس کے اسم اعظم کے صدقے سوال کیا اس نے سورج پلٹا دیا۔

سورۃ المعارج

(اس سورہ مبارکہ کی وہ آیات جو آئمہ ھدیٰؑ کی شان میں نازل ہوئیں)

اللہ کا قول (سائل نے سوال کیا تو عذاب واقع ہو گیا کافروں کے لیے جسے ہٹانے والا کوئی نہیں)

تاویل۔ محمد بن العباس نے کہا کہ ہم سے علی بن محمد بن مخلد سے انہوں نے الحسن بن القاسم سے انہوں نے عمر بن الحسن سے انہوں نے آدم بن تمار سے انہوں نے حسین بن محمد سے روایت کی ہے کہ میں نے سفیان بن عتیبہ سے اللہ کے اس قول کے بارے میں پوچھا کہ یہ آیت کن کے بارے میں نازل ہوئی تو انہوں نے کہا اے بھتیجے تم نے مجھ سے ایسی چیز کے بارے میں پوچھا ہے کہ آج تک کسی نے نہیں پوچھا میں نے اس کے بارے میں امام جعفرؑ بن محمدؑ سے پوچھا تھا تو آپؑ نے فرمایا کہ مجھے میرے والد گرامیؑ نے انہوں نے میرے داداؑ سے انہوں نے اپنے والد گرامیؑ سے انہوں نے ابن عباس سے روایت کی ہے کہ جب غدیر خم میں رسول اللہؐ نے خطبہ ارشاد فرمایا پھر علیؑ کو بلایا ان کی کلائی سے پکڑ سے ان کا بازو بلند کیا یہاں تک کہ ان کی بغل کی سفیدی دیکھائی دینے لگی تو لوگوں سے فرمایا کیا میں نے تم کو رسالت نہیں پہنچائی کیا میں نے تم کو نصیحت نہیں کی انہوں نے کہا جی ہاں فرمایا

کہ جس کا میں مولا ہوں اس کا علیؑ مولا ہے اے اللہ جو اس سے محبت رکھے تو اس سے محبت رکھ اور جو اس سے دشمنی رکھے تو اس سے دشمنی رکھ پس لوگوں میں یہ بات پھیل گئی اور حارث بن نعمان الفھری کو بھی پتا چلا وہ اپنی سواری پر سوار ہو کر رسول اللہؐ کے پاس بطحاء میں آیا اپنی اونٹنی کو بٹھایا اسے باندھا اور نبیؐ کے پاس آیا اور کہا اے اللہ کے بندے تم نے ہمیں کہا کہ کہو لا الہ الا اللہ ہم نے کہا پھر تم نے ہمیں دعوت دی کہ کہو تم اللہ کے رسولؐ ہو ہم نے کہا اور دل میں جو تھا سو تھا پھر تم نے ہم سے کہا کہ نماز پڑھو ہم نے پڑھی پھر تم نے کہا روزہ رکھو ہم نے روزے رکھے پھر تم نے کہا حج کرو ہم نے حج کیا پھر تم نے کہا من کنت مولاہ فھذا علی مولاہ اے اللہ جو اس سے محبت رکھے تو اس سے محبت رکھ اور جو اس سے دشمنی رکھے تو اس سے دشمنی رکھ کیا یہ تمہاری طرف سے ہے یا اللہ کی طرف سے؟ تو فرمایا کہ اللہ کی طرف سے پس تین مرتبہ فرمایا وہ اٹھا اور غصے میں چلا اور یہ کہتے ہوئے چلا اے اللہ اگر جو محمدؐ کہہ رہا ہے حق ہے تو مجھ پر آسمان سے پتھر برسا اگر محمدؐ جو کہہ رہا ہے جھوٹ ہے تو اس پر آسمان سے اپنا عذاب نازل کر پھر وہ اپنی ناقہ پر بیٹھا جو نہی بطحاء سے نکلا اللہ نے اس کے سر پر پتھر پھینکا جو اس کی دبر سے نکل گیا اور وہ مر کر گر گیا پس اللہ نے یہ آیت نازل کی۔

ہم سے احمد بن القاسم نے انہوں نے احمد بن محمد ایساری سے انہوں نے محمد بن خالد سے انہوں نے محمد بن سلیمان سے انہوں نے اپنے والد سے انہوں نے ابو بصیر سے انہوں نے امام ابو عبد اللہؑ سے روایت کی ہے کہ آپؑ نے اس آیت کی تلاوت یوں فرمائی (سائل نے عذاب مانگا جو واقع ہو گیا ولایت علیؑ سے انکار کرنے والے کافروں سے اس کے عذاب کو ہٹانے والا کوئی نہیں) پھر فرمایا کہ مصحف فاطمہؑ میں ایسے ہی ہے۔

نے امام ابو عبداللہؑ سے اللہ کے اس قول کے بارے میں روایت کہ ہے آپؑ نے فرمایا جبرائیل اس آیت کو یوں لے کر نازل ہوئے اور مصحف فاطمہؑ میں بھی ایسے ہی ہے (سائل نے عذاب مانگا جو واقع ہو گیا ولایت علیؑ سے کفر کرنے والے کافروں سے اللہ کے عذاب کو ہٹانے والا کوئی نہیں)

اللہ کا قول (مگر وہ نمازی جو اپنی نماز پر ہمیشگی والے ہیں)

تاویل۔ الصدوق ابو جعفر محمد بن بابویہ سے انہوں نے اپنے رجال سے انہوں نے محمد بن موسیٰ بن المتوکل سے اسناد کے ساتھ محمد بن الفضیل سے انہوں نے امام ابوالحسن الماضیؑ سے اللہ کے اس قول کے بارے میں روایت کی ہے کہ فرمایا ان نمازیوں سے مراد ہمارے وہ شیعہ ہیں جو پانچ نمازیں پڑھتے ہیں میں نے کہا اور اصحاب یمین سے کون مراد ہیں؟ فرمایا اللہ کی قسم اس سے مراد ہمارے شیعہ ہیں۔

اللہ کا قول (اور جن کے مالوں میں مقرر حصہ ہے سوال کرنے والے بھی اور سوال سے بچنے والوں کا بھی)

تاویل۔ محمد بن العباس نے کہا کہ انہوں نے محمد بن ابی بکر سے انہوں نے محمد بن اسماعیل سے انہوں نے عیسیٰ بن داؤد سے انہوں نے امام ابوالحسنؑ موسیٰؑ بن جعفرؑ سے انہوں نے اپنے والد گرامیؑ سے روایت کی ہے کہ ایک شخص نے امام محمدؑ بن علیؑ الباقرؑ سے اس آیت کے بارے میں پوچھا تو فرمایا کہ اس کو سمجھو بے شک سوال کرنے والے اور سوال سے روکے رہنے والوں دونوں کا معاملہ عظیم ہے جو سائل ہے وہ رسول اللہؐ ہیں کہ جنہوں نے اللہ سے اس کا حق مانگا اور محروم وہ ہے کہ جس کے لیے خمس جائز ہے امیر المومنینؑ اور ان کی پاکیزہ اولاد اور یہ ایسے نہیں جیسے لوگ کہتے ہیں (وہ لوگ کہ جن کے مالوں میں حق مقرر ہے) اس سے مراد خمس ہے اور شیعان اہل بیتؑ اسے نکالتے ہیں۔

اللہ کا قول (اور میں مشارق و مغارب کی قسم کھاتا ہوں)

تاویل۔ محمد بن خالد البرقی سے انہوں نے محمد بن سلیمان سے انہوں نے اپنے والد سے انہوں نے ابو بصیر سے انہوں نے امام ابو عبداللہؑ سے اللہ کے اس قول کے بارے میں روایت کی ہے کہ آپؑ نے فرمایا مشارق سے مراد انبیاء ہیں اور مغارب اوصیاءؑ ہیں۔

وضاحت۔ انبیاء کے لیے مشارق کا کنایہ اس لیے استعمال ہوا کیونکہ ان کے علوم اہل زمین پر طلوع ہوتے ہیں سورج کے طلوع ہونے کی طرح اور اوصیاءؑ کو اس لیے مغارب کہتے ہیں کیونکہ انبیاء کے علوم ان کی زندگی میں طلوع ہوتے ہیں اور ان کی وفات کے وقت اوصیاء کے دلوں کے پردوں میں چلے جاتے ہیں۔

اللہ کا قول (جس دن وہ قبروں سے دوڑتے ہوئے تیز تیز نکلیں گے جس طرح کہ کسی جگہ کی طرف تیز تیز جارہے ہیں ان کی آنکھیں جھکی ہوئی ہونگی ان پر ذلت چھارہی ہوگی یہ ہے وہ دن جس کا ان سے وعدہ کیا جاتا ہے)

تاویل۔ مرفوعاً اسناد کے ساتھ سلیمان بن خالد سے انہوں نے ابن سماعہ سے انہوں نے عبداللہ بن القاسم سے انہوں نے محمد بن یحییٰ سے انہوں نے میسر سے انہوں نے امام ابو جعفرؑ سے اللہ کے اس قول کے بارے میں روایت کی ہے (ان کی آنکھیں جھکی ہوئی ہونگی ان پر ذلت چھارہی ہوگی یہ وہی دن ہے کہ جس کا ان سے وعدہ کیا گیا ہے) فرمایا یعنی خروج قائمؑ اور یہ ہی آیت رجعت پر دلالت کرتی ہے۔

سورۃ نوح

اللہ کا قول (اے میرے پروردگار مجھے بخش دے اور میرے والدین کو بخش دے اور جو بھی ایمان والے میرے گھر میں آئے اور تمام مومن مرد اور عورتوں کو بخش دے اور کافروں کو سوائے بربادی کے اور کسی چیز میں نہ بڑھا)

تاویل۔آپؑ نے اپنے رب سے اپنے لیے اور اپنے والدین کے لیے بخشش طلب کی یہ دلالت ہے کہ وہ دونوں مومن تھے وگرنہ ان کے لیے استغفار جائز نہ تھی اور یہ بھی کہا گیا کہ اس سے مراد آدم وحوا تھے اور ان کے اس قول سے مراد کہ میرا گھر اس سے مراد ان کا رہائشی مکان، مسجد اور کہا گیا کہ اس سے مراد ان کی کشتی ہے اور کہا گیا کہ اس سے مراد بیت محمدؐ ہے جو کہ بیت ولایت ہے اور یہی مستند ترین ہے۔

الشیخ محمد بن یعقوب سے انہوں نے ہمارے اصحاب سے انہوں نے احمد بن محمد بن عیسیٰ سے انہوں نے ابن فضال سے انہوں نے المفضل بن صالح سے انہوں نے محمد بن علی الحلبی سے انہوں نے امام ابوعبداللہؑ سے اللہ کے اس قول کے بارے میں روایت کی ہے کہ (جو میرے گھر میں مومن ہو کر داخل ہو) فرمایا یعنی ولایت میں جو ولایت میں داخل ہوا وہ انبیاء کے گھر میں داخل ہو گیا۔

سورۃ الجن

(اس سورہ مبارکہ کی وہ آیات جو آئمہ ھدیٰؑ کی شان میں نازل ہوئیں)

اللہ کا قول (اگر لوگ راہ راست پر سیدھے رہتے تو ہم انہیں وافر پانی پلاتے تاکہ اس میں ہم انہیں آزمائیں)

تاویل۔ محمد بن العباس نے کہا کہ ہم سے احمد بن ھنورہ الباہلی نے انہوں نے ابراہیم بن اسحاق سے انہوں نے عبداللہ بن حماد سے انہوں نے سماعہ سے روایت کی ہے کہ میں نے امام ابو عبداللہؑ کو اللہ کے اس قول کے بارے میں فرماتے ہوئے سنا کہ اگر وہ استقامت رکھتے ولایت پر کہ جب ان سے میثاق لیا گیا تو ہم ان کو وافر پانی پلاتے یعنی ہم ان کو ٹھنڈا اور میٹھا پانی پلاتے۔

اسناد کے ساتھ ابو بصیر سے انہوں نے امام ابو عبداللہؑ سے روایت کی ہے کہ میں نے امامؑ سے اللہ کے اس قول کے بارے میں پوچھا (اگر وہ قائم رہتے سیدھے راستے پر تو ہم ان کو وافر پانی پلاتے) فرمایا یعنی ہم ان کی مدد کرتے تاکہ وہ آئمہؑ سے علم سیکھ پاتے۔

اسی طرح احمد بن القاسم سے انہوں نے احمد بن محمد سے انہوں نے محمد بن خالد سے انہوں نے محمد بن علی سے انہوں نے محمد بن مسلم سے انہوں نے برید العجلی سے روایت کی ہے کہ انہوں نے امام ابو عبداللہؑ سے اللہ کے اس قول کے بارے میں پوچھا (اگر وہ سیدھے راستے پر قائم رہتے) فرمایا یعنی ولایت پر (ہم ان کو وافر پانی پلاتے) فرمایا کہ ان کو توفیق دیتے کہ وہ آئمہؑ کے علم سے سیکھ سکتے (تاکہ ہم ان کو اس میں آزمالیں) فرمایا اس آزمانے سے مراد منافقین کو آزمانہ ہے۔

علی بن عبداللہ سے انہوں نے ابراہیم بن محمد سے انہوں نے اسماعیل بن یسار سے انہوں نے علی بن جعفر سے انہوں نے جابر الجعفی سے انہوں نے امام ابو جعفرؑ سے اللہ کے اس قول کے بارے میں روایت کی ہے کہ (اگر وہ سیدھے راستے پر قائم رہتے) فرمایا ولایت پر (تو ہم ان کو وافر پانی پلاتے) فرمایا ان کو توفیق دیتے کہ وہ آئمہؑ کے علم سے سیکھ سکتے۔

علی بن ابراہیم سے انہوں نے احمد بن ادریس سے انہوں نے احمد بن محمد سے انہوں نے الحسین بن سعید سے انہوں نے نضر بن سوید سے انہوں نے القاسم بن سلیمان سے انہوں نے جابر سے انہوں نے امام ابو جعفرؑ سے ایسی ہی روایت بیان کی ہے۔

اور جب یہ معلوم ہو گیا کہ ولایت ہی صراط مستقیم ہے تو اس پر استقامت ہی جنت میں پہنچا سکتی ہے۔

اللہ کا قول (جو اپنے پروردگار کے ذکر سے منہ پھیرے گا تو اللہ سے سخت عذاب میں مبتلا کرے گا)

تاویل۔ محمد بن العباس نے کہا کہ ہم سے علی بن عبداللہ نے اسناد کے ساتھ متقدم سے انہوں نے جابر سے انہوں نے کہا کہ میں نے امام ابو جعفرؑ سے اللہ کے اس قول کے بارے میں پوچھا تو فرمایا جو علیؑ سے منہ پھیرے گا اللہ اسے سخت عذاب سے دوچار کرے گا۔

اس کے معنی یہ ہیں کہ علیؑ اللہ کا ذکر ہیں جس نے ان سے محبت رکھی اس نے اپنے پروردگار کو یاد رکھا

جس نے ان سے محبت نہ کی اس نے اپنے رب کے ذکر سے منہ پھیر لیا پس اللہ اسے سخت عذاب دے گا اور اللہ اپنے بندوں پر ظلم کرنے والا نہیں ہے۔

اللہ کا قول (بے شک مساجد اللہ کے لیے ہیں پس تم اللہ کے ساتھ کسی کو مت پکارو)

تاویل۔ محمد بن العباس سے انہوں نے الحسن بن احمد سے انہوں نے محمد بن عیسیٰ سے انہوں نے یونس سے انہوں نے محمد بن الفضیل سے انہوں نے امام ابوالحسنؑ سے اللہ کے اس قول کے بارے میں روایت کی ہے (مساجد اللہ کے لیے ہیں) فرمایا اس سے مراد اوصیاءؑ ہیں۔

محمد بن ابی بکر سے انہوں نے محمد بن اسماعیل سے انہوں نے عیسیٰ بن داؤد النجار سے انہوں نے امام موسیٰؑ بن جعفرؑ سے اللہ کے اس قول کے بارے میں روایت کی ہے کہ اس سے مراد اوصیاءؑ ہیں۔

علی بن ابراہیم نے اپنی تفسیر میں اللہ کے اس قول کے بارے میں روایت کی ہے کہ اس سے مراد آئمہؑ ہیں جنہیں اللہ نے ہدایت دی اور وہ اس کے مخلص بندے ہیں اور نہیں کنایہ کے طور پر اپنی مساجد کہا ہے جیسے کہ کہا جاتا ہے کہ گاؤں سے پوچھو مراد یہ ہوتی ہے کہ گاؤں والوں سے پوچھو۔

الشیخ محمد بن یعقوب نے ایسے ہی اس کی تاویل کی ہے۔

اللہ کا قول (اور جب ہم نے ہدایت سنی تو اس پر ایمان لے آئے اور جو اللہ اور اس کے رسول کی نافرمانی کرے اس کے لیے جہنم کی آگ ہے اس میں وہ ہمیشہ رہے گا جب وہ دیکھیں گے کہ جو ان سے وعدہ کیا گیا تو وہ جان لیں گے کہ کس کا مددگار کمزور اور کس کی جماعت کم ہے)

تاویل۔ علی بن محمد سے انہوں نے ہمارے بعض اصحاب سے انہوں نے الحسن بن محبوب سے انہوں نے محمد بن الفضیل سے انہوں نے امام ابوالحسن الماضیؑ سے روایت کی ہے کہ اللہ کا قول (اور جب

ہم نے ہدایت سنی تو اس پر ایمان لے آئے) فرمایا ہدایت سے مراد ولایت ہے کہ ہم اس پر ایمان لائے یعنی اپنے مولا پر جو اپنے مولاؑ کی ولایت پر ایمان لے آئے تو وہ کسی سے نہ ڈرے میں نے کہا کیا یہ تنزیل ہے ؟ فرمایا نہیں تاویل ہے (اور جو اللہ اور اس کے رسول کی نافرمانی کرے) ولایت علیؑ میں (اس کے لیے جہنم کی آگ ہے اس میں وہ ہمیشہ رہے گا) میں نے کہا اللہ کا قول (جب وہ دیکھیں گے کہ جو ان سے وعدہ کیا گیا تو وہ جان جائیں گے کہ کس کا مدد گار کمزور ہے اور کس کی جماعت کم ہے) فرمایا اس سے مراد قائمؑ اور ان کے انصار ہیں۔

سورۃ مزمل

اللہ کا قول (اور جو وہ کہتے ہیں تو سن تارہ اور صبر کر اور ان سے وضع داری کے ساتھ الگ رہ اور مجھے اور ان جھٹلانے والے آسودہ حال لوگوں کو چھوڑ دے اور انہیں ذرا سی مہلت دے)

تاویل۔ اسناد متقدم کے ساتھ امامؑ سے روایت ہے کہ (اور جو وہ کہتے ہیں تو سن تارہ اور اس پر صبر کر ان سے اچھے طریقے سے الگ رہ اور اے محمدؐ مجھے اور تیرے وصی علیؑ کو جھٹلانے والوں کے لیے چھوڑ دے اور انہیں بس ذرا سی مہلت دے) میں نے کہا یہ تنزیل ہے فرمایا ہاں۔

سورۃ المدثر

(اس سورہ مبارکہ کی وہ آیات جو آئمہ ھدیٰؑ کی شان میں نازل ہوئیں)

اللہ کا قول (جب صور پھونکا جائے گا تو وہ دن بڑا سخت دن ہوگا کافروں پر آسان نہ ہوگا)

تاویل۔ الشیخ المفید نے انہوں نے محمد بن یعقوب سے اسناد کے ساتھ مفضل بن عمر سے انہوں نے امام ابو عبد اللہؑ سے روایت کی ہے کہ امامؑ سے اللہ کے اس قول کے بارے میں پوچھا گیا تو فرمایا کہ ہم میں سے ایک امامؑ پر دہ غیبت میں ہوگا جب اللہ اپنے امر کو غالب کرنے کا ارادہ کرے گا تو امام قائمؑ کو قیام کرنے کا حکم دے گا۔

عمرو بن شمر سے انہوں نے جابر بن یزید سے انہوں نے امام ابو جعفرؑ سے روایت کی ہے کہ اللہ کا قول (جب صور پھونکا جائے گا) فرمایا آسمان سے ندا آئے گی کہ جان لو تمہارا حاکم فلاں بن فلاں ہے جو حق کے ساتھ قائم ہے جبرائیل اس دن تین مرتبہ ندا دے گا اس لیے وہ ان کافروں پر سخت ہوگا آسان نہ ہوگا اور کافروں سے مراد مرجیہ ہیں کہ جنہوں نے اللہ کی سب سے بڑی نعمت ولایت علیؑ کا انکار کر دیا

ابن ابراہیم سے انہوں نے ابوالعباس سے انہوں نے یحییٰ بن زکریا سے انہوں نے علی بن حسان سے انہوں نے عبدالرحمٰن بن کثیر سے انہوں نے امام ابو عبداللہؑ سے اللہ کے اس قول کے بارے میں روایت کی ہے کہ فرمایا وہ دن قیام قائمؑ کا دن ہو گا۔

اللہ کا قول (مجھے اور اسے چھوڑ دے جسے میں نے اکیلا پیدا کیا ہے)

تاویل۔ احادیث آئمہؑ میں ہے کہ اکیلے سے مراد ولد الزنا ہے پھر اس میں مزید وضاحت ہے کہ اس سے مراد امامؑ کی ولایت کا انکار کرنے والا ہے۔

اللہ کا قول (مجھے اور اسے چھوڑ دے جسے میں نے اکیلا پیدا کیا ہے اور اسے بہت سا مال دے رکھا ہے اور حاضر باش فرزند بھی اور میں نے اسے بہت سی کشادگی دے رکھی ہے پھر بھی اس کی چاہت ہے کہ میں اسے اور زیادہ دوں نہیں نہیں وہ ہماری آیات کا مخالف ہے)

تاویل۔ تفسیر اہل بیتؑ میں رجال سے انہوں نے عمرو بن شمر سے انہوں نے جابر بن یزید سے انہوں نے امام ابو جعفرؑ سے اللہ کے اس قول کے بارے میں روایت کی ہے (مجھے اور اسے تنہا چھوڑ دے کہ جسے میں نے اکیلا پیدا کیا ہے) فرمایا اس سے مراد ابلیس ہے کہ اللہ نے اسے بغیر ماں باپ کے پیدا کیا (اور اسے بہت سا مال دیا) یعنی یہ سلطنت وقت معلوم تک اس دن قائمؑ کا ظہور ہو گا (اور حاضر باش بیٹے دیئے اور میں نے اسے بہت ساری کشادگی دے رکھی ہے پھر بھی وہ چاہتا ہے کہ اسے زیادہ دیا جائے نہیں وہ ہماری آیات کا مخالف ہے) اللہ فرماتا ہے کہ ابلیس آئمہؑ کا دشمن ہے اور وہ ان کے علاوہ راستے کی طرف بلاتا ہے

اور اللہ کی آیات آئمہؑ ہیں جن کا وہ مخالف ہے۔

اللہ کا قول(عنقریب میں اسے ایک سخت چڑھائی چڑھاؤں گا)

تاویل۔امام ابو عبد اللہؑ نے فرمایا کہ اللہ ابلیس کو آگ کے پہاڑ پر چڑھائے گا۔

اللہ کا قول(اس نے غور کر کے تجویز دی اسے ہلاکت ہو کیسی سوچ سوچی وہ پھر غارت ہو کس طرح اندازہ کیا اس نے پھر دیکھا پھر تیوری چڑھائی اور منہ بنایا پھر پیچھے ہٹ گیا اور غرور کیا پھر کہنے لگا یہ تو صرف جادو ہے جو نقل کیا جاتا ہے سوائے انسانی کلام کے کچھ بھی نہیں میں عنقریب اسے دوزخ میں ڈالوں گا اور تجھے کیا خبر کہ دوزخ کیا چیز ہے نہ وہ باقی رکھتی ہے نہ چھوڑتی ہے کھال کو جھلسا دیتی ہے اس میں فرشتے مقرر ہیں ہم نے دوزخ کے داروغے صرف فرشتے رکھے ہیں اور ان کی تعداد صرف کافروں کی آزمائش کے لیے مقرر کی ہے تاکہ اہل کتاب یقین کرلیں اور ایمان دار ایمان میں بڑھ جائیں اور اہل کتاب اور مسلمان شک نہ کریں)

تاویل۔اللہ کا قول(اور ہم نے ان کی تعداد صرف کافروں کی آزمائش کے لیے رکھی ہے) امامؑ نے فرمایا ان سے مراد مرجیہ ہیں جو ولایت علیؑ کے منکر ہیں اللہ کا قول(تاکہ اہل کتاب یقین کریں) فرمایا اس سے مراد شیعہ ہیں اور اللہ کا قول(تاکہ اللہ ایمان والوں کو ایمان میں اور زیادہ کرے اور اہل کتاب شک نہ کریں) یعنی شیعہ قائمؑ کے بارے میں شک نہ کریں اور اللہ کا قول(اور تیرے رب کے شکر وہ صرف وہی جانتا ہے) پس تیرے رب کے شکر سے مراد شیعہ ہیں اور وہ زمین میں اللہ کے گواہ ہیں اللہ کا قول(یہ بشر کے لیے نصیحت ہے جسے چاہے تم سے متقدم کرے یا متافر کرے) فرمایا یعنی خروج قائمؑ سے پہلے جسے چاہے حق کی طرف بڑھائے اور جسے چاہے اس سے روکے رکھے۔

اللہ کا قول(ہر شخص اپنے اعمال کے بدلے میں گروی ہے مگر دائیں ہاتھ والے کہ وہ بہشتوں میں

سوال کرتے ہوں گے)یعنی مومنین کے بچے کہ اللہ نے فرمایااور جو ان کی اولاد میں سے ان کی اتباع کرے گا ہم اس کی اولاد کو ان کے ساتھ ملادیں گے اور اللہ کا قول(اور ہم فیصلے کے دن کو جھٹلاتے تھے) فرمایا کہ خروج قائمؑ کے دن کو اور اللہ کا قول(انہیں کیا ہوا ہے کہ وہ اس کے ذکر سے منہ پھیر لیتے ہیں) فرمایا کہ ذکر سے مراد ولایت امیر المومنینؑ ہے۔

ہم سے محمد بن العباس نے انہوں نے محمد بن یونس سے انہوں نے عثمان بن ابی شیبہ سے انہوں نے عتبہ بن ابی سعید سے انہوں نے جابر الجعفی سے انہوں نے امام ابو جعفرؑ سے اللہ کے اس قول کے بارے میں روایت کی ہے کہ اصحاب یمین سے مراد ہم اہل بیتؑ کے شیعہ ہیں۔

ہم سے احمد بن محمد موسیٰ النوفلی نے انہوں نے محمد بن عبداللہ سے انہوں نے اپنے والد سے انہوں نے الحسن بن محبوب سے انہوں نے زکریا سے انہوں نے جابر الجعفی سے انہوں نے امام ابو جعفرؑ سے انہوں نے اپنے والد

گرامیؑ سے انہوں نے اپنے داداؑ سے روایت کی ہے کہ نبیؐ نے علیؑ سے فرمایا اے علیؑ اللہ کا قول(ہر شخص اپنے اعمال کے بدلے میں گروی ہے سوائے دائیں ہاتھ والوں کے کہ وہ جنت سے گناہگاروں سے کہیں گے کونسی چیز تمہیں جہنم میں لے آئی)فرمایا اے علیؑ گناہگاروں سے مراد تمہاری ولایت کے منکر ہیں جب اہل جنت ان سے پوچھیں گے تو وہ کہیں گے کہ ہم فیصلے کے دن کو جھٹلاتے تھے تو وہ کہیں گے اے بدبختوں یہی چیز تم کو جہنم میں لے آئی پس انہوں نے تمہاری ولایت کا انکار کیا اور تکبر کیا۔

ابو علی الطبرسی نے تفسیر میں کہا کہ امام باقرؑ نے فرمایا کہ ہم اور ہمارے شیعہ اصحاب یمین ہیں۔

پس جو آل محمدؐ کا شیعہ ہو وہ کہے الحمد اللہ رب العالمین۔

سورۃ القیامہ

(اس سورہ مبارکہ کی وہ آیات جو آئمہ ھدیٰؑ کی شان میں نازل ہوئیں)

اللہ کا قول (انسان تو چاہتا ہے کہ وہ آگے آگے نافرمانیاں کرتا جائے)

تاویل۔ محمد البرقی سے انہوں نے خلف بن حمار سے انہوں نے الحلبی سے روایت کی ہے کہ میں نے امام ابو عبداللہؑ کو اس آیت کے بارے میں فرماتے ہوئے سنا (انسان تو چاہتا ہے کہ وہ آگے آگے نافرمانیاں کرے) فرمایا یعنی امامؑ کو جھٹلائے۔

ہمارے بعض اصحاب نے انہی سے روایت کی ہے کہ انسان چاہتا ہے کہ وہ ولایت امیر المومنینؑ کا انکار کرے۔

ابن طاؤس نے اسناد متصل کے ساتھ روایت کی ہے کہ جب یہ آیت نازل ہوئی تو ابو بکر رسول اللہؐ کے پاس آیا تو آپؐ نے فرمایا کہ علیؑ کو امیر الومنینؑ کہہ کر سلام کرو اس نے کہا کہ یہ اللہ کی طرف سے ہے یا اس کے رسولؐ کی طرف سے ؟ فرمایا کہ اللہ کے اور اس کے رسولؐ کی طرف سے پھر عمر آیا اسے بھی

یہی کہا تواس نے کہا یہ اللہ کی طرف سے ہے یا اس کے رسولؐ کی طرف سے ؟ فرمایا کہ اللہ اور اس کے رسولؐ کی طرف سے۔

اللہ کا قول (اس دن بہت سے چہرے بارونق ہوں گے جو اپنے رب کی طرف دیکھ رہے ہونگے)

تاویل۔ محمد بن العباس نے کہا انہوں نے احمد بن ھنورہ سے انہوں نے ابراہیم بن اسحاق سے انہوں نے عبداللہ بن حمار سے انہوں نے ہاشم الصداوی سے روایت کی ہے کہ مجھے امام ابو عبداللہؑ نے فرمایا اے ہاشم ! مجھ سے میرے والد گرامیؑ نے انہوں نے اپنے داداؑ سے انہوں نے رسول اللہؐ سے روایت کی ہے کہ ہمارے شیعہ جب قیامت کا دن ہو گا تو وہ اپنی قبروں سے نکلیں گے ان کے چہرے چاند کی طرح روشن ہونگے تو ان سے کہا جائے گا کہ مانگو جو تم چاہتے ہو تمہیں عطا کیا جائے گا وہ کہیں گے ہم امیر المومنینؑ کی زیارت کرنا چاہتے ہیں پس اللہ اہل جنت کو اجازت دے گا کہ وہ علیؑ کی زیارت کر سکیں اور جناب امیرؑ کے لیے نور کے منبر نصب کیا جائے گا پس امیر المومنینؑ اس پر جلوہ افروز ہونگے اور شیعان آل محمدؑ ان کی زیارت کریں گے اور یہ اللہ کا قول ہے (اور اس دن بہت سے چہرے بارونق ہونگے جو اپنے رب کی طرف دیکھ رہے ہونگے)

اللہ کا قول (نہ ہی انہوں نے تصدیق کی اور نہ نماز پڑھی)

تاویل۔ علی بن ابراہیم نے اللہ کے اس قول (اور نہ ہی انہوں نے تصدیق کی اور نہ نماز پڑھی) کے بارے میں روایت کیا ہے کہ جب رسول اللہؐ نے غدیر خم میں بیعت امیر المومنینؑ کے لیے لوگوں کو بلایا اور جب لوگوں کو پتا چلا اور ان کو علیؑ کے بارے میں حکم کا علم ہوا تو کچھ افراد واپس لوٹ آئے ان میں معاویہ، مغیرہ بن شعبہ اور ابو موسیٰ الاشعری بھی تھے اور وہ کہہ رہے تھے اللہ کی قسم نہ تو ہم علیؑ کی ولایت کا اقرار کریں گے اور نہ ہی محمدؐ کی اس بارے میں تصدیق کریں گے پس یہ آیت نازل ہوئی۔

سورۃ الدھر

(اس سورہ مبارکہ کی وہ آیات جو آئمہ ھدیٰؑ کی شان میں نازل ہوئیں)

اللہ کا قول (بے شک نیک لوگ جام پئیں گے کہ جس کی آمیزش کافور کی ہے جو ایک چشمہ ہے ۔۔۔۔۔۔ یہ ہے تمہارے اعمال کا بدلہ اور تمہاری کوشش کی قدر کی گئی)

تاویل۔ امیر المومنینؑ سے روایت ہے کہ آپؑ نے فرمایا ولدان مخلدون سے مراد اہل دنیا کی اولاد ہے کہ جن کی نہ نیکیاں تھیں کہ اجر دیا جاتا اور نہ برائیاں کہ ان کو سزا دی جاتی۔

رسول اللہؐ سے روایت ہے کہ اس سے مراد مشرکین کے بچے ہونگے کہ جو اہل جنت کی خدمت کریں گے۔

الشیخ محمد بن یعقوب سے انہوں نے اپنے والد سے انہوں نے الحسن بن محبوب سے انہوں نے محمد بن اسحاق سے انہوں نے امام ابو جعفرؑ سے روایت کی ہے کہ علیؑ نے رسول اللہؐ سے فرمایا کہ مجھے اللہ کے اس قول کے بارے میں بتایئے (ان کے کمروں کے اوپر کمرے ہونگے) فرمایا یا علیؑ یہ کمرے اللہ نے

اپنے اولیاء کے لیے بنائے ہیں یاقوت، موتی، زبرجد سے ان کی چھتیں سونے اور چاندی سے مزین ہیں ہر کمرے کے ایک ہزار دروازے ہیں ہر دروازے پر ایک فرشتہ مقرر ہے ان کے فرش بلند ہیں ان میں سے بعض پر ریشم و دیباج ہیں مختلف رنگوں کے اور انہیں معطر کیا گیا ہے مشک و عنبر و کافور سے پس ان کی کلغیاں اور تاج ہونگے اور اللہ انہیں سونے اور چاندی کے زیورات جو یاقوت، لولو اور سرخ یاقوت سے مزین ہونگے پہنائے گا یہ اللہ کا قول ہے (انہیں اس میں سونے اور چاندی کے زیور پہنائے جائیں گے) جب مومن اپنی چارپائی پر بیٹھے گا تو چارپائی خوش ہو جائے گی وہ جنت میں ایک دوسرے سے ملاقات کے لیے جایا کریں گے اور جنت میں نعمتیں حاصل کریں گے وہ جہاں بھی جائیں گے لمبے لمبے سایوں میں ہونگے جیسے طلوع فجر سے لے کر طلوع شمس تک ہوتے ہیں اور اس سے بھی پاکیزہ ہر مومن کے لیے اس میں ایک بیوی حور ہو گی اور چار عورتیں بنی آدم کی اولاد میں سے ہونگیں وہ کچھ وقت حور کے ساتھ گزارے گا کچھ وقت بنی آدم میں سے اپنی بیویوں کے ساتھ اور کچھ وقت تکیوں پر ٹیک لگائے ہوئے ہوں گے۔

ابو علی الطبرسی نے کہا ہے کہ عام و خاص سے روایت ہے کہ اللہ کا قول (اور بے شک نیکوکار جام پئیں گے۔۔۔اس قول تک۔۔۔۔یہ تمہارے اعمال کا بدلہ ہے) یہ آیت علیؑ، فاطمہؑ، حسنؑ، حسینؑ اور ان کی کنیز فضہؑ کے بارے میں نازل ہوئی اور یہ روایت ابن عباس سے ہے اور یہ قصہ طویل ہے اجمال کے ساتھ ہے کہ حسنؑ

اور حسینؑ علیل ہو گئے جناب امیرؑ اور جناب فاطمہؑ نے منت مانی کہ وہ تین روزے رکھیں گے اور اسی طرح جناب فضہؑ نے بھی منت مانی جب وہ شفایاب ہو گئے تو ان کے پاس کھانے کے لیے کچھ نہ تھا چنانچہ علیؑ نے تین صاع جو قرض لیے اور انہیں لے کر فاطمہؑ کے پاس آگئے اور ان میں سے ایک صاع

جو فضہؑ نے پیسی اور اسکی روٹیاں بنائیں جب مغرب کی نماز ادا کی تو ان کے پاس مسکین آگیا اور ان سے سوال کیا پس آپؑ نے اس کو وہ کھانا دے دیا اور انہوں نے صرف پانی سے افطاری کی جب دوسرا دن ہوا تو انہوں نے دوبارہ ایک صاع جو پیسی اور روٹیاں بنائیں پس شام کے وقت ایک یتیم دروازے پر آگیا اور سوال کیا چنانچہ انہوں نے وہ کھانا اسے دے دیا اور خود پانی پی کر گزارا کیا تیسرے دن پھر تیسرا صاع پیسے اور کھانا بنایا کہ شام کے وقت اسیر آگیا اور سوال کیا انہوں نے وہ کھانا اسے دے دیا اور خود پانی پی لیا جب چوتھا دن ہوا تو علیؑ حسنؑ اور حسینؑ کو لے کر نبیؐ کے پاس آئے اور وہ بہت کمزور تھے جب نبیؐ نے ان کو اس حال میں دیکھا تو بہت روئے پس جبرائیل یہ آیات لے کر نازل ہوئے۔

الصدوق نے امالی میں دو طریق سے کہ جس کی اسناد امام صادقؑ اور ابن عباس تک پہنچتی ہیں اسی طرح کی روایت بیان کی ہے۔

اور عامہ کے مفسرین نے جن میں سے خطیب الخوارزمی اور ابن عباس بھی ہیں کئی طریقوں سے یہ روایت بیان کی ہے۔

محمد بن العباس نے کہا کہ ہم سے محمد بن احمد نے انہوں نے الحسن بن بہرام سے انہوں نے عثمان بن ابی شیبہ سے انہوں نے وکیع سے انہوں نے معبودی سے انہوں نے عمرو بن مرۃ سے انہوں نے عبداللہ بن الحارث المکتب سے انہوں نے ابو کثیر الزبیدی سے انہوں نے عبداللہ بن العباس سے اسی کے مثل روایت کی ہے اور اس میں یہ اضافہ کیا ہے کہ تیسرے دن جب جناب سیدہؑ نے کھانا بنایا تو شام کے وقت ایک بوڑھا آدمی دروازے پر پہنچا اور کہا اے آل محمدؑ تم ہم کو قید کرتے ہو مگر کھانا نہیں دیتے پس علیؑ نے فاطمہؑ سے فرمایا کہ کھانا اسے دے دو علیؑ نے وہ کھانا اسے دیا اور فرمایا اللہ تم کو اور ان کو صبر دے اے اللہ جو تم نے ہمیں اس نیکی کے بدلے بہتر دے اور ہمیں اس کا بہتر بدلہ دے اور

ہمیں بھولنا نہیں بے شک تو رحیم و کریم ہے چوتھے دن نبیؐ ان کے پاس صبح آئے اور فرمایا آج کل تمہاری کیا خبر ہے تو فاطمہؑ نے ان کو بتایا پس آپؐ نے اللہ کی حمد کی، شکر کیا اور ثناء کی اور پھر آپؐ مسکرائے اور فرمایا اللہ نے تمہارے لیے اس میں برکت رکھی ہے اور جبرائیل میرے پروردگار کی طرف سے آیا ہے تمہیں سلام کہہ رہا ہے اور ان کو یہ آیات سنائیں اور نبیؐ مسکرائے اور فرمایا کہ اللہ نے تمہیں وہ جنت عطا کی ہے جو کبھی ختم نہ ہو گی اور ہمیشہ آنکھوں کی ٹھنڈک دی ہے تمہارے لیے خوشخبری ہے رحمٰن کے قرب کی وہ تمہیں اپنے ساتھ اپنے عظمت و جلال والے گھر میں ٹھہرائے گا تم رحمٰن کی مقرب مخلوق ہو جب لوگ گھبرائیں ہوں گے تم امن میں ہو گے جب لوگ غمگیں ہوں گے تم خوش ہو گے اور لوگ بد بخت ہونگے اور تم خوش بخت ہو گے تم راحت و سکون میں ہو گے وہ تم سے راضی ہے تم سوال کرو گے اور وہ تمہیں عطا کرے گا تم شفاعت کرو گے وہ قبول کرے گا اس کے لیے طوبیٰ ہے جو تمہارے ساتھ ہو گا اور اس کے لیے طوبیٰ ہے جو تمہاری عزت کرے گا جب لوگ تمہیں چھوڑ دیں گے اور اس وقت جو تمہاری مدد کرے گا اللہ اسے اپنے بے انتہا کرم سے نوازے گا اور جب لوگ تم پر جفا کریں اور تم پر ظلم و ستم کریں گے اس وقت جو تمہاری مدد کرے گا اس کے لیے اللہ کے ہاں کبھی نہ ختم ہونے والا اجر ہے اے آل محمدؑ تمہاری موت میری امت کے ہاتھوں ہو گی اور میری امت کی ہلاکت اللہ کی طرف سے ہو گی پھر آپؐ نے فاطمہؑ کو بوسہ دیا اور روئے اور علیؑ کی پیشانی پر بوسہ دیا اور روئے اور حسنؑ و حسینؑ کو اپنے سینے سے لگایا اور روئے اور فرمایا زندگی اور موت میں اللہ تمہارا نگہبان ہے اور میں تم کو اللہ کے سپرد کرتا ہوں وہ تمہاری حفاظت کرے اور اسکی حفاظت کرے جو تمہاری حفاظت کرے اور اس سے صلہ رحمی کرے جو تم سے صلہ رحمی کرے اور اس کی مدد کرے جو تمہاری مدد کرے اور اسے تنہا چھوڑے جو تمہیں تنہا چھوڑے۔

241 | تاویل الآیات(جلد دوئم)

الشیخ ابو جعفر بن بابوہ نے امالی میں کہا کہ ابن عباس نے کہا کہ اہل جنت جنت میں سورج کی مانند دیکھیں گے کہ جس سے جنت روشن ہو جائے گی تو اہل جنت کہیں گے اے پرودگار تم نے کہا تھا اپنی کتاب میں (وہ اس سورج کو نہ دیکھیں گے) پس اللہ ان کی طرف جبرائیل کو بھیجے گا وہ کہیں گے کہ یہ سورج نہیں بلکہ یہ علیؑ وفاطمہؑ ہنسے ہیں اور جنت ان کی ہنسی کے نور سے روشن ہو گئی ہے۔

اللہ کا قول (ہم نے تم پر یہ قرآن نازل کیا یہ نصیحت ہے وہ جسے چاہتا ہے اپنی رحمت میں داخل کرتا ہے اور ظالموں کے لیے دردناک عذاب تیار کر رکھا ہے)

تاویل۔الشیخ محمد بن یعقوب سے اس آیت کی تاویل میں ہے کہ علی بن محمد نے انہوں نے ہمارے بعض اصحاب سے انہوں نے الحسن بن محبوب سے انہوں نے محمد بن الفضیل سے انہوں نے امام ابو الحسن الماضیؑ سے روایت کی ہے (ہم نے تم پر قرآن نازل کیا) فرمایا یہ آیت اس طرح نازل ہوئی (ہم نے تم پر قرآن نازل کیا

علیؑ کی ولایت کے ساتھ) میں نے کہا کیا یہ تنزیل ہے ؟ فرمایا نہیں یہ تاویل ہے میں نے کہا اللہ کا قول (یہ نصیحت ہے) فرمایا اس سے مراد ولایت ہے میں نے کہا اللہ کا یہ قول (وہ جسے چاہتا ہے اپنی رحمت میں داخل کرتا ہے) فرمایا اللہ جسے چاہتا ہے ہماری ولایت میں داخل کرتا ہے میں نے کہا اللہ کا یہ قول (اور ظالموں کے لیے دردناک عذاب تیار کر رکھا ہے) فرمایا اہل بیتؑ پر ظلم کرنے والے۔

سورۃ المراسلات

(اس سورہ مبارکہ کی وہ آیات جو آئمہ ھدیٰؑ کی شان میں نازل ہوئیں)

اللہ کا قول (اور وحی لانے والے فرشتوں کی قسم)

تاویل۔ علی بن ابراہیم نے اپنی تفسیر میں کہا ہے کہ یہ ملائکہ ہیں جو رسولؐ اور امامؑ کے پاس آتے ہیں۔

اللہ کا قول (کیا ہم نے اگلوں کو ہلاک نہیں کیا اور پھر ہم ان کے بعد دوسروں کو لائے اور ہم گناہگاروں کے ساتھ ایسا ہی کرتے ہیں)

تاویل۔ یعنی نبیؐ سے پہلے امتوں کو اور پھر ہم ان کے پچھلوں کو لائے جنہوں نے رسول اللہؐ کی مخالفت کی

اور (ہم اسی طرح گناہگاروں کے ساتھ کرتے ہیں) یعنی بنو امیہ اور بنی فلاں۔

حذف اسناد کے ساتھ مرفوعاً عباس بن اسماعیل سے انہوں نے امام ابوالحسن الرضاؑ سے اللہ کے اس قول کے بارے میں روایت کی ہے کہ (کیا ہم نے پہلوں کو ہلاک نہیں کیا) فرمایا اس سے مراد پہلا اور

دوسرا ہے (پھر ان کے پیچھے دوسروں کو لائے) فرمایا تیسرے اور چوتھے اور پانچویں کو (ہم اسی طرح گناہگاروں کے ساتھ کرتے ہیں) فرمایا بنوامیہ میں سے۔

اللہ کا قول (اس دن جھٹلانے والوں کے لیے ہلاکت ہوگی)

تاویل۔ امیر المومنینؑ اور آئمہؑ کو جھٹلانے والوں کے لیے۔

الشیخ محمد بن یعقوب نے انہوں نے علی بن محمد سے اسناد کے ساتھ محمد بن فضیل سے انہوں نے امام ابوالحسن الماضیؑ سے اللہ کے اس قول کے بارے میں روایت کی ہے (کیا ہم نے ان سے پہلوں کو ہلاک نہیں کیا پھر ہم ان کے بعد دوسرے کو لائے) فرمایا کہ پہلے وہ ہیں جنہوں نے رسولوں اور اوصیاء کی اطاعت نہیں کی اور انہیں جھٹلایا میں نے پوچھا اور اللہ کا یہ قول (اور ہم گناہگاروں کے ساتھ ایسا ہی کرتے ہیں) فرمایا کہ جو آل محمدؐ پر ظلم کرے اللہ اسے بدترین عذاب سے دوچار کرتا ہے میں نے کہا اور اللہ کا یہ قول (اس دن جھٹلانے والوں کے لیے ہلاکت ہوگی) فرمایا کہ اللہ نے یہ آیت اس طرح نازل کی (اے محمدؐ ان کے لیے ہلاکت ہوگی جو آپ کی طرف ولایت علیؑ نازل کی ہے اسے جھٹلانے والوں کے لیے)

اللہ کا قول (چلو اس کی طرف جاؤ جسے تم جھٹلاتے رہے تھے چلو تین شاخوں والے سائے کی طرف جو دراصل نہ سایہ دینے والا ہے اور نہ شعلے سے بچا سکتا ہے)

تاویل۔ الشیخ ابو جعفر الطوسی نے انہوں نے احمد بن یونس سے انہوں نے احمد بن ایسار سے انہوں نے امام ابو عبداللہؑ سے روایت کی ہے کہ جب لوگ پیاس سے نڈھال ہوں گے تو وہ ان کی طرف آئیں گے جنہیں وہ جھٹلاتے تھے یعنی امیر المومنینؑ کی طرف جب وہ ان کے پاس آئیں گے تو وہ کہیں گے کہ چلو ان تین شاخوں والے سائے کی طرف جو نہ سایہ دے سکتا ہے اور نہ شعلے سے بچا سکتا ہے یعنی پیاس کی

تپش سے۔

محمد بن العباس نے کہا کہ انہوں نے احمد بن القاسم سے انہوں نے احمد بن محمد بن یسار سے انہوں نے ہمارے بعض اصحاب سے مرفوعاً امام ابو عبداللہؑ سے روایت کی ہے کہ جب لوگ پیاس سے بے حال ہونگے تو ان سے کہا جائے گا کہ چلو اس کی طرف جسے تم جھٹلاتے تھے یعنی امیر المومنینؑ کی طرف پھر وہ فرمائیں گے جاؤ ان تین شاخوں والے سائے کی طرف جو نہ تو سایہ دیتا ہے اور نہ ہی شعلے سے بچاتا ہے یعنی وہ تین فلاں، فلاں اور فلاں ہیں۔

اللہ کا قول (اس دن پرہیزگار سایوں اور چشموں کے درمیان ہونگے اور جس طرح کے پھل چاہیں گے کھائیں گے کھاؤ اور پیو ہنسی خوشی سے یہ اس کا بدلہ ہے جو تم عمل کیا کرتے تھے)

تاویل۔ علی بن ابراہیم نے کہا اللہ کا قول (سایوں اور چشموں) کہا کہ نور کے سایوں میں (اور ان سے کہا جائے گا ہنسی خوشی کھاؤ پیو یہ اس کا بدلہ ہے جو تم عمل کیا کرتے تھے) نیک عمل سے مراد معرفت ولایت ہے

پھر اللہ نے اعداء آل محمدؐ سے مخاطب ہو کر فرمایا (کھاؤ اور تھوڑا سا فائدہ حاصل کر لو دینا میں بے شک تم گناہگار ہو)

محمد بن یعقوب سے انہوں نے علی بن محمد سے اسناد کے ساتھ محمد بن الفضیل سے انہوں نے امام ابو الحسن الماضیؑ سے روایت کی ہے کہ میں نے امامؑ سے اللہ کے اس قول کے بارے میں پوچھا (بے شک پرہیزگار اس دن سایوں اور چشموں میں ہونگے) فرمایا اللہ کی قسم اس سے مراد ہمارے شیعہ ہیں اور ہمارے علاوہ ملت ابراہیمؑ پر کوئی نہیں ہے۔

اللہ کا قول(جب ان سے کہا جاتا ہے کہ رکوع کرو تو وہ نہیں جھکتے)

تاویل۔ علی بن ابراہیم نے اس آیت کی تفسیر میں آئمہؑ سے روایت کی ہے کہ جب ان سے کہا جاتا ہے کہ امامؑ سے محبت کرو تو وہ نہیں کرتے پھر اللہ نے اپنی نبیؐ سے فرمایا(وہ کون سی بات کے بعد کہ جو میں نے تمہیں بتادی ہے ایمان لائیں گے)

الحسن بن علی الوشاء سے انہوں نے محمد بن الفضیل سے انہوں نے ابو حمزہ الثمالی سے روایت کی ہے کہ میں نے امام ابو جعفرؑ سے اللہ کے اس قول کے بارے میں پوچھا(اور جب ان سے کہا جاتا ہے کہ جھکو تو وہ نہیں جھکتے) فرمایا کہ باطن قرآن میں ہے کہ جب ناصبیوں سے کہا جاتا ہے کہ علیؑ سے محبت کرو تو وہ نہیں کرتے کیونکہ اللہ نے ان کے لیے بدبختی تقدیر کر دی ہے جو سید الانبیاءؐ اور سید الاوصیاءؑ کے دشمن ہیں۔

سورۃ النباء

(اس سورہ مبارکہ کی وہ آیات جو آئمہ ھدیٰؑ کی شان میں نازل ہوئیں)

اللہ کا قول (یہ کس چیز کے بارے میں پوچھتے ہیں سب سے بڑی خبر کے بارے میں جس میں یہ اختلاف کرتے ہیں عنقریب یہ جان لیں گے)

تاویل۔ اس آیت کے بارے میں لاتعداد روایات ہیں جن کے مطابق نباءالعظیم (سب سے بڑی خبر) سے مراد امیرالمومنینؑ ہیں۔

الشیخ محمد بن یعقوب سے انہوں نے محمد بن یحییٰ سے اسناد کے ساتھ رجال سے انہوں نے ابو حمزہ الثمالی سے انہوں نے امام ابو جعفرؑ سے روایت کی ہے کہ میں نے امامؑ سے کہا میں آپؑ پر قربان جاؤں آپؑ کے شیعہ آپؑ سے اس آیت کی تفسیر کے بارے میں پوچھتے ہیں فرمایا کہ یہ ہمارے ذمہ ہے چاہیں تو بتا دیں چاہیں تو نہ بتائیں مگر میں تم کو اس کی تفسیر بتاؤں گا میں نے کہا اللہ کا یہ قول (یہ کس چیز کے بارے میں پوچھتے ہیں سب سے بڑی خبر کے بارے میں) فرمایا یہ امیرالمومنینؑ کے بارے میں ہے

اور آپؑ کا فرمان ہے کہ اللہ کی کوئی آیت مجھ سے بڑی نہیں اور نہ ہی کوئی خبر مجھ سے بڑی ہے۔

اس کی تائید یہ روایت بھی کرتی ہے محمد بن العباس سے انہوں نے احمد بن ادریس سے انہوں نے محمد بن احمد بن یحییٰ سے انہوں نے ابراہیم بن ہاشم سے اسناد کے ساتھ محمد بن الفضیل سے روایت کی ہے کہ میں نے امام ابو عبداللہؑ سے اللہ کے اس قول کے بارے میں پوچھا تو امام ابو عبداللہؑ نے فرمایا کہ امیر المومنینؑ فرمایا کرتے تھے کہ کوئی خبر مجھ سے بڑی نہیں ہے اور میری فضیلت تمام سابقہ امتوں کے سامنے پیش کی گئی تو انہوں نے اس کا اپنی مختلف زبانوں سے اقرار کیا۔

علی بن ابراہیم نے اپنی تفسیر میں کہا ہے کہ نباء العظیم سے مراد امیر المومنینؑ ہیں۔

کتاب النحب میں اسناد کے ساتھ حدیث محمد بن مومن الشیرازی نے اسناد کے ساتھ السدی سے تفسیر میں کہا ہے کہ اللہ کا قول (یہ کس چیز کے بارے میں پوچھتے ہیں سب سے بڑی خبر کے بارے میں) کہا کہ صخر بن حرب بڑھا اور رسول اللہؐ کے پاس بیٹھا اور کہا یا محمدؐ آپؐ کے بعد یہ امر ہمارے لیے ہے یا کسی اور کے لیے فرمایا اے صخر (ابوسفیان) میرے بعد یہ امر اس کے لیے ہے جو مجھ سے وہی نسبت رکھتا ہے جیسی نسبت ہارونؑ کو موسیٰؑ سے تھی پس اللہ نے یہ آیات نازل فرمائیں (یہ کس چیز کے بارے میں پوچھتے ہیں سب سے بڑی خبر کے بارے میں کہ جس میں یہ اختلاف کرتے ہیں) یعنی اہل مکہ خلافت علیؑ ابن ابی طالبؑ کے بارے میں پوچھتے ہیں اور اختلاف کرتے ہیں یعنی کچھ علیؑ کی خلافت و ولایت کی تصدیق کرتے ہیں اور کچھ اسے جھٹلاتے ہیں پھر اللہ نے فرمایا (عنقریب یہ جان لیں گے کہ ولایت کس کا حق ہے جب ان سے قبروں میں سوال کیا جائے گا پس مشرق و مغرب خشکی و تری میں کوئی ایسی قبر نہ ہو گی جس سے منکر و نکیر ولایت علیؑ کے بارے میں موت کے بعد نہ پوچھیں گے وہ کہیں گے تمہارا رب کون ہے تمہارا دین کیا ہے تمہارا نبی کون ہے اور تمہارا امام کون ہے)

ابن طاؤس نے کتاب الیقین میں اور العلامہ نے نہج الحق میں الحافظ محمد بن مومن الشیرازی سے یہی روایت کی ہے۔

اسی طرح اسناد کے ساتھ علقمہ سے روایت ہے کہ صفین والے دن لشکر شام کی طرف سے ایک آدمی نکلا اس کے سر پر قرآن تھا اور وہ پڑھ رہا تھا (یہ آپ سے کس کے بارے میں پوچھتے ہیں سب سے بڑی خبر کے بارے میں جس میں یہ اختلاف کرتے ہیں) لشکر امیر المومنینؑ میں سے ایک شخص نے کہا کہ میں اس کے مقابلے میں جاتا ہوں تو جناب امیرؑ نے فرمایا نہیں بلکہ اس کے لیے میں ہوں پھر علیؑ میدان جنگ میں نکلے اور اس سے فرمایا کیا تو جانتا ہے کہ یہ سب سے بڑی خبر کیا ہے ؟اس نے کہا نہیں تو علیؑ نے فرمایا اللہ کی قسم یہ نباء العظیم میں ہوں کہ جس میں تم اختلاف کرتے ہو اور میری ولایت کے بارے میں جھگڑتے ہو اور میری ولایت قبول کرنے کے بعد اس سے پھر گئے ہو حالانکہ غدیر والے دن تم نے جان لیا تھا اور اب تم قیامت والے دن جان لو گے۔

اصبغ بن نباتہ نے امیر المومنینؑ سے روایت کی ہے کہ آپؑ نے فرمایا اللہ کی قسم نباءالعظیم سے مراد میں ہوں کہ جس میں لوگ اختلاف کرتے ہیں اور یہ جان لیں گے پس عنقریب یہ جان لیں گے یہاں تک کہ میں جنت اور دوزخ کے درمیان کھڑا ہو جاؤں اور جنت و دوزخ سے کہوں گا کہ یہ تیرے لیے ہے اور یہ تیرے لیے ہے۔

عامہ میں سے کثیر نے یہ روایت کی ہے کہ جیسے خوارزمی وغیرہ نے کہ نباءالعظیم سے مراد امیر المومنینؑ ہیں۔

اللہ کا قول (جس دن ارواح اور ملائکہ صف باندھے کھڑے ہونگے اور کوئی بھی نہیں بولے گا سوائے اس کے کہ جسے رحمٰن نے اجازت دی ہو گی)

تاویل۔ محمد بن العباس نے کہا کہ انہوں نے الحسین بن احمد سے انہوں نے محمد بن عیسیٰ سے انہوں نے یونس سے انہوں نے سعدان بن مسلم سے انہوں نے معاویہ بن وہب سے انہوں نے امام ابو عبداللہؑ سے روایت کی ہے اللہ کے اس قول کے بارے میں فرمایا اللہ کی قسم ہم ہی وہ ہیں کہ جن کو قیامت والے دن بولنے کی اجازت ہوگی میں نے کہا جب آپؑ بولیں گے تو کیا کہیں گے ؟ فرمایا ہم اپنے رب کی حمد کریں گے اپنے نبیؐ پر درود بھیجیں گے اور ہم اپنے شیعوں کے لیے شفاعت کریں گے ۔

علی بن ابراہیم نے امام موسیٰ کاظمؑ سے اپنی تفسیر میں ایسی ہی روایت کی ہے۔

اسی طرح احمد بن ھنورہ سے انہوں نے ابراہیم بن اسحاق سے انہوں نے عبداللہ بن حمار سے انہوں نے ابو خالد القماط سے انہوں نے امام ابو عبداللہؑ سے انہوں نے اپنے والد گرامیؑ سے روایت کی ہے کہ جب قیامت کا دن ہوگا اور اللہ اولین وآخرین میں سے تمام مخلوقات کو ایک میدان میں جمع کرے گا تو لاالہ الااللہ اسی کی زبان پر جاری ہوگا جس نے ولایت علیؑ کا اقرار کیا ہوگا اور یہی ہے اللہ کا قول (جس دن ارواح اور ملائکہ صف باندھے کھڑے ہونگے اور کوئی بھی نہیں بولے گا سوائے اس کے کہ جسے رحمٰن نے اجازت دی ہوگی)

اللہ کا قول (اس دن آدمی دیکھ لے گا کہ جو اس کے ہاتھوں نے آگے بھیجا ہوگا اور کافر کہے گا اے کاش میں مٹی ہوتا)

تاویل۔ محمد بن العباس نے کہا کہ ہم سے الحسین بن احمد نے انہوں نے محمد بن علی سے انہوں نے یونس بن عبدالرحمٰن سے انہوں نے یونس بن یعقوب سے انہوں نے خلف بن حمار سے انہوں نے ہارون بن خارجہ سے انہوں نے ابو بصیر سے انہوں نے سعید السمان سے انہوں نے امام ابو

عبداللہؑ سے روایت کی ہے اللہ کے اس قول کے بارے میں کہ یہ آیت اس طرح نازل ہوی (کافر کہے گا کاش میں علوی یا بوترابی ہوتا)

محمد بن خالد البرقی نے انہوں نے یحییٰ الحلبی سے انہوں نے ہارون بن خارجہ سے اور خلف بن حمار سے انہوں نے ابو بصیر سے ایسی ہی روایت کی ہے۔

اور تفسیر اہل بیت میں باطن میں اسی تاویل کی تائید ہے کہ وہ کہے گا کہ اے کاش میں تراب ہوتا یعنی ابو ترابؑ کے شیعوں میں سے ہوتا کیونکہ اس کے معنی ہیں کہ امیر المومنینؑ جنت اور دوزخ تقسیم کرنے والے ہیں کہ اللہ کا ان پر درود و سلام ہو۔

سورۃ النازعات

(اس سورہ مبارکہ کی وہ آیات جو آئمہ ھدیٰؑ کی شان میں نازل ہوئیں)

اللہ کا قول (اس دن کانپنے والی کانپے گی اس کے پیچھے آنے والی آئے گی)

تاویل۔ محمد بن العباس نے کہا کہ ہم سے جعفر بن محمد ملک نے انہوں نے القاسم بن اسماعیل سے انہوں

نے علی بن خالد سے انہوں نے عبدالکریم بن عمرو الخثعمی سے انہوں نے سلیمان بن خالد سے روایت کی ہے کہ امام ابو عبداللہؑ نے اللہ کے اس قول کے بارے میں فرمایا(اس دن کانپنے والی کانپے بھی اور پیچھے آنے والی پیچھے آئے گی) فرمایا کہ کانپنے والی سے مراد حسینؑ بن علیؑ ہیں اور پیچھے آنے والی سے مراد علیؑ ابن ابی طالبؑ ہیں اور سب سے پہلے مٹی سے حسینؑ بن علیؑ سر نکالیں گے اور یہی آیت ان کی دنیا میں رجعت پر بھی دلالت کرتی ہے۔

اللہ کا قول (کہتے ہیں پھر لوٹنا نقصان دہ ہے)

تاویل۔ محمد بن العباس نے کہا کہ ہم سے ابو عبداللہ محمد بن احمد نے انہوں نے القاسم بن اسماعیل سے انہوں نے محمد بن سنان سے انہونے سماعہ بن مہران سے انہوں نے جابر بن یزید الجعفی سے انہوں نے امام ابو جعفرؑ سے روایت کی ہے کہ رسول اللہؐ نے فرمایا کہ رجعت مبارک ہے اور نفع بخش ہے قیامت والے دن میرے امر کی اتباع کرنے والوں اور ولایت علیؑ کا اقرار کرنے والوں اور آئمہؑ کی اتباع کرنے والوں کے لیے اللہ انہیں میرے، علیؑ اور ان کے بعد میرے اوصیاءؑ کے ساتھ جنت میں داخل کرے گا اور دوبارہ پلٹنا نقصان دہ ہے میرے دشمنوں کے لیے میرے امر کو ترک کرنے والوں کے لیے علیؑ کی ولایت کا انکار کرنے والوں کے لیے اور ان کے بعد آئمہؑ کے دشمنوں کے لیے کہ اللہ انہیں دوزخ کے سب سے نچلے حصے میں داخل کرے گا اور تمام حمد اللہ رب العالمین کے لیے ہے۔

سورۃ عبس

(اس سورہ مبارکہ کی وہ آیات جو آئمہ ھدیٰؑ کی شان میں نازل ہوئیں)

اللہ کا قول (یہ تو نصیحت ہے جو چاہے اسے یاد کرے ہر عظمت صحیفوں میں جو بلند و بالا اور پاک صاف ہیں ایسے لکھنے والوں کے ہاتھوں میں ہے جو بزرگ اور پاکباز ہیں)

تاویل۔ علی بن ابراہیم نے اپنی تفسیر میں کہا کہ یہ آیت آئمہؑ کے بارے میں نازل ہوئی۔

محمد بن العباس نے کہا انہوں نے الحسین بن احمد المالکی سے انہوں نے محمد بن عیسیٰ سے انہوں نے یونس سے انہوں نے خلف بن حمار سے انہوں نے ابو ایوب الخزاز سے انہوں نے امام ابو عبداللہؑ سے اللہ کے اس قول کے بارے میں روایت کی ہے (ایسے لکھنے والے ہاتھوں میں جو بزرگ اور پاکباز ہیں) فرمایا ان سے مراد آئمہؑ ہیں کہ اللہ نے ان کا وصف بیان کیا ہے کہ وہ بزرگ اور پاکباز ہیں اس کے امر کی اطاعت کرتے ہیں اور اسکے حکم کی نافرمانی نہیں کرتے۔

اللہ کا قول (انسان کو قتل کیا گیا اللہ کی مار اس انسان پر جس نے اسے قتل کیا اسے اللہ نے کس چیز سے پیدا کیا ایک نطفہ سے پھر ایک اندازہ پر اسے رکھا پھر اس کے لیے راستہ آسان کیا پھر اسے موت دے

دی اور پھر دفن کیا پھر جب چاہے گا اسے زندہ کرے گا ہر گز نہیں اس نے اب تک اللہ کے حکم کی بجاآوری نہیں کی)

تاویل۔ محمد بن العباس سے انہوں نے احمد بن ادریس سے انہوں نے احمد بن محمد بن عیسیٰ سے انہوں نے احمد بن محمد بن ابی نصر سے انہوں نے جمیل بن دراج سے انہوں نے ابواسامہ سے انہوں نے امام ابو جعفرؑ سے روایت کی ہے کہ میں نے آپؑ سے اللہ کے اس قول کے بارے میں پوچھا(نہیں ہر گز نہیں اس نے ابھی تک اس کے حکم کی بجاآوری نہیں کی) میں نے کہا میں آپؑ پر قربان یہ کب ہو گا؟ فرمایا یہ آیت امیر المومنینؑ کے بارے میں نازل ہوئی کہ اللہ کے حکم یعنی علیؑ کی ولایت کا انکار کیا گیا اور جب رجعت میں وہ واپس اس دنیا میں تشریف لائیں گے تو اللہ کے اس امر کو قائم کریں گے اور اللہ کا قول(انسان کو قتل کیا گیا) اس سے مراد امیر المومنینؑ ہیں(کتنا ناشکرا ہے) اسے مراد ان کا قاتل ہے

۔

علی بن ابراہیم نے اپنی تفسیر میں کہا کہ اللہ کا قول(انسان کو قتل کیا گیا) اس سے مراد امیر المومنینؑ ہیں(اور وہ کتنا ناشکرا ہے) یعنی ان کا قاتل کیونکہ اللہ کے علم میں ہے کہ انہیں قتل کیا جائے گا۔

سورة التکویر

(اس سورہ مبارکہ کی وہ آیات جو آئمہ ھدیٰؑ کی شان میں نازل ہوئیں)

اللہ کا قول(اور جب زندہ دفن کردی جانے والی سے پوچھا جائیگا کہ اسے کس جرم میں قتل کیا گیا)

تاویل۔ابو علی الطبرسی نے کہا کہ امام ابو جعفرؑ اور امام ابو عبد اللہؑ سے اللہ کے اس قول کے بارے میں روایت

ہے کہ اس سے مراد ہماری مودت ہے اور جس نے ہماری مودت اور ولایت کو قتل کیا اللہ ان کو عذاب الیم سے دوچار کرے گا۔

ابن عباس سے روایت ہے کہ اس آیت سے مراد مودت فی القربیٰ ہے۔

علی بن ابراہیم نے اپنی تفسیر میں امامؑ سے روایت کی ہے کہ آپؑ سے اس آیت کے بارے میں پوچھا گیا(اور زندہ دفن کردی جانے والی سے پوچھا جائے گا کہ اسے کس جرم میں قتل کیا گیا) فرمایا کہ ہماری مودت کے بارے میں اور یہ آیت ہمارے بارے میں نازل ہوئی۔

سلیمان بن سماعہ سے انہوں نے عبد اللہ بن القاسم سے انہوں نے ابوالحسن الاذری سے انہوں نے ابان

بن ابی عیاش سے انہوں نے سلیم بن قیس سے انہوں نے ابن عباس سے روایت کی ہے کہ اس آیت سے مراد ہے جس نے اہل بیتؑ محمدؐ کی مودت کو قتل کیا۔

منصور بن حازم سے انہوں نے ایک شخص سے انہوں نے امام ابو جعفرؑ سے روایت کی ہے کہ میں نے امامؑ سے اللہ کے اس قول کے بارے میں پوچھا تو فرمایا اس سے مراد ہماری مودت ہے اور یہ آیت ہمارے بارے میں نازل ہوئی۔

محمد بن العباس نے کہا کہ ہم سے احمد بن ادریس سے انہوں نے احمد بن محمد بن عیسیٰ سے انہوں نے علی بن حدید سے انہوں نے منصور بن یونس سے انہوں نے منصور بن حازم سے انہوں نے زید بن علیؑ سے روایت کی ہے کہ میں نے ان سے پوچھا کہ میں آپؑ پر قربان جاؤں اللہ کے اس قول سے کیا مراد ہے ؟ فرمایا اللہ کی قسم یہ

ہماری مودت ہے اور اللہ کی قسم یہ ہمارے بارے میں ہے۔

ہم سے علی بن عبداللہ نے انہوں نے ابراہیم بن محمد سے انہوں نے اسماعیل بن یسار سے انہوں نے علی بن جعفر الحضرمی سے انہوں نے جابر الجعفی سے روایت کی ہے کہ میں نے امام ابو عبداللہؑ سے اللہ کے اس قول کے بارے میں دریافت کیا تو آپؑ نے فرمایا کہ جو ہماری مودت میں قتل ہو گیا تو اس کے قاتل سے اس کے بارے میں پوچھا جائے گا۔

اسی طرح کہا کہ ہم سے محمد بن ھمام نے انہوں نے عبداللہ بن جعفر سے انہوں نے محمد بن عبدالحمید سے انہوں نے ابو جمیلہ سے انہوں نے جابر سے انہوں نے امام ابو جعفرؑ سے اللہ کے اس قول کے بارے میں روایت کی ہے آپؑ نے فرمایا کہ جو ہماری مودت میں قتل ہوا۔

257 | تاویل الآیات(جلد دوئم)

اسی طرح کہا کہ ہم سے علی بن عبداللہ نے انہوں نے ابراہیم بن محمد الثقفی سے انہوں نے الحسن بن الحسین الانصاری سے انہوں نے عمرو بن ثابت سے انہوں نے علی بن القاسم سے روایت کی ہے کہ میں نے امام ابو جعفرؑ سے اللہ کے اس قول کے بارے میں پوچھا(اور جب زندہ دفن کردی جانے والی سے پوچھا جائے گا کہ تجھے کس جرم میں قتل کیا گیا) فرمایا کہ شیعان آل محمدؑ سے پوچھا جائے گا۔

علی بن محمد بن مہرویہ سے انہوں نے داؤد بن سلیمان سے کہا کہ مجھ سے امام ابوالحسن علی بن موسیٰؑ نے انہوں نے اپنے والد گرامی امام موسیٰؑ سے انہوں نے اپنے والد گرامی امام جعفرؑ بن محمدؑ سے انہوں نے اپنے آباءؑ سے انہوں نے علیؑ ابن ابی طالبؑ سے روایت کی ہے کہ رسول اللہؐ نے فرمایا کہ موسیٰؑ نے اپنے رب سے سوال کیا کہ ہارون انتقال کر گئے ہیں تو اسے بخش دے تو اللہ نے ان کی طرف وحی کی کہ اگر موسیٰؑ تم مجھے اولین وآخرین کے بارے میں بھی کہتے تو میں سوائے قاتل حسینؑ کے تمام کو بخش دیتا پس میں ان کے قاتل کا انتقام لوں گا اس لیے رسول اللہؐ نے فرمایا کہ اللہ نے اہل بیتؑ پر ظلم کرنے والوں پر جنت حرام کی ہے اور ان کے قاتلوں پر ان کے قاتلوں کے مددگاروں پر اور ان کو گالی دینے والوں (یعنی اہل بیتؑ کو گالی دینے والوں پر) جنت حرام کی ہے ان کا آخرت میں کوئی حصہ نہیں نہ ہی اللہ ان کی طرف دیکھے گا نہ ہی ان کو پاک کرے گا ان کے لیے دردناک عذاب ہے۔

اسی طرح رسول اللہؐ نے فرمایا میرے اہل بیتؑ پر ظلم کرنے والوں کے لیے ہلاکت ہے کہ وہ منافقین کے ساتھ جہنم کے سب سے نچلے حصے میں ہونگے۔

صاحب عیون الاخبار الرضاؑ نے اسناد کے ساتھ امام صادقؑ سے روایت کی ہے کہ رسول اللہؐ نے فرمایا قاتل حسینؑ آگ کے تابوت میں ہے اس میں آدھا عذاب دنیاوالوں کے لیے برابر ہے اس کے ہاتھ اور پاؤں آگ کی زنجیروں سے باندھے جائیں گے اور وہ جہنم کے جس گڑھے میں ہوگا اس کی ہوا اتنی بری

ہو گی کہ اس کی غلاظت سے اہل جہنم بھی پناہ مانگیں گے وہ اس میں ہمیشہ دردناک عذاب چکھے گا اپنے سب ساتھیوں کے ساتھ اور وہ ان کی کھال ادھیڑ دے گا اور اللہ پھر دوبارہ کھال دے گا تاکہ وہ عذاب چکھے وہ ادھر سے بھاگ نہیں سکے گا اور جہنم کا کھولتا ہوا پانی پیئے گا ان کے لیے اللہ کا عذاب جہنم ہے۔

اللہ کا قول (پس میں قسم کھاتا ہوں پیچھے ہٹنے والے کی چلنے پھرنے والے ستاروں کی اور رات کی کہ جب وہ چھا جائے اور صبح کی کہ جب وہ چمکنے لگے)

تاویل۔ محمد بن العباس نے کہا کہ ہم سے عبداللہ بن العلاء نے انہوں نے محمد بن الحسن بن شمعون سے انہوں نے عثمان بن ابی شیبہ سے انہوں نے الحسین بن عبداللہ الاجانی سے انہوں نے سعد بن طریف سے انہوں نے اصبغ بن نباتہ سے انہوں نے جناب امیرؑ سے روایت کی ہے کہ اس سے مراد امامؑ ہے جو کچھ سال بعد پیچھے ہٹے گا (پردہ غیبت میں چلا جائے گا) پھر شہاب ثاقب کی طرح تاریک رات میں ظاہر ہو گا (ظہور قائمؑ) اگر تم اس کا زمانہ پاؤ تو تمہاری آنکھیں ٹھنڈی ہو جائیں گی۔

اللہ کا قول (یہی ایک بزرگ رسول کا کہنا ہے جو قوت والا ہے عرش والے کے نزدیک بلند مرتبہ ہے جس کی اطاعت کی جاتی ہے پھر وہ امین ہے)

تاویل۔ محمد بن العباس نے کہا کہ ہم سے علی بن العباس نے انہوں نے حسین بن محمد سے انہوں نے احمد بن الحسین سے انہوں نے سعید بن خثیم سے انہوں نے مقاتل سے انہوں نے اس سے جس نے انہیں بیان کیا انہوں نے ابن عباس سے اللہ کے اس قول کے بارے میں روایت کی ہے کہ اس سے مراد رسول اللہؐ ہیں جو عرش والے کے ہاں بلند مرتبہ اور طاقتور ہیں ان کی اطاعت کرتے ہیں جنت اور دوزخ کے فرشتے بھی پھر وہ امین ہیں اس پر کہ جو اللہ نے ان کے سپرد کیا اپنی مخلوق کے بارے میں پھر انہوں نے اس کو امیر المومنینؑ کے سپرد کر دیا جو کچھ بھی اللہ نے محمدؐ کے سپرد کر کے ان کی امت کی

طرف بھیجا۔

سورۃ الانفطار

(اس سورہ مبارکہ کی وہ آیات جو آئمہ ھدیٰؑ کی شان میں نازل ہوئیں)

اللہ کا قول (ہر شخص اپنے آگے بھیجے ہوئے اور اپنے پیچھے چھوڑے ہوئے کو معلوم کرلے گا)

تاویل۔ علی بن ابراہیم نے اپنی تفسیر میں کہا کہ اس سے مراد ثانی ہے یعنی اس نے فلاں کو آگے بھیجا اور خود کو اس کے پیچھے رکھا خلافت کے لیے۔

اللہ کا قول (بلکہ وہ دین کو جھٹلاتے ہیں)

تاویل۔ لاتعداد احادیث میں آیا ہے کہ دین سے مراد ولایت امیرالمومنینؑ ہے۔ پس دین ولایت علیؑ ابن ابی طالبؑ ہی ہے۔

اللہ کا قول (بے شک نیکوکار نعمتوں میں ہونگے اور فاجر جہنم میں ہونگے)

تاویل۔ محمد بن العباس نے کہا کہ ہم سے جعفر بن محمد بن مالک نے انہوں نے محمد بن الحسین سے انہوں نے محمد بن علی سے انہوں نے محمد بن الفضیل سے انہوں نے ابو حمزہ سے انہوں نے امام ابو

جعفرؑ سے اللہ کے اس قول کے بارے میں روایت کی ہے آپؑ نے فرمایا کہ نیکوکار ہم ہیں اور فاجر ہمارے دشمن ہیں۔

سورۃ المطففین

(اس سورہ مبارکہ کی وہ آیات جو آئمہ ھدیٰؑ کی شان میں نازل ہوئیں)

اللہ کا قول(ناپ تول میں کمی کرنے والوں کے لیے ہلاکت ہے کہ جب وہ لوگوں سے لیتے ہیں تو پورا پورا تول کر لیتے ہیں اور جب ناپ تول کر دیتے ہیں تو کم دیتے ہیں)

تاویل۔ احمد بن ابراہیم بن عباد سے اسناد کے ساتھ عبد اللہ بن بکیر سے مرفوعاً امام ابو عبد اللہؑ سے اللہ کے اس قول کے بارے میں روایت کرتے ہیں کہ آپؑ نے فرمایا ان سے مراد خمس دینے میں کمی کرنے والے ہیں کہ جب یہ لوگ غنیمت میں سے لیتے ہیں تو پورا پورا لیتے ہیں اور جب ان سے خمس آل محمدؑ مانگا جاتا ہے تو اس میں کمی کرتے ہیں۔

اللہ کا قول(اس دن جھٹلانے والوں کے لیے ہلاکت ہو گی)

تاویل۔ احادیث آئمہؑ میں ہے کہ یہ آیت اس طرح نازل ہوئی (اس دن علیؑ کی ولایت کو جھٹلانے والوں کے لیے ہلاکت ہو گی)

اللہ کا قول(اور جب ان کے سامنے ہماری آیات کی تلاوت کی جاتی ہے تو کہتے ہیں کہ یہ تو پہلوں کی کہانیاں ہیں)

تاویل۔احادیث آئمہؑ میں ہے کہ جب قائمؑ ظہور فرمائیں گے تو لوگ ان کی تکذیب کریں گے وہ کہیں گے کہ ہم آپؑ کو نہیں پہچانتے اور آپؑ اولاد فاطمہؑ میں سے نہیں ہیں جیسے کہ مشرکین محمدؐ کی تکذیب کیا کرتے تھے۔

اللہ کا قول(بے شک بدکاروں کا نامہ اعمال سجین میں ہے)

تاویل۔الشیخ محمد بن یعقوب سے انہوں نے علی بن محمد سے انہوں نے ہمارے بعض اصحاب سے انہوں نے الحسن بن محبوب سے انہوں نے محمد بن الفضیل سے انہوں نے امام ابوالحسن الماضیؑ سے اللہ کے اس قول کے بارے میں روایت کی ہے (اور بے شک بدکاروں کا نامہ اعمال سجین میں ہے) فرمایا کہ اس سے مراد وہ بدکار ہیں جنہوں نے آئمہؑ کے حق پر حد سے تجاوز کیا پھر کہا جائے گا یہی ہے جسے تم جھٹلاتے تھے اس سے مراد امیر المومنینؑ ہیں۔

اللہ کا قول(یقیناً نیکوکاروں کا نامہ اعمال علیین میں ہے اور تمہیں کیا پتا کہ علیین کیا ہے یہ تو لکھی ہوئی کتاب ہے

تاویل۔محمد بن یعقوب نے کہا کہ انہوں نے محمد بن یحییٰ سے انہوں نے احمد بن محمد سے انہوں نے محمد بن خالد سے انہوں نے ابو نہشل سے انہوں نے محمد بن اسماعیل سے انہوں نے ابو حمزہ الثمالی سے روایت کی ہے کہ میں نے امام ابو جعفرؑ کو فرماتے ہوئے سنا کہ اللہ نے ہمیں اعلیٰ علیین سے خلق کیا ہمارے شیعوں کے دل بھی اسی سے خلق کیے جس سے ہمیں خلق کیا اور ان کے جسم کسی اور چیز سے پیدا کئے ان کے دل ہم سے محبت رکھتے ہیں کیونکہ وہ اسی سے خلق کیے گئے ہیں پھر آپؑ نے اس آیت

کی تلاوت فرمائی(یقیناً نیکو کاروں کا نامہ اعمال علیین میں ہے اور تمہیں کیا پتا کہ علیین کیا ہے یہ ایک لکھی ہوئی کتاب ہے)اور ہمارے دشمنوں کو سجین سے پیدا کیا اور ان کے پیروکاروں کے دلوں کو بھی اس سے پیدا کیا گیا جس سے انہیں پیدا کیا گیا لیکن ان کے اجسام کو اس کے علاوہ مٹی سے پیدا کیا گیا اس لیے وہ ان کی طرف محبت رکھتے ہیں پھر آپؐ نے اس آیت کی تلاوت فرمائی (یقیناً بدکاروں کا نامہ اعمال سجین میں ہوگا اور تمہیں کیا پتا کہ سجین کیا ہے)

الشیخ ابو جعفر محمد بن بابویہ سے مرفوعاً عبد اللہ بن العباس سے روایت ہے کہ میں نے رسول اللہؐ کو کہ فرماتے سنا کہ آپؐ نے علیؑ کو مخاطب کرتے ہوئے فرمایا کہ اللہ عزوجل کے سوا کچھ نہ تھا کہ اس نے مجھے اور تمہیں خلق کیا اپنے نور جلال سے اور ہم عرش کے سامنے اپنے رب کی تسبیح و تقدیس و تحمید و تہلیل کرتے تھے یہ زمین و آسمان کی تخلیق سے پہلے تھا پھر جب اس نے آدمؑ کو خلق کرنے کا ارادہ کیا تو تجھے اور مجھے ایک ہی طینت میں رکھا طینت علیین میں اور ہمیں نور سے گوندھا اور پھر ہم کو تمام انوار اور جنت کی نہروں میں غوطہ لگوایا پھر آدمؑ کو خلق کیا اور اس کے صلب میں اس طینت کو سپرد کیا جب اسے خلق کیا تو اسکی ذریت کو پیدا کیا پس سب سے پہلے اللہ کی ربوبیت کا اقرار میں نے اور تم نے کیا اور تمام انبیاء نے اپنے مقام و مرتبہ کے مطابق کیا اس لیے اللہ نے فرمایا اے محمدؐ اے علیؑ تم سبقت لے گئے میری اطاعت میں اس طرح تم میرے علم میں سبقت لے گئے تم میرے برگزیدہ ہو اور میری مخلوق کے امام ہو اور وہ باقی امامؑ تم دونوں کی ذریت میں ہونگے پھر نبیؐ نے فرمایا اے علیؑ طینت صلب آدمؑ میں تھی اور میرا اور تیرا نور ان کی پیشانی میں تھا اس طرح وہ نور انبیاء کی پیشانیوں میں منتقل ہوا عبد المطلبؑ کے صلب میں پہنچا اور دو حصوں میں تقسیم ہو گیا تو اللہ نے آدھے سے مجھے خلق کیا اور مجھے نبی و رسول بنایا اور تجھے دوسرے حصے سے خلق کیا اور تجھے اس نے اپنا خلیفہ اور میرا وصی بنایا جب میں

اپنے رب

کے قریب تھا میرے اور اس کے درمیان ایک کمان کا فاصلہ تھا تو مجھے کہا کہ اے محمدؐ میں نے اپنی مخلوق پر نظر دوڑائی تو تم نے میری مخلوق میں کسے محبوب پایا؟ تو میں نے کہا کہ علیؑ ابن ابی طالبؑ کو اللہ نے فرمایا کہ اسے اپنا خلیفہ، وصی اور وزیر بناؤ میں نے اسے اپنی مخلوق میں سے چن لیا ہے اے محمدؐ میں نے تیرا اور اس کا نام اپنے عرش پر لکھا کہ جب میں نے کسی کو بھی خلق نہ کیا تھا جس نے تم دونوں سے محبت کی اور تم دونوں کی اطاعت کی تو وہ میرا مقرب ہو گا جس نے تم دونوں کی ولایت کا انکار کیا اور اس سے روگردانی کی وہ میرے نزدیک کافر و گمراہ ہے پھر نبیؐ نے فرمایا میں اور تو ایک ہی نور اور ایک ہی طینت سے ہیں تو میرا دنیا میں اور آخرت میں سب سے زیادہ حقدار ہے تیری اولاد میری اولاد ہے تیرے پیروکار میرے پیروکار ہیں اور تیرے دوست میرے دوست ہیں اور کل جنت میں میرے ساتھ ہونگے۔

یہ دلیل ہے کہ امیرالمومنینؑ تمام انبیاء و مرسلین سے افضل ہیں کیونکہ انہوں نے اقرار توحید میں سبقت کی کہ اللہ کا ان پر اور ان کی اولاد پر ہمیشہ درود و سلام ہو۔

محمد بن العباس سے انہوں نے علی بن عبداللہ سے انہوں نے ابراہیم بن محمد سے انہوں نے سعید بن عثمان الخزاز سے روایت کی ہے کہ میں نے ابو سعید المدائنی سے روایت کی ہے کہ انہوں نے اللہ کے اس قول کے بارے میں فرمایا(یقیناً نیکوکاروں کے نامہ اعمال علیین میں ہیں اور تمہیں کیا خبر کہ علیین کیا ہے وہ ایک لکھی ہوئی کتاب ہے) یعنی محمدؐ و آل محمدؑ کی محبت کے ساتھ لکھا ہوا ہے پھر کہا اللہ کا یہ قول(بے شک فاجر سجین میں ہیں اور تمہیں کیا خبر سجین کیا ہے) دشمنان آل محمدؑ کا نامہ اعمال شر کے ساتھ لکھا ہوا ہے اور بغض آل محمدؑ کے ساتھ۔

براءبن عازب سے روایت ہے کہ رسول اللہؐ نے فرمایا سات زمینوں کے نیچے والی مٹی سجین ہے۔

عبداللہ بن العباس سے روایت ہے کہ وہ کعب الاحبار کے پاس آئے اور کہا کہ مجھے اللہ کے اس قول کے بارے میں بتاؤ (یقیناً فاجر سجین میں ہیں) تو اس نے کہا کہ فاجر کی روح آسمان کی طرف بلند ہوتی ہے تو آسمان اسے قبول نہیں کرتا پھر وہ آسمان سے زمین پر اترتی ہے تو زمین اسے قبول نہیں کرتی پھر وہ سات زمینوں کے نیچے سجین میں چلی جاتی ہے جو ابلیس کے لشکر کی جگہ ہے کہ ان پر اللہ کی اور تمام فرشتوں کی لعنت ہو اور علیین کے معنی بلند مرتبہ ہے جو ساتویں آسمان پر ہے اس میں مومنین کی ارواح ہیں اور کہا گیا ہے کہ یہی سدرۃالمنتہیٰ ہے اور اس پر ہر چیز کی انتہا ہے اور کہا گیا کہ علیین سے مراد جنت ہے اور یہ بھی کہا گیا کہ علیین سبز زبرجد کی لوح ہے جو عرش کے نیچے لٹک رہی ہے اس میں سب کچھ لکھا ہوا ہے اور اس میں مومنین کے لیے ان کی اطاعت کا بدلہ ہے جس سے ان کی آنکھیں ٹھنڈی ہو جائیں گی اور ان کے سرور کا موجب ہے۔

احادیث آئمہؑ میں یہ بھی وارد ہوا ہے کہ علیین نبیؐ اور آئمہؑ کا ٹھکانہ ہے۔

ابو طاہر المقطلہ بن غالب سے انہوں نے اپنے رجال سے اسناد کے ساتھ علی بن شعبہ الوالبی سے انہوں نے الحارث الصمدانی سے روایت کی ہے کہ میں امیر المومنینؑ کی خدمت میں حاضر ہوا آپؑ سجدے میں گرے ہوئے رو رہے تھے یہاں تک کہ آپؑ کی آواز بلند ہو گئی تو میں نے کہا یا امیر المومنینؑ ہم نے آج سے پہلے آپؑ کو اس حالت میں نہیں دیکھا تو فرمایا کہ میں سجدے میں اپنے رب سے مدد مانگ رہا تھا میں نے خواب دیکھا جو پریشان کن تھا میں نے رسول اللہؐ کو دیکھا وہ فرمار ہے تھے کہ اے ابوالحسنؑ میری تجھ سے جدائی طویل ہو گئی ہے اور میں تیرے دیدار کا مشتاق ہوں او رمیرے رب نے جو تیرے بارے میں وعدہ کیا تھا اسے سچ کر دکھایا میں نے کہا یا رسول اللہؐ اس نے

آپؑ کے ساتھ کیا وعدہ پورا فرمایا رسول اللہؐ نے فرمایا کہ تمہارے لیے اور تمہاری اولاد اور تمہاری زوجہ کے لیے اعلیٰ علیین میں درجات بنائے ہیں میں نے کہا میرے ماں باپ آپؐ پر قربان ہمارے شیعہ ؟فرمایا ہمارے شیعہ ہمارے ساتھ محلوں میں ہونگے اور ان کے محل ہمارے محلوں کے سامنے ہونگے میں نے کہا یا رسول اللہؐ ہمارے شیعوں کے لیے دنیا میں کیا ہے فرمایا امن وعافیت میں نے کہا کہ ان کے لیے موت کے وقت کیا ہے ؟فرمایا آدمی کا اپنے بارے میں حکم چلتا ہے اور ملک الموت ہمارے شیعہ کی اطاعت میں چلتا ہے۔

اللہ کا قول(یہ لوگ سر بمہر شراب پلائے جائیں گے جس پر مشک کی مہر ہو گی)

تاویل۔ محمد بن العباس نے کہا کہ ہم سے احمد بن محمد مولیٰ بنی ہاشم نے انہوں نے جعفر بن عنسبہ سے انہوں نے جعفر بن محمد سے انہوں نے الحسن بن بکر سے انہوں نے عبداللہ بن محمد بن عقیل سے انہوں نے جابر بن عبداللہ سے روایت کی ہے کہ رسول اللہؐ ہمارے درمیان کھڑے ہوئے اور علیؑ کی کلائی پکڑی اور ان کا بازو بلند کیا یہاں تک کہ ان کی بغل کی سفیدی دیکھائی دی اور علیؑ سے فرمایا اللہ نے ساتھ خوبیاں تمہیں میرے ساتھ عطا کی ہیں میں نے کہا میرے ماں باپ آپؐ پر قربان وہ سات خوبیاں کون سی ہیں ؟فرمایا میں پہلا ہوں کہ جب

اپنی قبر سے نکلوں گا تو علیؑ میرے ساتھ ہو گا اور میں سب سے پہلے پل صراط پر سے گزروں گا تو علیؑ میرے ساتھ ہو گا میں سب سے پہلے دروازہ جنت کھٹکھٹاؤں گا اور علیؑ میرے ساتھ ہو گا اور میں سب سے پہلے علیین میں رہوں گا علیؑ میرے ساتھ ہو گا اور میں سب سے پہلے حور عین کے ساتھ ہوں گا اور علیؑ میرے ساتھ ہو گا اور میں سب سے پہلے سر بمہر شراب پیئوں گا کہ جس پر مشک کی مہر ہو گی اور علیؑ میرے ساتھ ہو گا۔

اللہ کا قول(اور اس کی آمیزش تسنیم کی ہو گی وہ چشمہ جس کا پانی مقرب لوگ پئیں گے)

تاویل۔ محمد بن العباس نے کہا کہ ہم سے احمد بن محمد نے انہوں نے احمد بن الحسین سے انہوں نے اپنے والد سے انہوں نے حصین بن مخارق سے انہوں نے ابو حمزہ سے انہوں نے امام ابو جعفرؑ سے انہوں نے اپنے والد گرامی علیؑ بن الحسینؑ سے انہوں نے جابر بن عبداللہ سے انہوں نے نبیؐ سے روایت کی ہے کہ اللہ کا قول(اس کی آمیزش تسنیم کی ہو گی) فرمایا کہ جنت میں سب سے عزت والی شراب ہو گی جسے محمدؐ و آل محمدؑ پئیں گے اور جو سابقون اور مقرب ہیں وہ رسول اللہؐ، علیؑ ابن ابی طالبؑ ،آئمہؑ، فاطمہؑ اور خدیجہؑ ہیں کہ ان پر اور ان کی پاکیزہ اولاد پر درود و سلام ہو۔

محمد بن ابو القاسم نے البشارۃ سے اسناد کے ساتھ ابو العباس الضریر الدمشقی سے انہوں نے ابو الصباح سے انہوں نے ھمام بن ابو علی سے روایت کی ہے کہ میں کعب الاحبار سے کہا کہ تم شیعان علیؑ ابن ابی طالبؑ کے بارے میں کیا کہتے ہو؟ تو اس نے کہا اے ھمام میں ان کی صفات قرآن میں یوں پاتا ہوں (وہ اللہ اور اس کے رسول کا گروہ ہیں اور ان کے دین کے انصار ہیں اس کے ولی کے شیعہ ہیں اور اللہ کے بندوں میں سے خاص ہیں کہ جنہیں اللہ نے اپنے دین کے لیے چنا اور جنت کے لیے خلق کیا ان کا مسکن جنت الفردوس ہے)

امامؑ ہی سے روایت ہے کہ فرمایا تسنیم شراب جنت کی سب سے عزت بخش شراب ہے جسے محمدؐ و آل محمدؑ پئیں گے اور اصحاب یمین اور اہل جنت کو آمیزش کے ساتھ دی جائے گی۔

اللہ کا قول(گناہگار ایمان والوں کی ہنسی اڑایا کرتے تھے جب ان کے پاس سے گزرتے تو آنکھوں سے اشارے کرتے تھے اور جب اپنے والوں کی طرف لوٹتے تو دل لگیاں کرتے تھے اور جب ان کو دیکھتے تھے تو کہتے تھے کہ یہ گمراہ ہیں یہ ان پر محافظ بنا کر نہیں بھیجے گئے آج ایمان والے کافروں پر ہنسیں گے

وہ ان کو تختوں پر بیٹھے ہوئے دیکھ رہے ہونگے کہ اب ان منکروں نے جو کیا ہے اس کا پورا پورا بدلہ پائیں گے)

تاویل۔ محمد بن العباس نے انہوں نے احمد بن محمد بن الحسن سے انہوں نے اپنے والد سے انہوں نے حصین بن مخارق سے انہوں نے یعقوب بن شعیب سے انہوں نے عمران بن میثم سے انہوں نے عبایہ بن ربعی سے انہوں نے علیؑ سے روایت کی ہے کہ وہ قریش کے ایک گروہ کے قریب سے گزر رہے تھے تو انہوں نے کہا اسے دیکھو جس نے اس محمدؐ کو اس کے گھر والوں سے چن لیا ہے اور آنکھوں سے اشارے کرتے تھے پس یہ آیات نازل ہوئیں (گناہگار ایمان والوں کی ہنسی اڑایا کرتے تھے جب ان کے پاس سے گزرتے تو آنکھوں سے اشارے کرتے تھے)

ہم سے علی بن عبداللہ نے انہوں نے ابراہیم بن محمد الثقفی سے انہوں نے الحکم بن سلیمان سے انہوں نے

محمد بن کثیر سے انہوں نے الکلبی سے انہوں نے ابو صالح سے انہوں نے ابن عباس سے اللہ کے اس قول کے بارے میں روایت کی ہے (گناہگار ایمان والوں کا مذاق اڑایا کرتے تھے) فرمایا اس سے مراد حارث بن قیس اور اس کے ساتھی ہیں کہ جب وہ علیؑ کے پاس سے گزرتے تو کہتے اس کو دیکھو کہ جسے محمدؐ نے چن لیا ہے اپنے اہل میں سے اور مذاق کیا کرتے تھے اور ہنستے تھے جب قیامت کا دن ہو گا تو جنت اور دوزخ کے درمیان ایک دروازہ کھولا جائے گا اس دن علیؑ تخت پر ٹیک لگائے ہوئے ہونگے اور ان سے کہیں گے کہ آؤ دیکھو اپنا دوزخ میں مقام اور ان سے اسی طرح مذاق کریں گے جیسے وہ دنیا میں ان سے کرتے تھے اور یہی اللہ کا قول ہے (اس دن ایمان والے کفار سے مذاق کریں گے اس دن کفار کو ان کے اعمال کا پورا بدلہ دیا جائے گا)

ہم سے محمد بن محمد الواسطی نے اسناد کے ساتھ مجاہد سے اللہ کے اس قول کے بارے میں روایت کی ہے (وہ مجرم لوگ جو ایمان والوں پر ہنستے تھے) کہا کہ قریش کا ایک گروہ تھا جو کعبہ کی دیوار کے ساتھ بیٹھتے تھے اور وہ رسول اللہؐ کے اصحاب کی طرف آنکھوں سے اشارے کرتے تھے اور محمدؐ کے بھائی علیؑ گزرتے تو کہتے یہ محمدؐ کے بھائی ہیں پس اللہ نے یہ آیت نازل فرمائی (گناہگار ایمان والوں پر ہنسا کرتے تھے) جب قیامت کا دن ہو گا تو علیؑ اپنے ساتھیوں کو جنت میں داخل کریں گے تو وہ ان کفار کی طرف دیکھیں گے اور ان پ ہنسیں گے اور ان کا مذاق اڑائیں گے یہ اللہ کا قول ہے (اس دن ایمان والے کافروں پر ہنسیں گے)

ہم سے محمد بن عیسیٰ نے انہوں نے یونس سے انہوں نے عبد الرحمٰن بن سالم سے انہوں نے امام ابو عبد اللہؑ سے اللہ کے اس قول کے بارے میں روایت کی ہے (گناہگار ایمان والوں کا مذاق اڑایا کرتے تھے) فرمایا یہ تمام آیات امیر المومنینؑ اور بنو امیہ کے بارے میں نازل ہوئیں کہ جو ان کا مذاق اڑایا کرتے تھے۔

محمد بن القاسم سے انہوں نے اپنی اسناد کے ساتھ انہوں نے ابو حمزہ الثمالی سے انہوں نے امام علیؑ بن الحسینؑ سے اللہ کے اس قول کے بارے میں روایت کی ہے کہ جب قیامت کا دن ہو گا تو اس دن امیر المومنینؑ اپنے اصحاب کو جنت میں داخل کریں گے اس دن وہ تخت پر ٹیک لگائے بیٹھے ہوئے ہونگے اور وہ کافروں پر ہنسیں گے یہ اللہ کا قول ہے (اس دن ایمان والے کافروں پر ہنسیں گے ایمان والے تخت پر ٹیک لگائے ہوئے انہیں دیکھ رہے ہونگے اس دن کافروں کو ان کے اعمال کا پورا پورا بدلہ دیا جائے گا)

سورۃ الانشقاق

اللہ کا قول (جس کا نامہ اعمال دائیں ہاتھ میں دیا جائے گا تو اس کا حساب آسان ہو گا اور وہ اپنے اہل کی طرف ہنسی خوشی لوٹ آئے گا)

تاویل۔ محمد بن العباس نے کہا کہ انہوں نے الحسین بن احمد سے انہوں نے محمد بن عیسیٰ سے انہوں نے یونس سے انہوں نے سماعہ سے انہوں نے ابو بصیر سے انہوں نے امام ابو عبداللہؑ سے روایت کی ہے کہ آپؑ نے اللہ کے اس قول کے بارے میں فرمایا (وہ کہ جس کا نامہ اعمال دائیں ہاتھ میں دیا جائے گا اس کا حساب آسان ہو گا اور وہ اپنے اہل کی طرف ہنسی خوشی لوٹے گا) اس سے مراد علیؑ اور ان کے شیعہ ہیں ان کے نامہ اعمال ان کے دائیں ہاتھ میں دیئے جائیں گے۔

سورۃ البروج

اللہ کا قول (برجوں والے آسمان کی قسم وعدہ کیے ہوئے دن کی قسم حاضر ہونے والے اور حاضر کیے گئے کی قسم)

تاویل۔ محمد بن یعقوب سے انہوں نے محمد بن یحییٰ سے انہوں نے سلمہ بن الخطاب سے انہوں نے علی بن حسان سے انہوں نے عبدالرحمٰن بن کثیر سے انہوں نے امام ابو عبداللہؑ سے اللہ کے اس قول کے بارے میں روایت کی ہے (حاضر ہونے والے اور حاضر کیے گئے کی قسم) فرمایا اس سے مراد رسول اللہؐ اور امیر المومنینؑ ہیں۔

اس کی وضاحت یہ ہے کہ نبیؐ حاضر ہونے والے ہیں اور حاضر کیے جانے والے سے مراد علیؑ ہیں امام ابو جعفرؑ نے فرمایا کہ رسول اللہؐ ہم پر گواہ ہیں کہ انہوں نے ہم تک اللہ کی طرف سے پہنچا دیا اور ہم لوگوں پر گواہ ہیں

اللہ کا قول (وہ لوگ جو ایمان لائے اور نیک عمل کیے ان کے لیے جنت ہے اس کے نیچے نہریں بہہ

رہی ہیں یہ بہت بڑی کامیابی ہے)

تاویل۔ محمد بن العباس سے انہوں نے الحسین بن احمد سے انہوں نے محمد بن عیسیٰ سے انہوں نے یونس سے انہوں نے مقاتل سے انہوں نے عبداللہ بن بکیر سے انہوں نے صباح الازرق سے روایت کی ہے کہ میں نے امام ابوعبداللہؑ کو فرماتے ہوئے سنا اللہ کے اس قول کے بارے میں کہ اس سے مراد امیرالمومنینؑ اور ان کے شیعہ ہیں۔

سورۃ الطارق

اللہ کا قول (قسم ہے آسمان کی اور اندھیرے میں روشن ہونے والے کی روح کی قسم چمکدار ستارے کی قسم

تاویل۔ ابن ابراہیم سے انہوں نے جعفر بن احمد سے انہوں نے عبیداللہ بن موسیٰ سے انہوں نے الحسن بن علی بن ابی حمزہ سے انہوں نے اپنے والد سے انہوں نے ابو بصیر سے انہوں نے امام ابو عبداللہؑ سے اللہ کے اس قول کے بارے میں روایت کی ہے (قسم ہے آسمان کی اور اندھیرے میں روشن ہونے والے کی) فرمایا آسمان سے مراد امیر المومنینؑ ہیں اور روشن ہونے والے سے مراد آئمہؑ ہیں کہ جو اپنے رب کی طرف راہ دکھاتے ہیں اور یہ ایک روح ہے جو آئمہؑ کے ساتھ ہوتی ہے میں نے کہا اللہ کا قول (چمکدار ستارے کی قسم) فرمایا اس سے مراد رسول اللہؐ ہیں۔

اللہ کا قول (وہ فریب کرتے ہیں اور مکر کرتے ہیں ان کو تھوڑی سی مہلت دے دو)

تاویل۔ انہی اسناد کے ساتھ امام ابو عبداللہؑ سے اللہ کے اس قول کے بارے میں روایت ہے کہ آپؑ

نے فرمایااللہ کا قول (وہ فریب کرتے ہیں) وہ رسول اللہؐ اور علیؑ کے خلاف فریب کرتے ہیں (اور مکر کرتے ہیں) اور فاطمہؑ کے خلاف مکر کرتے ہیں (ان کو تھوڑی سے مہلت دے دو) قیام قائمؑ تک جب قیام قائمؑ ہو جائے گا تو وہ ان سرکشوں اور جابروں اور بنوامیہ کے تمام لوگوں سے انتقام لیں گے۔

سورۃ الاعلیٰ

اللہ کا قول (بلکہ تم دنیا کی زندگی کو ترجیح دیتے ہو جبکہ آخرت بہتر اور زیادہ بقاءوالی ہے یہ باتیں پہلی کتابوں میں بھی ہیں ابراہیم وموسیٰ کی کتابوں میں)

تاویل۔ محمد بن یعقوب نے انہوں نے الحسین بن محمد سے انہوں نے معلیٰ بن محمد سے انہوں نے عبداللہ بن ادریس سے انہوں نے محمد بن سنان سے انہوں نے المفضل بن عمر سے روایت کی ہے کہ میں نے امام ابو عبداللہؑ سے اللہ کے اس قول کے بارے میں دریافت کیا (بلکہ تم دنیا کی زندگی کو ترجیح دیتے ہو) فرمایا ان ظالموں کی خلافت کو علیؑ کی ولایت پر ترجیح دیتے ہو (جبکہ آخرت بہتر اور بقاءوالی ہے) فرمایا اس سے مراد ولایت امیر المومنینؑ ہے (یہ پہلی کتابوں میں بھی ہے ابراہیم وموسیٰ کی کتابوں میں) ولایت علیؑ جوہر نبی ورسول کا مقصد بعثت تھا۔

حمید بن زیاد سے انہوں نے الحسن بن محمد بن سماعہ سے انہوں نے ابن رباط سے انہوں نے ابن مسکان سے انہوں نے ابو بصیر سے انہوں نے امام ابو جعفرؑ سے اللہ کے اس قول کے بارے میں روایت کی ہے کہ (ابراہیم وموسیٰ کی کتابوں میں) فرمایا اے ابو محمد! وہ صحیفے ہمارے پاس ہیں جن کا اللہ نے ذکر فرمایا ہے میں نے کہا میں آپؑ پر قربان کیا یہ صحیفے لوح پر ہیں فرمایا ہاں۔

سورۃ الغاشیہ

اللہ کا قول(اس دن بہت سے چہرے ذلیل ہونگے وہ تھکے ہوئے ہونگے وہ دہکتی ہوئی آگ میں جائیں گے اور نہایت گرم چشمے کا پانی پلایا جائے گا ان کے لیے سوائے کانٹے دار درختوں کے کچھ نہ ہو گا جو نہ انہیں موٹا کرے گا اور نہ ہی ان کی بھوک مٹائے گا)

تاویل۔الشیخ ابو جعفر محمد بن بابویہ نے امالی میں مرفوع حدیث کے ساتھ امام ابو جعفر الباقرؑ سے روایت کی ہے کہ امیر المومنینؑ نے قنبرؓ سے فرمایا اے قنبرؓ! خوش ہو جاؤ اور خوشخبری سنادو کہ رسول اللہؐ سوائے اپنے شیعوں کے اس امت سے ناراض اس دنیا سے گئے جان لو کہ ہر شے کا ایک کڑا ہے اور اسلام کا کڑا شیعہ ہیں ہر چیز کا شرف ہے اور اسلام کا شرف شیعہ ہیں ہر چیز کا سردار ہے اور مجالس کا سردار شیعوں کی مجلس ہے جان لو کہ ہر چیز کا امام ہے اور زمینوں کا امام وہ زمین ہے جہاں شیعہ رہتے ہیں جان لو کہ اگر تم زمین پر نہ ہوتے تو اللہ اہل خلقت پر انعام نہ کرتا اور نہ ہی پاکیزہ چیزیں انہیں ملتیں اور نہ ہی ان کا دنیا میں کچھ حصہ ہوتا اور نہ آخرت میں پس قیامت والے دن ہر ناصب تھکا ہوا ہو گا اور ذلیل ہو گا اللہ کی یہ آیت اسی کی طرف منسوب ہے (وہ تھکے ہوئے دہکتی ہوئی آگ میں

جائیں گے انہیں نہایت گرم چشمے کا پانی پلایا جائے گا ان کے لیے سوائے کانٹے دار درختوں کے کچھ کھانے کا نہ ہوگا جو نہ انہیں موٹا کرے گا اور نہ ان کی بھوک مٹائے گا)

علی بن ابراہیم نے اس آیت کے بارے میں یہی روایت نقل کی ہے۔

اسی طرح اہل بیتؑ سے اسناد کے ساتھ اللہ کے اس قول کے بارے میں روایت ہے (اس دن بہت سے چہرے ذلیل تھکے ہوئے ہونگے) اس سے مراد ناصبی ہیں۔

اللہ کا قول (بہت سے چہرے اس دن تروتازہ ہونگے اپنی کوشش پر خوش ہونگے)

تاویل۔آئمہؑ سے روایت ہے کہ اللہ کے اس قول (بہت سے چہرے اس دن تروتازہ ہونگے اور وہ اپنی کوشش پر خوش ہونگے) سے مراد شیعان آل محمدؑ ہیں۔

الشیخ محمد بن یعقوب نے انہوں نے سہل سے انہوں نے محمد سے انہوں نے اپنے والد سے انہوں نے امام ابو عبداللہ سے اللہ کے اس قول کے بارے میں روایت کی ہے (کیا تمہارے پاس بھی چھپا لینے والی قیامت کی خبر پہنچی ہے) فرمایا اللہ کے اس قول سے مراد قیام قائمؑ ہے کہ جب قائمؑ ان کو تلوار سے چھپا دیں گے میں نے اللہ کے اس قول کے بارے میں پوچھا (اس دن بہت سے چہرے ذلیل اور تھکے ہوئے ہونگے) فرمایا کہ جنہوں نے اللہ کے نازل کردہ احکامات کے الٹ عمل کیے میں نے کہا تھکے ہوئے سے کیا مراد ہے ؟ فرمایا جنہوں نے نصب رکھا یعنی ناصبی میں نے کہا (وہ دہکتی ہوئی آگ میں جائیں گے) فرمایا کہ دنیا میں قائمؑ کے زمانے میں جنگ کی چکی

میں جائیں گے اور آخرت میں جہنم کی آگ میں۔

اللہ کا قول (ان کا لوٹنا ہماری طرف ہی ہے اور پھر ان کا حساب بھی ہمارے ذمے ہے)

تاویل۔ محمد بن العباس نے کہا انہوں نے احمد بن ھنورہ سے انہوں نے ابراہیم بن اسحاق سے انہوں نے عبداللہ بن حماد سے انہوں نے عبداللہ بن سنان سے انہوں نے امام ابو عبداللہؑ سے اللہ کے اس قول کے بارے میں روایت کی ہے کہ جب قیامت کا دن ہو گا تو اللہ ہمارے ذمے ہمارے شیعوں کا حساب دے گا اور جو ہم ان کو دیں گے اس کا ہم سے حساب بھی نہیں لے گا اور جو ہمارے لیے ہے وہی ہمارے شیعوں کے لیے ہے پھر آپؑ نے اس آیت کی تلاوت فرمائی(ان کا لوٹنا ہماری طرف ہے اور پھر ان کا حساب بھی ہمارے ذمے ہے)

انہی اسناد کے ساتھ عبداللہ بن حماد سے انہوں نے امام محمدؑ بن جعفرؑ سے انہوں نے اپنے والد گرامیؑ سے انہوں نے اپنے داداؑ سے اللہ کے اس قول کے بارے میں روایت کی ہے فرمایا جب قیامت کا دن ہو گا تو اللہ ہمارے شیعوں کا حساب ہمارے ذمے لگائے گا پس ہم جو بھی اللہ سے مانگیں گے وہ ان کو دے گا اور وہ انہی کے لیے ہے ان کے مخالفین کے لیے نہیں ہے اور جو ہمارے لیے ہے وہی ہمارے شیعوں کے لیے ہے پھر فرمایا وہ ہمارے ساتھ ہوں گے کہ ہم جہاں بھی جائیں گے۔

امام صادقؑ سے اسی آیت کے بارے میں روایت ہے (پھر ان کا لوٹنا ہماری طرف ہے اور ہمارے ذمہ ہی ان کا حساب ہے) آپؑ نے فرمایا جب اللہ لوگوں کو ایک میدان میں جمع فرمائے گا تو اللہ جب ہمارے شیعوں سے حساب لینے لگے گا تو ہم کہیں گے اے ہمارے پروردگار یہ ہمارے شیعہ ہیں اللہ فرمائے گا کہ میں نے ان کا حساب تمہارے ذمہ دے دیا ہے اور تمہاری ان کے حق میں شفاعت قبول کرلی ہے اور ان کے گناہوں کو بخش دیا ہے پس اللہ ہمارے شیعوں کو بغیر حساب ہی بخش دے گا۔

محمد بن العباس نے کہا کہ ہم سے الحسین بن احمد سے انہوں نے محمد بن عیسیٰ سے انہوں نے یونس بن یعقوب سے انہوں نے جمیل بن دراج سے روایت کی ہے کہ میں نے امام ابو الحسنؑ سے کہا کہ ان کو

تفسیر جابر کے بارے میں بتایئے فرمایا کہ ان کو مت بتانا کیونکہ یہ بیو قوف ہیں اور اسے ضائع کر دیں گے کیا تم نے قرآن میں یہ آیت نہیں پڑھی (ان کا لوٹنا ہماری طرف ہی ہے اور ان کا حساب ہمارے ذمہ ہے) میں نے کہا کیوں نہیں فرمایا جب قیامت کا دن ہو گا اللہ اولین و آخرین کو جمع کرے گا تو ہمارے شیعوں کا حساب ہمیں سونپ دے گا پس ہم اللہ سے جو بھی ان کے بارے میں مانگیں گے اللہ ہمیں دے دے گا اور جو ہمارے لیے ہے وہی ان کے لیے ہے۔

الصدوق نے علل الشرائع میں محمد بن الحسن سے انہوں نے محمد بن حسن الصفار سے انہوں نے محمد بن الحسین سے انہوں نے موسیٰ بن سعدان سے انہوں نے عبداللہ بن القاسم الحضرمی سے انہوں نے سماعہ بن مہران سے انہوں نے امام ابو عبداللہؑ سے روایت کی ہے کہ آپؑ نے فرمایا جب قیامت کا دن ہو گا تو ایک منبر رکھا جائے گا جسے تمام مخلوقات دیکھیں گی اس پر ایک شخص کھڑا ہو گا ایک فرشتہ دائیں اور ایک بائیں طرف ہو گا اور دائیں جانب والا فرشتہ صدا دے گا اے گروہ مخلوقات یہ علیؑ ابن ابی طالبؑ ہیں جنت کے مالک جسے چاہیں جنت میں داخل کریں گے اور بائیں جانب والا فرشتہ آواز دے گا اے گروہ مخلوقات یہ علیؑ ابن ابی طالبؑ ہیں جسے چاہیں جہنم میں داخل کریں۔

سورۃ الفجر

(اس سورہ مبارکہ کی وہ آیات جو آئمہ ھدیٰؑ کی شان میں نازل ہوئیں)

اللہ کا قول (فجر کی قسم دس راتوں کی قسم اور جفت اور طاق کی قسم اور رات کی جب وہ چلنے لگے)

تاویل۔اسناد کے ساتھ مرفوعاً عمرو بن شمر سے انہوں نے جابر بن یزید الجعفی سے انہوں نے امام ابو عبداللہؑ سے روایت کی ہے کہ اللہ کا قول (اور فجر کی قسم۔۔اس سے مراد قائمؑ ہیں۔۔اور دس راتوں کی قسم۔۔آئمہؑ امام حسنؑ سے لے کر امام حسن عسکریؑ تک۔۔۔اور جفت سے مراد امیر المومنینؑ اور فاطمہؑ ہیں۔۔طاق سے مراد اللہ ہے جو ایک ہے جس کا کوئی شریک نہیں۔۔۔اور رات جب چلنے لگے ۔۔۔یعنی ظالم کی حکومت قائمؑ کے قیام کی طرف۔۔)

محمد بن العباس سے انہوں نے الحسین بن احمد سے انہوں نے محمد بن عیسیٰ سے انہوں نے یونس بن یعقوب سے انہوں نے امام ابو عبداللہؑ سے روایت کی ہے کہ آپؑ نے فرمایا جفت سے مراد رسول اللہؐ اور علیؑ ہیں اور طاق سے مراد اللہ وحدہ لاشریک ہے۔

اللہ کا قول (اور جس دن جہنم بھی لائی جائے گی اور اس دن انسان بھی سمجھ جائے گا آج اس کے سمجھنے کا فائدہ کہاں وہ کہے گا اے کاش میں نے اپنی زندگی کے لیے کچھ کیا ہوتا پس آج اس کے عذاب جیسا کسی کا عذاب نہ ہو گا اور نہ ہی اس کی قید و بند جیسی کسی کی قید ہو گی)

تاویل۔ ابو علی الطبر سی نے کہا کہ اللہ کا قول (اس دن جہنم بھی لائی جائے گی) یعنی اس کو دکھایا جائے گا اور ان کو جہنم کا منظر دکھایا جائے گا۔

مرفوعاً ابو سعید الخدری سے روایت ہے کہ جب یہ آیت نازل ہوئی تو رسول اللہؐ کے چہرہ اقدس کا رنگ متغیر ہو گیا اور لوگ دوڑے دوڑے علیؑ کے پاس آئے اور ان سے کہا یا علیؑ ہم نے نبیؐ کے چہرے کو تبدیل ہوتے دیکھا ہے پس علیؑ رسول اللہؐ کے پاس آئے اور ان کو کندھوں سے پکڑا اور کندھوں کے درمیان بوسہ دیا اور فرمایا اے اللہ کے نبیؐ میرے ماں باپ آپؐ پر قربان کیا ہوا؟ فرمایا کہ جبرائیلؑ آیا اور اس نے مجھے یہ آیت سنائی (اس دن جہنم کو بھی لایا جائے گا) میں نے کہا وہ کیسے آئے گی ؟ فرمایا اسے ستر ہزار فرشتے اس کی لجام کھینچتے ہوئے لائیں گے اور وہ ایسے شعلے مارے گی کہ اگر اسے چھوڑ دیا جائے تو وہ اہلیان محشر کو جلا دے پھر وہ میری طرف بڑھے گی اور کہے گی یا محمدؐ اللہ نے آپؐ کا گوشت مجھ پر حرام کیا ہے اس دن ہر کوئی کہے گا ہائے میری جان ہائے میری جان اور محمدؐ کہہ رہے ہونگے ہائے میری امت ہائے میری امت پھر اللہ نے فرمایا (اس دن انسان کی سمجھ میں آئے گا مگر آج اس کے سمجھنے کا فائدہ کہاں اس دن اس کو کوئی نفع نہ ہو گا وہ کہے گا اے کاش میں نے کچھ اپنی زندگی کے لیے کچھ آگے بھیجا ہوتا) یعنی ہمیشہ نیک عمل کئے ہوتے (اس دن جیسا عذاب کسی کا نہ ہو گا) یعنی اس انسان جیسا جو ولایت علیؑ کا منکر ہو گا اور نہ ہی اس کے جیسی قید و بند کسی کی ہو گی۔

تفسیر علی بن ابراہیم میں بھی آیا ہے کہ اس انسان سے مراد خلیفہ ثانی ہے۔

اس کی تائید یہ روایت بھی کرتی ہے کہ عمر بن ازنیہ سے انہوں نے معروف بن خربوز سے روایت کی ہے کہ مجھ سے امام ابو جعفرؑ نے فرمایااے ابن خربوز کیاتم جانتے ہو کہ اس آیت کی تاویل کیا ہے (اس دن اس کے جیساعذاب کسی کانہ ہوگااور نہ ہی اس جیسی قید و بند کسی کی ہو گی) کہا نہیں میرے مولاؑ امامؑ نے فرمایااس سے مراد خلیفہ ثانی ہے اللہ قیامت والے دن اس جیساعذاب کسی کو نہیں دے گا۔

اللہ کا قول (اطمینان رکھنے والے نفس اپنے رب کی طرف پلٹ آاس طرح کہ وہ تجھ سے راضی ہو تو اس سے راضی ہو پس میرے خاص بندوں میں داخل ہو جااور میری جنت میں داخل ہو جا)

تاویل۔ محمد بن العباس نے کہاکہ ہم سے الحسین بن احمد نے انہوں نے محمد بن عیسیٰ سے انہوں نے یونس بن یعقوب سے انہوں نے عبدالرحمٰن بن سالم سے انہوں نے امام ابو عبداللہؑ سے اللہ کے اس قول کے بارے میں روایت کی ہے کہ فرمایااللہ کا قول (اے اطمینان رکھنے والے نفس اپنے رب کی طرف لوٹ آاس حالت میں کہ وہ تجھ سے راضی ہو اور تم اس سے راضی ہو پس میرے خاص بندوں میں داخل ہو جااور میری جنت میں داخل ہو جا) فرمایا یہ آیت علیؑ ابن ابی طالبؑ کے بارے میں نازل ہوئی۔

علی بن ابراہیم نے اپنی تفسیر میں اس آیت کے بارے میں آئمہؑ سے مروی روایات بیان کی ہیں کہ یہ آیت

امیر المومنینؑ کے بارے میں نازل ہوئی۔

جعفر بن احمد سے انہوں نے عبداللہ بن موسیٰ سے انہوں نے الحسن بن علی بن ابی حمزہ سے انہوں نے اپنے والد سے انہوں نے ابو بصیر سے انہوں نے امام ابو عبداللہؑ سے اس آیت کے بارے میں روایت کی ہے کہ اس سے مراد حسینؑ ہیں۔

الحسن بن محبوب سے اسناد کے ساتھ انہوں نے صندل سے انہوں نے داؤد بن فرقد سے روایت کی ہے کہ امام ابو عبداللہؑ نے فرمایا سورہ فجر اپنے فرائض و نوافل میں پڑھا کرو یہ الحسینؑ ابن علیؑ کی سورۃ ہے اور اللہ تم پر رحم کرے اس میں رغبت کیا کرو تو ابو اسامہ نے امامؑ سے پوچھا کہ یہ سورہ حسینؑ کی سورۃ کیسے ہے؟ تو آپؑ نے فرمایا کیا تم نے اللہ کا یہ قول نہیں سنا (اطمینان رکھنے والے نفس اپنے رب کی طرف پلٹ آ اس طرح کہ وہ تجھ سے راضی ہو تو اس سے راضی ہو پس میرے خاص بندوں میں داخل ہو جا اور میری جنت میں داخل ہو جا)

ابو جعفر محمد بن بابویہ سے انہوں نے اپنے والد سے انہوں نے سعد بن عبداللہ سے انہوں نے عبار بن سلیمان سے انہوں نے سدیر الصیرفی سے روایت کی ہے کہ میں نے امام ابو عبداللہؑ سے کہا میں آپؑ پر قربان اے فرزند رسولؐ کیا مومن اپنی روح کے قبض ہونے کے وقت کو ناپسند کرتا ہے؟ فرمایا نہیں جب اس کے پاس ملک الموت روح قبض کرنے آتا ہے تو وہ گھبرا جاتا ہے تو ملک الموت اسے کہتا ہے مت گھبراؤ اے اللہ کے دوست اس ذات کی قسم کہ جس نے محمدؐ کو حق کے ساتھ بھیجا میں تم پر شفیق و مہربان والد سے بھی زیادہ شفیق ہوں اپنی آنکھیں کھولو اور دیکھو فرمایا کہ اس کے سامنے رسول اللہؐ، علیؑ، فاطمہؑ، حسنؑ اور حسینؑ کی تمثیل ہوتی ہے تو ملک الموت اسے کہتا ہے کہ یہ تمہارے آقا و سردار ہیں اپنی آنکھیں کھولو اور ان کی طرف دیکھو پھر وہ ندا دیتا ہے (اے اطمینان رکھنے والے نفس محمدؐ کے اہل بیتؑ کے لیے اپنے رب کی طرف لوٹ جاؤ کہ وہ تجھ سے راضی ہو اور تو اس سے راضی ہوا ولایت امیر المومنینؑ کے ساتھ پس میرے خاص بندوں میں داخل ہو جا یعنی محمدؐ و آل محمدؑ میں اور میری جنت میں داخل ہو جا)

سورۃ البلد

اللہ کا قول(میں اس شہر کی قسم کھاتا ہوں کہ تو اس شہر میں رہتا ہے اور باپ اور اولاد کی قسم یقیناً ہم نے انسان کو مشقت میں پیدا کیا ہے کیا یہ گمان کرتا ہے کہ یہ کسی کے بس میں ہی نہیں کہتا ہے کہ میں نے تو بہت سامال خرچ کر ڈالا کیا سمجھتا ہے کہ کسی نے اسے دیکھا نہیں کیا ہم نے اس کی دو آنکھیں نہیں بنائیں زبان اور ہونٹ نہیں بنائے ہم نے دکھا دیئے اس کو دونوں راستے سو اس سے نہ ہو سکا کہ گھاٹی میں داخل ہوتا اور تو کیا سمجھا کہ گھاٹی کیا ہے کسی غلام کو آزاد کرنا)

تاویل۔ محمد بن العباس سے انہوں نے احمد بن ھنورہ سے انہوں نے ابراہیم بن اسحاق سے انہوں نے عبداللہ بن حضیرۃ سے انہوں نے عمرو بن شمر سے انہوں نے جابر بن یزید سے روایت کی ہے کہ میں نے امام ابو جعفرؑ سے اللہ کے اس قول کے بارے میں پوچھا(اور باپ اور اولاد) فرمایا علیؑ اور ان کی اولاد میں سے آئمہؑ کی قسم

اسی طرح الحسین بن احمد سے انہوں نے محمد بن عیسیٰ سے انہوں نے یونس بن یعقوب سے انہوں نے عبداللہ

بن محمد سے انہوں نے ابو بکر الحضرمی سے انہوں نے امام ابو جعفرؑ سے روایت کی ہے کہ فرمایا اللہ کا قول (باپ اور اولاد کی قسم) فرمایا اس سے مراد امیر المومنینؑ اور ان کی اولاد حسنؑ اور حسینؑ ہیں۔

اللہ کا قول (کیا ہم نے اس کی دو آنکھیں ، زبان اور دو ہونٹ نہیں بنائے اور اسے دو راستے نہیں دکھائے) الحسن بن ابی الحسن الدیلمی نے اپنی تفسیر میں اسناد کے ساتھ حدیث مرفوعاً ابو یعقوب الاسدی سے انہوں نے امام ابو جعفرؑ سے اللہ کے اس قول کے بارے میں روایت کی ہے کہ آنکھوں سے مراد رسول اللہؐ اور زبان امیر المومنینؑ ہیں اور ہونٹ حسنؑ اور حسینؑ ہیں (اور ہم نے اسے دو راستے دکھادیئے) ان کی ولایت کی طرف اور ان کے دشمنوں سے برات کی طرف۔

محمد بن العباس سے انہوں نے الحسین بن احمد سے انہوں نے محمد بن عیسیٰ سے انہوں نے یونس بن یعقوب سے انہوں نے یونس بن زہیر سے انہوں نے ابان سے روایت کی ہے کہ میں نے امام ابو عبد اللہؑ سے اللہ کے اس قول کے بارے میں پوچھا (غلام کو آزاد کرنا) فرمایا کہ تمام لوگ ہمارے غلام ہیں سوائے اس کے کہ جو ہماری اطاعت میں داخل ہو جائے اور ولایت میں داخل ہو جائے تو وہ جہنم سے آزاد ہے اور گھاٹی سے مراد ہماری ولایت ہے۔

ہم سے ابو عبد اللہ احمد بن محمد الطبری نے اسناد کے ساتھ محمد بن فضیل سے انہوں نے ابان بن تغلب سے روایت کی ہے کہ میں نے امام ابو جعفرؑ سے اللہ کے اس قول کے بارے میں پوچھا (سو وہ گھاٹی میں داخل نہیں ہو سکا) آپؑ نے اپنے سینہ مبارک پر ہاتھ مار کر فرمایا ہم ہی وہ گھاٹی ہیں کہ جس اس میں داخل ہو گیا وہ نجات پا گیا۔

ہم سے محمد بن القاسم نے انہوں نے عبد اللہ بن کثیر سے انہوں نے ابراہیم بن اسحاق سے انہوں نے محمد بن الفضیل سے انہوں نے ابان بن تغلب سے انہوں نے امام جعفرؑ بن محمدؑ سے اللہ کے اس قول

کے بارے میں روایت کی ہے کہ (وہ گھاٹی میں داخل نہیں ہو سکا) فرمایااللہ کی قسم ہم ہی وہ گھاٹی ہیں کہ جو اس میں داخل ہو گیا وہ نجات پا گیااور ہمارے ذریعے ہی اللہ تمہیں جہنم سے نجات دے گا پھر اللہ نے اس کا وصف بیان کیا جو گھاٹی میں داخل ہو گیا(پھر وہ کہ جنہوں نے صبر کیااور ایک دوسرے کو رحمت کی وصیت کرتے ہیں یہی لوگ دائیں بازو والے ہیں) یعنی محمدؐ وآل محمدؑ اوران کے شیعہ پھر اللہ نے ان لوگوں کا وصف بیان کیا جو اس گھاٹی میں نہیں داخل ہوئے(جنہوں نے ہماری آیات کاانکار کیاوہی کم بختی والے ہیں ان پر چاروں طرف سے آگ برس رہی ہو گی) اور آیات سے مراد آئمہؑ ہیں۔

سورۃ الشمس

(اس سورہ مبارکہ کی وہ آیات جو آئمہ ھدیٰؑ کی شان میں نازل ہوئیں)

اللہ کا قول (قسم ہے سورج کی اور اس کی دھوپ کی۔۔۔اس قول تک۔۔۔اور وہ اس کے انجام سے نہیں ڈرتا)

تاویل۔ علی بن محمد سے انہوں نے ابو جمیلہ سے انہوں نے الحلبی سے اسی طرح علی بن الحکم سے انہوں نے ابان بن عثمان سے انہوں نے الفضل بن العباس سے انہوں نے امام ابو عبداللہؑ سے ان آیات کے بارے میں روایت کی ہے (سورج کی قسم اور اس کی دھوپ کی قسم) فرمایا سورج امیر المومنینؑ ہیں اور اس کی دھوپ قیام قائمؑ ہے (اور چاند کی قسم کہ جب اس کے پیچھے آئے) فرمایا اس سے مراد امام حسنؑ اور امام حسینؑ ہیں (اور اس کی جب سورج کو نمایاں کر دے) اس سے مراد قیام قائمؑ ہے (اور رات کی جب اسے ڈھانپ لے) اس سے مراد اس بدذات کی حکومت ہے جس نے حق کو چھپا لیا (قسم ہے آسمان کی اور اسکے بنانے کی) فرمایا محمدؐ آسمان ہیں (قسم ہے زمین کی اور اس

کے ہموار کرنے کی) فرمایازمین شیعہ ہیں(قسم ہے نفس کی اور اسے درست کرنے کی) فرمایامومن جو پوشیدہ طور پر حق پر ہو۔اللہ کا یہ قول(پھر اسے سمجھ دی برائی کی اور اس سے بچ کر چلنے کی) فرمایا اسے حق و باطل کی پہچان کروادی(جس نے اسے پاک کیا وہ کامیاب ہوگیا) فرمایا کہ وہ نفس کامیاب ہوا جسے اللہ نے پاک کیا(اور جس نے اسے خاک میں ملادیا وہ ناکام ہوا) جس نے اس کی نافرمانی کی وہ ناکام ہوا(اور قوم ثمود نے اپنی سرکشی کے باعث اسے جھٹلادیا تو اللہ نے رسول نے ان سے کہا اللہ کی ناقہ ہے) فرمایا ناقہ امام ہے کہ جو اللہ اور اس کے رسول کی طرف سے فہم رکھتی ہے (اور اس کا پانی پینا) یعنی اللہ کے علم سے سیراب ہونا(انہوں نے اسے جھٹلایا اور اسے ذبح کرڈالا پس ان کے رب نے ان کے گناہوں کے سبب ان پر ہلاکت ڈالی) فرمایا رجعت میں(اور وہ اس کے انجام سے نہیں ڈرتا) فرمایا کہ وہ رجعت میں پلٹانے سے نہیں ڈرتا۔

محمد بن القاسم بن عبید اللہ سے انہوں نے الحسن بن جعفر سے انہوں نے عثمان بن عبید اللہ سے انہوں نے عبد اللہ بن عبید اللہ فارسی سے انہوں نے محمد بن علی سے انہوں نے امام ابو عبد اللہؑ سے اللہ کے اس قول کے بارے میں روایت کی ہے(وہ کامیاب ہوگیا جس نے اسے پاک کردیا) فرمایا اس سے مراد امیر المومنینؑ ہیں کہ جن کو ان کے رب نے پاک کردیا(اور وہ ہلاک ہوگیا جس کو اس نے خاک میں ملادیا) فرمایا اس سے مراد خلیفہ اول وثانی ہیں۔

اور ابن عباس سے اللہ کے اس قول کے بارے میں روایت ہے(سورج اور اس کی دھوپ کی قسم) فرمایا اس سے نبیؐ مراد ہیں(اور چاند کی قسم کہ جب وہ اس کے پیچھے آئے) فرمایا اس سے مراد علیؑ ابن ابی طالبؑ ہیں (اور دن کی قسم جب وہ چھا جائے) فرمایا حسنؑ اور حسینؑ(اور رات کی قسم کہ جب اسے ڈھانپ لے) فرمایا اس سے مراد بنوامیہ ہیں پھر ابن عباس نے کہا کہ رسول اللہؐ نے فرمایا مجھے

اللہ نے نبی بنا کر مبعوث کیا تو میں بنوامیہ کے پاس آیا اور میں نے کہا اے بنوامیہ میں تم سب کی طرف رسول ہوں انہوں نے کہا کہ تم نے جھوٹ بولا تم رسول نہیں ہو اور پھر میں بنو ہاشم کے پاس آیا میں نے کہا میں تم سب کی طرف رسول ہوں تو علیؑ ابن ابی طالبؑ مجھ پر ایمان لائے پوشیدہ اور اعلانیہ اور ابو طالبؑ نے میری مدد و حمایت کی ظاہر اً اور پوشیدہ پھر فرمایا بنوامیہ ہمارے ہمیشہ دشمن رہیں گے اور ان کے پیروکار ہمارے پیروکاروں کے ہمیشہ دشمن رہیں گے۔

سورۃ الیل

اللہ کا قول(قسم ہے رات کی جب چھا جائے)

تاویل۔ مرفوعاً عمرو بن شمر سے انہوں نے جابر بن یزید سے انہوں نے امام ابو عبداللہؑ سے اللہ کے اس قول کے بارے میں روایت کی ہے کہ آپؑ نے فرمایا جب ابلیس کی حکومت ہو گی تو اس سے چھٹکارا قیام قائمؑ کے دن ہو گا۔ اور اللہ کا قول(اور قسم ہے دن کی کہ جب روشن ہو جائے) فرمایا اس سے مراد قائمؑ ہیں کہ جب وہ قیام کریں گے(پس جس نے دیا اور ڈرا) یعنی خود کو حق دیا اور باطل سے ڈرا(تو ہم بھی اسے آسان راستے کی سہولت دیں گے) یعنی جنت کی(اور جس نے بخیلی اور بے پرواہی کی) یعنی اپنے نفس کو حق کے بارے میں بخل پر آمادہ کیا اور حق سے بے پرواہی کی(نیک بات کی تکذیب کی) یعنی ولایت علیؑ ابن ابی طالبؑ کی(تو ہم بھی اسکے راستے تنگ کر دیں گے) یعنی دوزخ اور اللہ کا یہ قول(بے شک راہ دکھانا ہمارے ذمہ ہے) فرمایا علیؑ ہی ہدایت ہیں اور اسکے لیے ہی آخرت و بقاء ہے جس نے ان کی اتباع کی(میں نے تم کو شعلہ مارنے والی آگ سے ڈرا دیا ہے) فرمایا قائمؑ کہ جب وہ عالم غضب میں قیام کریں گے(جس میں صرف بدبخت لوگ جائیں گے)

فرمایا اسے مراد آل محمدؑ کے دشمن ہیں (اور اس سے صرف متقی لوگ بچ سکیں گے) فرمایا امیر المومنینؑ اور ان کے شیعہ۔

احمد بن القاسم سے انہوں نے احمد بن محمد بن خالد سے انہوں نے ایمن بن محرز سے انہوں نے سماعہ سے انہوں نے ابو بصیر سے انہوں نے امام ابو عبد اللہؑ سے روایت کی ہے کہ آپؑ نے اس آیت کی اس طرح تلاوت فرمائی (پس وہ کہ جس نے خمس دیا اور ڈرا باغیوں کی ولایت سے اور امیر المومنینؑ کی ولایت کی تصدیق کی ہم اس کے لیے آسانی پیدا کر دیں گے اور جس نے بخل کیا خمس دینے میں اور بے نیاز رہا ولایت سے اور اپنی رائے کو اولیاء اللہ کے حکم پر ترجیح دی اور ولایت علیؑ کو جھٹلایا تو ہم اس کے لیے تنگی کا سامان پیدا کر دیں گے) اور اللہ کا قول (اس سے صرف متقی لوگ ہی بچ سکیں گے) فرمایا رسول اللہؐ، امیر المومنینؑ اور ان کے اطاعت گزار۔

سورۃ الضحیٰ

(اس سورہ مبارکہ کی وہ آیات جو آئمہ ھدیٰؑ کی شان میں نازل ہوئیں)

اللہ کا قول (یقیناً تیرے لیے بعد کا دور پہلے دور سے بہتر ہو گا اور عنقریب تیرا رب تجھے دے گا اور تو خوش ہو جائے گا)

تاویل۔ محمد بن العباس سے انہوں نے ابو داؤد سے انہوں نے بکار سے انہوں نے عبدالرحمٰن سے انہوں نے اسماعیل بن عبداللہ سے انہوں نے علی بن عبداللہ بن العباس سے اللہ کے اس قول کے بارے میں روایت کی ہے کہ اللہ نے ان کو جنت میں ایک ہزار محلات عطا کئے ہیں اور ہر محل میں وہ جو چاہیں گے وہ پائیں گے اس میں ان کے لیے بیویاں اور خادم موجود ہیں۔

اور اللہ کا قول (تم اس سے راضی ہو جاؤ گے) احمد بن نوفلی نے انہوں نے احمد بن محمد الکاتب سے انہوں نے عیسیٰ بن مہران سے اسناد کے ساتھ زید بن علیؑ سے اللہ کے اس قول کے بارے میں روایت کی ہے (اور عنقریب تیرا پروردگار تجھے وہ دے گا کہ جس سے تو راضی ہو جائے گا) فرمایا کہ

اللہ کے رسولؐ کے راضی ہونے سے مراد اللہ کا ان کو اور ان کے اہل بیتؑ کو جنت میں داخل کرنا ہے اور یہ کیسے نہ ہو کہ اللہ نے جنت کو خلق ہی ان کے لیے کیا ہے اور ان کے دشمنوں کے لیے آگ خلق کی ہے ان کے دشمنوں پر اللہ کی اور ملائکہ کی اور تمام لوگوں کی لعنت ہو۔

سورۃ الانشراح

اللہ کا قول(کیا ہم نے آپ کو سینہ کشادہ نہیں کیا اور آپ سے آپ کا بوجھ اتار دیا کہ جس نے آپ کی پیٹھ توڑ دی اور ہم نے آپ کے ذکر کو بلند کیا بے شک آسانی تنگی کے ساتھ ہے اور یقیناً آسانی تنگی کے ساتھ ہے پس جب تو فارغ ہو مقرر کر اور تو عبادت میں محنت کر اور اپنے رب کی طرف رغبت کر)

تاویل۔ محمد بن العباس نے کہا کہ ہم سے محمد بن ہمام نے انہوں نے عبداللہ بن جعفر سے روایت کی ہے کہ اللہ عزوجل نے فرمایا(کیا ہم نے آپ کا سینہ کشادہ نہیں کیا) علیؑ کے ذریعے (اور آپ سے آپ کا بوجھ نہیں اتارا کہ جس نے آپ کی کمر توڑ دی پس جب آپ نبوت سے فارغ ہوں) تو علیؑ کو وصی بنائیں(اور اپنے رب کی طرف رغبت کریں)

ابن ابراہیم سے انہوں نے محمد بن جعفر سے انہوں نے یحییٰ بن زکریا سے انہوں نے علی بن حسان سے انہوں نے عبدالرحمٰن بن کثیر سے انہوں نے امام ابو عبداللہؑ سے ایسی ہی روایت بیان کی ہے۔

ہم سے محمد بن ہمام نے اسناد کے ساتھ ابراہیم بن ہاشم سے انہوں نے ابن ابی عمیر سے انہوں نے

المھلبی سے انہوں نے سلمان سے روایت کی ہے کہ میں نے امام ابو عبد اللہؑ سے اللہ کے اس قول کے بارے میں پوچھا(کیا ہم نے آپ کا سینہ کشادہ نہیں کیا) فرمایا علیؑ کو وصی بنا کر میں نے کہا اللہ کا یہ قول(اور جب آپ فارغ ہو جائیں تو مقرر کریں) فرمایا کہ اللہ نے ان کو نماز، روزہ، حج، زکواۃ کا حکم دیا جب آپؐ نے یہ احکام سرانجام دے دیئے تو پھر حکم دیا کہ علیؑ کی ولایت کا اعلان کریں(اور اپنے رب کی طرف رغبت کریں) علیؑ کی ولایت کے بارے میں

ہم سے احمد بن القاسم نے انہوں نے احمد بن محمد سے انہوں نے محمد بن علی سے انہوں نے ابو جمیلہ سے انہوں نے امام ابو عبد اللہؑ سے روایت کی ہے کہ اللہ کا قول(جب آپ فارغ ہو جائیں تو مقرر کریں) فرمایا کہ رسول اللہؐ نے حج کیا تو یہ آیت نازل ہوئی(جب آپ فارغ ہو جائیں تو علیؑ کی ولایت کا اعلان کریں)

ہم سے احمد بن القاسم سے انہوں نے احمد بن محمد سے اسناد کے ساتھ مفضل بن عمر سے انہوں نے امام ابو عبد اللہؑ سے اللہ کے اس قول کے بارے میں روایت کی ہے(جب آپ فارغ ہو جائیں تو مقرر کریں) فرمایا کہ علیؑ کی ولایت کا اعلان کریں۔

سورۃ التین

اللہ کا قول (قسم ہے انجیر کی اور زیتون کی طور سنین کی قسم۔۔۔اب تجھے یوم الدین کے جھٹلانے پر کون سی چیز آمادہ کرتی ہے۔۔۔ کیا اللہ سب فیصلہ کرنے والوں سے بہتر فیصلہ کرنے والا نہیں ہے)

تاویل۔ محمد بن العباس نے کہا کہ ہم سے محمد بن ھمام نے انہوں نے عبد اللہ بن العلاء سے انہوں نے محمد بن شمعون سے انہوں نے عبد اللہ بن عبد الرحمٰن الاصم سے انہوں نے البطل سے انہوں نے جمیل بن دراج سے روایت کی ہے کہ میں نے امام ابو عبد اللہؑ کو فرماتے ہوئے سنا اللہ کے اس قول کے بارے میں (انجیر کی قسم اور زیتون کی قسم)فرمایا کہ انجیر سے مراد حسنؑ ہیں اور زیتون سے مراد حسینؑ ہیں۔

ہم سے الحسین بن احمد نے انہوں نے محمد بن عیسیٰ سے انہوں نے یونس سے انہوں نے یحییٰ الحلبی سے انہوں نے بدر بن ولید سے انہوں نے ابو الربیع الشامی سے انہوں نے امام ابو عبد اللہؑ سے اللہ کے اس قول کے بارے میں روایت کی ہے فرمایا کہ التین سے مراد حسنؑ اور زیتون سے مراد حسینؑ ہیں اور طور سین سے مراد علیؑ ابن ابی طالبؑ ہیں میں نے پوچھا اور اللہ کا یہ قول (اب تجھے یوم الدین کے

جھٹلانے میں کون سی چیز آمادہ کرتی ہے)

فرمایا یوم الدین ولایت علیؑ ابن ابی طالبؑ ہے۔

اس کی تائید علی بن ابراہیم کی روایت بھی کرتی ہے ان کی تفسیر میں ہے جو انہوں نے یحییٰ بن الحلبی سے انہوں نے عبداللہ بن مسکان سے انہوں نے ابوالربیع الشامی سے انہوں نے امام ابو عبداللہؑ سے اللہ کے اس قول کے بارے میں روایت کی ہے کہ التین سے مراد حسن ،الزیتون سے حسینؑ ،طور سنین سے مراد علیؑ ابن ابی طالبؑ ہیں اور اللہ کا قول (پس اب تمہیں کون سی چیز یوم الدین کے جھٹلانے پر آمادہ کرتی ہے)فرمایا یوم الدین سے مراد علیؑ ابن ابی طالبؑ ہیں۔

اسی طرح محمد بن العباس نے انہوں نے محمد بن القاسم سے انہوں نے محمد بن زید سے انہوں نے ابراہیم بن محمد بن سعید سے انہوں نے محمد بن الفضیل سے اسی کے مثل روایت کی ہے۔

سورۃ القدر

اللہ کا قول(ہم نے اسے شب قدر میں نازل کیا۔۔۔۔یہ سلامتی والی رات ہے طلوع فجر تک)

تاویل۔ابن عباس سے انہوں نے رسول اللہؐ سے روایت کی ہے کہ آپؐ نے فرمایا کہ جب شب قدر آتی ہے تو اس میں فرشتے اترتے ہیں جو کہ سدرۃ المنتھیٰ پر رہتے ہیں ان میں جبرائیلؑ بھی ہوتا ہے اور اس کے ساتھ جھنڈے ہوتے ہیں تو ان میں سے ایک جھنڈا وہ میری قبر پر نصب کرتے ہیں ایک جھنڈا مسجد حرام پر ایک بیت المقدس پر ایک جھنڈا طور سینا پر اور وہ ہر مومن کو سلام کرتے ہیں سوائے شراب پینے والے اور خنزیر کا گوشت کھانے والے کے۔

محمد بن جمہور سے انہوں نے صفوان سے انہوں نے عبداللہ بن مسکان سے انہوں نے ابو بصیر سے انہوں نے امام ابو عبداللہؑ سے روایت کی ہے کہ اللہ کا قول(یہ ہزار مہینوں سے بہتر ہے) فرمایا اس سے مراد بنو امیہ کا دور حکومت ہے اور فرمایا کہ عادل امامؑ کی ایک رات ہزار مہینے سے بہتر ہے اور فرمایا کہ اس میں فرشتے اور روح الامین اپنے رب کی حکم سے محمدؐ وآل محمدؑ پر سلامتی لے کر اترتے ہیں۔

اسی طرح محمد بن جمہور سے انہوں نے موسیٰ بن بکیر سے انہوں نے زرارۃ سے انہوں نے حمران سے روایت کی ہے کہ میں نے امام ابو عبد اللہؑ سے پوچھا کہ شب قدر میں کیا ہوتا ہے؟ فرمایا کہ اللہ اس میں ہر حکمت والے کام کا فیصلہ کرتا ہے۔

اسی معنی میں الشیخ ابو جعفر الطوسی نے انہوں نے اپنے رجال سے انہوں نے عبد اللہ بن عجلان السکونی سے روایت کی ہے کہ میں نے امام ابو جعفرؑ کو فرماتے ہوئے سنا کہ جب نبیؐ کو معراج ہوئی تو اللہ نے انہیں اذان واقامت و نماز سکھائی کہ جب انہوں نے نماز پڑھی تو اللہ نے ان کو حکم دیا کہ پہلی رکعت میں سورۃ حمد اور سورۃ توحید پڑھو اور دوسری میں سورۃ حمد اور سورۃ قدر پڑھو پھر اللہ نے فرمایا اے محمدؐ توحید میری نسبت ہے اور سورۃ قدر تیری نسبت ہے اور قیامت تک تیرے اہل بیتؑ کی طرف ہے۔

احمد بن محمد بن خالد سے انہوں نے صفوان سے انہوں نے ابن مسکان سے انہوں نے ابو بصیر سے انہوں نے امام ابو عبد اللہؑ سے اللہ کے اس قول کے بارے میں روایت کی ہے (یہ رات ہزار مہینے سے بہتر ہے) فرمایا کہ بنو امیہ کی حکومت کا دورانیہ۔ اور اللہ کا یہ قول (اس میں فرشتے اور روح الامین اپنے پروردگار کے حکم سے اترتے ہیں) فرمایا رب کی طرف سے محمدؐ و آل محمدؑ پر سلامتی کے ساتھ ہر امر کے لیے نازل ہوتے ہیں۔

اسی طرح احمد بن محمد بن خالد سے انہوں نے صفوان سے انہوں نے ابن مسکان سے انہوں نے ابو بصیر سے انہوں نے امام ابو عبد اللہؑ سے روایت کی ہے کہ آپؑ نے اللہ کے اس قول کے بارے میں فرمایا (اس میں فرشتے اور روح الامین اپنے رب کے حکم سے اترتے ہیں) فرمایا اپنے رب کے حکم سے محمدؐ و آل محمدؑ کی طرف اترتے ہیں۔

علی بن ابراہیم نے اپنی تفسیر میں آئمہؑ سے روایت کی ہے کہ جان لو کہ لیلۃ القدر قیامت تک باقی رہے

گی کیونکہ زمین اللہ کی حجت کے بغیر باقی نہیں رہ سکتی اس رات میں فرشتے اور روح اپنے رب کے حکم سے ہر امر کے لیے اترتے ہیں آدمؑ سے لے کر انبیاء سے رسول اللہؐ تک اس کے بعد امیر المومنینؑ ان کے بعد حسنؑ ان کے بعد حسینؑ پھر ان کے بعد ایک امامؑ کے بعد ایک امامؑ یہاں تک کہ حجت قائمؑ تک۔

سورۃ البینۃ

اللہ کا قول (اہل کتاب کے کافر اور مشرک لوگ جب تک ان کے پاس ظاہری دلیل نہ آجائے باز رہنے والے

نہ تھے اللہ کا ایک رسول جو پاک صحیفے پڑھتا ہے جن میں صحیح اور درست احکام ہیں)

تاویل۔ محمد بن خالد البرقی نے مرفوعاً عمرو بن شمر سے انہوں نے جابر بن یزید سے انہوں نے امام ابو جعفرؑ سے اللہ کے اس قول کے بارے میں روایت کی ہے (کافر اور مشرک لوگ جب تک ان کے پاس ظاہری دلیل نہ آجائے باز رہنے والے نہ تھے) فرمایا اس سے مراد شیعہ کو جھٹلانے والے تھے۔

امام ابو عبداللہؑ سے اللہ کے اس قول کے بارے میں روایت ہے (مشرک باز آنے والے نہ تھے) فرمایا اس سے مراد مرجیہ ہیں (یہاں تک کہ ان کے پاس دلیل نہ آجائے) فرمایا جب تک ان کے لیے حق واضح نہ ہو جائے (اللہ کا ایک رسول جو پاک صحیفے تلاوت کرتا ہے) یعنی محمدؐ وہ پاکیزہ صحیفے تلاوت کرتے ہیں اور پاکیزہ صحیفوں سے مراد آئمہؑ ہیں اور اللہ کا قول (اس میں درست احکام ہیں)

یعنی آئمہؑ ہی کے پاس حق ہے اور وہی عالم ہیں جو سب کچھ جانتے ہیں اور اللہ کا یہ قول(اہل کتاب اپنے پاس دلیل آنے کے بعد بھی متفرق ہو گئے) فرمایا حق کے آنے کے بعد بھی اس کو قبول نہیں کیا (انہیں صرف حکم دیا گیا تھا کہ اللہ کی عبادت کریں اس کے لیے دین کو خالص رکھیں) فرمایا اخلاص یہ ہے کہ اللہ پر اس کے رسولؐ پر اور آئمہؑ پر ایمان رکھیں اللہ کا قول(وہ نماز قائم کریں اور زکواۃ دیں) فرمایا نماز و زکواۃ امیر المومنینؑ علی ابن ابی طالبؑ ہیں اللہ کا قول(اور یہی سید ھا دین ہے) فرمایا اس سے مراد فاطمہؑ ہیں۔اور اللہ کا قول(وہ لوگ جو ایمان لائے اور نیک عمل کئے) فرمایا کہ جو اللہ پر اس کے رسولؐ پر اور اولی الامر پر ایمان لائے ان کی اطاعت کرے کہ جو بھی وہ حکم دیں یہی ایمان اور عمل صالح ہے اللہ کا قول(اللہ ان سے راضی ہوا اور وہ اللہ سے راضی ہو گئے) امام ابو عبد اللہؑ نے فرمایا اللہ مومن سے دنیا میں راضی ہوتا ہے اور مومن آخرت میں اللہ سے راضی ہو گا اور اللہ کا قول(یہ اس کے لیے ہے کہ جو اپنے رب سے ڈرے) یعنی اپنے رب کی اطاعت کرے اور شیعہ وہی ہے جو اللہ پر اس کے رسول پر اور اولی الامر پر ایمان لائے اور ان کی اطاعت کرے۔

علی بن اسباط سے انہوں نے ابو حمزہ سے انہوں نے ابو بصیر سے انہوں نے امام ابو عبد اللہؑ سے اللہ کے اس قول کے بارے میں روایت کی ہے(اور یہی سید ھا دین ہے) فرمایا اس سے مراد دین قائمؑ ہے۔

اور اس تاویل میں (وہی خیر البریہ ہیں) محمد بن العباس سے انہوں نے احمد بن الھیثم سے انہوں نے الحسن بن عبد الواحد سے انہوں نے حسن بن حسین سے انہوں نے یحیٰی بن مساوا سے انہوں نے اسماعیل بن زیاد سے انہوں نے ابراہیم بن مہاجر سے انہوں نے یزید بن شراحیل سے روایت کی ہے میں نے امیر المومنینؑ کو فرماتے ہوئے سنا آپؑ نے فرمایا کہ رسول اللہؐ نے مجھ سے بیان فرمایا اور عائشہ کان لگائے ہوئے تھی کہ اے علیؑ خیر البریہ تم اور تمہارے شیعہ ہیں اور میری تمہاری ملاقات کا

ٹھکانہ حوض کوثر ہے۔

احمد بن ھنورہ سے انہوں نے ابراہیم بن اسحاق سے انہوں نے عبداللہ بن حمار سے انہوں نے عمرو بن شمر سے انہوں نے ابو مخنف سے انہوں نے یعقوب بن میثم سے روایت کی ہے کہ انہوں نے اپنے والد کی کتاب میں پایا کہ علیؑ نے فرمایا میں نے رسول اللہؐ کو فرماتے ہوئے سنا وہ لوگ جو ایمان لائے اور نیک عمل کئے وہی سب سے بہترین مخلوق ہیں پھر میری طرف متوجہ ہوئے اور فرمایا اے علیؑ اس سے مراد تم اور تمہارے شیعہ ہیں اور تمہارا اور ان کا ٹھکانہ میرے پاس حوض پر ہے۔

احمد بن محمد الوراق سے انہوں نے احمد بن ابراہیم سے انہوں نے الحسن بن ابو عبداللہ سے انہوں نے مصعب بن سلام سے انہوں نے ابو حمزہ الثمالی سے انہوں نے امام ابو جعفرؑ سے انہوں نے جابر بن عبداللہ سے روایت کی ہے کہ رسول اللہؐ نے اپنے مرض وفات میں فاطمہؑ سے فرمایا اے میری بیٹیؑ تم پر میرے ماں باپ قربان اپنے شوہر کو بلاؤ تو فاطمہؑ نے حسنؑ سے فرمایا کہ اپنے باباؑ کے پاس جاؤ اور ان سے کہو کہ تمہارے نانا بلا رہے ہیں پس حسنؑ ان کی طرف گئے اور ان کو بلا لائے تو امیر المومنینؑ آئے اور رسول اللہؐ نے فرمایا اے فاطہؑ اور فاطمہؑ اس وقت فرما رہی تھیں ہائے پریشانی بابا جان ہائے پریشانی تو فرمایا اے فاطمہؑ آج کے بعد تم پر کوئی پریشانی نہیں رہے گی پھر فرمایا اے علیؑ میرے قریب آؤ آپؑ ان کے قریب ہوئے تو فرمایا اپنا کان میرے منہ کے قریب لاؤ پس انہوں نے کیا تو فرمایا اے میرے بھائی کیا تم نے اللہ کا یہ قول نہیں سنا اس کی کتاب میں (بے شک جو لوگ ایمان لائے اور نیک عمل کیے وہی سب سے بہترین مخلوق ہیں) فرمایا کیوں نہیں یا رسول اللہؐ فرمایا اس سے مراد تم اور تمہارے شیعہ ہیں وہ قیامت والے دن روشن پیشانیوں کے ساتھ آئیں گے اور اللہ کا یہ قول (وہ لوگ جنہوں نے کفر کیا اور مشرک جہنم میں ہمیشہ رہیں گے اور وہی بد ترین مخلوق ہیں) فرمایا اس سے مراد

تمہارے دشمن اوران کے پیروکار ہیں وہ قیامت والے دن سیاہ چہروں کے ساتھ آئیں گے۔

اسی طرح جعفر بن محمد الحسنی اور محمد بن احمد الکاتب نے کہا کہ ہم سے محمد بن علی بن خلف نے انہوں نے احمد بن عبداللہ سے انہوں نے معاویہ سے انہوں نے عبداللہ بن ابی رافع سے انہوں نے اپنے والد سے انہوں نے اپنے دادا ابورافع سے روایت کی ہے کہ علیؑ نے اہل شوریٰ سے فرمایا میں تم کو اللہ کی قسم دیتا ہوں کیا تم جانتے ہو کہ جس دن میں تمہارے پاس آیا اور تم رسول اللہؐ کے پاس بیٹھے تھے تو آپؐ نے فرمایا یہ میرا بھائی تمہارے پاس

آیا ہے پھر کعبہ کی طرف متوجہ ہوئے اور فرمایا کہ یہ اور اس کے شیعہ قیامت والے دن کامیاب ہونگے اور پھر تمہاری طرف بڑھے اور فرمایا یہ تم میں سے پہلا ایمان والا اللہ کے حکم پر سب سے زیادہ قائم اللہ کے عہد کو پورا کرنے والا اور تمہارے درمیان اللہ کے حکم سے فیصلہ کرنے والا اللہ کے ہاں بلند مرتبہ والا ہے پس اللہ نے یہ آیت نازل فرمائی (جولوگ ایمان لائے اور نیک عمل کیے وہی بہترین مخلوق ہیں) پس نبیؐ نے تکبیر بلند کی اور تم نے بھی تکبیر بلند کی اور تم سب نے مجھے مبارکباد دی انہوں نے کہاہاں اللہ کی قسم یہ بالکل سچ ہے۔

الشیخ الصدوق ابو جعفر محمد بن بابویہ نے اسناد کے ساتھ مرفوع کے ساتھ ابوذرؓ سے راویت کی ہے کہ میں نے رسول اللہؐ کو فرماتے ہوئے سنا کہ اسرافیل نے جبرائیل پر فخر کیا اور کہا کہ میں تم سے بہتر ہوں اس نے کہا کہ تم کیسے بہتر ہو؟ اسرافیل نے کہا کہ میں ان آٹھ عرش کو اٹھانے والوں میں سے ہوں میں صور پھونکنے والا ہوں اور میں اللہ کا مقرب فرشتہ ہوں جبرائیل نے اس سے کہا میں تم سے بہتر ہوں اسرافیل نے کہا وہ کیسے؟ کہا کہ میں اللہ کی وحی کا امین ہوں اور میں پلٹا دینے والا اور تباہ کرنے والا ہوں اللہ نے جتنی اقوام کو ہلاک کیا میرے ہاتھوں سے کروایا پس ان دونوں نے جھگڑا شروع

کر دیا تو اللہ نے فرمایا خاموش میں نے تم دونوں سے بہتر مخلوق کو خلق کیا ہے وہ کہنے لگے اے ہمارے پرور دگار وہ کون ہے ؟ کہ تم نے ہمیں نور سے پیدا کیا ہے اللہ نے حجاب قدرت کی طرف وحی کی اور وہ جب پھٹا تو عرش کے پائے پر لکھا ہوا تھا لا الہ الا اللہ محمد رسول اللہ و علی و فاطمہ والحسن والحسین خیر خلق اللہ۔ جبرائیل نے کہا اے میرے پرور دگار میں تجھ سے ان کے حق کے صدقے سوال کرتا ہوں کہ تو مجھے ان کا خادم بنادے اللہ نے فرمایا میں نے ایسا ہی کیا پس جبرائیل ہمارے خدام میں سے ہے۔

پس اے مومن جب تو یہ جان گیا ہے تو ان کی ولایت سے جڑ جا اور اللہ کا قرب ان کی مودت کے ذریعے حاصل کر تا کہ تم ان کے شیعوں اور موالیوں میں سے ہو جاؤ اور قیامت والے دن ان کے شیعوں کے زمرے میں ہو کہ جو اہم مقام پر اور بلند ترین مخلوق ہونگے پس اللہ کی طرف سے محمدؐ و آل محمدؑ پر افضل درود و سلام اور پاکیزہ ترین و کامل ترین برکتیں ہوں۔

سورۃ الزلزلہ

اللہ کا قول (جب زمین زلزلے سے لرزنے لگے گی اور اپنے بوجھ کو نکال دے گی تو انسان کہے گا کہ اس کے لیے کیا ہے)

تاویل۔ محمد بن العباس نے انہوں نے احمد بن ھوذۃ سے انہوں نے ابراہیم بن اسحاق سے انہوں نے عبداللہ بن حمار سے انہوں نے الصباح المزنی سے روایت کی ہے کہ اصبغ بن نباتہ نے کہا کہ ہم امیر المومنینؑ کے ساتھ تھے اور ہم بازار میں گھوم رہے تھے اور آپؑ لوگوں کو ناپ تول پورا کرنے کی تاکید فرمارہے تھے کہ زلزلہ آگیا تو فرمایارک جارک ابھی تمہیں کیا ہوا اللہ کی قسم میں ہی وہ انسان ہوں کہ جو اس زمین کو اس کی خبریں بتا سکتا ہوں یا مجھ سے ہی کوئی آدمی۔

اسی طرح علی بن عبداللہ بن اسد سے انہوں نے ابراہیم بن محمد الثقفی سے انہوں نے عبداللہ بن سلیمان سے انہوں نے محمد بن الخراسانی سے انہوں نے فضیل بن الزبیر سے روایت کی ہے کہ امیر المومنینؑ علیؑ ابن ابی طالبؑ صحن میں تشریف فرما تھے تو زمین زلزلے سے لرزنے لگی تو آپؑ نے اپنا ہاتھ اس پر مارا اور فرمایارک جا ابھی قیام نہیں ہے اگر ایسا ہوا تو تم مجھے بتا دینا اور فرمایا کہ میں وہ

انسان ہوں کہ زمین کو اس کی باتیں بتا سکتا ہوں پھر آپؑ نے یہ آیت پڑھی (جب زمین زلزلے سے لرزنے لگے گی اور زمین اپنا بوجھ نکال دے گی)

اسی طرح ہم سے الحسن بن علی نے انہوں نے اپنے والد سے انہوں نے الحسین بن سعید سے انہوں نے محمد بن سنان سے انہوں نے یحییٰ الحلبی سے انہوں نے عمر بن ابان سے انہوں نے جابر الجعفی سے روایت کی ہے کہ مجھ سے تمیم بن خزیم نے روایت کی ہے کہ ہم علیؑ کے ساتھ ساتھ تھے اور ہمارا رخ بصرہ کی طرف تھا ابھی ہم اتر رہے تھے کہ زلزلہ آگیا جناب امیرؑ نے زمین کو اپنے ہاتھ سے مارا اور فرمایا تمہیں کیا ہے ٹھہر جا پس وہ ٹھہر گئی پھر ہماری طرف بڑھے اور فرمایا کہ اگر یہ وہ زلزلہ ہوتا جو اللہ نے اپنی کتاب میں ذکر کیا ہے تو یہ مجھے بتا دیتی۔

اسی طرح ابو علی الحسن بن محمد بن جمہور نے کہا کہ ہم سے الحسن بن بن عبد الرحیم التمار نے کہا کہ میں بعض فقہاء کی مجلس میں گیا تو میں سلمان الشاذ کونی کے پاس گیا تو اس نے کہا کہ تم کہاں سے آرہے ہو میں نے کہا میں فلاں کی مجلس سے آیا ہوں تو اس نے مجھ سے کہا اس کا کیا قول تھا میں نے کہا کہ امیر المومنینؑ علیؑ ابن ابی طالبؑ کے فضائل تو اس نے کہا کہ میں بھی تم کو ان کی ایک فضیلت بتاؤں گا کہ جو مجھ سے ایک قریشی نے اسناد کے ساتھ آٹھ قریشیوں سے ہی سنائی ہے کہا کہ بقیع کے قبرستان میں عمر بن خطاب کے دور میں زلزلہ آگیا تو مدینہ والے ڈر گئے اس وقت عمر نے کہا کہ میرے پاس علیؑ ابن ابی طالبؑ کو لے آؤ پس آپؑ تشریف لائے تو اس نے کہا اے ابو الحسنؑ کیا آپؑ نہیں دیکھتے کہ بقیع کی قبریں لرز رہی ہیں یہاں تک کہ مدینہ کے در و دیوار کانپ اٹھے ہیں تو جناب امیرؑ نے فرمایا کہ میرے پاس سو بدری صحابی لے کر آؤ پس آپؑ نے ان سو میں سے دس کو چنا اور انہیں اپنے پیچھے لے کر چل پڑے اور مدینہ میں سوائے ان حاضرین کے کوئی نہ ہو اور باقی نوے لوگوں کو ان دس کے پیچھے

آنے کا حکم دیا پھر ابوذرؓ، سلمانؓ، مقدادؓ و عمارؓ کو بلایا اور ان سے فرمایا کہ ہمارے آگے رہو یہاں تک کہ آپؑ بقیع کے وسط میں پہنچ گئے اور زمین کو پاؤں مارا پھر اسے فرمایا تمہیں کیا ہوا ہے (تین مرتبہ) وہ خاموش رہی پھر فرمایا اللہ اس کے رسولؐ نے سچ فرمایا مجھے رسول اللہؐ نے یہ بات بتائی اس گھڑی اور اس دن کے بارے میں اور لوگوں کے اس اجتماع کے بارے میں بتایا بے شک اللہ اپنی کتاب میں فرماتا ہے (جب زمین زلزلے سے لرزنے لگے گی اور اپنا سارا بوجھ نکال دے گی) اگر یہ وہی زلزلہ ہوتا تو یہ زمین مجھے ضرور بتاتی کہ اس کے لیے کیا ہے پھر آپؑ واپس چلے گئے اور لوگ بھی چلے گئے اور زلزلہ رک گیا۔

سورۃ العاریات

اللہ کا قول (ہانپتے ہوئے دوڑنے والے گھوڑوں کی قسم پھر سم مار کر چنگاریاں نکالنے والوں کی قسم پھر صبح کے وقت دھاوا بولنے والوں کی قسم پس اس وقت گرد و غبار اڑاتے ہیں پھر اس کے ساتھ فوجوں کے درمیان گھس جاتے ہیں)

تاویل۔ان آیات کے بارے میں قصہ مشہور و معروف ہے جو اصحاب تواریخ و سیرت نے نقل کیا ہے

۔

روایت ہے کہ ایک اعرابی رسول اللہؐ کے پاس آیا اور کہا کہ وادی رمل میں کچھ لوگ جمع ہو گئے ہیں اس ارادے

سے کہ وہ آپ کو یہاں سے نکال دیں آپؐ نے اپنے اصحاب سے فرمایا ان کے لیے کون ہے؟ اصحاب صفہ نے کہا ہم یارسول اللہ آپؐ جس کو چاہیں ہم پر مقرر فرمادیں پس آپؐ نے ابو بکر کو ان پر مقرر کیا اس کو جھنڈا دیا وہ وادی میں لشکر کے ساتھ پہنچا تو مسلمانوں کی ایک کثیر جماعت قتل ہو گئی اور وہ

بھاگ نکلے جب مدینہ پہنچے تو مسلمانوں پر عمر کو امیر بنا کر بھیجا جب وہ وہاں پہنچے تو پھر مسلمانوں کی ایک کثیر تعداد قتل ہوگئی پھر نبیؐ کو برا لگا تو عمرو بن العاص کہنے لگا اے اللہ کے رسولؐ مجھے ان کی طرف بھیج دیں پس نبیؐ نے اس کو روک دیا اور علیؑ کو بلایا اور ان کے لیے دعا کی اور ان کے ساتھ مسجد احزاب تک چلتے ہوئے چھوڑنے آئے اور ان کے ساتھ ابو بکر، عمر، عمرو بن العاص بھی تھے پس دن قریب تھا یہاں تک کہ وہ وادی تک پہنچ گئے تو عمرو بن العاص کو فتح کا گمان نہ تھا اس نے ابو بکر سے کہا کہ یہ زمین درندوں اور جنوں والی ہے یہ ہم پر بنو سلیم سے زیادہ سخت ہے اور مصلحت یہی ہے کہ ہم بھاگ نکلیں اور اس نے معاملہ بگاڑنے کی کوشش کی اور کہا کہ جاؤ اور یہ بات تم امیر المومنینؑ سے کہو ابو بکر نے جا کر جناب امیرؑ سے کہا تو آپؑ نے جواب میں ایک حرف بھی نہیں کہا ابو بکر واپس پلٹا اور کہا اللہ کی قسم انہوں نے تو مجھے جواب میں ایک حرف بھی نہیں کہا تو عمر بن العاص نے کہا اے عمر بن خطاب تم جاؤ اور ان سے کہو اس نے بھی ایسے ہی کیا جب فجر طلوع ہوئی تو جناب امیرؑ نے وادی پر قبضہ کر لیا اور دشمن کی بڑی تعداد کو قتل کیا اور باقیوں کو پکڑ لیا اور کامیاب و کامران واپس آئے پس نبیؐ ادھر اپنے گھوڑے پر تشریف لائے اس وقت اللہ نے فرمایا (ہانپتے ہوئے گھوڑوں کی قسم) اللہ نے نبیؐ کو فتح کی خوشخبری دی جب علیؑ نبیؐ کے پاس آئے تو آپؐ نے ان کو بوسہ دیا اور ان سے فرمایا اگر مجھے یہ خوف نہ ہوتا کہ میری امت کے گروہ تیرے بارے میں وہی کہیں کہ جو عیسائیوں نے عیسیٰؑ کے بارے میں کہا تو میں تمہارے ایسے فضائل بیان کرتا کہ تم جہاں سے گزرتے لوگ تمہارے قدموں کے نیچے سے مٹی اٹھاتے پس اللہ اور اس کا رسولؐ تم سے راضی ہیں۔

محمد بن العباس نے کہا کہ انہوں نے محمد بن الحسین سے انہوں نے احمد بن محمد سے انہوں نے ابان بن عثمان سے انہوں نے عمر بن دینار سے انہوں نے ابان بن تغلب سے انہوں نے امام ابو جعفرؑ سے روایت کی ہے کہ رسول اللہؐ نے اصحاب صفہ کے درمیان قرعہ ڈالا ان میں سے اسی آدمی بنی سلیم کی

طرف بھیجے اور ان پر ابو بکر کو امیر مقرر کیا آگے حدیث اسی نحو پر چلتی ہے جیسا کہ پہلی حدیث میں گزر چکا ہے۔

اسی طرح احمد بن ھوذۃ سے انہوں نے ابراہیم بن اسحاق سے انہوں نے عبداللہ بن حماد سے انہوں نے عمرو بن شمر سے انہوں نے جابر بن یزید سے انہوں نے امام ابو جعفرؑ سے روایت کی ہے کہ علیؑ نے صبح کے وقت حملہ کیا اور اللہ نے انہیں فتح عطا فرمائی اس وقت یہ آیت نازل ہوئی (اور قسم ہے ہانپتے ہوئے گھوڑوں کی)

جعفر بن احمد سے انہوں نے عبیداللہ بن موسیٰ سے انہوں نے الحسن بن علی بن ابی حمزہ سے انہوں نے اپنے والد سے انہوں نے ابو بصیر سے انہوں نے امام ابو عبداللہؑ سے اللہ کے اس قول کے بارے میں روایت کی ہے (قسم ہے ہانپتے ہوئے گھوڑوں کی) فرمایا کہ نبیؐ نے اصحاب صفہ کے درمیان قرعہ ڈالا اور تیس آدمیوں کا انتخاب کر کے انہوں بنو سلیم کی طرف بھیجا اور ان پر ابو بکر کو امیر مقرر کیا پس وہ ان کے ساتھ اس وادی میں پہنچا اور مسلمانوں کی کثیر تعداد وہاں قتل ہو گئی چنانچہ وہ گھبرا گئے اور پاس پلٹ آئے پھر نبیؐ نے عمر کو امیر بنا کر روانہ کیا چنانچہ اس کی حالت بھی ایسی ہی ہوئی اور مسلمانوں کی ایک کثیر تعداد ماری گئی اور وہ بھی گھبرا کر واپس بھاگ آئے جب وہ آئے تو عمرو بن العاص نے کہا کہ میں جاتا ہوں لیکن نبیؐ نے اس کو روک دیا اور جناب امیرؑ کو بلا کر ان کو امیر بنایا اور روانہ کیا چناچہ امیر المومنینؑ جب وہاں پہنچے تو عمر بن العاص نے ابو بکر سے کہا یہ زمین بہت سخت ہے اور ادھر بنو سلیم کی اتنی فکر نہیں جتنی جنوں اور درندوں کی ہے چنانچہ اس نے فساد مچانے کی کوشش کی اور ابو بکر سے کہنے لگا کہ تم یہ بات امیر المومنینؑ سے کہو اس نے عمر سے کہا تو عمر امیر المومنینؑ کے پاس آیا لیکن آپؑ نے اس کی بات پر کان نہیں دھرا چنانچہ جب عمر واپس آیا تو کہنے لگا کہ انہوں نے تو ہمیں کوئی

جواب ہی نہیں دیا چنانچہ جب آپؑ وادی کے سامنے سے داخل ہوئے تھے تو صبح قریب تھی اور اللہ نے آپؑ کو فتح سے ہمکنار کیا چنانچہ نبیؐ بھی وہاں تشریف لے آئے اس وقت یہ آیت نازل ہوئی(اور قسم ہے ہانپتے ہوئے گھوڑوں کی) نبیؐ نے ان کو بھی بشارت دی اور مومنین سے بھی کہا کہ خوش ہو جائیں۔

اللہ کا قول(بے شک انسان رب کا بڑا ناشکرا ہے)(اور بے شک وہ اس پر گواہ ہے) (اور بے شک وہ بھلائی سے بہت محبت کرتا ہے)

تاویل۔احمد بن ھوذۃ سے انہوں نے ابراہیم بن اسحاق سے انہوں نے عبداللہ بن حمار سے انہوں نے عمرو بن شمر سے انہوں نے جابر بن یزید سے انہوں نے امام ابو جعفرؑ سے اللہ کے اس قول کے بارے میں روایت کی ہے (بے شک انسان رب کا بڑا ناشکرا ہے) فرمایا کہ فلاں اپنے رب کا بڑا ناشکرا ہے (اور بے شک وہ اس پر گواہ ہے) فرمایا اللہ اس پر گواہ ہے (اور بے شک وہ بھلائی سے بہت محبت کرتا ہے) فرمایا اس سے مراد امیر المومنینؑ ہیں۔

اسی طرح ابن اورمہ سے انہوں نے علی بن حسان سے انہوں نے عبدالرحمٰن بن کثیر سے انہوں نے امام ابو عبداللہؑ سے اللہ کے اس قول کے بارے میں پوچھا(اور بے شک انسان اپنے رب کا بڑا ناشکرا ہے) فرمایا کہ ولایت علیؑ کا انکار کرنے والا۔

سورة القارعه

محمد بن العباس نے کہا کہ ہم سے الحسین بن علی زکریا بن العاصم نے انہوں نے الھیثم بن عبدالرحمٰن سے انہوں نے کہا کہ ہم سے امام ابوالحسنؑ علیؑ بن موسیٰؑ بن جعفرؑ نے انہوں نے اپنے والد گرامیؑ سے انہوں نے اپنے داداؑ سے اللہ کے اس قول کے بارے میں روایت کی ہے (اور جس کے اعمال بھاری ہونگے وہ پر سکون زندگی میں ہوگا) فرمایا یہ آیت علیؑ ابن ابی طالبؑ کے بارے میں نازل ہوئی (اور جس کے اعمال ہلکے ہونگے تو اس کا ٹھکانہ جہنم ہے) فرمایا کہ یہ ان تینوں کے بارے میں نازل ہوئی۔

سورۃ التکاثر

اللہ کا قول(یقیناً عنقریب وہ جان لیں گے پھر یقیناً عنقریب وہ جان لیں گے)

تاویل۔ ہم سے ہمارے بعض اصحاب نے انہوں نے محمد بن علی سے انہوں نے عمر بن عبد العزیز سے انہوں نے عبد الل بن نجیح الیمانی سے روایت کی ہے کہ میں نے امام ابو عبد اللہؑ سے اللہ کے اس قول کے بارے میں پوچھا(یقیناً عنقریب وہ جان لیں گے پھر یقیناً عنقریب وہ جان لیں گے) فرمایا دوبارہ پلٹنے میں اور دوسری مرتبہ قیامت کے دوسرے دن۔

اللہ کا قول(پھر اس دن تم سے ضرور نعمتوں کے بارے میں سوال ہوگا)

تاویل۔ محمد بن العباس نے کہا کہ ہم سے علی بن احمد بن حاتم نے انہوں نے حسن بن عبد الواحد سے انہوں نے القاسم بن الضحاک سے انہوں نے ابو حفص الصائغ سے انہوں نے امام جعفر بن محمدؑ سے اللہ کے اس قول کے بارے میں روایت کی ہے کہ آپؑ نے فرمایا اللہ کی قسم اس سے مراد کھانا اور پینا نہیں بلکہ ہم اہل بیتؑ کی ولایت ہے۔

ہم سے احمد بن محمد الوراق نے انہوں نے جعفر بن علی بن نجیح سے انہوں نے حسن بن حسین سے انہوں نے ابو حفص الصائغ سے انہوں نے امام جعفر بن محمدؑ سے اللہ کے اس قول کے بارے میں پوچھا(اس دن تم سے ضرور نعمتوں کے بارے میں پوچھا جائے گا) فرمایا کہ ہم ہی وہ نعمتیں ہیں کہ جو اللہ نے اپنے بندوں پر کیں۔

ہم سے احمد بن القاسم نے انہوں نے احمد بن محمد سے انہوں نے محمد بن ابی عمیر سے انہوں نے امام ابوالحسن موسیٰؑ سے اللہ کے اس قول کے بارے میں روایت کی ہے(اس دن تم سے ضرور نعمتوں کے بارے میں پوچھا جائے گا) فرمایا ہم ہی مومن کی نعمتیں ہیں۔

ہم سے احمد بن محمد بن سعید نے انہوں نے الحسن بن القاسم سے انہوں نے محمد بن عبد اللہ بن صالح سے انہوں نے مفضل بن صالح سے انہوں نے سعید بن طریف سے انہوں نے اصبغ بن نباتہ سے انہوں نے امیر المومنینؑ سے روایت کی ہے کہ آپؑ نے اللہ کے اس قول کے بارے میں فرمایا(پھر اس دن تم سے ضرور نعمتوں کے بارے میں پوچھا جائے گا) فرمایا وہ نعمتیں ہم ہیں۔

ہم سے علی بن عبد اللہ نے انہوں نے ابراہیم بن محمد الثقفی سے انہوں نے اسماعیل بن بشار سے انہوں نے علی بن عبد اللہ بن غالب سے انہون نے ابو خالد الکابلی سے روایت کی ہے کہ میں امام محمد بن علیؑ کی خدمت میں حاضر ہوا تو انہوں نے میرے سامنے ایسا کھانا رکھا کہ اس سے پہلے ایسا پاکیزہ کھانا میں کبھی نہیں کھایا تھا تو آپؑ نے مجھ سے فرمایا اے ابو خالد تم نے ہمارا کھانا کیسا پایا میں نے کہا میں آپؑ پر قربان یہ بہت ہی پاکیزہ تھا مگر اللہ کی کتاب میں یہ قول(پھر اس دن ان سے ضرور ان نعمتوں کے بارے میں پوچھا جائے گا) فرمایا اللہ کی قسم وہ کبھی بھی ان نعمتوں کے بارے میں نہیں پوچھے گا پھر آپؑ ہنسے یہاں تک کہ آپؑ کے دندان مبارک نظر آنے لگے پھر فرمایا تم جانتے ہو کہ اس نعمت سے

کیا مراد ہے؟ فرمایا ہم ہی وہ نعمتیں ہیں کہ جن کے بارے میں پوچھا جائے گا۔

الشیخ المفید نے اسناد کے ساتھ محمد بن سائب سے روایت کی ہے کہ جب امام صادقؑ حیرۃ تشریف لائے تو ابو حنیفہ ان کے پاس آیا تو ان سے مسائل کے بارے میں پوچھا اور کہا کہ میں آپؑ پر قربان کہ امر بالمعروف کیا ہے؟ فرمایا اے ابو حنیفہ زمینوں اور آسمانوں میں بھلائی امیر المومنینؑ ہیں میں نے کہا میں آپؑ پر قربان برائی کیا ہے؟ فرمایا کہ وہ دونوں جنہوں نے ان پر ظلم کیا ان کا حق چھینا اور لوگ ان کے کندھوں پر سوار ہو گئے پھر ابو حنیفہ نے کہا کہ اس آیت سے کیا مراد ہے (پھر اس دن ان سے ضرور نعمتوں کے بارے میں پوچھا جائے گا) فرمایا اے ابو حنیفہ تم اس کی تفسیر کیا کرتے ہو؟ کہا کہ صحت بدن اور قوت بدن تو آپؑ نے فرمایا اے ابو حنیفہ ! اللہ اس چیز سے بری ہے کہ وہ انسان سے اس کے کھانے پینے کے بارے میں پوچھے تو اس نے کہا میں آپؑ پر قربان اس آیت سے کیا مراد ہے؟ فرمایا کہ اس آیت سے اللہ کی قسم ہم مراد ہیں کہ جن کو اللہ نے ہدایت بنا کر بھیجا۔

علی بن ابراہیم سے انہوں نے احمد بن ادریس سے انہوں نے احمد بن محمد سے انہوں نے سلمہ بن عطاء سے انہوں نے جمیل سے انہوں نے امام ابو عبد اللہؑ سے اللہ کے اس قول کے بارے میں روایت کی ہے (پھر اس دن ان سے نعمتوں کے بارے میں پوچھا جائے گا) فرمایا کہ اس امت سے اللہ ان نعمتوں کے بارے میں پوچھے گا کہ جو اس نے اپنے رسولؐ اور اس کے اہل بیتؑ کے ذریعے بندوں پر کیں۔

اور اللہ کا یہ قول بھی اس کی تائید کرتا ہے (ان کو روکو ابھی ان سے سوال کرنا ہے) یعنی ولایت اہل بیتؑ کے بارے میں۔

سورۃ العصر

اللہ کا قول (بے شک انسان خسارے میں ہے سوائے ان لوگوں کے جو ایمان لائے اور نیک عمل کئے اور حق

کی اور صبر کی نصیحت کرتے رہے)

تاویل۔ محمد بن العباس نے کہا کہ ہم سے محمد بن القاسم بن سلمہ نے انہوں نے جعفر بن عبداللہ المحمدی سے انہوں نے ابو صالح الحسن بن اسماعیل سے انہوں نے عمران بن عبداللہ المشرقانی سے انہوں نے عبداللہ بن عبید سے انہوں نے محمد بن علی سے انہوں نے امام ابو عبداللہؑ سے اللہ کے اس قول کے بارے میں روایت کی ہے (سوائے ان لوگوں کے جو ایمان لائے اور نیک عمل کرتے رہے حق اور صبر کی تلقین کرتے رہے) فرمایا کہ اللہ نے اپنے برگزیدہ بندوں کو استثنیٰ دیا ہے اور فرمایا کہ (انسان خسارے میں ہے سوائے اس کے جو ولایت امیر المومنینؑ پر ایمان لائے اور نیک عمل کرنے والے یعنی ولایت امیر المومنینؑ کے بارے میں فرائض ادا کرنے والے اور صبر کی نصیحت کرنے

والے یعنی اپنے بعد آنے والوں کو ولایت علیؑ پر قائم رہنے کی وصیت کرتے ہیں)

سورۃ الھمزہ

اللہ کا قول(بڑی خرابی ہے ایسے شخص کی جو عیب ٹٹولنے والا اور غیبت کرنے والا ہے)

تاویل۔ محمد بن العباس نے کہا کہ ہم سے احمد بن محمد النوفلی سے انہوں نے محمد بن عبد اللہ بن مہران سے انہوں نے محمد بن خالد البرقی سے انہوں نے محمد بن سلیمان الدیلمی سے اسناد کے ساتھ اپنے والد سلیمان سے روایت کی ہے کہ میں نے امام ابو عبد اللہؑ سے اس آیت کے بارے میں پوچھا تو فرمایا اس سے مراد وہ لوگ ہیں جو آل محمدؑ کے عیب ٹٹولتے ہیں اور غیبت کرتے ہیں اور ان کی مجلسوں میں بیٹھتے ہیں کہ جن کی نسبت آل محمدؑ زیادہ حقدار ہیں۔

سورۃ الماعون

اللہ کا قول (کیا آپ نے اس شخص کو دیکھا ہے جو دین کو جھٹلاتا ہے)

تاویل۔ محمد بن العباس نے کہا کہ ہم سے الحسن بن علی بن زکریا بن عاصم نے انہوں نے الھیثم سے انہوں نے عبد اللہ بن الرماری سے روایت کی ہے کہ ہم سے امام علیؑ بن موسیٰؑ بن جعفرؑ نے انہوں نے اپنے والد گرامیؑ سے انہوں نے اپنے داداؑ سے اللہ کے اس قول کے بارے میں روایت کی ہے (کیا آپ نے اس شخص کو دیکھا ہے جو دین کو جھٹلاتا ہے) فرمایا ولایت علیؑ کو فرمایا دین سے مراد ولایت علیؑ ہے۔

اس کی تائید اللہ کا یہ قول کرتا ہے (بے شک دین تو اللہ کے نزدیک اسلام ہی ہے) امامؑ نے فرمایا اسلام ولایت علیؑ کے بغیر مکمل نہیں ہو سکتا کیونکہ جس دن اللہ نے ولایت کو فرض کیا اس دن فرمایا (آج میں نے تمہارے لیے تمہارا دین مکمل کر دیا اور تم پر اپنی نعمت تمام کر دی اور تمہارے لیے اسلام کو دین پسند کر لیا) اگر ولایت نہ ہوتی تو دین مکمل نہ ہوتا اور نہ ہی اللہ کی نعمت تمام ہوتی اور نہ ہی اللہ تمہارے لیے اسلام کو پسند کرتا پس اس لیے دین ولایت ہی ہے پس تم اس ولایت سے جڑے رہو اور اس کے ساتھ کہو کہ اس اللہ کی حمد جو عالمین کا پروردگار ہے۔

سورۃ الکوثر

اللہ کا قول (ہم نے آپ کو کوثر عطا فرمائی آپ اپنے پروردگار کے لیے نماز پڑھیں اور قربانی کریں اور بے شک آپ کا دشمن ہی ابتر ہے)

تاویل۔ محمد بن العباس سے انہوں نے احمد بن سعید سے انہوں نے اسماعیل بن زکریا سے انہوں نے محمد بن عون سے انہوں نے عکرمہ سے انہوں نے ابن عباس سے روایت کی ہے کہ کوثر سے مراد جنت میں ایک نہر ہے جو ستر ہزار فرسخ چوڑی ہے اس کا پانی دودھ سے بھی زیادہ سفید اور شہد سے بھی زیادہ میٹھا ہے اس کے کنارے موتیوں، زبرجد اور یاقوت سے بنے ہوئے ہیں اللہ نے اس کے ذریعے اپنے نبیؐ اور اہل بیتؑ کو خاص کیا۔

اسی طرح احمد بن محمد سے انہوں نے احمد بن الحسن سے انہوں نے اپنے والد سے انہوں نے حصین بن مخارق سے انہوں نے عمرو بن خالد سے انہوں نے زید بن علیؑ سے انہوں نے اپنے والد گرامیؑ سے انہوں نے جناب امیرؑ سے روایت کی ہے کہ رسول اللہؐ نے فرمایا مجھے جبرائیل نے میرا اور میرے اہل

بیتؑ کا گھر کوثر میں دکھایا ہے۔

اس کی تائید الحسن بن محبوب سے انہوں نے علی بن رئاب سے انہوں نے مسمع بن ابی یسار سے انہوں نے انس بن مالک سے روایت کی ہے کہ میں نے رسول اللہؐ کو فرماتے ہوئے سنا کہ جب مجھے ساتویں آسمان پر معراج

کروائی گئی تو جبرائیل نے مجھ سے کہا اے محمدؐ آگے بڑھیے اور مجھے کوثر دیکھائی اور کہا اے محمدؐ یہ کوثر ہے جو اللہ نے دوسرے انبیاء کی بجائے آپؐ کو عطا کی ہے پس میں نے اس پر بہت سارے محل موتی ، یاقوت اور لولو سے بنے ہوئے دیکھے جبرائیل نے کہا اے محمدؐ یہ آپؐ کا گھر اور آپؐ کے وصی علیؑ ابن ابی طالبؑ کا گھر ہے اور یہ ان کی پاکیزہ آلؑ کے گھر ہیں۔

اسی طرح احمد بن ھوذۃ سے انہوں نے ابراھیم بن اسحاق سے انہوں نے عبداللہ بن حمار سے انہوں نے حمران بن اعین سے انہوں نے امام ابوعبداللہؑ سے روایت کی ہے کہ رسول اللہؐ نے فجر کی نماز پڑھی اور پھر فرمایا جیسے پہلی حدیث گزری ہے ایسی ہی حدیث روایت کی ہے۔

محمد بن القاسم الطبری نے اسناد کے ساتھ ابن عباس سے روایت کی ہے کہ جب یہ آیت نبیؐ پر نازل ہوئی (ہم نے آپ کو کوثر عطا کی) تو علیؑ نے ان سے فرمایا یا رسول اللہؐ یہ کوثر کیا ہے ؟ فرمایا کوثر ایک نہر ہے کہ جس کے ذریعے اللہ نے مجھے عزت بخشی فرمایا کہ یا رسول اللہؐ اس نہر کی صفت بیان فرمائیں فرمایا یا علیؑ کوثر ایسی نہر ہے جو اللہ کے عرش کے نیچے چلتی ہے اس کا پانی دودھ سے زیادہ سفید ا اور شہد سے زیادہ میٹھا ہے اس کے کنارے مونگے ، موتی اور یاقوت سے بنے ہوئے ہیں اس کی مٹی مشک ہے اس کی بنیادیں اللہ کے عرش کے نیچے ہیں اور پھر اپنا ہاتھ علیؑ کے کندھے پر مارا اور فرمایا اے علیؑ یہ نہر میرے لیے تیرے لیے اور تجھ سے محبت کرنے والوں کے لیے ہے۔

علی بن ابراہیم نے اپنی تفسیر میں کہا ہے کہ کوثر جنت کی نہر ہے جو اللہ نے رسول اللہؐ کو ان کے بیٹے ابراہیمؑ کے عوض عطا کی رسول اللہؐ مسجد میں داخل ہوئے وہاں عمرو بن العاص اور حکم بن عاص بھی موجود تھے اور زمانہ جاہلیت میں جس کا بیٹا نہیں ہوتا تھا اسے ابتر کہتے تھے انہوں نے نبیؐ سے کہا اے ابتر باپ پھر عمرو بن العاص نے کہا میں محمدؐ سے بغض رکھتا ہوں پس اللہ نے اپنے رسولؐ پر یہ آیات نازل فرمائیں اور فرمایا تیرا دشمن عمرو بن العاص ہی ابتر ہے اس کا نہ کوئی دین ہے اور نہ نسب ہے۔

سورۃ النصر

تاویل۔ روایات میں ہے کہ جب نبیؐ حجتہ الوداع میں منیٰ میں اترے (جب اللہ کی مدد اور فتح آپہنچی) تو آپؐ نے فرمایا اے لوگوں جان لو کہ جو یہاں موجود ہیں وہ انہیں پہنچادیں جو یہاں موجود نہیں ہیں تین چیزوں سے مومن کا دل خالی نہیں ہوتا اللہ کے عمل کے اخلاص سے آئمہ آل محمدؑ کی خیر خواہی سے اور ان کے ساتھ رہنے سے اے لوگوں میں تم میں دو گرانقدر چیزیں چھوڑے جا رہا ہوں اگر تم ان کو تھامے رہو گے تو گمراہ نہیں ہوگے اللہ کی کتاب اور میری عترت اہل بیتؑ مجھے باریک بین اور جاننے والے نے خبر دی ہے کہ یہ دونوں ایک دوسرے سے جدا نہیں ہونگیں یہاں تک کہ میرے پاس حوض کوثر پر آجائیں ان دو انگلیوں کی طرح اور اپنی دونوں انگلیوں کو جوڑ کر دکھایا۔

سورۃ اخلاص

خطیب الخوارزمی نے اسناد کے ساتھ مرفوعاً عبداللہ بن العباس سے روایت کی ہے کہ رسول اللہ ؐ نے فرمایا اے علیؑ تمہاری مثال لوگوں میں ایسی ہے جیسے کہ قرآن میں قل ھو اللہ احد کی جس نے اسے ایک مرتبہ پڑھا اس نے ایک تہائی قرآن پڑھ لیا اسی طرح اے علیؑ جس نے تم سے دل سے محبت کی اس نے ایک تہائی ایمان مکمل کر لیا جس نے تم سے دل و زبان سے محبت کی اس نے دو تہائی ایمان مکمل کر لیا جس نے تم سے دل، زبان اور ہاتھ سے محبت کی اس کا ایمان کامل ہو گیا۔

محمد بن العباس سے انہوں نے سعید بن عجب الانباری سے انہوں نے سوید بن سعید سے انہوں نے علی بن مسہر سے انہوں نے حکیم بن جبیر سے انہوں نے ابن عباس سے روایت کی ہے کہ رسول اللہؐ نے علیؑ سے فرمایا یا علیؑ تمہاری مثال قل ھو اللہ احد کی سی ہے جس نے اسے ایک مرتبہ پڑھا گویا اس نے ایک تہائی قرآن پڑھ لیا جس نے اسے دو مرتبہ پڑھا اس نے دو تہائی قرآن پڑھ لیا جس نے اسے تین مرتبہ پڑھا گویا اس نے سارا قرآن پڑھ لیا اسی طرح تم ہو کہ جس نے تم سے دل سے محبت رکھی اس نے ایک تہائی ایمان بندوں کا ثواب لے لیا جس نے تم سے دل و زبان سے محبت رکھی اس کے

لیے بندوں کا دو تہائی ثواب ہے اور جس نے تم سے مکمل محبت کی اس کے لیے تمام بندوں کا ثواب ہے۔

اس کی تائید یہ روایت بھی کرتی ہے ہم سے علی بن عبداللہ نے انہوں نے ابراہیم بن محمد سے انہوں نے اسحاق بن بشر سے انہوں نے عمرو بن ابوالمقدام سے انہوں نے سماک بن حرب سے انہوں نے نعمان بن بشیر سے روایت کی ہے کہ رسول اللہؐ نے فرمایا کہ جس نے ایک مرتبہ قل ھواللہ احد پڑھا گویا اس نے ایک تہائی قرآن پڑھ لیا جس نے اسے دو مرتبہ پڑھا اس نے دو تہائی قرآن پڑھا اور جس نے تین مرتبہ پڑھا اس نے تمام قرآن پڑھ لیا اسی طرح جس نے علیؑ سے دل سے محبت کی اللہ اس کو اس امت کے ثواب کا ایک تہائی دے گا جس نے اس سے دل و زبان سے محبت کی اللہ اس کو اس امت کا دو تہائی ثواب دے گا اور جس نے علیؑ سے دل، زبان اور ہاتھ سے محبت کی اللہ اسے تمام امت کا ثواب دے گا۔

اسی طرح علی بن عبداللہ سے انہوں نے ابراہیم بن محمد سے انہوں نے الحکم بن سلمان سے انہوں نے محمد بن کثیر سے انہوں نے امام ابو جعفرؑ سے روایت کی ہے کہ رسول اللہؐ نے فرمایا اے علیؑ تم میں قل ھواللہ احد کی مثال ہے جس نے ایک مرتبہ پڑھا اس کے لیے ایک تہائی قرآن کا ثواب ہے جس نے اسے دو مرتبہ پڑھا اس نے دو تہائی قرآن پڑھ لیا اور جس نے اسے تین مرتبہ پڑھا اس نے سارا قرآن پڑھ لیا اور اے علیؑ اسی طرح جس نے تم سے دل سے محبت رکھی اس کے لیے امت کے ایک تہائی بندوں کا اجر ہے جس نے تم سے دل سے محبت کی اور زبان سے تمہاری مدد کی اس کے لیے دو تہائی امت کا اجر ہے اور جس نے دل سے تم سے محبت کی زبان سے تمہاری مدد کی اور اپنی تلوار سے تمہاری نصرت کی تو اس کے لیے ساری امت کا اجر ہے۔

المعوذتان

کتاب طب الائمہؑ میں اسناد کے ساتھ امام صادقؑ سے روایت ہے کہ جبرائیل نبیؐ کے پاس آئے اور ان کو خبر دی کہ فلاں نے آپؐ پر جادو کیا ہے اس جادو کو بنی فلاں کے کنوئیں میں رکھا ہے پس ادھر کسی کو بھیجئے کہ جو لوگوں کے سامنے آپؐ کے لیے مضبوط ہو اور آپؐ کی نظروں میں بلند مرتبہ ہو یہاں تک کہ وہ اس جادو کو لے آئے پس نبیؐ نے علیؑ کو بھیجا وہ اسے نکال کر نبیؐ کے پاس لائے اس کو کھولا تو اس میں کھجور کی شاخ کا ایک ٹکڑا تھا کہ اس پر گیارہ گرہیں تھیں تو نبیؐ پر اس دن جبرائیل معوذتان لے کر اترے اور امیر المومنینؑ سے نبیؐ نے فرمایا ان کو ہر گرہ کھولتے ہوئے پڑھو پس علیؑ نے ہر ایک گرہ کھولتے وقت اس پر ایک ایک آیت پڑھی یہاں تک کہ فارغ ہو گئے اور اللہ نے اپنے نبیؐ سے جادو کو دور کر دیا اور ان کو عافیت دی۔

خاتمہ الکتاب

اس باب میں ہم آل محمدؑ سے محبت رکھنے والوں اور ان کے شیعوں کے فضائل بیان کریں گے کہ جس سے آپ کی آنکھیں ولایت اہل بیتؑ پر ہونے سے خوش ہو جائیں گی۔

الشیخ الصدوق نے انہوں نے اپنے والد سے انہوں نے عبداللہ بن الحسن سے انہوں نے احمد بن علی الاصفہانی سے انہوں نے ابراہیم بن محمد سے انہوں نے محمد بن اسلم الطوسی سے کہا کہ ہم سے قتیبہ بن سعید نے انہوں نے حماد بن زید سے روایت کی ہے کہ مجھ سے عبدالرحمٰن السراج نے انہوں نے نافع سے انہوں نے عبداللہ بن عمر سے روایت کی ہے کہ ہم نے رسول اللہؐ سے علیؑ کے بارے میں پوچھا تو آپؐ غضب میں آگئے اور فرمایا کہ لوگوں کو کیا ہو گیا ہے کہ وہ اس کے بارے میں مجھ سے پوچھتے ہیں کہ جس کی منزلت اللہ کے ہاں میری طرح اور مقام میری طرح ہے سوائے نبوت کے جان لو کہ جس نے علیؑ سے محبت کی اس نے مجھ سے محبت کی اور جس نے مجھ سے محبت کی اس سے اللہ راضی ہو گیا جان لو کہ اللہ علیؑ کے محب کو اس وقت تک دنیا سے نہیں نکالے گا جب تک اسے دنیا میں ہی کوثر نہ پلا دے گا اور طوبیٰ میں سے کھلائے گا اور اسے جنت میں اس کا ٹھکانہ دکھا دے گا جان لو

کہ جس نے علیؑ سے محبت کی اللہ اسی سے نماز، روزہ اور قیام قبول کرے گا اور اللہ اس کی دعا قبول کرے گا جو علیؑ کا محب ہو گا اور ملائکہ علیؑ کے محب کے لیے بخشش مانگتے ہیں اس کے لیے جنت کے تمام آٹھ کے آٹھ دروازے کھول دیئے جائیں گے وہ جس دروازے سے چاہے گا بغیر حساب کے داخل ہو جائے گا جس نے علیؑ سے محبت کی اللہ اس کو اس کا نامہ اعمال اس کے دائیں ہاتھ میں دے گا اور اس کا حساب انبیاء کے حساب کی طرح ہو گا جس نے علیؑ سے محبت کی اللہ اس پر موت کی سختیاں آسان کر دے گا اور اس کی قبر جنت کے باغات میں سے ایک باغ ہو گی اللہ اس کے گھر میں سے انہی لوگوں کی شفاعت کرے گا جس نے علیؑ سے محبت کی ہو گی اللہ علیؑ کے محب کی طرف ملک الموت کو ایسے بھیجتا ہے جیسے انبیاء کی طرف بھیجتا ہے اس سے منکر و نکیر کی وحشت کو دور کرتا ہے اس کی قبر کو منور کرتا ہے اس کا چہرہ قیامت والے دن سفید ہو گا وہ حمزہؓ سید الشہداء کے ساتھ ہو گا اور جو علیؑ سے محبت کرے گا اللہ اس کو صدیقین کے ساتھ عرش کے سائے میں رکھے گا اور نیکوکار شہداء کے ساتھ ہو گا اور اسے اس دن کی بڑی گھبراہٹ سے محفوظ رکھے گا اللہ اس کے تمام گناہ معاف کر دے گا اور جو علیؑ سے محبت کرے گا قیامت کے دن اس کا چہرہ چودھویں رات کے چاند جیسا ہو گا جس نے علیؑ سے محبت کی اس کے سر پر اللہ بادشاہت کا تاج رکھے گا اسے عزت و بزرگی کا حلہ پہنائے گا اور جس نے علیؑ سے محبت کی وہ پل صراط پر سے بجلی کی تیزی سے گزر جائے گا اور جو علیؑ سے محبت کرے گا اللہ اسے جہنم سے آزاد کرے گا اور اس سے کہے گا کہ تو جنت میں بلا حساب داخل ہو جا اور جان لو کہ جس نے آل محمدؑ سے محبت رکھی وہ حساب و میزان و صراط پر امن میں ہو گا اور جان لو کہ جو محبت آل محمدؑ پر مر گیا اس کا جنت میں انبیاء کے ساتھ حصہ ہو گا اور جس نے آل محمدؑ سے بغض رکھا اس کی آنکھوں کے درمیان قیامت والے دن لکھا ہوا ہو گا اللہ کی رحمت سے مایوس اور جان لو کہ جو بغض آل محمدؑ میں مر گیا وہ کافر مرا اور جو بغض آل محمدؑ پر مرا وہ جنت کی خوشبو بھی نہیں سونگھ پائے گا۔

اسی طرح الحسن بن عبداللہ سے انہوں نے محمد بن احمد بن حمدان سے انہوں نے المغیرۃ بن محمد سے انہوں نے عبدالغفار بن محمد کثیر الکلابی سے انہوں نے عمرو بن ثابت سے انہوں نے جابر بن یزید سے انہوں نے امام ابو جعفرؑ سے انہوں نے اپنے والد گرامیؑ سے انہوں نے امام حسینؑ سے روایت کی ہے کہ رسول اللہؐ نے فرمایا میرے اور میرے اہل بیتؑ کی محبت سات جگہوں پر نفع دے گی کہ وہ ساتوں مقامات بڑے ہولناک ہیں وفات کے وقت، قبر میں، نشور کے وقت، حساب کے وقت، لکھنے کے وقت، میزان پر اور پل صراط پر۔

اسی طرح ہم سے الحسین بن ابراہیم نے انہوں نے احمد بن یحییٰ سے انہوں نے بکر بن عبداللہ سے انہوں نے محمد بن عبداللہ سے انہوں نے علی بن الحکم سے انہوں نے ہشام سے انہوں نے ابو حمزہ الثمالی سے انہوں نے امام ابو جعفرؑ محمدؑ بن علیؑ سے انہوں نے اپنے آباءؑ سے روایت کی ہے کہ رسول اللہؐ نے علیؑ سے فرمایا یا علیؑ جو تیری محبت پر ثابت قدم رہے گا تو اس کے قدم پل صراط پر نہیں ڈگمگائیں گے اور اس کے قدم ثابت ہی رہیں گے کہ اللہ اسے جنت میں داخل کرے گا۔

اسی طرح عبداللہ بن محمد بن عبدالوہاب سے اسناد کے ساتھ انہوں نے عطار سے انہوں نے ابن عباس سے روایت کی ہے کہ رسول اللہؐ نے فرمایا علیؑ کی محبت برائیوں کو ایسے کھا جاتی ہے جیسے آگ لکڑی کو۔

محمد بن جمہور سے انہوں نے یحییٰ بن صالح سے انہوں نے علی بن اسباط سے انہوں نے عبداللہ بن القاسم سے انہوں نے المفضل بن عمر سے انہوں نے امام صادقؑ سے روایت کی ہے کہ رسول اللہؐ اپنے اصحاب کے درمیان تشریف فرما تھے کہ علیؑ ابن ابی طالبؑ تشریف لائے ان کا چہرہ نور سے روشن تھا آپؐ نے علیؑ کے ماتھے پر بوسہ دیا اور پھر ابوذر کی طرف متوجہ ہوئے اور فرمایا اے ابوذرؓ کیا تم

علیؑ کی معرفت رکھتے ہو؟ ابوذرؓ نے کہا یا رسول اللہؐ یہ آپؐ کے بھائی ، چچا زاد ،فاطمہ بتولؑ کے شوہر ، حسنؑ و حسینؑ کے والد گرامی ہیں جو کہ جوانان جنت کے سردار ہیں رسول اللہؐ نے فرمایا اے ابوذرؓ یہ درخشاں امامؑ ہے اللہ کا سب سے بڑا دروازہ ہے جو چاہتا ہے کہ وہ اللہ کی معرفت حاصل کرے وہ علیؑ کی معرفت حاصل کرے اے ابوذرؓ علیؑ اللہ کا انصاف ہے علیؑ اللہ کا دین ہے علیؑ اللہ کی مخلوق پر اس کی حجت ہے اے ابوذرؓ علیؑ ہدایت کا علم ، کلمہ تقویٰ، مضبوط کڑا ہے جس نے علیؑ کی اطاعت کی اس کے لیے نور ہے علیؑ وہ کلمہ ہے جسے اللہ نے متقین کے لیے لازم قرار دیا ہے جس نے اس سے محبت کی وہ مومن ہے جس نے اس سے بغض رکھا وہ کافر ہے جس نے اس کی ولایت ترک کی وہ گمراہ ہے جس نے اس کی ولایت کا انکار کیا اس نے شرک کیا اور وہی مشرک ہے اے ابوذرؓ علیؑ کی ولایت کا انکار کرنے والے قیامت والے دن گونگے، بہرے اور اندھے مبعوث ہونگے اور قیامت کی تاریکیوں میں سر گرداں رہیں گے۔

الخوارزمی نے کتاب الاربعین میں اسناد کے ساتھ مرفوعاً امام جعفر بن محمد الصادق علیہ السلام سے انہوں نے اپنے والد گرامیؑ سے انہوں نے اپنے داداؑ سے انہوں نے امیر المومنینؑ سے انہوں نے رسول اللہؐ سے روایت کی ہے کہ آپؐ نے فرمایا اللہ نے میرے بھائی علیؑ کو اتنے فضائل عطا کیے ہیں کہ جن کا احصاء کوئی نہیں کر سکتا اور اللہ نے ان کے فضائل کا اقرار کرنے والوں کے تمام اگلے اور پچھلے گناہ معاف کر دیئے ہیں اگرچہ وہ گناہ ثقلین کے برابر ہوں اور جس نے ان کے فضائل لکھے ملائکہ اس کے لیے بخشش کی دعا مانگتے ہیں اور جب تک وہ تحریر باقی رہتی ہے اللہ اس کے تمام گناہوں کو معاف کر دیتا ہے۔

پس اللہ ہمیں اچھی توفیق دے اور ان کی اور ان کی پاکیزہ اولادؑ اور ان کے محبین سے محبت رکھنے کی

توفیق عطا فرمائے پس اللہ کی تمام نعمتوں پر شکر ہے اس اللہ کی حمد کہ جس نے ہمیں اس عظیم کتاب کو تالیف کرنے کی توفیق عطا فرمائی اور بے شک اللہ ہی ہدایت دینے والا ہے اگر وہ ہمیں ہدایت نہ دیتا تو ہم ہدایت پانے والوں میں سے نہ تھے پس اس کے بعد ہم ان کی محبت کے صدقے ان کے جادہ جلال کے صدقے ان کے عظیم الشان فضل کے وسیلے سے ان کے بلند منزلت مرتبہ سے ان کے احسان کے ذریعے سے اللہ سے بخشش کی عطا مانگتے ہیں اور یہ کہ وہ ہم کو ان کی محبت و مودت پر قائم رکھے اور اسی پر ہمیں موت دے اور تازندگی ہمیں انہی کے دین وملت پر قائم رکھے اور ہم کو قیامت کے دن کی ہولناکیوں سے امان میں رکھے ان کے شفاعت کے سبب اور ہم کو جنت میں ان کے زمرے میں رکھے بے شک وہ ہر چیز پر قادر ہے۔

والحمد لله رب العالمين، والصلاة على محمد خاتم النبيين وآله الطاهرين صلاة كثيرة طيبة نامية باقية إلى يوم الدين.

ALSO AVAILABLE AT WILAYAT MISSION

BASAIRUL DARJAT JILD 1
BARSAIRUL DARJAT JILD 2
KAMIL UL ZIARAT
SIRAT E BATOOL (SA)
MASHARIQUL YAQEEN
ASMA WA AL QAAB AMEERUL MOMINEEN (ASWS)
TAWHEED AL MUFAZZAL

AND MANY MORE

Spreading the True Religion of Allah

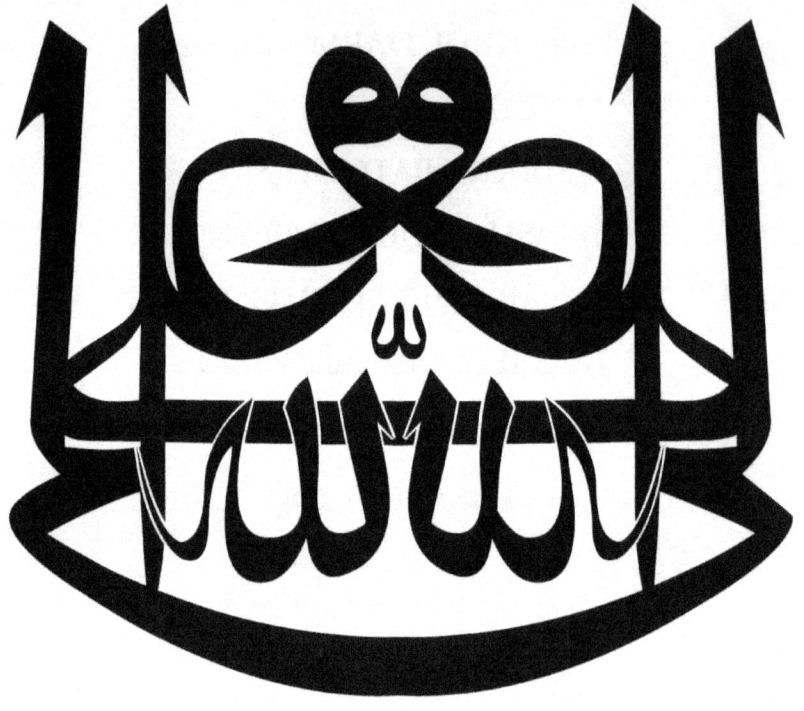

Wilayat e Ali (asws)

Wilayat Mission Publications
HTTP://WWW.WILAYATMISSION.ORG